Basic Language Learning
•••
趙 玲華
Zhao Rinka

音声DL付改訂版

本気で学ぶ中国語

発音・会話・文法の力を
基礎から積み上げる

べレ出版

はじめに

　私はよく中国語の学習を「建物を建てる」行為に例えて説明します。発音の部分は土台を整える基礎工事、文法は建物の骨組みを構築する躯体工事、そして単語や決まり文句などのフレーズはその建築材料のようなものです。しっかりした建物を建てたいのであれば、まずはきちんとした基礎工事と躯体工事を行うのが絶対条件であるように、中国語をしっかりマスターしたいのならば、発音と文法をきちんとマスターしておくことがとても重要なのです。

　5千年の歴史と文化の中で形成された中国語はまるで一つの大きな超高層ビルのようです。基礎工事の発音は深くて音節が多く、躯体工事の文法は複雑で組み立てにくく、建築材料の語彙とフレーズは多くて使用方法が難しいです。

　特に中国語の発音はどの国の言葉よりも音節が多く、さらに4つの声調などにより音調の変化も複雑で、初心者にとっては難関の1つとなっています。この難しい発音を習得するために全学習量の40％が費やされるほどです。

　しかしながら数多くの日本人（中国語の初心者・経験者の中の挫折者）が中国語を学ぶ際、まず悩むのがその発音の練習方法でしょう。日本語の発音の種類が、五十音＋濁音・半濁音・拗音・ん・ッなどを入れても全部で100ぐらいしかないのに対して、中国語は、音節の数が約400、それぞれの音節には4つの声調（アクセント）があるので、約1,600種類にものぼります（本書の発声法編の「中国語と日本語の音節対照表」を参照）。ですから日本人が中国語の全ての音を発音する場合、口の中の発声部位を母国語を話す時の何倍も多く使わなければなりません。具体的に言いますと、今まで使ったことのない口腔内の部位を使ったり、力強く声帯を振動させたり、舌を巻き上げたり、聞いたこともない音やリズムを耳でキャッチしたり等々、どれをとっても初心者を苦しめ、混乱させ、挫折感を与える原因となります。その結果、中国語の学習を諦める方も少なくないのです。

本書には私が 25 年間にわたる中国語の教授経験で得た様々なコツが網羅されています。例えば、21 個の声母（子音）のマスターには、日本語や英語の音を借りた発音のコツを取り入れ、38 個の韻母（母音）のマスターには、中国語独特の口の形の違いに従って発音を整える分類法によって取りまとめた上で日本語のカタカナも借りて説明を加えていますので、本書の音声を聞き、本書の声母表と韻母表の説明を見て発音の練習をすれば、初心者でも声母と韻母の発音のコツを各 15 分でつかむことができます。また、発音に関する理論的な説明と解釈を読めば、発音段階の学習ポイントとそのルールもよく分かるようになっています。

　本書は〈第 1 章・発声法編〉〈第 2 章・発音練習編〉〈第 3 章・発音応用編〉〈第 4 章・実践応用編〉の 4 部で構成されています。〈発声法編〉の主な内容は、学習者から質問の多い「4 つの声調の特徴」「拼音字母（ピンインズーム）の役割」「声母（セイボ）と韻母（インボ）の発声法」「マンダリンと方言」及び「発音進捗表」など。〈発音練習編〉の主な内容は「あいさつ用語 70 例」「応用会話 280 例」「4 つの声調練習」「音の区別練習」「音節声調の順番練習」「発音の理論知識」など。〈発音応用編〉には「日常会話 150 例」「4 つの声調練習」「音の区別練習」のほか、入門のキーポイントや文法ポイントの説明がありますので、日常会話だけではなく、入門段階の文の基本構造の理解、応用会話や応用文の作成もできるようになります。最後の「実践応用編」の内容には「文型と文法ポイント約 100 例」「応用会話 700 例」「単語 1,300 個」などがあります。

　本書の実践応用の学習効果を固め、さらに高めるために、第 1 課～第 10 課の各課の後には〈情景会話〉を加えてあります。

　本書の内容と学習指導法をよく理解した上で、本書の音声を聞き、練習・復習を行えば、挫折することなくスムーズに中国語の発音をマスターでき、入門・初級レベルの会話能力と文法知識が身につくことでしょう。また本書に掲載された 2,100 余りの単語と 1,100 余りの会話文を覚えれば、中国語検定試験準 4 級と 4 級の合格圏内に到達するはずです。

　本書が皆さんの中国語の発音や入門文法のマスターに大いに役立つこ

とを心より願っております。

　最後に、本書の作成にご協力してくださった竹中知子先生に心より感謝の意を表します。

2009 年 10 月 2 日

趙玲華

改訂版によせて

　2009 年に初版を出版してから 15 年たちました。おかげさまで多くの読者の方のご支持をいただき、中国語の書籍の中でロングセラーを維持することができました。

　今回の改訂において、このロングセラーの本書を CD4 枚付きから音声ダウンロード版にアップデートして出版いたします。

　さらに使いやすくなった音声を繰り返し聞いて、中国語の発音と会話の基礎固めとしてご活用ください。

　本書の内容と学習方法をよく理解した上で、音声を聞き、音読し、練習・復習を行えば挫折することなく中国語の発音・文法の基礎力及び日常会話が身につき、中国語検定試験準 4 級と 4 級、HSK4 級の合格圏に達するはずです。

　音声は「発音」と「応用会話」の 2 つに分かれています。
①
- 第 1 章　発声法編
- 第 2 章　発音練習編
- 第 3 章　発音応用編
②
　第 4 章　実践応用編

　CDBOOK から音声ダウンロード版に改定する際に徹底的に本書の発音を再チェックして、より鮮明な発音になるように見直しをして、正しい音声を取り直しました。

　この本で発音・会話・文法及び中国語会話の力を積み上げ、揺るぎない中国語の土台を作れることを信じております。

2024 年 4 月 8 日
趙玲華

目　次

「発音と入門」（中検準4級）

はじめに・改訂版によせて・ダウンロード音声のご案内

「初級」（中検 4 級）

文法ポイント

ダウンロード音声のご案内

【スマートフォン・タブレットからのダウンロード】

 abceed
AI英語教材エービーシード

ご利用の場合は、下記のQRコードまたはURLより
スマホにアプリをダウンロードしてください。

 https://www.abceed.com
abceedは株式会社Globeeの商品です。

【パソコンからのダウンロード】

① 弊社サイト内、『［音声 DL 付改訂版］本気で学ぶ中国語のページ』へ。
「音声ファイル」の「ダウンロード」ボタンをクリック。

② 8ケタのコード　ziXe8YJB　を入力してダウンロード。

　＊ ダウンロードされた音声は MP3 形式となります。zip ファイルで圧
縮された状態となっておりますので、解凍してからお使いください。

　＊ zip ファイルの解凍方法、MP3 携帯プレイヤーへのファイル転送方法、
パソコン、ソフトなどの操作方法については小社での対応はできかね
ますこと、ご理解ください。

　＊ DL 音声をコピーした CD を弊社オンラインサイトにて購入可能です。
本書籍の詳細ページをご確認ください。

　＊ 以上すべてのサービスは予告なく終了する場合がございます。

　＊ 音声の権利・利用については、小社サイト内［よくある質問］にてご
確認ください。

中国語の効果的な学習法と伸び悩み解決法

1．中国語の発音の重要さ

　音節が1,600もある中国語の発音の難しさを皆さんに理解していただくために、日本語と中国語の「先生」という単語を例にとって比較してみましょう。日本語の「先生」という単語は、地域により、「せんせい＼」「せんせい・」「せん／せい」、「せん＼せい」、という4種類の異なる声調で発音されていますが、多少違う声調で発音されても意味は通じています。いっぽう中国語の「先生」（**老师**）の正確な発音は「lǎoshī」（3声＋1声）、これを違う声調で発音すると、意味が異なる単語になってしまいます。「lǎoshí」（3声＋2声）と発音すれば、漢字は「**老石**」で「石さん」という意味になり、「lǎoshi」（3声＋軽声）では「**老实**」で「おとなしい」、「lǎoshì」（3声＋4声）では「**老是**」で「いつも」という意味になります。このように中国語の発音には正確さが不可欠であり、曖昧な発音では通じず、微妙な音の違いで意味も大きく違ってしまうのです。ですから中国語の学習においては、発音をマスターすることがとても重要なのです。中国語学習の最初の段階で発音をマスターしておかないと、学習内容が進めば進むほど、意味が通じない割合も増えてしまいます。後で困らないために、皆さんは最初の段階からしっかり発音の土台を築いていきましょう。

2．　発音がマスターできない原因

　私が過去に出会った、発音がきちんとマスターできなかった挫折者は以下のようなタイプでした。　①良い教授法、良い教材と良い教師に恵まれなかった人　②発音の受講時間数と学習・訓練時間数が足りない人（発音の受講時間は50〜100時間が必要）　③全く復習をしない人　④ほとんどの独学者　⑤教師のアドバイスを聞かずに自己流でやる人。しかしこれらの学習者も本書『本気で学ぶ中国語』でしっかり勉強すれば、発音のマスターも、初級レベルの日常会話1,000例及び入門段階と初級レベルの文法知識も習得できますので、今後への良い基礎が築けます。

3. 中国語学習者の悩み

　中国語を 20 年以上教える中で教師として最も悩まされたことは、伸び悩みを抱えて途中から転校してきた生徒さんを教えることです。「発音をマスターできなかった」「読めるけど話せない」「中国人とコミュニケーションをとる際、細かい部分や深い部分までの意思疎通ができない」「文が作れない」「何年も勉強したのに中検 2 級の試験にパスできない」等々、彼らは様々な悩みを抱えていますが、その中で最大の悩みは発音をマスターできなかったことと文法知識を習得していない（習った内容を応用できない）ことです。

4.　話しても通じない理由

　外国語の学習を建築に例えるなら、発音がマスターできなかった学習者は、建築材料（語彙）を手にしたものの、発音や文法をしっかり勉強しなかったせいで、いいかげんな基礎工事（発音）をした土地に、骨組み（文法システム）がゆがんだ建物を建ててしまったといえましょう。発音をきちんとマスターしていないので、習った単語で何かを言おうとしても相手には通じないし、また文法をしっかり勉強していないので、習った単語を応用して文が作れません。これでは、せっかく手に入れた建築材料（語彙）も真価を発揮できません。このような場合、教師としてはまずはゆがんだ建物を取り壊し、基礎工事（発音）をもう一度やり直した上で、また一からきちんとした躯体工事（文法システム）を行わざるを得ないのです。この再建工事は教師にとっても学習者にとっても大変つらい難工事であり、新しい建物を建てる何倍もの時間と労力がかかると言っても過言ではありません。

5.　発音をマスターした後、文を作れ、話せるために

　発音をきちんとマスターした後でも、「文が作れない」「話せない」「上のレベルの検定試験にパスできない」などの伸び悩みを持つ学習者は、良い教授法と良い教材に恵まれていなかったことが最大の原因でしょう。それらの悩みを持つ方々には、本書『本気で学ぶ中国語』のご一読をお勧めします。

　本書『本気で学ぶ中国語』は公式（方程式語順並び替え法）を活用して学ぶ中国語初級の教材です。この教材は学習者の総合力アップを目指した分か

りやすい解釈と実用的な会話練習で構成されており、中国語学習に大いに役立つよう工夫を凝らした、皆さんのご期待に応えられる内容であると自負しております。本書の学習を終えれば、中国語検定試験の準4級〜4級に楽に合格できます。

　中国語習得を志した皆さんも途中で諦めずに、良い教授法、良い教材、良い学習法のもとで努力すれば、必ず難関を越えて中国語をマスターすることができると思います。

6. 理想的な学習効果を得るために

　理想的な学習効果を得るためには、スタートする時から、良い教材を探し、その良い教材の提示した良い学習法に従い、恵まれた客観条件のもとで学習を進めることが何より重要になります。

7. 良い教授法

　良い教授法とは学習者の5つの力（聞く、話す、読む、書く、訳す）をバランスよく、総合的にレベルアップさせていく教授法です。そのために教師は学習者に系統的な学習及び特別トレーニングを施す必要があります。系統的な学習とは、正しい発音訓練、系統的な文法教授及び的確な語彙・フレーズの説明を行うことです。特別トレーニングとは生徒に聞かせる、話させる、読ませる、書かせる、訳させることです。

8. 良い教材

　良い発音の教材とは、上手な発声法の説明、多様な発音練習（音の区別や4つの声調練習など）、関連会話（日常会話、実用会話など）、分かりやすい日本語での理論解説（文法説明）が含まれている教材だと思います。良い総合力アップの教材とは、総合力（聞く、話す、読む、書く、訳す）アップを目標とした系統立った文法が分かりやすく学べ、かつ関連する例文・会話文・閲読文と練習を併せ持った教材だと思います。教材の各部分（単語、例文、会話文）に日本語訳がついているならなおさら理想的です。

9. 良い教師

　良い教師とは、生徒が日本人であれば日本語に精通した中国人や中国語に精通した日本人がベストだと思います。さらに豊富な教授経験を持っていれば、なお理想的です。なぜならば、その先生は外国語を完全にマスターした経験者であり、マスターするための要領を知っていて、うまくポイントを押さえて、生徒さんを上手に導くことができるからです。日本語が話せる中国人の先生であれば、先生の日本語が上手であればあるほど良いでしょう。先生の日本語がうまくない場合、生徒は先生の説明をいくら聞いても納得して理解できないか、聞けば聞くほど混乱してしまいます。中途半端な日本語の説明は逆に学習の妨げになります。同じく中国語が話せる日本人の先生の場合、先生の中国語が上手であればあるほど、学習者をうまく導けるのです。

10.　良い学習者

　中国語の学習において、以上の「良い教材、良い学習法、良い教授法」という３つの良い客観条件が揃ったら、今度は学習者自身が良い学習者となるように工夫する必要があります。そのためには５つの力　1）語感力　2）理解吸収力　3）記憶力　4）実践応用力　5）努力を常に磨かなければなりません。学習者が自分の弱い部分を十分に認識し、それを補うよう努力をすれば、必ず良い学習成果が得られます。

11. 外国語の練習と説明

　大きくとらえれば、外国語の学習は、「練習」と「説明」の２つの部分に分けることができます。「練習」は先生の指導と学習者の練習両方の努力が必要ですが、「説明」に関しては先生に頼るしかありません。その際、大人の学習者には自分の母国語で説明してもらうことがとても重要になります。母国語で、理路整然とした分かりやすい説明を聞けば、効率よく知識を吸収でき、良い学習効果が得られます。母国語で説明してもらえば、車で旅行に行くように早く楽に目的地に到着できますが、中国語や英語で文法や慣用句及び難しい単語などを説明してもらうと、十分理解できないため、徒歩で旅行に行くように目的地に到着するまで大変時間がかかり、その疲労も大きいことでしょう。

12. 会話練習

　さらに会話練習では、日本語ができる先生と日本語ができない先生の両方と練習することが望ましいでしょう。中級までは教師資格のある中国人の先生と練習すれば、先生はおおむねクセのないきれいな中国語を話しますので、良い影響が受けられます。また日本語ができる先生と会話の練習をすれば、和文中訳や中文和訳も含め、的確な表現が学べます。

　中級レベルに入った後は、できるだけ様々な中国人と会話をするのがよいです。中国語しか話せない普通の中国人と幅広く会話を行えば、ヒアリングの上達が早くなり、習った中国語を最大限に表現する力も身につきます。発音をマスターした後には、このような練習が会話能力を上達させるコツになります。

　中国には「有志者事竟成」（志さえあれば必ず目的達成できる）という諺があります。中国語習得を志した皆さんも途中で諦めずに、良い教材、良い教師、良い学習法のもとで努力すれば、必ず難関を越えて、中国語をマスターすることができると思います。

第1章
発声法編

中国語の発音と拼音字母

（1）拼音字母とは？

　中国語の発音表記は**拼音字母**で表されます。この**拼音字母**には、アルファベットのvを除くaからzまでの25文字にüを加えた26文字が用いられ、中国語独特のつづり方と読み方を持っています。

　中国語を正しく発音するためには、まずこの**拼音字母**の読み方をマスターしなければなりません。

　拼音字母は1958年に制定され、1970年代から徐々に試行されてきました。

　今では中国の子供たちも小学校の国語（中国語）の授業で、まず最初にこの**拼音字母**（中国語の発音表記法）を3か月ほどかけて学習しています。

　拼音字母の制定とその学習は、方言の多い中国において**標準語**（共通語）の普及や各地域の人々のスムーズな交流に大きな役割を果たしているのです。

　現在、**拼音字母**は標準発音表記として国際的に公認され、教室での利用だけでなく、辞典類の配列、ワープロやコンピューター、インターネットの入力など幅広く使用されています。

　外国人の中国語学習者も、この**拼音字母**のつづり方と発音方法を習得してこそ、中国語の**標準語**（中国では**普通話**、外国人の間では**マンダリン**と呼ばれる）の発音を正確にマスターできるのです。**拼音字母**は**汉语拼音**ともいいます。

（2）拼音字母の構成及び数

　拼音字母は21個の**声母**（音節の頭の子音）と37個の**韵母**（音節の後の母音）で構成しています。

20

この**声母**と**韻母**の組み合わせにより、音節の種類はおよそ 400、また音節にはそれぞれ４つのアクセント（中国語では４つの声調あるいは**四声**_{スーセン}と呼ぶ）があるので、中国語の発音の種類は全部でおよそ 1,600 くらいになります。

(3) ４つの声調の特徴

第1声 ・・・ 第１声は高平調です。高音で平らに伸ばします。
　　　　　ちょうど病院でノドの検査をする時に出す「あー」のような音調です。

第2声 ・・・ 第２声は上昇調です。始めは低く出して、その後一気に上げます。
　　　　　強い疑問を持った時に使う「ええ ↗ なに？」と言う時の「ええ ↗」のような音調です。

第3声 ・・・ 第３声は中へこみ調です。いったん下げてからまた上げます。
　　　　　ちょうど「お ↘↗ 母さん」と言う時の「お ↘↗」のような音調です。

第4声 ・・・ 第４声は下降調です。始めは高く出し、その後一気に下げます。
　　　　　ちょうど「はい ↘ 分かりました」の「はい ↘」のような音調です。

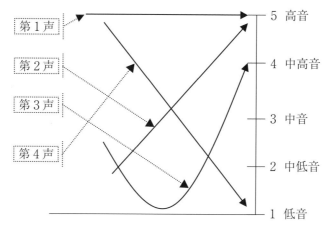

21

(4) 声母表とその発音

声母は全部で 21 個あり、その発音は舌の位置と息の出し方に左右されます。説明文を読んだ後、音声を聞いて声母の発音を練習しましょう。

声母	発音部位	発音方法	発音要領		発音要領
			気　流	隠れている母音	
b(o)	双唇音 (上唇と下唇)	ブウォ	無気	ウォーという音が入っている	両唇を丸め［ブウォー］と発音しながら、やんわりと口を開ける
p(o)	同　上	プォ	有気 (破裂音)	ウォという音が短く入っている	両唇を閉め［プォ］と発音すると同時に力強く息をはく
m(o)	同　上	ムウォー	有声	ウォーと言う音が入っている	［ムウォー］と発音しながら、やんわりと両唇を開ける
f(o)	唇歯音 (上歯と下唇)	フウォ	有声	同　上	上歯は下唇に軽くタッチして［フウォ］と発音しながら口を開ける
d(e)	舌尖音 (舌先と上歯ぐき)	[də]	有気 (濁音)	英語の元音［ə］の音が入っている	舌先を上歯ぐきに強く押しつけ［də］と発音する
t(e)	舌尖音 (舌先と上歯ぐき)	[tə]	有気 (清音)	同　上	舌先を上歯ぐきに軽くタッチし、息をはきながら［tə］と発音する
n(e)	同　上	[nə]	有声	同　上	舌先を上歯ぐきに軽くタッチし、英語の「nurse」の［nəː］の音を出す
l(e)	同　上	[lə]	有声	同　上	舌先を上歯ぐきの後に軽くタッチし、[lə] と発音する
g(e)	舌根音 (舌根と軟口蓋)	[gə]	無気 (濁音)	同　上	舌の根元に力を入れ、振動させながら英語の「girl」の［gə］の音を出す。ただし舌を巻き上げない
k(e)	同　上	[kə]	有気 (清音)	同　上	軽く舌の根元を振動させ、息をはきながら清らかな［kə］の音を出す。ただし舌を巻き上げない
h(e)	同　上	[hə]	喉摩擦音	同　上	上歯と下歯の間にすき間を残し英語の「herb」の［həː］の音を出す。ただし舌を巻き上げない
j(i)	舌面音 (舌面と下歯ぐき)	ジー	無気 (破擦音)		両唇を最大限に左右に開き、舌を下歯ぐきにつけて、日本語の［ジー］と発音する

22

声母	発音部位	発音方法	発 音 要 領		
			気　流	隠れている母音	
q(i)	同　上	チー	有気		両唇を最大限に左右に開き、舌を下歯ぐきにつけて息をはきながら日本語の［チー］と発音する
x(i)	同　上	シー	有声		両唇を最大限に左右に開き、舌を下歯ぐきにつけて日本語の［シー］と発音する
z(i)	舌歯音 (舌端と下歯裏)	ズー	無気		両唇を左右に開き、日本語の［ズー］と発音する
c(i)	同　上	ツー	有気		両唇を左右に開き、日本語の［ツー］と発音する
s(i)	同　上	スー	有気		両唇を左右に開き、日本語の［スー］と発音する
zh(i)	舌巻き音 (舌先と前硬口蓋)	［dΩ］	無気		Z を発音した後、舌を巻き上げて、硬口蓋に軽くタッチして zh と発音する（正しい音は音声のマネをして出す）
ch(i)	同　上	［tʃ］	有気		少し舌を上げて、強く息をはきながら、英語の「church」の［tʃ］の音を出す（正しい音は音声のマネをして出す）
sh(i)	同　上	［ʃ］	有気		少し舌を上げて軽く息をはきながら、英語の「fish」の［ʃ］の音を出す（正しい音は音声のマネをして出す）
r(i)	同　上	［rait］の「r」	有声		少し舌を上げて、声帯を振動させながら、英語の「right」の［r］の音を出す。日本式の「アール」の音は忘れること（正しい音は音声のマネをして出す）

＊つづりの説明：

① 「b」1 個だけは声母です。「bo」は声母＋韻母＝音節になります。音節は漢字の発音表記です。例：（波bō）。**「b」と「bo」の発音は同じです。**

② 「zh」1 個だけは声母です。「zhi」は声母＋韻母＝音節になります。音節は漢字の発音表記です。例：（知zhī）。**「zh」と「zhi」の発音は同じです。**

23

③　他の 19 個の声母のつづりと発音の規則も同じです。

(5) 韻母表とその発音

韻母は全部で 37 個あります。韻母を正しく発音するコツは、口の形を正しく整えることです。韻母は音節の中の母音（元音ともいう）、つまりメインの音、中心の音なので、韻母の口の形が音節（声母と韻母の組み合わせ）の口の形になります。言い換えれば中国語の発音は韻母を発音する時の口の形に左右されるので、口の形を正しく整えれば、音も正しく発音できるようになるのです。

＊声母 ［ f ］ と韻母の組み合わせは例外（第 1 課 6. 注釈の（4）の説明を参照）です。

韻母の口の形は主に 3 種類、細かく分ければ 10 種類になります。

声母と韻母を単独で発音練習する時は、すべて第 1 声で発音します。

単韻母：　音節が 1 つの母音　a　o　e　i　u　ü　（この順序も覚えましょう）

複韻母：　音節が 2 つ以上ある母音　an　ang　ie　ei　uen　iong　など。

　　　　　（複母音の中の "e" は ［エ］ と発音します）

注釈：

①「an」と「ang」の区別

「an」
- (1) 両唇を左右に開いて口腔内を閉じる状態にして
- (2) ［アン］ と発音する
- (3) 発音が終わったと同時に舌を上歯ぐきにつけ息が出るのを遮断する

「ang」
- (1) 口を大きく開いて
- (2) 舌根振動させながら
- (3) アーンをのみ込むように発音する

24

② 「e」 両唇を左右に開き、舌を上げず英単語の「early」の母音 [ə:]
を発音しながら上歯と下歯を1センチぐらい開ける
※発音する時、舌を巻き上げないように注意してください。

③ 「eng」 エンの音をのみ込むように、舌根に力を入れ強く振動さ
せながら声を低くして発音する

④ 「ing」 舌根に力を入れ強く振動させながら声を低くして、英語の
doing singing の「ing」を発音する

⑤ 「ü」 両唇を小さく丸めて [イー] と発音する [p.80 5. 韻母参照]

⑥ 「uang」[ウ・a n g]

⑦ 「ueng」[ウ・e n g]

⑧ 複韻母の中の「e」は [エ] と発音します。

○説明文を読んだ後、音声を聞いて韻母の発音練習をしましょう。

◀)) 1 - 002

口の形の 代表符号	符号の説明	韻母と [発音方法]					
←◯→	口を大きく開けて 発音する	a [アー]	ang [アン・g]注1				
←≈→	両唇を左右に開いて発 音する	i [イー] eng [エン・g]注3	e [ə:]注2 in [イン]	ê [エ]注8 ing [イン・g]注4	ie [イェー] an [アン]注1	ei [エイ] ian [イアン]	en [エン]
◉	口を小さく丸めて 発音する	u [ウー]	ü [イー] 注5	ong [オン]	iong [イョンー]		
(─)	最初は口を大きく開 け、最後は両唇を左右 に開く	ai [アイ]					
(✦)	最初は両唇を小さく丸 め、だんだん大きく開 ける	o [ウォー]	uo [ウォー]	ua [ウァー]	uang [ウァン・g]注6	uai [ウァイ]	
(✦)	最初は両唇を大きく開き、 だんだん小さく丸める	ou [オウー]	ao [アオ]				
(◯)	最初は両唇を左右に開 き、だんだん大きく開 ける	ia [イヤー]	iao [イョオー]	iang [イヤン]			

25

口の形の 代表符号	符号の説明	韻母と［発音方法］			
←◉→	最初は両唇を丸め、だんだん左右に開く	uan ［ウァン］	uei ［ウェイ］	uen ［ウェン］	ueng ［ウェン・g］⑭7
		üe ［ü・エ］	üan ［ü・アン］	ün ［ü・ン］	
→◉←	最初は両唇を左右に開き、だんだん小さく丸める	iou ［イュー］			
↺	口を大きく開け、舌を上に巻き上げる	曖昧母音［ə・舌巻き］ er			

（6）中国の方言と標準語

　中国には 960 万平方キロに及ぶ広い国土の中で 56 の民族が、それぞれ民族独自の言葉を使って生活しています。つまり少数民族はその民族の言葉を、そして 14 億の人口のうち 92％を占めている漢民族は、漢民族の言葉を使って生活しているのです。ただし住んでいる地域が中国全土に及ぶ漢民族は、その地域によって異なる方言を使っています。そのため遠く離れた省と省の間では言葉が通じない不便な状態が続いていました（これらの方言の発音は違っても、文法と文字は同じであるため、同じ中華民族であるという意識は常に人々の心に存在していたのです）。

　この不便な状態を解消するために、新中国の成立後、中央政府は
普通話（pǔ tōng huà／プートンホッア）と呼ばれる標準語の普及に力を入れました。普通話は北京の発音をもとに（クセの強い部分を取り除いた）、東北語のリズムと語彙を部分的に取り入れたものです。

　この普通話は他の国の標準語と同じような特徴を持っています。つまり、その国では一番クセがなく、音が一番美しく響き、一番分かりやすく、マネしやすく、理論的にもよく研究され、まとめられた言語なのです。普通話とは、すなわち世界の 95％のチャイニーズに通じる標準語のことです。

　中国には地域ごとにたくさんの方言がありますが、たとえ異なる方言を使っていても、さほど遠くない地域間では言葉が通じます。そして自

分の住んでいる地域から離れれば離れるほどお互いの言葉は通じなくなります。例えば北京の人に、上海語や広東語を話しても通じませんが、距離の近い天津語や河北語ならほぼ通じます。これと同様に、上海人には広東語は通じませんが、蘇州や南京の言葉ならほぼ通じますし、広東人には北方方言は通じませんが、福建語ならほぼ通じるという具合です。

　以下に代表的な８つの方言を挙げました。方言は、標準語とは四声や韻音が異なっていたり、標準語にはない曖昧韻母が使われていたりします。また単語も標準語とは異なる地元の単語が使われることがあります。

方言	使用区域	特徴	比較例	
			標準語	方言
①北方方言	河北省 河南省 山西省 陝西省 山東省	標準語とは四声が異なるのが特徴。母音が変わる時もある	「我 wǒ」（私） 「吃 chī」（食べる） 「饿 è」（おなかがすいた）	「wò」 「chī」 「wò」
②東北方言	黒龍江省 吉林省 遼寧省	zh、ch、shとz、c、sを逆に使うのが特徴の一つ。またその地方特有の単語もたくさん使われている	「思想 sī xiǎng」（考え） 「姿式 zī shì」（姿勢） 「中国 zhōng guó」 「长春 cháng chūn」（都市の名前） 「干什么 gàn shénme」（何をする） 「取 qǔ」（取る）	「shī xiǎng」 「zhī shì」 「zōng guó」 「cáng cūn」 「gàn há」 「qiǔ」
③南方方言と南方人が話すマンダリン	揚子江より南の地域、江蘇省、上海市、浙江省、安徽省、湖南省、福建省、広東省、香港	南方人の話すマンダリンには zh、ch、shがない。その代わりに z、c、s を使う	「吃饭 chī fàn」（ご飯を食べる） 「老师 lǎo shī」（先生）	「cī fàn」 「lǎo sī」
a）呉方言	上海 江蘇省 浙江省	声母と韻母を両方変えるケースもある	「我 wǒ」（私） 「谢谢你 xiè xie nǐ」（ありがとう）	「ǎ la」 「xia xia nòng」
b）湘方言	湖南省		「没有 méi yǒu」（無い） 「吃饭 chī fàn」（ご飯を食べる）	「mǎo de」 「qià fàn」

方言	使用区域	特徴	比較例	
			標準語	方言
c) 贛方言	江西省 湖北省		「你好 nǐ hǎo」(こんにちは) 「请坐 qǐng zuò」(どうぞお座りください)	「něn hǎo」 「qiǎng cuò」
d) 客家方言	江西省 広東省 広西省 福建省		「什么 shén me」(何) 「我不知道 wǒ bù zhī dào」(知りません)	「mā gēi」 「ǎnn xiào」
e) 閩方言	福建省 台湾省		「请坐 qǐng zuò」 「要 yào」(要る) 「不要 bú yào」(要らない)	「qiá ze」 「ǎi」 「mǎi」
f) 粤方言	広東省 香港	粤方言（広東語）には声調が7声あり、最もクセが強く、高低のアクセントが激しく、発音しにくい方言	「谢谢 xiè xie」 「去哪里 qù nǎ li」(どこへ行く)	「duō zie」 「huǐ bīntou」

（7）マンダリンとは？

　外国人の間では中国語の標準語を**マンダリン**と呼んでいますが、この名称は本土にいる中国人には通じません。

　外国で標準語がマンダリンと呼ばれるようになった由来には、いろいろな説があります。その１つに清の末期、満州族の外交使節が外国に派遣された際、使節の部下たちが上司を「大人 dà rén」（閣下）と呼ぶのを聞いて、外国人たちもそれをマネて彼らを「満大人 mǎn dà rén」（満州族の高官）と呼ぶようになり、それから、だんだんと意味が転じて「満大人」のしゃべっている言葉をマンダリンと呼ぶようになった…という説があります。

　ではマンダリンが外国人の間で使われている名称だとしたら、当の中国人及び中華系の人々は標準語を何と呼んでいるのでしょう。

　標準語は台湾と香港では国語 guó yǔ（国の代表言語）、シンガポール及び東南アジアでは华语 huá yǔ（華人の言語）、中国本土では中文 zhōng wén（中国の文字、文章、文法、文学）あるいは汉语 hàn yǔ（漢民族の言語）、普通话 pǔ tōng huà（＝共通語）と、

それぞれ違った名称で呼ばれています。

（8）発音をマスターする進捗表

　中国語の発音は正確か誤りかが明確で、曖昧な発音では通じないことが多いのは、1,600種類もある中国語の発音が微妙な音の違いで意味が大きく違ってくるためです。

　正しい発音は正確に意思の疎通を図るためにも絶対に必要ですが、美しく正確な発音で話せるということは、学習者自身にとっても、生涯の誇りとなることでしょう。

　声母と韻母の発音から長い文章への発音の流れは次のとおりです。

$$発音＝子音＋母音→\boxed{音節＋音節}→\boxed{単語＋単語}→センテンス＋センテンス→文章$$

（音節＋音節の上に「４つの声調あり」）

正確で美しい発音をマスターするためには、発音の最小単位である子音・母音の発音から単語、さらにセンテンスへと、一歩一歩しっかり発音の要領を把握した上で、音声を聞き、その発音を模倣したり、音読練習をすることがとても大切です。正しいリズムをつかむためには、音声の聞き流しとマネ音読練習は不可欠です。

以下の表が発音をマスターするためのステップとなります。

発音をしっかりマスターしておかないと、学習が進めば進むほど、通じない割合が増えてしまいます。後で困らないためにも、皆さんは、今ゆっくりと時間をかけて、本書のスペシャル発音トレーニング法で、しっかり発音の土台を築いていきましょう！

1. 入門段階（約 20 ～ 40 時間学習）	2. 発音の初期実践（約 40 ～ 80 時間学習）
a. 発音記号の勉強（発音記号が見分けられる） b. ピンインと四声の練習（発音できるようになる） c. 単語とあいさつ用語（2 ～ 8 文字のあいさつ用語ができるようになる）	a. 音声の後について単語や短いセンテンスを正しくマネができる b. ピンインを見ながら習った単語が正しく発音できる c. 簡単な会話と買い物（簡単な会話と買い物ができるようになる）
3. 発音の中期実践（約 80 ～ 100 時間学習）	4. リズムの安定期（約 100 ～ 200 時間学習）
a. ピンインを見て新しい単語が自分で正しく読める b. 長くて難しいセンテンスの発音が簡単にマネでき、発音できる c. 難しくない日常会話が通じる	a. ピンインと四声の発音が安定してくる b. 簡単な文章が正しく読める c. 初級レベルの日常会話が通じる

声母＼韻母	a	o	e	i	er	ai	ei	ao	ou	an	en	ang	eng	ong	i	ia	iao	ie
b	ba	bo				bai	bei	bao		ban	ben	bang	beng		bi		biao	bie
p	pa	po				pai	pei	pao	pou	pan	pen	pang	peng		pi		piao	pie
m	ma	mo	me			mai	mei	mao	mou	man	men	mang	meng		mi		miao	mie
f	fa	fo					fei		fou	fan	fen	fang	feng					
d	da		de			dai	dei	dao	dou	dan	den	dang	deng	dong	di		diao	die
t	ta		te			tai		tao	tou	tan		tang	teng	tong	ti		tiao	tie
n	na		ne			nai	nei	nao	nou	nan	nen	nang	neng	nong	ni		niao	nie
l	la		le			lai	lei	lao	lou	lan		lang	leng	long	li	lia	liao	lie
g	ga		ge			gai	gei	gao	gou	gan	gen	gang	geng	gong				
k	ka		ke			kai	kei	kao	kou	kan	ken	kang	keng	kong				
h	ha		he			hai	hei	hao	hou	han	hen	hang	heng	hong				
j															ji	jia	jiao	jie
q															qi	qia	qiao	qie
x															xi	xia	xiao	xie
zh	zha		zhe	zhi		zhai	zhei	zhao	zhou	zhan	zhen	zhang	zheng	zhong				
ch	cha		che	chi		chai		chao	chou	chan	chen	chang	cheng	chong				
sh	sha		she	shi		shai	shei	shao	shou	shan	shen	shang	sheng					
r			re	ri				rao	rou	ran	ren	rang	reng	rong				
z	za		ze	zi		zai	zei	zao	zou	zan	zen	zang	zeng	zong				
c	ca		ce	ci		cai		cao	cou	can	cen	cang	ceng	cong				
s	sa		se	si		sai		sao	sou	san	sen	sang	seng	song				
	a	o	e		er	ai	ei	ao	ou	an	en	ang	eng	ong	yi	ya	yao	ye

解説：韻母のつづり

A：“ⅰ”グループ韻母が独自に音節を構成する場合（つまり声母がない時）は、次のようにつづる。

yi　ya　ye　yao　you　yan　yin　yang　ying　yong

B：“u”グループ韻母が独自に音節を構成する場合（つまり声母がない時）は、次のようにつづる。

wu　wa　wo　wai　wei　wan　wen　wang　weng

C：“ü”グループ韻母が独自に音節を構成する場合（つまり声母がない時）は、次のようにつづる。

yu　yue　yuan　yun…“ü”の上の２つの点は省略される。

iou	ian	in	iang	ing	iong	u	ua	uo	uai	uei	uan	uen	uang	ueng	ü	üe	üan	ün
	bian	bin		bing		bu												
	pian	pin		ping		pu												
miu	mian	min		ming		mu												
						fu												
diu	dian			ding		du		duo		dui	duan	dun						
	tian			ting		tu		tuo		tui	tuan	tun						
niu	nian	nin	niang	ning		nu		nuo			nuan				nü	nüe		
liu	lian	lin	liang	ling		lu		luo			luan	lun			lü	lüe		
						gu	gua	guo	guai	gui	guan	gun	guang					
						ku	kua	kuo	kuai	kui	kuan	kun	kuang					
						hu	hua	huo	huai	hui	huan	hun	huang					
jiu	jian	jin	jiang	jing	jiong										ju	jue	juan	jun
qiu	qian	qin	qiang	qing	qiong										qu	que	quan	qun
xiu	xian	xin	xiang	xing	xiong										xu	xue	xuan	xun
						zhu	zhua	zhuo	zhuai	zhui	zhuan	zhun	zhuang					
						chu	chua	chuo	chuai	chui	chuan	chun	chuang					
						shu	shua	shuo	shuai	shui	shuan	shun	shuang					
						ru	rua	ruo		rui	ruan	run						
						zu		zuo		zui	zuan	zun						
						cu		cuo		cui	cuan	cun						
						su		suo		sui	suan	sun						
you	yan	yin	yang	ying	yong	wu	wa	wo	wai	wei	wan	wen	wang	weng	yu	yue	yuan	yun

(10) 中 国 語 と 日 本 語 の 音 節 対 照 表

韻母＼声母	a	o	e	i	er	ai	ei	ao	ou	an	en	ang	eng	ong	i	ia	iao	ie
	ア			イ			エ	オ										
b	バ						ベ	ボ							ビ	ビャ	ビョ	
	ba	bo				bai	bei	bao		ban	ben	bang	beng		bi		biao	bie
p	パ						ペ	ポ							ピ	ピャ	ピョ	
	pa	po				pai	pei	pao	pou	pan	pen	pang	peng		pi		piao	pie
m	マ						メ	モ							ミ	ミャ	ミョ	
	ma	mo	me			mai	mei	mao	mou	man	men	mang	meng		mi		miao	mie
f	fa	fo					fei		fou	fan	fen	fang	feng					
d	ダ						デ	ド										
	da		de			dai	dei	dao	dou	dan	den	dang	deng	dong	di		diao	die
t	タ						テ	ト										
	ta		te			tai		tao	tou	tan		tang	teng	tong	ti		tiao	tie
n	ナ						ネ	ノ							ニ	ニャ	ニョ	
	na		ne			nai	nei	nao	nuo	nan	nen	nang	neng	nong	ni		niao	nie
l	ラ						レ	ロ							リ	リャ	リョ	
	la		le			lai	lei	lao	lou	lan		lang	leng	long	li	lia	liao	lie
g	ガ						ゲ	ゴ							ギ	ギャ	ギョ	
	ga		ge			gai	gei	gao	gou	gan	gen	gang	beng	gong				
k	カ							コ							キ	キャ	キョ	
	ka		ke			kai	kei	kao	kou	kan	ken	kang	keng	kong				
h	ハ						ヘ	ホ							ヒ	ヒャ	ヒョ	
	ha		he			hai	hei	hao	hou	han	hen	hang	heng	hong				
j															ジ	ジャ	ジョ	
															ji	jia	jiao	jie
q															チ	チャ	チョ	
															qi	qia	qiao	qie
x															シ	シャ	ショ	
															xi	xia	xiao	xie
zh	zha		zhe	zhi		zhai	zhei	zhao	zhou	zhan	zhen	zhang	zheng	zhong				
ch	cha		che	chi		chai		chao	chou	chan	chen	chang	cheng	chong				
sh	sha		she	shi		shai	shei	shao	shou	shan	shen	shang	sheng					
r			re	ri				rao	rou	ran	ren	rang	reng	rong				
z	ザ			ズ			ゼ	ゾ										
	za		ze	zi		zai	zei	zao	zou	zan	zen	zang	zeng	zong				
c	ca		ce	ツ		cai		cao	cou	can	cen	cang	ceng	cong				
s	サ						セ	ソ										
	sa		se	si		sai		sao	sou	san	sen	sang	seng	song				
	a	o	e		er	ai	ei	ao	ou	an	en	ang	eng	ong	yi	ya	yao	ye
																ヤ	ヨ	

解説：◇中国語の子音（声母）は 21 個、日本語の子音は 14 個です。中国語の母音（韻母）は 37 個、日本語の母音は 5 個です。これらの子音と母音の組み合わせによる中国語の音節は 400 個近くもあるのに対し、日本語の音節は 98 個（長音と拗長音は含まない）でした。その数の多少はともかく、両国の音節表を比べてみると面白く、また意外な発見がありました。

◇両者を比べると p.35 の 3 種類に分けることができました。

iou	ian	in	iang	ing	iong	ウ u	ua	uo	uai	uei	uan	uen	uang	ueng	ü	üe	üan	ün
ビュ	bian	bin		bing		ブ bu												
ピュ	pian	pin		ping		プ pu												
ミュ miu	mian	min		ming		ム mu												
						fu												
diu	dian			ding		du		duo		dui	duan	dun						
	tian			ting		tu		tuo		tui	tuan	tun						
ニュ niu	nian	nin	niang	ning		ヌ nu		nuo			nuan				nü	nüe		
リュ liu	lian	lin	liang	ling		ル lu		luo			luan	lun			lü	lüe		
ギュ						グ gu	gua	guo	guai	gui	guan	gun	guang					
キュ						ク ku	kua	kuo	kuai	kui	kuan	kun	kuang					
ヒュ						フ hu	hua	huo	huai	hui	huan	hun	huang					
ジュ	jian	jin	jiang	jing	jiong										ju	jue	juan	jun
チュ qiu	qian	qin	qiang	qing	qiong										qu	que	quan	qun
シュ xiu	xian	xin	xiang	xing	xiong										xu	xue	xuan	xun
						zhu	zhua	zhuo	zhuai	zhui	zhuan	zhun	zhuang					
						chu	chua	chuo	chuai	chui	chuan	chun	chuang					
						shu	shua	shuo	shuai	shui	shuan	shun	shuang					
						ru	rua	ruo		rui	ruan	run						
						zu		zuo		zui	zuan	zun						
						cu		cuo		cui	cuan	cun						
						ス su		suo		sui	suan	sun						
you	yan	yin	yang	ying	yong	wu	wa	wo	wai	wei	wan	wen	wang	weng	yu	yue	yuan	yun
ユ						ワ												

1. 日本語にしかない音節は 18 個：ビャ、ビュ、ピャ、ピュ、ミャ、ニャ、ギ、ギャ、ギュ、ギョ、キ、キャ、キュ、キョ、ヒ、ヒャ、ヒュ、ヒョ

2. 母音が中国語とほぼ同じ日本語の音節は 31 個：中国語 "ei" →日本語 "エ"、中国語 "ao" →日本語 "オ"

3. 中国語と同じように発音できる日本語の音節は 49 個：これらの日本語の音節は全て中国語の音節の第 1 声で発音できます。

第2章
発音練習編

> **中検準 4 級のための学習**
> ◉ あいさつ用語と応用会話 280 例
> ◉ 声母・韻母の発音のコツ
> ◉ 4 つの声調練習
> ◉ 音の区別練習
> ◉ 音節声調の順番練習

① ヒアリング力アップのために、一通り学習した後に第 1 課～第 10 課と情景会話 1 ～ 10 の音声を最初から最後まで（本を見ずに）何回も聞きましょう！

② 会話力アップのために：第 1 課～第 10 課の 1「会話」、3「単語」、4「声母」、5「韻母」、7「4 つの声調」、8「音の区別」、9「単語の声調練習」、10「応用会話」と情景会話 1 ～ 10 の 1「会話文」、2「新しい単語」、5「4 つの声調」が正しく発音できるよう、（本を見ながら）本書の音声を聞き、声を出して発音のマネ音読練習をしましょう！　またチャンスがあったら、中国語が話せる人と一緒に会話の練習もしましょう！　正確に流暢に話せるためには、音声の聞き流し、マネしながらの音読練習と会話練習は不可欠です。そのようなマネ音読練習は毎日 15 分～ 30 分必要です。

③ 単語の意味をしっかり覚えましょう。音声を聞きながら、マネ音読した後漢字の書き方を練習し、漢字の上にピンインをつける練習もしましょう。

④ この段階での第 1 課～第 10 課の 8「音の区別」、9「単語の声調練習」の学習重点は、「ピンインと声調」を見て、正しく発音することです。単語の書き方や意味は、後で勉強しましょう！

⑤ 中国語検定試験準 4 級の受験段階に入ったら、後の重要語彙リストを見て第 1 課～第 15 課の全ての単語の意味と漢字の書き方をしっかり覚えましょう。練習問題を必ずやりましょう。

⑥ 中検準 4 級に合格するためには、以上の学習ポイントを徹底的に実施する必要があり、また第 1 課～第 15 課の内容を 50 時間以上学ぶ必要があります。

第 **1** 課 | <ruby>你<rt>nǐ</rt></ruby> <ruby>好<rt>hǎo</rt></ruby>！（こんにちは！）

1. 会 話

(1 － 003)

A：<ruby>你<rt>nǐ</rt></ruby> <ruby>好<rt>hǎo</rt></ruby>！　　　　　　B：<ruby>你<rt>nǐ</rt></ruby> <ruby>好<rt>hǎo</rt></ruby>！

A：<ruby>早<rt>zǎo</rt></ruby> <ruby>上<rt>shang</rt></ruby> <ruby>好<rt>hǎo</rt></ruby>（<ruby>早安<rt>zǎo 'ān</rt></ruby>）！　　B：<ruby>早<rt>zǎo</rt></ruby> <ruby>上<rt>shang</rt></ruby> <ruby>好<rt>hǎo</rt></ruby>（<ruby>早安<rt>zǎo 'ān</rt></ruby>）！

A：<ruby>晚<rt>wǎn</rt></ruby> <ruby>上<rt>shang</rt></ruby> <ruby>好<rt>hǎo</rt></ruby>！　　　B：<ruby>晚<rt>wǎn</rt></ruby> <ruby>上<rt>shang</rt></ruby> <ruby>好<rt>hǎo</rt></ruby>！

A：<ruby>晚<rt>wǎn</rt></ruby> <ruby>安<rt>'ān</rt></ruby>！　　　　　B：<ruby>晚<rt>wǎn</rt></ruby> <ruby>安<rt>'ān</rt></ruby>！

A：<ruby>明<rt>míng</rt></ruby> <ruby>天<rt>tiān</rt></ruby> <ruby>见<rt>jiàn</rt></ruby>！　　B：<ruby>再<rt>zài</rt></ruby> <ruby>见<rt>jiàn</rt></ruby>！

2. 訳 文

A：こんにちは!	B：こんにちは!
A：おはようございます!	B：おはようございます!
A：こんばんは!	B：こんばんは!
A：おやすみなさい!	B：おやすみなさい!
A：また明日!	B：さようなら!

3. 新しい単語

(1 － 004)

1. nǐ　　　　　　　（代名詞）　　你　　　あなた
2. hǎo　　　　　　（形容詞）　　好　　　良い
　△ nǐ hǎo　　　　（あいさつ文）　你好　　こんにちは
3. zǎo shang　　　（時間詞）　　早上　　朝
　△ zǎo shang hǎo　（あいさつ文）　早上好　おはようございます
4. wǎn shang　　　（時間詞）　　晚上　　夜

39

△ wǎn shang hǎo	（あいさつ文）	晚上好	こんばんは
5. wǎn'ān	（あいさつ文）	晚安	おやすみなさい
6. míng tiān	（時間詞）	明天	明日
7. jiàn	（動詞）	见	会う
△ míng tiān jiàn	（あいさつ文）	明天见	また明日
8. zài jiàn	（あいさつ文）	再见	さようなら
9. yī	（数詞）	一	1
10. shēng cí	（名詞）	生词	新しい単語

4. 声　母　　🔊 1 － 005

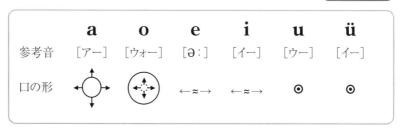

	b	**p**	**m**	**f**
参考音	［ブ ウ ォ］	［プ ォ］	［ム ウ ォ］	［フ ウ ォ］
口の形				↓ ≈ （上歯を下唇にタッチ）
	d	**t**	**n**	**l**
参考音	[də]	[tə]	[nə]	[lə]
口の形	←≈→	←≈→	←≈→	←≈→

5. 韻　母　　🔊 1 － 006

	a	**o**	**e**	**i**	**u**	**ü**
参考音	［アー］	［ウォー］	［ə：］	［イー］	［ウー］	［イー］
口の形			←≈→	←≈→	◉	◉

＊参考音と口の形は第１章発声法編の声母表と韻母表を参照してください。

6. 注 釈

(1) 声調符号をつける位置

① 声母につけず、韻母につけます。韻母が1つの時は、a、o、e、i、u、üのどれかにつけます。例："mā" "kè" "bó" "pī" "gǔ" "lǚ"

② 韻母が2つ、あるいは3つある時は、a、o、e、i、u、üの優先順位で、優先順位の高い韻母につけます。

例："hāi" "huā" "bāo" "gōu" "tuō" "duō" "xué" …など

③ iuとuiの場合、後ろの韻母につけます。

例："huī" "guī" "xiū" "jiǔ" など

(2) 隔音符号

"a" "o" "e" "an" "ang" "ou" で始まる音節をほかの音節の後に続ける時、音節の切れ目をはっきりさせるために隔音符号「'」を使います。

例： □ zǎo'ān （おはよう）　　□ tiān'ānmén （天安門）

　　□ gōng'ānjú （公安局）　　□ liàn'ài （恋愛）

　　□ tiān'é （白鳥）　　　　　□ mù'ǒuxì （人形劇）

(3) 「你好！」について

日本語の「こんにちは」と同じように使われているあいさつ用語です。いつでも、誰に対しても使えます。

(4) 声母 "f" がほかの韻母と音節を作った場合は、韻母の口の形を無視し、常に上歯を下唇にタッチしながら発音します。

例：发　　达（発達）　　父　　母（父母）

大きく開けない　大きく開ける　丸めない　丸める

（上歯を下唇にタッチ）　　（上歯を下唇にタッチ）

41

7. 4つの声調

🔊 1 - 007

nī	ní	nǐ	nì	---	nǐ
hāo	háo	hǎo	hào	---	nǐ hǎo
zāo	záo	zǎo	zào	---	zǎo
shāng	sháng	shǎng	shàng	---	zǎo shang
shēng	shéng	shěng	shèng	---	shēng
cī	cí	cǐ	cì	---	shēng cí
wān	wán	wǎn	wàn	---	wǎn shang
ān	án	ǎn	àn	---	wǎn'ān
mīng	míng	mǐng	mìng	---	míng
tiān	tián	tiǎn	tiàn	---	míng tiān
zāi	zái	zǎi	zài	---	zài
jiān	jián	jiǎn	jiàn	---	zài jiàn
yī	yí	yǐ	yì	---	yī

＊破線の右横の単語の漢字と意味は前の「3. 新しい単語」の部分を参
照してください。

8. 音の区別

🔊 1 - 008

① { bō / pō }　② { mō / fō }　③ { dē / tē }　④ { nē / lē }

⑤ { hǎo / zǎo }　⑥ { wǎn / wǎng }　⑦ { zài / cài }　⑧ { jiàn / xiàn }

9. 単語の声調練習

(1) 第1声＋第1声

cān tīng	dōng jīng
餐厅 （レストラン）	东京 （東京）
gōng sī	guān xīn
公司 （会社）	关心 （関心を持つ）
jīn tiān	chū chāi
今天 （今日）	出差 （出張する）

(2) 第1声＋第2声

yīng guó	shēng huó
英国 （英国）	生活 （生活）
kōng tiáo	gāng cái
空调 （エアコン）	刚才 （さっき）
ā yí	jī jí
阿姨 （おばさん）	积极 （積極的である）

(3) 第1声＋第3声

xiū lǐ	shēn tǐ
修理 （修理する）	身体 （体）
shāng pǐn	yīng yǔ
商品 （商品）	英语 （英語）
fēng jǐng	jī chǎng
风景 （風景）	机场 （空港）

(4) 第1声＋第4声

xiōng dì	kōng qì
兄弟 （兄弟）	空气 （空気）
yī yuàn	jī dàn
医院 （病院）	鸡蛋 （卵）
xī wàng	fāng xiàng
希望 （希望）	方向 （方向）

10. 応用会話

A：辛苦了。 （xīn kǔ le）　　B：没关系。／不辛苦。 （méi guān xi / bù xīn kǔ）

A：下星期见。 （xià xīng qī jiàn）　　B：下星期见。 （xià xīng qī jiàn）

A：下个月见。 （xià ge yuè jiàn）　　B：下个月见。 （xià ge yuè jiàn）

訳文：A：お疲れさまでした。　　B：大丈夫ですよ。／ 大したことないですよ。
　　　A：来週また会いましょう。B：来週また会いましょう。
　　　A：来月また会いましょう。B：来月また会いましょう。

（1）次の声母と韻母を書きなさい。

①アー＿＿＿＿＿　　②ウォ＿＿＿＿＿　　③イー＿＿＿＿＿

④ブウォ＿＿＿＿＿　　⑤プォ＿＿＿＿＿　　⑥ムウォ＿＿＿＿＿

⑦ウー＿＿＿＿＿　　⑧フウォ＿＿＿＿＿

（2）次のあいさつ用語を中国語に訳し、ピンインをつけなさい。

①こんにちは！＿＿＿＿＿＿＿＿＿＿＿＿＿＿＿＿＿＿＿＿＿＿＿

②おはようございます！＿＿＿＿＿＿＿＿＿＿＿＿＿＿＿＿＿＿＿

③こんばんは！＿＿＿＿＿＿＿＿＿＿＿＿＿＿＿＿＿＿＿＿＿＿＿

④おやすみなさい！＿＿＿＿＿＿＿＿＿＿＿＿＿＿＿＿＿＿＿＿＿

⑤さようなら！＿＿＿＿＿＿＿＿＿＿＿＿＿＿＿＿＿＿＿＿＿＿＿

⑥また明日！＿＿＿＿＿＿＿＿＿＿＿＿＿＿＿＿＿＿＿＿＿＿＿＿

（3）本文のあいさつ文と応用会話を使って、中国人や中国語が話せる
　　人にあいさつをしましょう。

nǐ jiào shén me míng zi
你 叫 什 么 名 字？

（お名前は何ですか?）

1. 会話文

🔊 1 － 011

nǐ hǎo
A：你好！

nǐ hǎo
B：你好！

nǐ guì xìng
A：你贵姓？

wǒ xìng chí tián
B：我姓池田。

nǐ jiào shén me míng zi
A：你叫什么名字？

wǒ jiào chí tián má měi
B：我叫池田麻美。

······

訳：A：こんにちは！　　　　　　　　B：こんにちは！

　　A：お名前（姓）は？　　　　　　B：池田です。

　　A：お名前(フルネーム)は何ですか？　B：池田麻美と申します。

2. 新しい単語

🔊 1 － 012

guì xìng	nǐ hǎo	jiào	jiào shén me
贵姓	你好	叫	叫什么
（お名前(姓))	（こんにちは）	（呼ぶ）	（何）

míng zi	chàng gē	xiè xie	zài jiàn
名字	唱歌	谢谢	再见
（名前）	（歌を歌う）	（ありがとう）	（さようなら）

xué zhōng wén
学中文
（中国語を学ぶ）

3. 4つの声調の特徴

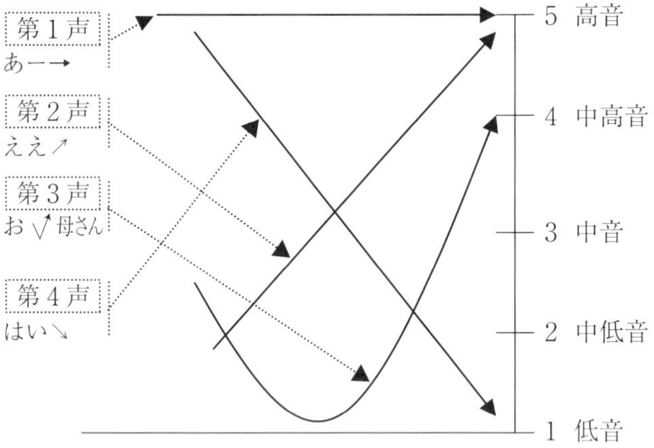

4. 4つの声調練習

1－013

nī	ní	nǐ	nì	---	nǐ
hāo	háo	hǎo	hào	---	hǎo、nǐ hǎo
jiāo	jiáo	jiǎo	jiào	---	jiào
shēn	shén	shěn	shèn	---	shén
mē	mé	mě	mè	---	shén me
mīng	míng	mǐng	mìng	---	míng
zī	zí	zǐ	zì	---	míng zi
guī	guí	guǐ	guì	---	guì
xīng	xíng	xǐng	xìng	---	xìng
chāng	cháng	chǎng	chàng	---	chàng gē

5. 歌いましょう♪

1－014

b	p	m	f	d	t	n	l
g	k	h		j	q	x	
zh	ch	sh	r	z	c	s	
a	o	e	i	u	ü	er	

wǒ xué zhōng wén　wǒ chàng gē
我 学 中 文 / 我 唱 歌（私は中国語を勉強する / 私は歌を歌う）

nǐ hǎo　xiè xie　zài jiàn le
你 好 / 谢 谢 / 再 见 了（こんにちは / ありがとう / さようなら）

練習問題　　　　　　　　　　　　　　　　　　　　解答 p.426

（1）次の単語を訳しなさい。また中国語の単語の上にピンインをつけなさい。

①貴姓＿＿＿＿＿＿＿＿＿　　②叫＿＿＿＿＿＿＿＿＿

③名字＿＿＿＿＿＿＿＿＿　　④什么＿＿＿＿＿＿＿＿

⑤歌を歌う＿＿＿＿＿＿＿　　⑥中国語を習う＿＿＿＿＿

⑦さようなら＿＿＿＿＿＿　　⑧ありがとう＿＿＿＿＿＿

（2）次の会話文を中国語に訳し、ピンインをつけなさい。

①こんにちは！＿＿＿＿＿＿＿＿＿＿＿＿＿＿＿＿＿＿＿＿

②こんにちは！＿＿＿＿＿＿＿＿＿＿＿＿＿＿＿＿＿＿＿＿

③お名前(姓)は？＿＿＿＿＿＿＿＿＿＿＿＿＿＿＿＿＿＿＿

④池田です。＿＿＿＿＿＿＿＿＿＿＿＿＿＿＿＿＿＿＿＿＿

⑤お名前(フルネーム)は何ですか？＿＿＿＿＿＿＿＿＿＿＿

⑥池田麻美と申します。＿＿＿＿＿＿＿＿＿＿＿＿＿＿＿＿

（3）「声母の歌」を覚えて、全文を書きなさい。

（4）韻母の a、o、e、i、u、ü を声を出しながら書きましょう。

（5）「你好！」と中華系の人にあいさつしましょう。

qǐng jìn
请 进！(どうぞお入りください！)

1. 会 話　　　　　　　　　　　　🔊 1 - 015

qǐng jìn
A：请 进！

dǎ jiǎo le
B：打 搅 了。

qǐng zuò
A：请 坐！

xiè xie
B：谢 谢。

qǐng hē chá shuǐ
A：请 喝 茶 (水)！

xiè xie nǐ
B：谢 谢 你。

2. 訳 文

A:どうぞお入りください！　　　　　B:おじゃまします。

A:どうぞお座りください！　　　　　B:ありがとう。

A:お茶(お水)をどうぞ！　　　　　B:ありがとうございます。

3. 新しい単語　　　　　　　　　　🔊 1 - 016

1. qǐng zuò	（動詞）	请坐	どうぞ座ってください
2. jìn	（動詞）	进	入る
3. dǎ jiǎo	（動詞）	打搅	じゃまする
4. le	（助詞）	了	…しました、…よ
5. xiè xie	（あいさつ文）	谢谢	ありがとう
6. hē	（動詞）	喝	飲む
7. chá	（名詞）	茶	お茶
8. shuǐ	（名詞）	水	水
9. èr	（数詞）	二	2

4. 声 母

🔊 1－017

	g	**k**	**h**	**j**	**q**	**x**
参考音	[gə]	[kə]	[hə]	[ジー]	[チー]	[シー]
口の形	←≈→	←≈→	←≈→	←≈→	←≈→	←≈→

5. 韻 母

🔊 1－018

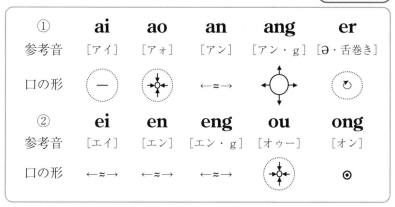

①	**ai**	**ao**	**an**	**ang**	**er**
参考音	[アイ]	[アォ]	[アン]	[アン・g]	[ə・舌巻き]
口の形			←≈→		

②	**ei**	**en**	**eng**	**ou**	**ong**
参考音	[エイ]	[エン]	[エン・g]	[オゥー]	[オン]
口の形	←≈→	←≈→	←≈→		

＊参考音と口の形は第1章発声法編の声母表と韻母表を参照してください。

6. 注 釈

（1）"ji" "qi" "xi" は舌面音なので、発音する時は、両唇を左右に最大限に開き、舌を下歯ぐきにつけながら、日本語の [ジー] [チー] [シー] と発音し、息はその舌面上を通過させるのがポイントです。

（2）"jü" "qü" "xü" の後ろの "-ü" と "u"
　　"j" "q" "x" の後ろにくる韻母は "ü" だけで、"u" はきません。よって "jü" "qü" "xü" は "ju" "qu" "xu" と表記されています。つづりの規則は 32、33 ページの中国語標準語音節表をご参照ください。

例：実際の発音　jün　→　表記　jun

xüe　→　　　　xue

qü　→　　　　qu

(3) "不 (bù)" の声調変化

"不" は単独で使う時、または第1声、第2声、第3声の前にある
時は第4声 "bù" と発音します。

　　　 bù gāo　　　　bù lái　　　 bù hǎo
例：不高 / 高くない　不来 / 来ない　不好 / よくない

　　また第4声の前では、第2声 "bú" と発音します。

　　 bú shì　　　　　　bú yào
例：不是 / …ではない　不要 / 要らない

　　　 nǐ hǎo ma　　　　　nǐ hǎo
(4) "你 好 吗?" と "你 好" について

◉ "你好吗?"「お元気ですか?」は、以前から面識がある人に対
して使う「あいさつ文」です。
初対面の人には使わないことに注意してください。

◉ "你好" は日本語の「こんにちは」と同じように使われている
あいさつ用語です。いつでも誰に対しても使えます。

(5) 韻母 "er" の第4声 "èr（二）" を発音する時は、口を特に大きく開
けます。

7. 4つの声調　　　🔊 1−019

qīng	qíng	qǐng	qìng	---	qǐng
jīn	jín	jǐn	jìn	---	qǐng jìn
zuō	zuó	zuǒ	zuò	---	qǐng zuò
dā	dá	dǎ	dà	---	dǎ
jiāo	jiáo	jiǎo	jiào	---	dǎ jiǎo
lē	lé	lě	lè	---	dǎ jiǎo le
xiē	xié	xiě	xiè	---	xiè xie

hē	hé	hě	hè	---	hē
chā	chá	chǎ	chà	---	hē chá
shuī	shuí	shuǐ	shuì	---	shuǐ
ēr	ér	ěr	èr	---	ér, èr

＊破線の右横の単語の漢字と意味は前の「3. 新しい単語」の部分を参照してください。

8. 音の区別

◀)) 1 － 020

① { jìn
    xìn }
② { dǎ
    tǎ }
③ { zuò
    cuò }
④ { jiǎo
    xiǎo }

⑤ { xiè
    yuè }
⑥ { shuǐ
    huǐ }
⑦ { gēn
    gēng }
⑧ { qǐng
    xǐng }

9. 単語の声調練習

◀)) 1 － 021

(1) 第2声＋第1声	
shí jiān	páng biān
时间（時間）	旁边（そば）
jié hūn	chuán zhēn
结婚（結婚する）	传真（ファックス）
qián bāo	nóng cūn
钱包（財布）	农村（農村）

(2) 第2声＋第2声	
yín háng	chú fáng
银行（銀行）	厨房（台所）
dé guó	ér tóng
德国（ドイツ）	儿童（児童）
liú xíng	tóng xué
流行（流行する）	同学（クラスメート）

(3) 第2声＋第3声	
niú nǎi	pí jiǔ
牛奶（牛乳）	啤酒（ビール）
nán nǚ	hán yǔ
男女（男女）	韩语（韓国語）
fú shǒu	táng guǒ
扶手（手すり）	糖果（飴）

(4) 第2声＋第4声	
tóng shì	xué xiào
同事（同僚）	学校（学校）
yú kuài	yuán liàng
愉快（愉快である）	原谅（許す）
xí guàn	chí dào
习惯（習慣）	迟到（遅刻する）

A：<ruby>你<rt>nǐ</rt></ruby>（<ruby>们<rt>men</rt></ruby>）<ruby>累<rt>lèi</rt></ruby> <ruby>了<rt>le</rt></ruby> <ruby>吧<rt>ba</rt></ruby>!

B：<ruby>我<rt>wǒ</rt></ruby>（<ruby>们<rt>men</rt></ruby>）<ruby>累<rt>lèi</rt></ruby> <ruby>了<rt>le</rt></ruby>。/<ruby>我<rt>wǒ</rt></ruby> <ruby>有<rt>yǒu</rt></ruby> <ruby>点<rt>diǎnr</rt></ruby><ruby>儿<rt></rt></ruby> <ruby>累<rt>lèi</rt></ruby>。/<ruby>我<rt>wǒ</rt></ruby> <ruby>很<rt>hěn</rt></ruby> <ruby>累<rt>lèi</rt></ruby>。/<ruby>我<rt>wǒ</rt></ruby> <ruby>不<rt>bú</rt></ruby> <ruby>累<rt>lèi</rt></ruby>。

A：<ruby>那<rt>nà</rt></ruby> <ruby>我<rt>wǒ</rt></ruby> <ruby>们<rt>men</rt></ruby> <ruby>休<rt>xiū</rt></ruby> <ruby>息<rt>xi</rt></ruby> <ruby>一<rt>yí</rt></ruby> <ruby>下<rt>xiàr</rt></ruby><ruby>儿<rt></rt></ruby>，<ruby>好<rt>hǎo</rt></ruby> <ruby>不<rt>bu</rt></ruby> <ruby>好<rt>hǎo</rt></ruby>?

B：<ruby>好<rt>hǎo</rt></ruby>。

訳文：A：あなた（たち）、疲れたでしょう！
B：私（たち）は疲れました。/ 少し疲れました。/ とても疲れました。
/ 疲れていません。
A：では、ちょっと休憩しませんか？
B：はい、いいです。

練習問題　　　　　　　　　　　　　　　　　　解答 p.426

（1）次の声母と韻母を書きなさい。

①ジー＿＿＿＿　②チー＿＿＿＿　③シー＿＿＿＿　④アイ＿＿＿＿

⑤アォ＿＿＿＿　⑥アン＿＿＿＿　⑦エイ＿＿＿＿　⑧エン＿＿＿＿

（2）次のあいさつ用語を中国語に訳し、ピンインもつけなさい。

①どうぞお入りください！＿＿＿＿＿＿＿＿＿＿＿＿＿＿＿＿＿＿

②おじゃまします。＿＿＿＿＿＿＿＿＿＿＿＿＿＿＿＿＿＿＿＿＿

③どうぞお座りください！＿＿＿＿＿＿＿＿＿＿＿＿＿＿＿＿＿＿

④ありがとうございます。＿＿＿＿＿＿＿＿＿＿＿＿＿＿＿＿＿＿

⑤どうぞ、お水を飲んでください！＿＿＿＿＿＿＿＿＿＿＿＿＿＿

（3）本文のあいさつ文と応用会話を使って、中国人や中国語が話せる
人にあいさつをしましょう。

zǎo 'ān
早 安！
（おはようございます!）

1. 会話文

🔊 1－023

A：<ruby>早<rt>zǎo</rt></ruby> <ruby>上<rt>shang</rt></ruby> <ruby>好<rt>hǎo</rt></ruby>！/ <ruby>早<rt>zǎo</rt></ruby> <ruby>安<rt>'ān</rt></ruby>！

B：<ruby>早<rt>zǎo</rt></ruby> <ruby>上<rt>shang</rt></ruby> <ruby>好<rt>hǎo</rt></ruby>！/ <ruby>早<rt>zǎo</rt></ruby> <ruby>安<rt>'ān</rt></ruby>！

A：<ruby>你<rt>nǐ</rt></ruby> <ruby>去<rt>qù</rt></ruby> <ruby>哪儿<rt>nǎr</rt></ruby>？

B：<ruby>我<rt>wǒ</rt></ruby> <ruby>去<rt>qù</rt></ruby> <ruby>学<rt>xué</rt></ruby> <ruby>校<rt>xiào</rt></ruby>。<ruby>你<rt>nǐ</rt></ruby> <ruby>去<rt>qù</rt></ruby> <ruby>哪<rt>nǎ</rt></ruby> <ruby>里<rt>li</rt></ruby>？

A：<ruby>我<rt>wǒ</rt></ruby> <ruby>去<rt>qù</rt></ruby> <ruby>电<rt>diàn</rt></ruby> <ruby>影<rt>yǐng</rt></ruby> <ruby>院<rt>yuàn</rt></ruby> <ruby>看<rt>kàn</rt></ruby> <ruby>电<rt>diàn</rt></ruby> <ruby>影<rt>yǐng</rt></ruby>。

訳：A：おはようございます！　　B：おはようございます！

　　A：どこへ行きますか？　　　B：学校へ行きます。あなたはどこ
　　　　　　　　　　　　　　　　　　へ行きますか？

　　A：私は映画館へ映画を見に行きます。

2. 新しい単語

🔊 1－024

<ruby>早<rt>zǎo</rt></ruby> <ruby>上<rt>shang</rt></ruby> <ruby>好<rt>hǎo</rt></ruby> （おはようございます）	<ruby>电<rt>diàn</rt></ruby> <ruby>影<rt>yǐng</rt></ruby> <ruby>院<rt>yuàn</rt></ruby> （映画館）	<ruby>去<rt>qù</rt></ruby> <ruby>哪<rt>nǎ</rt></ruby> <ruby>里<rt>li</rt></ruby> （どこへ行きますか）	<ruby>在<rt>zài</rt></ruby> <ruby>公<rt>gōng</rt></ruby> <ruby>司<rt>sī</rt></ruby> （会社にいる）
<ruby>早<rt>zǎo</rt></ruby> <ruby>安<rt>'ān</rt></ruby> （おはようございます）	<ruby>看<rt>kàn</rt></ruby> <ruby>电<rt>diàn</rt></ruby> <ruby>影<rt>yǐng</rt></ruby> （映画を見る）	<ruby>去<rt>qù</rt></ruby> <ruby>哪儿<rt>nǎr</rt></ruby> （どこへ行きますか）	<ruby>明<rt>míng</rt></ruby> <ruby>天<rt>tiān</rt></ruby> <ruby>见<rt>jiàn</rt></ruby> （またあした）
<ruby>现<rt>xiàn</rt></ruby> <ruby>在<rt>zài</rt></ruby> （今）	<ruby>上<rt>shàng</rt></ruby> <ruby>网<rt>wǎng</rt></ruby> （インターネットをする）	<ruby>干<rt>gàn</rt></ruby> <ruby>什<rt>shén</rt></ruby> <ruby>么<rt>me</rt></ruby> （何をする）	

3. 韻 母

üe → yue   iao → yao   ua → wa   o

4. 4つの声調

zāo	záo	zǎo	zào	---	zǎo shang
ān	án	ǎn	àn	---	zǎo 'ān
qū	qú	qǔ	qù	---	qù
nā	ná	nǎ	nà	---	nàr、nǎr、nǎ lǐ
diān	dián	diǎn	diàn	---	diàn yǐng
yuān	yuán	yuǎn	yuàn	---	diàn yǐng yuàn
gōng	góng	gǒng	gòng	---	gōng sī
shāng	sháng	shǎng	shàng	---	shàng wǎng
gān	gán	gǎn	gàn	---	gàn shén me
xiān	xián	xiǎn	xiàn	---	xiàn zài

5. ミニ会話

nǐ xiàn zài zài nǎr
A：你 现 在 在 哪儿?

wǒ zài gōng sī
B：我 在 公 司。

nǐ zài gàn shén me
A：你 在 干 什 么?

wǒ zài shàng wǎng
B：我 在 上 网。

訳文：A：今どこにいますか？
　　　B：今会社にいます。
　　　A：あなたは何をしていますか？
　　　B：インターネットをしています。

(1) 次の韻母を書きなさい。

①イョォー_____　②ウァー_____　③ウォー_____

(2) 次の単語を訳し、また中国語の単語の上にピンインをつけなさい。

①おはようございます_____　②インターネットをする_____

③会社_____　④映画館_____

⑤看电影_____　⑥去公司_____

⑦干什么_____　⑧去哪里_____

(3) 次の文を中国語に訳し、ピンインをつけなさい。

A：おはようございます！_____

B：おはようございます！_____

A：どこへ行きますか？_____

B：学校へ行きます。あなたはどこへ行きますか？_____

A：私は映画館へ映画を見に行きます。_____

(4) 次のミニ会話を中国語に訳し、ピンインをつけなさい。

A：今どこにいますか？_____

B：今会社にいます。_____

A：あなたは何をしていますか？_____

B：インターネットをしています。_____

第 **3** 課 │ <ruby>对<rt>duì</rt></ruby> <ruby>不<rt>bu</rt></ruby> <ruby>起<rt>qǐ</rt></ruby> ！（すみません！）

1. 会 話

🔊 1 － 028

A：<ruby>对<rt>duì</rt></ruby> <ruby>不<rt>bu</rt></ruby> <ruby>起<rt>qǐ</rt></ruby>！　　　　　B：<ruby>没<rt>méi</rt></ruby> <ruby>关<rt>guān</rt></ruby> <ruby>系<rt>xi</rt></ruby>。

A：<ruby>真<rt>zhēn</rt></ruby> <ruby>抱<rt>bào</rt></ruby> <ruby>歉<rt>qiàn</rt></ruby>。　　　　B：<ruby>不<rt>bú</rt></ruby> <ruby>要<rt>yào</rt></ruby> <ruby>紧<rt>jǐn</rt></ruby>。

A：<ruby>麻<rt>má</rt></ruby> <ruby>烦<rt>fan</rt></ruby> <ruby>你<rt>nǐ</rt></ruby> <ruby>了<rt>le</rt></ruby>。　　　B：<ruby>不<rt>bú</rt></ruby> <ruby>客<rt>kè</rt></ruby> <ruby>气<rt>qi</rt></ruby>。

2. 訳 文

A：すみません！　　　　　　B：大丈夫ですよ。
A：本当に申し訳ございません。　B：大したことではないですよ。
A：お手数をかけました。　　　B：どういたしまして。

3. 新しい単語

🔊 1 － 029

1. duì	（形容詞）	对	正しい
△ duì bu qǐ	（あいさつ文）	对不起	すみません
2. méi	（否定詞）	没	ない
△ méi guān xi	（あいさつ文）	没关系	かまいません
3. zhēn	（程度副詞）	真	本当に
4. bào qiàn	（形容詞）	抱歉	申し訳ない
5. bú yào jǐn	（あいさつ文）	不要紧	大丈夫です、大したことではありません
6. bú kè qi	（あいさつ文）	不客气	どういたしまして どうぞおかまいなく
7. sān	（数詞）	三	3

4. 声　母

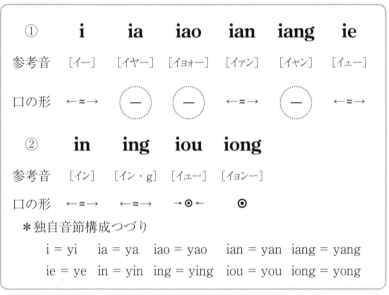

	z	c	s
参考音	［ズー］	［ツー］	［スー］
口の形	←≈→	←≈→	←≈→

5. 韻　母

🔊 1 − 031

①	i	ia	iao	ian	iang	ie
参考音	［イー］	［イヤー］	［イョオー］	［イァン］	［イャン］	［イェー］
口の形	←≈→	─	─	←≈→	─	←≈→

②	in	ing	iou	iong
参考音	［イン］	［イン・g］	［イュー］	［イョンー］
口の形	←≈→	←≈→	→◉←	◉

＊独自音節構成つづり

i = yi　ia = ya　iao = yao　　ian = yan　iang = yang

ie = ye　in = yin　ing = ying　iou = you　iong = yong

＊参考音と口の形は第1章発声法編の声母表と韻母表を参照してください。

6. 注　釈

(1) 声母 "z" "c" "s" の後にくる韻母 "i" について

"zi" "ci" "si" の後の韻母は、アルファベットの "i" になっていますが［イー］と発音してはいけません。この "i" は音節をつづる上で便宜上置かれているだけですので、発音する必要はありません。"zi" "ci" "si" を

発音する時には、"z" "c" "s" の音を2拍子伸ばせば正しく発音できます。つづりの規則は 32、33 ページの音節表を参照してください。

（2）"i" "ian" "ing" 単独での音節構成とつづり

◉ ふつう音節は声母＋韻母で構成されますが、一部の韻母は声母なしに単独で音節（漢字の発音）となることができます。つづりの規則は 32、33 ページの中国語標準語音節表を参照してください。

◉ その時のつづりは：

i = yi　　ia = ya　　iao = yao　　ian = yan　　iang = yang

ie = ye　in = yin　ing = ying　iou = you　iong = yong

＊つづりが変わっても発音は同じです。つづりの規則は 32、33 ページの中国語標準語音節表を参照してください。

（3）"iou" のつづり方

"iou" の前に声母がある時、"iou" は "-iu" とつづり、声調符号は "u" の上につけます。つづりの規則は 32、33 ページの中国語標準語音節表を参照してください。

　　例：liù（六）　　　jiǔ（九）

（4）3つの "tā"

他　**tā**…男性を指す（彼）

她　**tā**…女性を指す（彼女）

它　**tā**…動物や事物を指す（it）

7．4つの声調
🔊 1 － 032

duī	duí	duǐ	duì	---	duì
qī	qí	qǐ	qì	---	duì bu qǐ
mēi	méi	měi	mèi	---	méi
guān	guán	guǎn	guàn	---	guān

xī	xí	xǐ	xì	---	méi guān xi
zhēn	zhén	zhěn	zhèn	---	zhēn
bāo	báo	bǎo	bào	---	bào
qiān	qián	qiǎn	qiàn	---	bào qiàn
yāo	yáo	yǎo	yào	---	yào
jīn	jín	jǐn	jìn	---	bú yào jǐn
bū	bú	bǔ	bù	---	bú kè qi
kē	ké	kě	kè	---	kè qi
sān	sán	sǎn	sàn	---	sān

＊破線の右横の単語の漢字と意味は前の「3. 新しい単語」の部分を参照してください。

8. 音の区別　🔊 1－033

① { méi / féi }　② { qǐ / xǐ }　③ { duì / tuì }　④ { bào / pào }

⑤ { guān / huān }　⑥ { qiàn / xiàn }　⑦ { má / fá }　⑧ { nǐ / mǐ }

9. 単語の声調練習　🔊 1－034

(1)第3声＋第1声		(2)第3声＋第2声	
měi tiān **每天**(毎日)	mǎi dān **买单**(支払いをする)	fǎ guó **法国**(フランス)	měi guó **美国**(アメリカ)
jǐn zhāng **紧张**(緊張する)	liǎng qiān **两千**(2000)	kě néng **可能**(可能である)	jiě jué **解决**(解決する)
běi jīng **北京**(北京)	lǎo shī **老师**(先生)	yǒu qíng **友情**(友情)	wǎng qiú **网球**(テニス)

(3)第3声＋第3声		(4)第3声＋第4声	
lǎo bǎn	jǐ diǎn	jiě mèi	lěng qì
老板(社長)	几点(何時)	姐妹(姉妹)	冷气(クーラー)
shǒu biǎo	xǐ zǎo	lǐng dài	gǎn dòng
手表(腕時計)	洗澡(入浴する)	领带(ネクタイ)	感动(感動する)
lǐ jiě	shuǐ guǒ	mǎ shàng	měi lì
理解(理解する)	水果(果物)	马上(もうすぐ)	美丽(きれいである)

10. 応用会話

🔊 1 － 035

A：小 姐，买 单。
　　xiǎo jie mǎi dān

B：好。请 等 一下儿。/ 请 等 一 等。
　　hǎo qǐng děng yí xiàr qǐng děng yi děng

A：mǎi dān 是 什 么 意 思?
　　　　　　shì shén me yì si

B：买 单 是 "勘定する" 的 意 思。
　　mǎi dān shì de yì si

....

訳文：A：すみません、お勘定お願いします。
　　　B：はい、少々お待ちください。
　　　A：mǎi dān はどういう意味ですか？
　　　B：mǎi dān は「勘定する」の意味です。

(1) 次の声母と韻母を書きなさい。

　①ズー＿＿＿＿＿　②ツー＿＿＿＿＿　③スー＿＿＿＿＿　④イェー＿＿＿＿

　⑤イュー＿＿＿＿　⑥イン＿＿＿＿＿　⑦イン・g＿＿＿　⑧イャン＿＿＿＿

(2) 次のあいさつ用語を中国語に訳し、ピンインをつけなさい。

　①すみません！＿＿＿＿＿＿＿＿＿＿＿＿＿＿＿＿＿＿＿＿＿＿＿＿＿＿

　②大丈夫です！＿＿＿＿＿＿＿＿＿＿＿＿＿＿＿＿＿＿＿＿＿＿＿＿＿＿

　③本当に申し訳ございません！＿＿＿＿＿＿＿＿＿＿＿＿＿＿＿＿＿＿＿

　④大したことではありませんよ！＿＿＿＿＿＿＿＿＿＿＿＿＿＿＿＿＿

　⑤お手数をかけました。＿＿＿＿＿＿＿＿＿＿＿＿＿＿＿＿＿＿＿＿＿

　⑥どういたしまして。＿＿＿＿＿＿＿＿＿＿＿＿＿＿＿＿＿＿＿＿＿＿

(3) 本文のあいさつ文と応用会話を使って、中国人や中国語が話せる
　　人にあいさつをしましょう。

情景会話
3

nǐ jǐ suì le
你 几 岁 了?
(あなたは何歳ですか?)

1. 会話文

🔊 1 - 036

nǐ jǐ suì le
A:你 几 岁 了?

wǒ bā suì le
B:我 八 岁 了。

nǐ jiě jie duō dà le
A:你 姐 姐 多 大 了?

tā shí wǔ suì le
B:她 十 五 岁 了。

nǐ shì shǔ shén me de
A:你(是)属 什 么 的?

wǒ shì shǔ hóu de
B:我(是)属 猴 的。

nǐ xǐ huan shén me shuǐ guǒ
A:你 喜 欢 什 么 水 果?

wǒ xǐ huan cǎo méi
B:我 喜 欢 草 莓。

訳:A:あなたは何歳ですか?　　B:私は8歳です。
　　A:お姉さんはおいくつですか?　B:彼女(姉)は15歳です。
　　A:あなたの干支は何ですか?　　B:私はサル(申)年です。
　　A:あなたはどんなフルーツが好きですか?
　　B:私はイチゴが好きです。

2. 新しい単語

🔊 1 - 037

＊「几岁了」は10歳未満の子供に聞く場合に使う。「多大了」は10歳
以上から自分とほぼ同じ年齢の人に聞く場合に使う。

┌─ 中国語の数字 ─────────────────────┐

yī　　èr　　sān　　sì　　wǔ　　liù　　qī　　bā　　jiǔ　　shí
一　　二　　三　　四　　五　　六　　七　　八　　九　　十

←≈→　　⟲　　←≈→　←≈→　◉　　→◉←　←≈→　✦　　→◉←　←≈→

└───────────────────────────────┘

jǐ suì le	duō dà le	hóu	shuǐ guǒ	fù mǔ
几 岁 了	多 大 了	猴 (さる)	水 果	父 母
(何歳)	(いくつですか)	(サル（申）)	(果物)	(両親)

yé ye	nǎi nai	duō dà nián jì	duō dà suì shu
爷 爷	奶 奶	多 大 年 纪	多 大 岁 数
(父方の祖父)	(父母の祖母)	(おいくつですか)	(おいくつですか)

jiě jie	shǔ shén me	xǐ huan	cǎo méi
姐 姐	属 什 么	喜 欢	草 莓
(お姉さん)	(干支は何ですか)	(好き・好む)	(イチゴ)

🔊 1 - 038

bǎi 百	shí 十	ge (个)
	shí 1	0
	shí 1	yī 1
	èr shí 2	wǔ 5
	qī shí 7	bā 8
	jiǔ shí 9	jiǔ 9
yì bǎi 1	0	0

 yí ge xī guā
一 个 西 瓜 (スイカ1個)

 liǎng ge xiāng jiāo
两 个 香 蕉 (バナナ2本)

 sān ge cǎo méi
三 个 草 莓 (イチゴ3個)

 sì bēi bīng qí lín
四 杯 冰 淇 淋 (アイスクリーム4個)

 wǔ ge hú luó bo
五 个 胡 萝 卜 (にんじん5つ)

 liù ge píng guǒ
六 个 苹 果 (リンゴ6個)

 qī zhī xiǎo gǒu
七 只 小 狗 (小犬7匹)

 bā zhī bái tù
八 只 白 兔 (白ウサギ8匹)

 jiǔ zhī māo
九 只 猫 (猫9匹)

 shí zhī hóu zi
十 只 猴 子 (サル10匹)

3. 韻　母

i → yi　　uei → wei　　ie → ye　　e

4. 4つの声調

yī	yí	yǐ	yì	---	yí ge
māo	máo	mǎo	mào	---	xiǎo māo
shuī	shuí	shuǐ	shuì	---	shuǐ
guō	guó	guǒ	guò	---	shuǐ guǒ
cāo	cáo	cǎo	cào	---	cǎo méi
mēi	méi	měi	mèi	---	méi yǒu
niān	nián	niǎn	niàn	---	nián jì
shū	shú	shǔ	shù	---	suì shu
duō	duó	duǒ	duò	---	duō dà
pīng	píng	pǐng	pìng	---	píng guǒ

5. ミニ会話

A：你 父 母 多 大 年 纪 了?
nǐ fù mǔ duō dà nián jì le

B：他 们 五 十 五 岁 了。
tā men wǔ shí wǔ suì le

A：你 爷 爷 奶 奶 多 大 岁 数 了?
nǐ yé ye nǎi nai duō dà suì shu le

B：我 爷 爷 八 十 二 岁, 我 奶 奶 七 十 六 岁 了。
wǒ yé ye bā shí 'èr suì wǒ nǎi nai qī shí liù suì le

....

訳文：A：ご両親はおいくつですか？
　　　B：彼ら（両親）は55歳です。
　　　A：おじい様とおばあ様はおいくつになられましたか？
　　　B：祖父は82歳、祖母は76歳になりました。

(1) 次のカタカナと同じ音の声母か韻母を書きなさい。

　①イェー＿＿＿＿＿＿　　②ウェイ＿＿＿＿＿＿＿　　③ウォー＿＿＿＿＿＿＿

(2) 次の数字の上にピンインをつけなさい。

　一　　二　　三　　四　　五　　六　　七　　八　　九　　十

(3) 次の単語を訳し、中国語の単語の上にピンインをつけなさい。

　①西瓜＿＿＿＿　②草莓＿＿＿＿　③猫＿＿＿＿　④多大年纪＿＿＿＿＿

　⑤爷爷＿＿＿＿　⑥奶奶＿＿＿＿　⑦猴子＿＿＿＿　⑧多大岁数＿＿＿＿

　⑨苹果＿＿＿＿　⑩水果＿＿＿＿　⑪胡萝卜＿＿＿＿＿

　⑫バナナ＿＿＿＿＿＿　⑬犬＿＿＿＿＿＿　⑭リンゴ＿＿＿＿＿

　⑮ウサギ＿＿＿＿＿＿　⑯アイスクリーム＿＿＿＿＿＿

(4) 次の会話文を中国語に訳し、ピンインもつけなさい。

　Ａ：あなたは何歳ですか？＿＿＿＿＿＿＿＿＿＿＿＿＿＿＿＿＿＿＿＿

　Ｂ：私は８歳です。＿＿＿＿＿＿＿＿＿＿＿＿＿＿＿＿＿＿＿＿＿＿＿＿＿

　Ａ：お姉さんはおいくつですか？＿＿＿＿＿＿＿＿＿＿＿＿＿＿＿＿＿＿＿

　Ｂ：彼女（姉）は 15 歳です。＿＿＿＿＿＿＿＿＿＿＿＿＿＿＿＿＿＿＿

　Ａ：あなたの干支は何ですか？＿＿＿＿＿＿＿＿＿＿＿＿＿＿＿＿＿＿＿＿

　Ｂ：私はサル（申）年です。＿＿＿＿＿＿＿＿＿＿＿＿＿＿＿＿＿＿＿

　Ａ：あなたはどんなフルーツが好きですか？＿＿＿＿＿＿＿＿＿＿＿＿＿

　Ｂ：私はイチゴが好きです。＿＿＿＿＿＿＿＿＿＿＿＿＿＿＿＿＿＿＿＿

（5）次のミニ会話を中国語に訳し、ピンインをつけなさい。

A：ご両親はおいくつですか？ _____

B：彼ら（両親）は 55 歳です。 _____

A：おじい様とおばあ様はおいくつになられましたか？ _____

B：祖父は 82 歳、祖母は 76 歳になりました。 _____

第4課 　你 忙 吗? 　（お忙しいですか？）

nǐ máng ma

1. 会 話

🔊 1 － 042

A：夏军, 好久不见了。
xià jūn hǎo jiǔ bú jiàn le

B：华丽, 好久不见了。
huá lì hǎo jiǔ bú jiàn le

A：你好吗?
nǐ hǎo ma

B：很好。谢谢。
hěn hǎo xiè xie

A：你父母身体好吗?
nǐ fù mǔ shēn tǐ hǎo ma

你太太/你先生和孩子怎么样?
nǐ tài tai nǐ xiān sheng hé hái zi zěn me yàng

B：他们都很好。/他们也都很好。
tā men dōu hěn hǎo tā men yě dōu hěn hǎo

A：你忙吗?
nǐ máng ma

B：我很忙。你呢?
wǒ hěn máng nǐ ne

A：我也很忙。/我不忙。
wǒ yě hěn máng wǒ bù máng

2. 訳 文

A：夏軍さん、お久しぶりです。
B：華麗さん、お久しぶりです。
A：お元気ですか？
B：元気です。ありがとう。
A：ご両親はお元気ですか？/奥さん（ご主人）とお子さんはいか
がですか？

67

B：彼らはみんな（両親共に）元気です。／彼らもみんな元気です。
A：お忙しいですか？
B：私はとても忙しいです。あなたは？
A：私もとても忙しいです。／私は忙しくありません。

3. 新しい単語

🔊 1 - 043

1. xià jūn	（固有名詞）	夏军	人の名前 （夏：苗字　軍：名前）
2. huá lì	（固有名詞）	华丽	人の名前
3. hǎo jiǔ bú jiàn le	（あいさつ文）	好久不见了	お久しぶりです
4. nǐ hǎo ma	（あいさつ文）	你好吗	お元気ですか （初対面の人には使わない）
5. hěn hǎo	（あいさつ文）	很好	とてもよい
6. nǐ	（代名詞）	你	あなた
7. fù qin	（名詞）	父亲	父
8. mǔ qin	（名詞）	母亲	母
9. fù mǔ	（名詞）	父母	両親
10. shēn tǐ hǎo ma	（あいさつ文）	身体好吗	体調はいかがですか （健康状態を聞く時に使う）
11. zěn me yàng	（疑問助詞）	怎么样	いかがですか
12. yě	（副詞）	也	…も
13. dōu	（副詞）	都	みんな
14. máng	（形容詞）	忙	忙しい
15. ma	（疑問助詞）	吗	…か？
16. ne	（助詞）	呢	…は？
17. bù	（否定詞）	不	…ではない、…しない
18. sì	（数詞）	四	4

4. 声 母

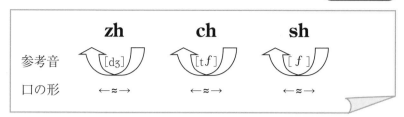

「zh」の発音：ズを発音した後、舌を上の硬口蓋にタッチして発音したら「zh」の音が出ます。

5. 韻 母

①	u	ua	uai	uan	uang
参考音	[ウー]	[ウァー]	[ウァイ]	[ウァン]	[ウァン・g]
口の形	⊙	✛	✛	←⊙→	✛

②	uo	uei	uen	ueng
参考音	[ウォー]	[ウェイ]	[ウェン]	[ウェン・g]
口の形	✛	←⊙→	←⊙→	←⊙→

*独自音節構成つづり

u = wu　uo = wo　ua = wa　uai = wai　uan = wan

uang = wang　uei = wei　uen = wen　ueng = weng

*参考音と口の形は発声法編の声母表と韻母表を参照してください。

6. 注 釈

(1) 声母 "zh" "ch" "sh" の後にくる韻母 "i" について

　　"zh" "ch" "sh" の後の韻母は、アルファベットの "i" になっていますが [イー] と発音してはいけません。この "i" は音節をつづる上で便

宜上置かれているだけですので、発音する必要はありません。"zhi"
"chi" "shi" を発音する時には、"zh" "ch" "sh" の音を2拍子伸ばせば正
しく発音できます。つづりの規則は32、33ページの中国語標準語音
節表を参照してください。

(2) 独自音節構成の韻母の発音（口の形）は、ほとんどが元の韻母の
発音と同じですが、例外もあります。

　"ua" "uai" "uei" "uan" "uang" "uen" "ueng" は、音節の中では、唇を
丸めて発音しますが、独自音節構成の場合は、両唇を左右に開いて発
音します。

⊕　　　　　←≈→　　　　　　　⊕　　　　←≈→

ua [ウァー] → wa [Vァ]　　　　　uai [ウァイ] → wai [Vァイ]

uei [ウェイ] → wei [Vェ]　　　　uan [ウァン] → wan [Vァン]

uang [ウァン・g] → wang [Vァン・g]　uen [ウェン] → wen [Vェン]

ueng [ウェン・g] → weng [Vェン・g]

＊ "u = wu" "uo = wo" はつづりが変わっても発音は同じです。

(3) "ua" と "wa"

◎発音する時の唇の形が違います。

◎音節の中の "ua" は唇を丸めて［ウァー］と発音します。

　例："guā" "kuā" "huā"

　　　口を丸めて発音しないと "guā" が "gā" の音に、"kuā" が "kā"
　　　の音に、"huā" が "hā" の音になってしまいます。

◎独自音節構成の "wa" は両唇を左右に開いて［Vァ］と発音します。

（4）"uen" と "wen"

　●発音する時の唇の形が違います。

　●音節の中の "uen" は唇を丸めて［ウェン］と発音します。

　　唇を丸めて発音しないと "hūn" が "hēn" の音になり、"kūn" が "kēn" の音になってしまいます。

　●"wen" は独自音節構成ですので、両唇を左右に開いて［Ｖェン］と発音します。

（5）"uen" の前に声母がつく時は "-un" とつづります。

　　　例："tūn" "kūn" など

（6）"uei" の前に声母がつく時は "-ui" とつづります。

　　　例："duī" "huí" "shuǐ" "guì" など

　　　＊つづりの規則は 32、33 ページの標準語音節表を参照してください。

（7）"也" は副詞で、「…も」の意味です。常に主語の後ろに置きます。
　　　　yě
　●我 也 喜 欢 吃 苹 果。／私もリンゴが好きです。
　　wǒ yě xǐ huan chī píng guǒ
　●他 也 是 日 本 人。／彼も日本人です。
　　tā yě shì rì běn rén

（8）"都" は副詞で、述語動詞・形容詞の前に置き、「（例外なく）みんな…」
　　　　dōu
　　の意味です。"…也都…" は「…もみんな…」の意味です。"也" は
　　　　　　　　　　　　　　　　　　　　　　　　　　　　　yě
　　"都" の前に置くことに注意しましょう。
　　dōu
　●我 们 都 是 日 本 人。／私たちはみんな日本人です。
　　wǒ men dōu shì rì běn rén
　●他 们 也 都 是 日 本 人。／彼らもみんな日本人です。
　　tā men yě dōu shì rì běn rén

（9）"…怎 么 样？"「どうですか？」状況や様子を聞く時に使います。
　　　　zěn me yàng
　●你 身 体 怎 么 样？／お体はいかがですか？
　　nǐ shēn tǐ zěn me yàng

7. 4つの声調

xiā	xiá	xiǎ	xià	---	xià
jūn	jún	jǔn	jùn	---	jūn
huā	huá	huǎ	huà	---	huá
lī	lí	lǐ	lì	---	lì
jiū	jiú	jiǔ	jiù	---	jiǔ
hēn	hén	hěn	hèn	---	hěn
fū	fú	fǔ	fù	---	fù
mū	mú	mǔ	mù	---	fù mǔ
shēn	shén	shěn	shèn	---	shēn
tī	tí	tǐ	tì	---	shēn tǐ
yē	yé	yě	yè	---	yě
dōu	dóu	dǒu	dòu	---	dōu
zēn	zén	zěn	zèn	---	zěn me
yāng	yáng	yǎng	yàng	---	zěn me yàng
tāi	tái	tǎi	tài	---	tài tai
hāi	hái	hǎi	hài	---	hái zi
xiāo	xiáo	xiǎo	xiào	---	xiǎo jie
xiān	xián	xiǎn	xiàn	---	xiān sheng
sī	sí	sǐ	sì	---	sì

＊波線の右横の単語の漢字と意味は前の「3. 新しい単語」の部分を参
　照してください。

8. 音の区別

① { shēn / zhēn }　② { máng / fáng }　③ { jiǔ / yǒu }　④ { hǎo / zǎo }

⑤ { fù / mù }　⑥ { tài / dài }　⑦ { xiè / jiè }　⑧ { lì / yì }

72

9. 単語の声調練習

(1) 第4声＋第1声

jiàn kāng　　　　duì fāng
健康（健康である）　对方（相手方）

kè tīng　　　　　cài dān
客厅（リビング）　菜单（メニュー）

chàng gē　　　　fàng xīn
唱歌（歌を歌う）　放心（安心する）

(2) 第4声＋第2声

tài guó　　　　　yuè nán
泰国（タイ）　　越南（ベトナム）

jì jié　　　　　zhù zhái
季节（季節）　　住宅（住宅）

xìng fú　　　　fù xí
幸福（幸せ）　　复习（復習する）

(3) 第4声＋第3声

diàn nǎo　　　　diàn yǐng
电脑(コンピューター)　电影（映画）

xià yǔ　　　　　hàn yǔ
下雨（雨が降る）　汉语（中国語）

cè suǒ　　　　　jì zhě
厕所（トイレ）　记者（記者）

(4) 第4声＋第4声

diàn huà　　　　diàn shì
电话（電話）　　电视（テレビ）

shuì jiào　　　　ài hào
睡觉（寝る）　　爱好（趣味）

zuì jìn　　　　yìn dù
最近（最近）　　印度（インド）

10. 応用会話

　　　nǐ de diàn huà hào mǎ shì duō shao
A：你 的 电 话 号 码 是 多 少？

　　　wǒ de diàn huà hào mǎ shì liù qī sān yāo　èr yāo sān líng
B：我 的 电 话 号 码 是 6 7 3 1 -2 1 3 0。

　　　nǐ de diàn yóu shì shén me
A：你 的 电 邮 是 什 么？

　　　wǒ de diàn yóu shì
B：我 的 电 邮 是…。　　　　　yī　　yāo
　　　　　　　　　　　　＊粒読みの場合—を—と発音する。

．．

　　訳文：A：あなたの電話番号は何番ですか？
　　　　　B：私の電話番号は 6731 － 2130 です。
　　　　　A：あなたのEメールアドレスは何ですか？
　　　　　B：私のEメールは…です。

（1）次の韻母を書きなさい。

    ①ウァー＿＿＿＿＿＿　　②ウォー＿＿＿＿＿＿　　③ウァイ＿＿＿＿＿＿

    ④ウェイ＿＿＿＿＿＿　　⑤ウェン＿＿＿＿＿＿　　⑥ウェン・g＿＿＿＿＿＿

（2）次のあいさつ用語を中国語に訳し、ピンインをつけなさい。

    ①A：お久しぶりです。＿＿＿＿＿＿＿＿＿＿＿＿＿＿＿＿＿＿＿＿

    ①B：お久しぶりです。＿＿＿＿＿＿＿＿＿＿＿＿＿＿＿＿＿＿＿＿

    ②A：お元気ですか？＿＿＿＿＿＿＿＿＿＿＿＿＿＿＿＿＿＿＿＿

    ②B：とても元気です。＿＿＿＿＿＿＿＿＿＿＿＿＿＿＿＿＿＿＿

    ③A：お忙しいですか？＿＿＿＿＿＿＿＿＿＿＿＿＿＿＿＿＿＿＿

    ③B：とても忙しいです。＿＿＿＿＿＿＿＿＿＿＿＿＿＿＿＿＿＿

    ④A：ご両親はお元気ですか？＿＿＿＿＿＿＿＿＿＿＿＿＿＿＿＿

    ④B：彼らはどちらも元気です。＿＿＿＿＿＿＿＿＿＿＿＿＿＿

（3）本文のあいさつ文と応用会話を使って、中国人や中国語が話せる
　　人にあいさつをしましょう。

情景会話
4

zhè shì shéi de zhào piàn
这 是 谁 的 照 片?
(これは誰の写真ですか?)

1. 会話文

🔊 1 − 050

zhè zhāng zhào piàn shì nǐ de ma
A : 这 张 照 片 是 你 的 吗?

duì zhè shì wǒ men jiā de quán jiā fú
B : 对。这 是 我 们 家 的 全 家 福。

nǐ bà ba mā ma shì nǎ guó rén   nǎr de rén
A : 你 爸 爸 妈 妈 是 哪 国 人? / 哪儿 的 人?

tā men shì zhōng guó rén
B : 他 们 是 中 国 人。

nǐ gē ge jiě jie shì cóng nǎr lái de
A : 你 哥 哥 姐 姐 (是) 从 哪儿 来 的?

tā men shì cóng rì běn dōng jīng lái de
B : 他 们 (是) 从 日 本 东 京 来 的。

nǐ dì di mèi mei shì shén me shí hou lái shàng hǎi de
A : 你 弟 弟 妹 妹 (是) 什 么 时 候 来 上 海 的?

tā men shì èr líng líng bā nián lái shàng hǎi de
B : 他 们 是 二 零 零 八 年 来 上 海 的。

訳：A：この写真はあなたのですか?
　　B：はい。これは我々家族全員の写真です。
　　A：お父さんとお母さんはどこの国の人ですか? / どこの出身ですか?
　　B：彼らは中国人です。
　　A：お兄さんとお姉さんはどこから来たのですか?
　　B：彼らは日本の東京から来ました。
　　A：弟さんと妹さんはいつ上海に来たのですか?
　　B：彼らは 2008 年に上海に来ました。

75

2. 新しい単語

bà ba	mā ma	gē ge	jiě jie	dì di	mèi mei
爸爸	妈妈	哥哥	姐姐	弟弟	妹妹
（お父さん）	（お母さん）	（お兄さん）	（お姉さん）	（弟）	（妹）

zhōng guó rén	rì běn rén	xīn jiā pō rén	nǎ guó rén	nǎr de rén
中国人	日本人	新加坡人	哪国人	哪儿的人
（中国人）	（日本人）	（シンガポール人）	（どの国の人）	（どこの人）

cóng nǎr lái de	shén me shí hou	èr líng líng bā nián	bù hǎo yì si
从哪儿来(的)	什么时候	二零零八年	不好意思
（どこから来る（来た））	（いつ）	（2008年）	（恐縮です）

quán jiā fú	zhào piàn	shàng hǎi	dōng jīng
全家福	照片	上海	东京
（家族写真）	（写真）	（上海）	（東京）

tiān má fan	méi shén me	bié zài yì	duō xiè	bú yòng xiè
添麻烦	没什么	别在意	多谢	不用谢
（迷惑をかける）	（何でもない）	（気にしないで）	（大いに感謝します）	（どういたしまして）

3. 韻　母

ei　　a　　en　　ong

4. 4つの声調

zhē	zhé	zhě	zhè	---	zhè
shī	shí	shǐ	shì	---	zhè shì
shēi	shéi	shěi	shèi	---	shéi de
rī	rí	rǐ	rì	---	rì běn
rēn	rén	rěn	rèn	---	rì běn rén
zhōng	zhóng	zhǒng	zhòng	---	zhōng wén
zhāo	zháo	zhǎo	zhào	---	zhào piàn
guō	guó	guǒ	guò	---	zhōng guó rén
quān	quán	quǎn	quàn	---	quán jiā fú
tiān	tián	tiǎn	tiàn	---	tiān má fan

5. ミニ会話

A：<ruby>不<rt>bù</rt></ruby> <ruby>好<rt>hǎo</rt></ruby> <ruby>意<rt>yì</rt></ruby> <ruby>思<rt>si</rt></ruby>，<ruby>给<rt>gěi</rt></ruby> <ruby>你<rt>nǐ</rt></ruby> <ruby>添<rt>tiān</rt></ruby> <ruby>麻<rt>má</rt></ruby> <ruby>烦<rt>fan</rt></ruby> <ruby>了<rt>le</rt></ruby>。

B：<ruby>没<rt>méi</rt></ruby> <ruby>什<rt>shén</rt></ruby> <ruby>么<rt>me</rt></ruby>。<ruby>你<rt>nǐ</rt></ruby> <ruby>别<rt>bié</rt></ruby> <ruby>在<rt>zài</rt></ruby> <ruby>意<rt>yì</rt></ruby>。

A：<ruby>多<rt>duō</rt></ruby> <ruby>谢<rt>xiè</rt></ruby> <ruby>多<rt>duō</rt></ruby> <ruby>谢<rt>xiè</rt></ruby>!

B：<ruby>不<rt>bú</rt></ruby> <ruby>用<rt>yòng</rt></ruby> <ruby>谢<rt>xiè</rt></ruby>。

訳文：A：恐縮です、ご迷惑をかけました。
　　　B：何でもありませんよ。気にしないでください。
　　　A：本当にありがとうございました！
　　　B：どういたしまして。

練習問題
解答 p.428

（1）次のカタカナと同じ音の声母か韻母を書きなさい。

①アー＿＿＿＿＿　②エン＿＿＿＿＿　③オン＿＿＿＿＿　④エイ＿＿＿＿＿

（2）次の単語を訳し、また中国語の単語の上にピンインをつけなさい。

①爸爸＿＿＿＿＿　②妈妈＿＿＿＿＿　③弟弟＿＿＿＿＿

④全家福＿＿＿＿　⑤别在意＿＿＿＿　⑥什么时候＿＿＿

⑦いつ＿＿＿＿＿　⑧写真＿＿＿＿＿　⑨お姉さん＿＿＿

⑩恐縮する＿＿＿　⑪どこの人＿＿＿　⑫迷惑をかける＿

（3）次の会話文を中国語に訳し、ピンインをつけなさい。

A：これはあなたの写真ですか？＿＿＿＿＿＿＿＿＿＿＿＿＿

B：これは我々家族全員の写真です。＿＿＿＿＿＿＿＿＿＿＿

A：お父さんとお母さんはどこの国の人ですか？ _____

B：彼らは中国人です。 _____

A：お兄さんとお姉さんはどこから来たのですか？ _____

B：彼らは日本の東京から来ました。 _____

A：弟さんと妹さんはいつ上海に来たのですか？ _____

B：彼らは2008年に上海に来ました。 _____

(4) 次のミニ会話を中国語に訳し、ピンインをつけなさい。

A：恐縮です、ご迷惑をかけました。 _____

B：何でもありませんよ。気にしないでください。 _____

A：本当にありがとうございました！ _____

B：どういたしまして。 _____

第 **5** 課 | nǐ shì nǎ guó rén
 你是哪国人? （あなたはどちらの国の方ですか?）

1. 会 話

🔊 1 - 055

nǐ shì nǎ guó rén
A：你 是 哪 国 人?

wǒ shì zhōng guó rén
B：我 是 中 国 人。

nǐ guì xìng
A：你 贵 姓?

wǒ xìng wēng
B：我 姓 翁。

nǐ jiào shén me míng zi
A：你 叫 什 么 名 字?

wǒ jiào wēng xióng
B：我 叫 翁 雄。

nín shì nǎ guó rén
您 是 哪 国 人?

wǒ shì rì běn rén
A：我 是 日 本 人。

nín guì xìng
B：您 贵 姓?

wǒ xìng chí tián
A：我 姓 池 田。

wǒ zěn me chēng hu nín
B：我 怎 么 称 呼 您?

nǐ kě yǐ jiào wǒ chí tián hóng
A：你 可 以 叫 我 池 田 宏。

2. 訳 文

> A：あなたはどちらの国の方ですか?
> B：私は中国人です。
> A：苗字は何とおっしゃいますか?
> B：翁と申します。
> A：お名前は何とおっしゃいますか?
> B：翁雄と申します。あなたはどちらの国の方ですか?
> A：私は日本人です。
> B：苗字は何とおっしゃいますか?
> A：池田と申します。
> B：あなたを何とお呼びすればよろしいでしょうか?
> A：池田宏と呼んでください。

3. 新しい単語

1. nín	（代名詞）	您	あなたの尊称
2. shì	（動詞）	是	…である
3. nǎ guó rén	（疑問詞）	哪国人	どの国の人、なに人
4. zhōng guó rén	（名詞）	中国人	中国人
5. rì běn rén	（名詞）	日本人	日本人
6. xìng	（名詞）	姓	苗字、ファミリーネーム
7. míng zi	（名詞）	名字	名前
8. jiào	（動詞）	叫	呼ぶ、…と申します
9. zěn me	（疑問詞）	怎么	どうやって、どのように
10. chēng hu	（動詞）	称呼	…とお呼びする（尊敬語）
11. kě yǐ	（助動詞）	可以	…ができる、…してもよい
12. gāo xìng	（形容詞）	高兴	うれしい
13. wǔ	（数詞）	五	5

4. 声 母

🔊 1 − 057

r

参考音	舌を少し巻き上げ、舌根を振動させながら、英語の right の最初の「r」の音を発音する
口の形	←≈→

5. 韻 母

🔊 1 − 058

	ü	**üe**	**üan**	**ün**
参考音	［イー］	［ü・エ］	［ü・アン］	［ü・ン］
口の形	⊙	←⊙→	←⊙→	←⊙→

＊独自音節構成つづり

ü = yu　üe = yue　üan = yuan　ün = yun

＊参考音と口の形は発声法編の声母表と韻母表を参照してください。

6. 注　釈

(1) 声母 "r" の後にくる韻母 "i" について

　"ri" の後の韻母は、アルファベットの "i" になっていますが［イー］と発音してはいけません。この "i" は音節をつづる上で便宜上置かれているだけですので、発音する必要はありません。"ri" を発音する時には、"r" の音を2拍子伸ばせば正しく発音できます。つづりの規則は 32、33 ページの中国語標準語音節表を参照してください。

(2) "r" の発音

　"r" を発音する時には「アール」という音を完全に忘れてください。本書の声母表のポイントをつかんで、指示どおりに発音してください。

(3) "ü" "üe" "üan" "ün" の独自音節構成

　"ü" "üe" "üan" "ün" は独自音節を構成する時、つづりが変わっても、発音は変わりません。つづりの規則は 32、33 ページの中国語標準語音節表を参照してください。

　　ü = yu　　　üe = yue　　　üan = yuan　　　ün = yun

(4) "您"

　"你" の尊称。目上の人、初対面の人、お客様などに対して使います。

(5) "您贵姓？"

　相手の姓（ファミリーネーム）をたずねる、ていねいな聞き方です。答える時には "我姓〇〇。" と、姓だけを答えます。

(6) “你叫什么名字?”（nǐ jiào shén me míng zi）

相手の姓名（フルネーム）をたずねる聞き方です。

答える時は“**我 叫** ○○。”と、苗字と名前の両方を答えます。

(7) 軽声について

🔊 1－059

標準語の一部の音節は軽く短く発音しますが、場合によっては母音も曖昧になることがあります。

軽声は単独で発音できる音ではなく、前の音節の声調によって自然に変化するものです。軽声として発音される単語は主に以下のような種類があります。また、軽声には声調符号をつけません。文字の下の符号は元の声調です。

(1) 重複形式の名詞及び動詞： 妈妈（māma）、爸爸（bà ba）、哥哥（gē ge）、姐姐（jiě jie）…など

(2) 語気助詞： 吗（ma）、呢（ne）、的（de）、吧（ba）、了（le）…など

(3) 同義語： 休息（xīu xi）、衣服（yī fu）、喜欢（xǐ huan）、告诉（gào su）…など

(4) 反復疑問文： 去不去（qù bu qu）、是不是（shì bu shi）、好不好（hǎo bu hao）、要不要（yào bu yao）…など

(5) 接尾語： 我们（wǒmen）、学校里（xué xiào li）、墙上（qiáng shang）、石头（shítou）、木头（mùtou）…など

(6) 動詞につく方向補語： 回去（huíqu）、回来（huí lai）、放下（fàng xia）、拿来（ná lai）…など

(7) 軽声になることで意味が変わる単語があります。

例：
```
┌ dōng xī                 ┌ jīng shén                 ┌ má  zǐ
│ 东 西 （東西）          │ 精 神 （精神）          │ 麻 子 （人の名前・麻子）
│                         │                          │
│ dōng xi                 │ jīng shen                 │ má  zi
└ 东 西 （品物）          └ 精 神 （元気である)     └ 麻 子 （あばた）…など
```

7．4 つの声調

🔊 1 － 060

nīn	nín	nǐn	nìn	---	nín
shī	shí	shǐ	shì	---	shì
nā	ná	nǎ	nà	---	nà、nàr、nǎr
guō	guó	guǒ	guò	---	nǎ guó
rēn	rén	rěn	rèn	---	nǎ guó rén、
					zhōng guó rén
rī	rí	rǐ	rì	---	rì běn
bēn	bén	běn	bèn	---	rì běn rén
mīng	míng	mǐng	mìng	---	míng zi
zēn	zén	zěn	zèn	---	zěn me
chēng	chéng	chěng	chèng	---	chēng hu
kē	ké	kě	kè	---	kě yǐ
gāo	gáo	gǎo	gào	---	gāo xing
wū	wú	wǔ	wù	---	wǔ

＊破線の右横の単語の漢字と意味は前の「3．新しい単語」の部分を参
照してください。

83

8. 音の区別

🔊 1 − 061

① { rì
     shì

② { yuǎn
     juǎn

③ { xié
     xué

④ { yán
     yáng

⑤ { sān
     shāng

⑥ { jìn
     xìn

⑦ { mǎi
     mài

⑧ { kǒu
     gǒu

9. 単語の声調練習

🔊 1 − 062

(1) 第1声＋軽声

mā ma	gē ge
妈妈	哥哥
（お母さん）	（お兄さん）
shū shu	shū fu
叔叔	舒服
（おじさん（父の弟））	（気持ちよい）
xiū xi	yī fu
休息	衣服
（休む）	（服）

(2) 第2声＋軽声

yé ye	hái zi
爷爷	孩子
（父方の祖父）	（子供）
péng you	pián yi
朋友	便宜
（友達）	（安い）
liáng kuai	lín ju
凉快	邻居
（凉しい）	（隣、近所）

(3) 第3声＋軽声

nǎi nai	lǎo lao
奶奶	姥姥
（父方の祖母）	（母方の祖母）
lǎo ye	jiě jie
姥爷	姐姐
（母方の祖父）	（お姉さん）
yǐ zi	zǎo shang
椅子	早上
（イス）	（朝）

(4) 第4声＋軽声

dì di	mèi mei
弟弟	妹妹
（弟）	（妹）
bà ba	xiè xie
爸爸	谢谢
（お父さん）	（ありがとう）
rèn shi	fù qin
认识	父亲
（知り合う）	（父親）

A：<ruby>他<rt>tā</rt></ruby> <ruby>是<rt>shì</rt></ruby> <ruby>谁<rt>shéi</rt></ruby>?

B：<ruby>他<rt>tā</rt></ruby> <ruby>是<rt>shì</rt></ruby> <ruby>我<rt>wǒ</rt></ruby> <ruby>的<rt>de</rt></ruby> <ruby>朋<rt>péng</rt></ruby> <ruby>友<rt>you</rt></ruby>。<ruby>我<rt>wǒ</rt></ruby> <ruby>们<rt>men</rt></ruby> <ruby>一<rt>yì</rt></ruby> <ruby>起<rt>qǐ</rt></ruby> <ruby>学<rt>xué</rt></ruby> <ruby>中<rt>zhōng</rt></ruby> <ruby>文<rt>wén</rt></ruby>。

A：<ruby>你<rt>nǐ</rt></ruby> <ruby>有<rt>yǒu</rt></ruby> <ruby>兄<rt>xiōng</rt></ruby> <ruby>弟<rt>dì</rt></ruby> <ruby>姐<rt>jiě</rt></ruby> <ruby>妹<rt>mèi</rt></ruby> <ruby>吗<rt>ma</rt></ruby>?

B：<ruby>我<rt>wǒ</rt></ruby> <ruby>有<rt>yǒu</rt></ruby> <ruby>一<rt>yí</rt></ruby> <ruby>个<rt>ge</rt></ruby> <ruby>哥<rt>gē</rt></ruby> <ruby>哥<rt>ge</rt></ruby> <ruby>和<rt>hé</rt></ruby> <ruby>一<rt>yí</rt></ruby> <ruby>个<rt>ge</rt></ruby> <ruby>妹<rt>mèi</rt></ruby> <ruby>妹<rt>mei</rt></ruby>。

訳文：A：彼は誰ですか？

B：彼は私の友達です。私達は一緒に中国語を習います。

A：あなたには兄弟姉妹がいますか？

B：私には兄が1人と妹が1人います。

（1）次のあいさつ用語を中国語に訳し、中国語で答えを書き出し、ピンインをつけなさい。

①Ａ：苗字は何とおっしゃいますか？＿＿＿＿＿＿＿＿＿＿＿＿＿

①Ｂ：＿＿＿＿＿＿＿＿＿＿＿＿＿＿＿＿＿＿＿＿＿＿＿＿＿＿

②Ａ：お名前は何とおっしゃいますか？＿＿＿＿＿＿＿＿＿＿＿

②Ｂ：＿＿＿＿＿＿＿＿＿＿＿＿＿＿＿＿＿＿＿＿＿＿＿＿＿＿

③Ａ：どちらの国の方ですか？＿＿＿＿＿＿＿＿＿＿＿＿＿＿＿

③Ｂ：＿＿＿＿＿＿＿＿＿＿＿＿＿＿＿＿＿＿＿＿＿＿＿＿＿＿

④Ａ：あなたを何とお呼びすればよろしいでしょうか？＿＿＿＿

④Ｂ：＿＿＿＿＿＿＿＿＿＿＿＿＿＿＿＿＿＿＿＿＿＿＿＿＿＿

（2）次の韻母を書きなさい。

①イー＿＿＿　　②ü・エ＿＿＿＿　　③ü・アン＿＿＿＿　　④ü・ン＿＿＿＿

（3）本文の会話文の「名前の部分」に自分の姓名を入れて、中国人や中国語が話せる人と一緒に会話の練習をしましょう。

nǐ xǐ huan chī shén me
你 喜 欢 吃 什 么?
（何を食べるのが好きですか?）

1. 会話文

nǐ men xǐ huan hē shén me
A：你 们 喜 欢 喝 什 么?

wǒ hē kā fēi　　tā hē pí jiǔ
B：我 喝 咖 啡。他 喝 啤 酒。

nǐ men liǎng wèi xiǎng chī shén me
A：你 们 两 位 想 吃 什 么?

wǒ xiǎng chī jī fàn　　tā xiǎng chī chǎo fàn
B：我 想 吃 鸡 饭。他 想 吃 炒 饭。

hái yào bié de ma
A：还 要 别 的 吗?

bú yào le
B：不 要 了。

訳：A：皆さん、何が飲みたいですか？
　　B：私はコーヒを飲みます。彼はビールを飲みます。
　　A：お 2 人は何が食べたいですか？
　　B：私はチキンライスが食べたいです。彼はチャーハンが食べたい
　　　　です。
　　A：他に何か要りますか？
　　B：結構です。

2. 新しい単語

yú	ròu	shū cài	shuǐ guǒ	táng
鱼	肉	蔬 菜	水 果	糖
（魚）	（肉）	（野菜）	（果物）	（飴）

bīng qí lín	kě kǒu kě lè	kā fēi	chá	pí jiǔ
冰 淇 淋	可 口 可 乐	咖 啡	茶	啤 酒
（アイスクリーム）	（コカ・コーラ）	（コーヒー）	（お茶）	（ビール）

chǎo fàn	jī fàn	cài dān	liǎng wèi	xǐ huan
炒 饭	鸡 饭	菜 单	两 位	喜 欢
（チャーハン）	（チキンライス）	（メニュー）	（2名様）	（好む）

3. フレーズ

🔊 1 - 066

yú hěn dà	shuǐ guǒ hěn hǎo chī	tāng hǎo hē
鱼（很）大	水 果（很）好 吃	汤 好 喝
（魚が大きい）	（果物がおいしい）	（スープがおいしい）

táng hěn tián	shū cài hěn xīn xiān	chǎo fàn hěn pián yi
糖（很）甜	蔬 菜（很）新 鲜	炒 饭 很 便 宜
（飴が甘い）	（野菜が新鮮だ）	（チャーハンが安い）

bú yào le	hái yào bié de ma	pí jiǔ tài guì le
不 要 了	还 要 别 的 吗	啤 酒 太 贵 了
（もう要らない）	（他に何か必要ですか）	（ビールは高すぎる）

4. 韻 母

🔊 1 - 067

ü → yu　　uo → wo　　ing → ying

5. 4つの声調

🔊 1 - 068

xī	xí	xǐ	xì	---	xǐ huan
chī	chí	chǐ	chì	---	chī fàn
shēn	shén	shěn	shèn	---	shén me
hē	hé	hě	hè	---	hē shuǐ
kē	ké	kě	kè	---	kě lè
kā	ká	kǎ	kà	---	kā fēi
pī	pí	pǐ	pì	---	pí jiǔ
chāo	cháo	chǎo	chào	---	chǎo fàn
xīn	xín	xǐn	xìn	---	xīn xiān
hāo	háo	hǎo	hào	---	hǎo chī、hǎo hē

A：<ruby>请<rt>qǐng</rt></ruby> <ruby>给<rt>gěi</rt></ruby> <ruby>我<rt>wǒ</rt></ruby> <ruby>一<rt>yì</rt></ruby> <ruby>杯<rt>bēi</rt></ruby> <ruby>可<rt>kě</rt></ruby> <ruby>口<rt>kǒu</rt></ruby> <ruby>可<rt>kě</rt></ruby> <ruby>乐<rt>lè</rt></ruby>。

B：<ruby>好<rt>hǎo</rt></ruby>，<ruby>请<rt>qǐng</rt></ruby> <ruby>你<rt>nǐ</rt></ruby> <ruby>等<rt>děng</rt></ruby> <ruby>一<rt>yí</rt></ruby> <ruby>下儿<rt>xiàr</rt></ruby>。

A：<ruby>请<rt>qǐng</rt></ruby> <ruby>给<rt>gěi</rt></ruby> <ruby>我<rt>wǒ</rt></ruby> <ruby>看<rt>kàn</rt></ruby> <ruby>一<rt>yí</rt></ruby> <ruby>下儿<rt>xiàr</rt></ruby> <ruby>菜<rt>cài</rt></ruby> <ruby>单<rt>dān</rt></ruby>，<ruby>好<rt>hǎo</rt></ruby> <ruby>吗<rt>ma</rt></ruby>?

B：<ruby>好<rt>hǎo</rt></ruby> <ruby>的<rt>de</rt></ruby>。

....

訳文：A：コカ・コーラを1杯ください。
　　　B：はい、ちょっとお待ちください。
　　　A：メニューを見せてくれませんか？
　　　B：承知しました。

練習問題

解答 p.429

（1）次のカタカナと同じ音の声母か韻母を書きなさい。

①ウォー　　　　　　　　　②イン・g

（2）次の単語を訳し、中国語の単語の上にピンインをつけなさい。

①水果＿＿＿＿＿＿＿＿　　②蔬菜＿＿＿＿＿＿＿＿

③啤酒＿＿＿＿＿＿＿＿　　④喜欢＿＿＿＿＿＿＿＿

⑤糖＿＿＿＿＿＿＿＿　　　⑥别的＿＿＿＿＿＿＿＿

⑦ビール＿＿＿＿＿＿　　　⑧メニュー＿＿＿＿＿＿

⑨フルーツ＿＿＿＿＿　　　⑩もう要らない＿＿＿＿＿

⑪（食べものが）おいしい＿＿＿＿＿＿＿＿＿＿＿

⑫（飲み物が）おいしい＿＿＿＿＿＿＿＿＿＿＿

(3) 次の会話文を中国語に訳し、ピンインをつけなさい。

A：皆さん、何が飲みたいですか？ _____

B：私はコーヒを飲みます。彼はビールを飲みます。 _____

A：お2人は何が食べたいですか？ _____

B：私はチキンライスが食べたいです。 _____

　　彼はチャーハンが食べたいです。 _____

A：他に何か要りますか？ _____

B：結構です。 _____

(4) 次のミニ会話を中国語に訳し、ピンインをつけなさい。

A：コカ・コーラを1杯ください。 _____

B：はい、ちょっとお待ちください。 _____

A：メニューを見せてくれませんか？ _____

B：承知しました。 _____

90

第6課 你干什么呢？（あなたは何をしていますか?）

<small>nǐ gàn shén me ne</small>

1. 会 話

🔊 1 - 070

<small>nǐ gàn shén me ne</small>
A：你 干 什 么 呢?

<small>wǒ xué zhōng wén ne</small>　　<small>wǒ shàng huá yǔ kè ne</small>
B：我 学 中 文 呢。/我 上 华 语 课 呢。

<small>nǐ de péng you gàn shén me ne</small>
A：你（的）朋 友 干 什 么 呢?

<small>tā mǎi dōng xi ne</small>
B：她 买 东 西 呢。

<small>nǐ xiān sheng zuò shén me ne</small>
A：你 先 生 做 什 么 呢?

<small>tā gōng zuò ne</small>
B：他 工 作 呢。

<small>nǐ hái zi zuò shén me ne</small>
A：你 孩 子 做 什 么 呢?

<small>tā men wánr diàn nǎo ne</small>
B：他 们 玩 儿 电 脑 呢。

2. 訳 文

A：（あなたは）何をしていますか？
B：私は中国語を習っています。／私は中国語の授業を受けています。
A：（あなたの）お友達は何をしていますか？
B：彼女は買い物をしています。
A：ご主人は何をしていますか？
B：彼（主人）は仕事をしています。
A：お子さんは何をしていますか？
B：彼ら（子供たち）はパソコンで遊んでいます。

3. 新しい単語

1.	gàn	（動詞）	干	する、やる
2.	zuò	（動詞）	做	する、やる 「干」と置き換えて使える
3.	shén me	（疑問詞）	什么	何
4.	ne	（語気助詞）	呢	…している
5.	xué	（動詞）	学	勉強する、習う
6.	zhōng wén	（名詞）	中文	中国語
7.	huá yǔ	（名詞）	华语	華人の言語
8.	shàng kè	（動詞）	上课	授業をする 授業を受ける
9.	nǐ de	（フレーズ）	你的	あなたの…
10.	mǎi dōng xi	（フレーズ）	买东西	買い物をする
	mài dōngxi	（フレーズ）	卖东西	物を売る
11.	nǐ xiān sheng	（フレーズ）	你先生	ご主人
	△ lǎo gōng	（名詞）	老公	だんな
	△ zhàng fu	（名詞）	丈夫	夫
12.	gōngzuò	（名詞・動詞）	工作	仕事（をする）
	△ shàng bān	（動詞）	上班	仕事をする、出勤する
	△ zuò gōng	（動詞）	做工	働く（南中国での使い方）
13.	hái zi	（名詞）	孩子	子供
14.	tā men	（代名詞）	他们	彼ら
15.	wánr	（動詞）	玩儿	遊ぶ
16.	diàn nǎo	（名詞）	电脑	コンピューター
17.	liù	（数詞）	六	6

4. 注 釈

(1) 語気助詞「呢」の使い方は「主語＋述語動詞・目的語」の後に置くと、動作行為の現在進行を表します。

比較：
nǐ gàn shén me ne
你 干 什 么 呢? ／ あなたは何をしていますか？（現在進行）
nǐ gàn shén me
你 干 什 么? ／ あなたは何をするの？（強い反問）

tā chàng gē ne
她 唱 歌 呢。／ 彼女は歌を歌っています。
tā chàng gē
她 唱 歌。／ 彼女は歌を歌います。

＊「呢」のほかの使い方は本書の第20課のキーポイント（287ページ）を参照してください。

(2) 「
nǐ gàn shén me ne
你 干 什 么 呢?」と「
nǐ zuò shén me ne
你 做 什 么 呢?」の答え方

ここでの「干什么」と「做什么」の意味は同じです。中国の北方では「干什么」をよく使い、南方では「做什么」をよく使います。答える時は、「
gàn zuò
干／做」の代わりに具体的な動作行為を表す動詞を入れて答えます。

例：
A：
nǐ gàn shén me ne
你 干 什 么 呢? ／ あなたは何をしていますか？
↓
B：
wǒ xué zhōng wén ne
我 学 中 文 呢。／ 私は中国語を勉強しています。

A：
nǐ zuò shén me ne
你 做 什 么 呢? ／ あなたは何をしていますか？
↓
B：
wǒ xiě xìn ne
我 写 信 呢。／ 私は手紙を書いています。

wǒ zuò xiě xìn ne
我 做 写 信 呢。

(3) 夫と妻の言い方いろいろ

第三者の前や、第三者に紹介する時には、以下の言い方がよく使われます。

妻→夫
wǒ zhàng fu
「我 丈 夫」（夫）、「
wǒ lǎo gōng
我 老 公」（だんな）
wǒ xiān sheng
「我 先 生」（主人）、「
wǒ ài ren
我 爱 人」（私の伴侶）

93

例：<ruby>这<rt>zhè</rt></ruby> <ruby>是<rt>shì</rt></ruby> <ruby>我<rt>wǒ</rt></ruby> <ruby>先<rt>xiān</rt></ruby> <ruby>生<rt>sheng</rt></ruby>（<ruby>老<rt>lǎo</rt></ruby> <ruby>公<rt>gōng</rt></ruby> / <ruby>爱<rt>ài</rt></ruby> <ruby>人<rt>ren</rt></ruby>）。/ これは私の主人です。

夫→妻 「<ruby>我<rt>wǒ</rt></ruby> <ruby>太太<rt>tài tai</rt></ruby>」（ワイフ）、「<ruby>我妻子<rt>wǒ qī zi</rt></ruby>」（妻）

「<ruby>我<rt>wǒ</rt></ruby> <ruby>老婆<rt>lǎo po</rt></ruby>」（女房）、「<ruby>我爱人<rt>wǒ ài ren</rt></ruby>」（私の伴侶）

例：<ruby>这<rt>zhè</rt></ruby> <ruby>是<rt>shì</rt></ruby> <ruby>我<rt>wǒ</rt></ruby> <ruby>太<rt>tài</rt></ruby> <ruby>太<rt>tai</rt></ruby>（<ruby>妻子<rt>qī zi</rt></ruby> / <ruby>爱人<rt>ài ren</rt></ruby>）。/ これは私の妻です。

＊「<ruby>我<rt>wǒ</rt></ruby>」を「<ruby>你<rt>nǐ</rt></ruby>」に変えたら、相手のご主人や奥様を呼ぶ表現になります。「<ruby>你太太<rt>nǐ tài tai</rt></ruby>」（奥さん）、「<ruby>你 先 生<rt>nǐ xiān sheng</rt></ruby>」（ご主人）

（4）中国語の反復疑問文について

中国語の疑問文には「吗」疑問文のほかに反復疑問文があります。反復疑問文の構成は次のとおりです。反復疑問文と「吗」疑問文の意味は同じです。

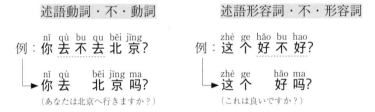

述語動詞・不・動詞	述語形容詞・不・形容詞
例：你去不去北京？	例：这个好不好？
→ 你去 北京吗？	→ 这个 好吗？
（あなたは北京へ行きますか？）	（これは良いですか？）

（5）A 和 B 一起述語 V 目 　A は B と一緒に…をする。「A 和 B」の代わりに「<ruby>我 们<rt>wǒ men</rt></ruby>、<ruby>他 们<rt>tā men</rt></ruby>」を使う場合もあります。

例：<ruby>我 和 他 一 起 打 网 球<rt>wǒ hé tā yì qǐ dǎ wǎng qiú</rt></ruby>。/ 私は彼と一緒にテニスをします。

<ruby>我 和 孩 子 一 起 做 运 动<rt>wǒ hé hái zi yì qǐ zuò yùn dòng</rt></ruby>。/ 私は子供と一緒に運動します。

<ruby>我 们 一 起 吃 晚 饭<rt>wǒ men yì qǐ chī wǎn fàn</rt></ruby>。/ 私たちは一緒に晩ごはんを食べます。

5. 4 つの声調

gān	gán	gǎn	gàn	---	gàn shén me
zuō	zuó	zuǒ	zuò	---	gōng zuò
zhōng	zhóng	zhǒng	zhòng	---	zhōng wén
huā	huá	huǎ	huà	---	huá yǔ
māi	mái	mǎi	mài	---	mǎi、mài
dōng	dóng	dǒng	dòng	---	dōng xī
xī	xí	xǐ	xì	---	dōng xi
xiān	xián	xiǎn	xiàn	---	xiān
shēng	shéng	shěng	shèng	---	xiān sheng
lāo	láo	lǎo	lào	---	lǎo gōng
zhāng	zháng	zhǎng	zhàng	---	zhàng fu
hāi	hái	hǎi	hài	---	hái zi
wān	wán	wǎn	wàn	---	wán、wánr
diān	dián	diǎn	diàn	---	diàn nǎo
liū	liú	liǔ	liù	---	liù

＊破線の右横の単語の漢字と意味は前の「3. 新しい単語」の部分を参照してください。

6. 音節の区別

① ⎰ shàng wǎng　上网（インターネットをする）
　　⎱ xià gǎng　　下岗（リストラされる）

② ⎰ gāo xìng　高兴（うれしい）
　　⎱ zūn jìng　尊敬（尊敬する）

③ ⎰ nǎ guó　　哪国（どの国）
　　⎱ shuǐ guǒ　水果（果物）

④ ⎰ wén jù　　文具（文房具）
　　⎱ chéng jì　成绩（成績）

⑤ ⎰ zhōng wén　中文（中国語）
　　⎱ chōng fèn　充分（十分）

⑥ ⎰ zhǔ fù　主妇（主婦）
　　⎱ zǔ fù　祖父（祖父）

95

7. 単語の音節練習

🔊 1-074

① 听音乐 / 音楽を聞く
tīng yīn yuè

② 洗澡 / お風呂に入る
xǐ zǎo

③ 打电话 / 電話をかける
dǎ diàn huà

④ 聊天儿 / おしゃべりする
liáo tiānr

⑤ 上网 / インターネットをする
shàng wǎng

⑥ 做家务 / 家事をする
zuò jiā wù

⑦ 睡觉 / 寝る
shuì jiào

⑧ 看电视 / テレビを見る
kàn diàn shì

8. 応用会話

🔊 1-075

A : 你干什么呢?
nǐ gàn shén me ne

B : 我上网呢。
wǒ shàng wǎng ne

A : 你平时喜欢做什么?
nǐ píng shí xǐ huan zuò shén me

B : 我平时喜欢看电视。
wǒ píng shí xǐ huan kàn diàn shì

訳文：A：あなたは何をしていますか？
　　　B：私はインターネットをしています。
　　　A：あなたはふだん何をするのが好きですか？
　　　B：私はふだんテレビを見るのが好きです。

96

（1）次の単語を中国語や日本語に訳し、中国語の上にピンインをつけ
　　なさい。

　　①朋友＿＿＿＿＿＿＿＿＿　②玩儿＿＿＿＿＿＿＿＿＿＿

　　③孩子＿＿＿＿＿＿＿＿＿　④中国語＿＿＿＿＿＿＿＿＿

　　⑤買い物する＿＿＿＿＿　⑥パソコン＿＿＿＿＿＿＿＿

（2）次の会話を日本語に訳し、中国語の上にピンインをつけなさい。

　　Ａ：你平时喜欢做什么?＿＿＿＿＿＿＿＿＿＿＿＿＿＿＿

　　Ｂ：我平时喜欢看电视。＿＿＿＿＿＿＿＿＿＿＿＿＿＿＿

　　Ａ：你孩子做什么呢?＿＿＿＿＿＿＿＿＿＿＿＿＿＿＿＿

　　Ｂ：他们玩儿电脑呢。＿＿＿＿＿＿＿＿＿＿＿＿＿＿＿＿

（3）次の会話を中国語に訳し、中国語にピンインをつけなさい。

　　Ａ：ご主人は何をしていますか？＿＿＿＿＿＿＿＿＿＿＿

　　Ｂ：彼は仕事をしています。＿＿＿＿＿＿＿＿＿＿＿＿＿

　　Ａ：お友達は何をやっていますか？＿＿＿＿＿＿＿＿＿

　　Ｂ：彼はインターネットをしています。＿＿＿＿＿＿＿＿

情景会話 6

nǐ jīn tiān zhēn piào liang
你今天真漂亮!
（今日はとてもおきれいですね!）

1. 会話文　　　　　　🔊 1 − 076

nǐ jīn tiān zhēn piào liang
A：你今天真漂亮!

nǐ chuān de qún zi zhēn piào liang
B：你（穿）的裙子真漂亮!

shì ma　nǐ dài de mào zi yě hěn kě ʾài
A：是吗? 你戴的帽子也很可爱。

zhēn de ma　xiè xie
B：真的吗? 谢谢!

nǐ de zhōng wén shuō de zhēn hǎo
A：你的中文说得真好。

nǎ li nǎ li
B：哪里哪里。

訳：A：今日はとてもおきれいですね!
　　B：あなたがはいているスカートはとてもきれいですね!
　　A：そうですか? あなたがかぶっている帽子もとてもかわいいです。
　　B：本当ですか? ありがとう!
　　A：あなたの中国語はお上手ですね。
　　B：とんでもありません。

2. 新しい単語　　　　　🔊 1 − 077

chuān 穿 → (着る)	yī fu 衣服 (服)	qún zi 裙子 (スカート)	kù zi 裤子 (ズボン)	wà zi 袜子 (靴下)	xié 鞋 (靴)	tuō ←脱 (脱ぐ)
dài 戴 → (かぶる、つける)	mào zi 帽子 (帽子)	shǒu tào 手套 (手袋)	yǎn jìngr 眼镜儿 (メガネ)	xiàng liànr 项链儿 (ネックレス)	ěr huán 耳环 (イヤリング)	zhāi ←摘 (外す)

jīn tiān	piào liang	kě 'ài	cháng	duǎn	dà	xiǎo
今 天	漂 亮	可 爱	长	短	大	小
（今日）	（きれい）	（かわいい）	（長い）	（短い）	（大きい）	（小さい）

hóng yī fu	huáng mào zi	lán kù zi	bái wà zi	hēi xié
红 衣 服	黄 帽 子	蓝 裤 子	白 袜 子	黑 鞋
（赤い服）	（黄色い帽子）	（青いズボン）	（白い靴下）	（黒い靴）

zhōng wén	rì yǔ	shuō de zhēn hǎo	nǎ li nǎ li
中 文	日 语	说 得 真 好	哪 里 哪 里
（中国語）	（日本語）	（上手に話せる）	（とんでもありません）

zhè jiàn yī fu	nà tiáo kù zi	zhè shuāng xié	duō shao qián
这 件 衣 服	那 条 裤 子	这 双 鞋	多 少 钱
（この服）	（あのズボン）	（この靴）	（いくらですか）

3. 韻 母

◀)) 1 － 078

uan → wan	u → wu	ün → yun	ao

4. 4つの声調

◀)) 1 － 079

chuān	chuán	chuǎn	chuàn	---	chuān xié
wā	wá	wǎ	wà	---	wà zi
qūn	qún	qǔn	qùn	---	qún zi
māo	máo	mǎo	mào	---	mào zi
fū	fú	fǔ	fù	---	yī fu
piāo	piáo	piǎo	piào	---	piào liang
zhēn	zhén	zhěn	zhèn	---	zhēn hǎo
kē	ké	kě	kè	---	kě 'ài
duō	duó	duǒ	duò	---	duō shao qián
jīn	jín	jǐn	jìn	---	jīn tiān

5. ミニ会話

A：<ruby>这<rt>zhè</rt></ruby> <ruby>双<rt>shuāng</rt></ruby> <ruby>鞋<rt>xié</rt></ruby> <ruby>多<rt>duō</rt></ruby> <ruby>少<rt>shao</rt></ruby> <ruby>钱<rt>qián</rt></ruby>？

B：<ruby>十<rt>shí</rt></ruby> <ruby>五<rt>wǔ</rt></ruby> <ruby>块<rt>kuài</rt></ruby> （<ruby>钱<rt>qián</rt></ruby>）。

A：<ruby>那<rt>nà</rt></ruby> <ruby>件<rt>jiàn</rt></ruby> <ruby>衣<rt>yī</rt></ruby> <ruby>服<rt>fu</rt></ruby> <ruby>多<rt>duō</rt></ruby> <ruby>少<rt>shao</rt></ruby> <ruby>钱<rt>qián</rt></ruby>？

B：<ruby>五<rt>wǔ</rt></ruby> <ruby>十<rt>shí</rt></ruby> <ruby>块<rt>kuài</rt></ruby> （<ruby>钱<rt>qián</rt></ruby>）。

A：<ruby>这<rt>zhè</rt></ruby> <ruby>条<rt>tiáo</rt></ruby> <ruby>裙<rt>qún</rt></ruby> <ruby>子<rt>zi</rt></ruby> <ruby>和<rt>hé</rt></ruby> <ruby>这<rt>zhè</rt></ruby> <ruby>条<rt>tiáo</rt></ruby> <ruby>裤<rt>kù</rt></ruby> <ruby>子<rt>zi</rt></ruby> <ruby>多<rt>duō</rt></ruby> <ruby>少<rt>shao</rt></ruby> <ruby>钱<rt>qián</rt></ruby>？

B：<ruby>一<rt>yì</rt></ruby> <ruby>百<rt>bǎi</rt></ruby> <ruby>块<rt>kuài</rt></ruby>。

訳文：A：この（1足の）靴はいくらですか？　　B：15元です。
　　　A：あの服はいくらですか？　　　　　　 B：50元です。
　　　A：このスカートとズボンはいくらですか？　B：100元です。

練習問題　　　　　　　　　　　　　　　　　　　　　解答 p.429

（1）次のカタカナと同じ音の声母か韻母を書きなさい。

①ウァン＿＿＿＿＿＿＿＿＿　　　　　②ウー＿＿＿＿＿＿＿＿＿

③アォゥ＿＿＿＿＿＿＿＿＿

（2）次の単語を訳し、中国語の上にピンインをつけなさい。

①裤子＿＿＿＿＿＿＿　　　　②袜子＿＿＿＿＿＿＿

③项链儿＿＿＿＿＿＿＿　　　④说＿＿＿＿＿＿＿

⑤戴＿＿＿＿＿＿＿　　　　　⑥哪里那里＿＿＿＿＿＿＿

⑦スカート＿＿＿＿＿＿＿　　⑧服を着る＿＿＿＿＿＿＿

⑨かわいい＿＿＿＿＿＿＿　　⑩本当ですか＿＿＿＿＿＿＿

⑪靴をはく_____　　⑫メガネをかける_____

(3) 次の会話文を中国語に訳し、ピンインをつけなさい。

A：あなたはきれいですね！　あなたがはいているスカートはきれい
　　ですね！

_____

B：そうですか？_____

　　あなたがかぶっている帽子もとてもかわいいです。

_____

A：本当ですか？　ありがとう！_____

B：あなたの中国語はお上手ですね。_____

A：とんでもありません。_____

(4) 次のミニ会話を中国語に訳し、ピンインをつけなさい。

A：この（1足の）靴はいくらですか？_____

B：15元です。_____

A：あの服はいくらですか？_____

B：50元です。_____

A：あのスカートとズボンはいくらですか？_____

B：100元です。_____

nǐ jiā yǒu jǐ kǒu rén
你家有几口人? (ご家族は何人ですか?)

1. 会 話
1 − 081

wáng tài tai　　nǐ jiā yǒu jǐ kǒu rén
A：王 太太, 你家 有 几 口 人?

wǒ jiā yǒu　wǔ kǒu rén
B：我 家 有 五口人。

nǐ jiā　dōu　yǒu shén me rén
A：你家(都)有 什么人?

wǒ fù qin mǔ qin wǒ xiān sheng　yí ge nǚ ér　hé wǒ
B：我 父亲, 母亲, 我 先 生, 一个 女儿, 和 我。

nǐ xiān sheng zuò shén me gōng zuò
A：你 先 生 做 什么 工作?

tā shì diàn nǎo gōng chéng shī
B：他是 电脑 工 程 师。

nǐ fù mǔ gōng zuò ma
A：你 父母 工 作 吗?

tā men tuì xiū le
B：他 们 退 休 了。

nǐ gōng zuò ma
A：你 工 作 吗?

wǒ bù gōng zuò　wǒ shì jiā tíng zhǔ fù
B：我 不 工 作。我 是 家 庭 主 妇。

nǐ nǚ ér duō dà le
A：你 女儿 多 大 了?

tā shí suì le
B：她 十 岁 了。

2. 訳 文

A：ミセス王、ご家族は何人ですか?
B：うちは5人家族です。

A：ご家族にはどんな人がいますか？

B：父、母、主人、娘が1人と私です。

A：ご主人はどんな仕事をしていますか？

B：彼（主人）はITエンジニアです。

A：ご両親は働いていますか？

B：彼ら（両親）はもう定年退職しました。

A：あなたは仕事をしていますか？

B：私は働いていません。私は専業主婦です。

A：お嬢さんはおいくつですか？

B：彼女（娘）は10歳です。

3. 新しい単語

🔊 1－082

1. jiā	（名詞）	家	うち、家
△ nǐ jiā	（名詞）	你家	お宅
△ wǒ jiā	（名詞）	我家	うち、私の家
2. tài tai	（名詞）	太太	奥さん、ミセス
3. xiān sheng	（名詞）	先生	ミスター、…様
△ wáng xiān sheng	（固有名詞）	王先生	ミスター王
4. yǒu	（動詞）	有	いる、ある
5. dōu	（副詞）	都	全部で
6. fù qin	（名詞）	父亲	父親
7. mǔ qin	（名詞）	母亲	母親
△ fù mǔ	（名詞）	父母	両親、父母
8. gōng chéng shī	（名詞）	工程师	エンジニア
9. yí ge	（数量詞）	一个	1人、1つ
10. nǚ'ér	（名詞）	女儿	娘
△ gū niang	（名詞）	姑娘	お嬢さん
11. ér zi	（名詞）	儿子	息子
12. hé	（接続詞）	和	…と
13. tuì xiū	（動詞）	退休	定年退職する

14. bù	（否定詞）	不	…しない
15. jiā tíng	（名詞）	家庭	家庭
16. zhǔ fù	（名詞）	主妇	主婦
17. duō dà le	（フレーズ）	多大了	いくつ、何歳
18. shí suì	（数量詞）	十岁	10歳
19. le	（語気助詞）	了	…になった
20. jǐ	（フレーズ）	几	どのくらい
△ jǐ suì le	（フレーズ）	几岁了	いくつ（10 未満）
21. jǐ kǒu rén	（フレーズ）	几口人	何人家族
22. qī	（数詞）	七	7
23. gū gū	（名詞）	姑姑	おばさん（父の姉／妹）

4. 注 釈

(1)「几 口 人」の使い方
　　「几 口 人」は「何人家族」と聞く時だけに使います。家族以外の
人間の数を聞く場合「几 个…、多 少…」を使います。「几 个」は
10 未満の数を聞く時に使い、「多 少」は 10 以上の数を聞く時に使
います。

　　　例：A:你 有 几 个 兄 弟 姐 妹？／あなたは兄弟姉妹が何人いますか?
　　　　　B:我 有 一 个 哥 哥 和 一 个 妹 妹。／私には兄が1人と妹が1人います。
　　　　　A:你 们 学 校 有 多 少 学 生？／あなたたちの学校には学生が何人いますか?
　　　　　B:我 们 学 校 有 二 百 个 学 生 。／私たちの学校には学生が200人います。

(2)「你 多 大 了？」と「你 几 岁 了?」の使い方
　　「多 大 了?」は 10 歳以上の人の年齢を聞く時に使い、「几 岁 了?」
は 10 歳未満の子供の年齢を聞く時に使います。

例：
A：<ruby>你<rt>nǐ</rt></ruby> <ruby>先<rt>xiān</rt></ruby> <ruby>生<rt>sheng</rt></ruby> <ruby>多<rt>duō</rt></ruby> <ruby>大<rt>dà</rt></ruby> <ruby>了<rt>le</rt></ruby>? ／ご主人はおいくつですか？
B：<ruby>他<rt>tā</rt></ruby> <ruby>三<rt>sān</rt></ruby> <ruby>十<rt>shí</rt></ruby> <ruby>六<rt>liù</rt></ruby> <ruby>岁<rt>suì</rt></ruby> <ruby>了<rt>le</rt></ruby>。／彼は 36 歳です。

A：<ruby>你<rt>nǐ</rt></ruby> <ruby>女儿<rt>nǚ'ér</rt></ruby> <ruby>几<rt>jǐ</rt></ruby> <ruby>岁<rt>suì</rt></ruby> <ruby>了<rt>le</rt></ruby>? ／お嬢さんは何歳ですか？
B：<ruby>她<rt>tā</rt></ruby> <ruby>六<rt>liù</rt></ruby> <ruby>岁<rt>suì</rt></ruby> <ruby>了<rt>le</rt></ruby>。／彼女は 6 歳です。

(3)「<ruby>我<rt>wǒ</rt></ruby> <ruby>父<rt>fù</rt></ruby> <ruby>亲<rt>qin</rt></ruby>」と「<ruby>我<rt>wǒ</rt></ruby> <ruby>母<rt>mǔ</rt></ruby> <ruby>亲<rt>qin</rt></ruby>」の使い方：「<ruby>我<rt>wǒ</rt></ruby> <ruby>父<rt>fù</rt></ruby> <ruby>亲<rt>qin</rt></ruby>」と「<ruby>我<rt>wǒ</rt></ruby> <ruby>母<rt>mǔ</rt></ruby> <ruby>亲<rt>qin</rt></ruby>」は

父と母の意味です、呼びかけには使いません。家で父、母を呼ぶ

時には、「<ruby>爸<rt>bà</rt></ruby> <ruby>爸<rt>ba</rt></ruby>、<ruby>妈<rt>mā</rt></ruby> <ruby>妈<rt>ma</rt></ruby>」もしくは「<ruby>爸<rt>bà</rt></ruby>、<ruby>妈<rt>mā</rt></ruby>」を使います。

5. 4 つの声調

jiā	jiá	jiǎ	jià	---	nǐ jiā
tīng	tíng	tǐng	tìng	---	jiā tíng
zhū	zhú	zhǔ	zhù	---	zhǔ fù
tāi	tái	tǎi	tài	---	tài tai
yōu	yóu	yǒu	yòu	---	yǒu
gē	gé	gě	gè	---	yí ge
ēr	ér	ěr	èr	---	ér zi
nǔ	nú	nǔ	nù	---	nǚ'ér
gū	gú	gǔ	gù	---	gū gu
niāng	niáng	niǎng	niàng	---	gū niang
tuī	tuí	tuǐ	tuì	---	tuì xiū
xiū	xiú	xiǔ	xiù	---	xiū xi
duō	duó	duǒ	duò	---	duō dà le
suī	suí	suǐ	suì	---	jǐ suì le
jī	jí	jǐ	jì	---	jǐ kǒu rén
qī	qí	qǐ	qì	---	qī

＊破線の右横の単語の漢字と意味は前の「3. 新しい単語」の部分を参
照してください。

6. 音節の区別

① hěn xiǎo　很小（とても小さい）
　 hěn shǎo　很少（とても少ない）

② rì lì　日历（カレンダー）
　 shì lì　视力（視力）

③ xīn nián　新年（新年）
　 xīn niáng　新娘（花嫁さん）

④ jīng jù　京剧（京劇）
　 jīng jì　经济（経済）

⑤ yóu yǒng　游泳（水泳）
　 yǒu yòng　有用（役に立つ）

⑥ tuǒ xié　妥协（妥協する）
　 tuō xié　拖鞋（スリッパ）

7. 単語の音節練習

① chú fáng　厨房 / 台所
② cè suǒ　厕所 / トイレ
③ kè tīng　客厅 / 居間
④ cān tīng　餐厅 / ダイニングルーム
⑤ wò shì　卧室 / ベッドルーム
⑥ shū fáng　书房 / 書斎
⑦ zhuō zi　桌子 / 机
⑧ yǐ zi　椅子 / イス

8. 応用会話

A：qǐng wèn cè suǒ zài nǎr
　　请 问 厕 所 在 哪儿?

B：zài nà biān。 / wǒ bù zhī dào。
　　在 那 边。 / 我 不 知 道。

A：wǒ yòng yí xiàr cè suǒ hǎo ma?
　　我 用 一 下儿 厕 所，好 吗?

B：hǎo， qǐng yòng ba。
　　好， 请 用 吧。

- -

訳文：A：お尋ねしますが、トイレはどこですか？
　　　B：あちらです。 / 分かりません。
　　　A：ちょっとトイレを貸してくださいませんか？
　　　B：どうぞ、使ってください。

（1）次の単語を訳し、中国語の上にピンインをつけなさい。

①几口人＿＿＿＿＿＿＿＿＿＿　　②多大了＿＿＿＿＿＿＿＿＿＿

③电脑工程师＿＿＿＿＿＿＿　　④娘＿＿＿＿＿＿＿＿＿＿＿＿

⑤息子＿＿＿＿＿＿＿＿＿＿　　⑥定年退職＿＿＿＿＿＿＿＿＿

（2）次の会話を日本語に訳し、中国語の上にはピンインもつけなさい。

A：你女儿多大了?　＿＿＿＿＿＿＿＿＿＿＿＿＿＿＿＿＿＿

B：她十岁了。　＿＿＿＿＿＿＿＿＿＿＿＿＿＿＿＿＿＿＿＿

A：我用一下儿厕所，好吗?　＿＿＿＿＿＿＿＿＿＿＿＿＿＿

B：好，请用吧。　＿＿＿＿＿＿＿＿＿＿＿＿＿＿＿＿＿＿

（3）次の会話を中国語に訳し、ピンインをつけなさい。

A：ご主人はどんな仕事をしていますか？＿＿＿＿＿＿＿＿＿

B：彼は IT エンジニアです。＿＿＿＿＿＿＿＿＿＿＿＿＿＿

A：あなたは働いていますか？＿＿＿＿＿＿＿＿＿＿＿＿＿＿

B：私は働いていません。専業主婦です。＿＿＿＿＿＿＿＿＿

情景会話
7

nǐ yǒu chǒng wù ma
你 有 宠 物 吗?
（ペットを飼っていますか?）

1. 会話文　🔊 1 - 087

nǐ yǒu chǒng wù ma
A : 你 有 宠 物 吗?

méi yǒu　　nǐ ne
B : 没 有, 你 呢?

wǒ yě méi yǒu yǎng chǒng wù
A : 我 也 没 有 养 宠 物。

nǐ xǐ huan shén me dòng wù
B : 你 喜欢 什么 动物?

wǒ xǐ huan gǒu
A : 我 喜欢 狗。

wèi shén me
B : 为 什么?

yīn wèi gǒu néng chéng wéi rén lèi de péng you
A : 因为 狗 能 成 为 人类 的 朋 友。

訳：A：あなたはペットを飼っていますか?
　　B：飼っていません、あなたは?
　　A：私も飼っていません。
　　B：あなたはどんな動物が好きですか?
　　A：私は犬が好きです。
　　B：どうしてですか?
　　A：犬は人類の友達になれますから。

2. 新しい単語　🔊 1 - 088

dà xiàng	lǎo hǔ	hóu zi	xióng māo	è yú
大 象	老虎	猴子	熊 猫	鳄鱼
（象）	（トラ）	（サル）	（パンダ）	（ワニ）

dài shǔ 袋鼠 （カンガルー）	cháng jǐng lù 长颈鹿 （キリン）	shī zi 狮子 （ライオン）	gǒu 狗 （犬）	qǐ 'é 企鹅 （ペンギン）
cāng shǔ 仓鼠 （ハムスター）	dòng wù 动物 （動物）	yǎng 养 （飼う）	chǒng wù 宠物 （ペット）	rén lèi 人类 （人類）
péng you 朋友 （友達）	chéng wéi 成为 （…になる）	yóu jú 邮局 （郵便局）	jì xìn 寄信 （手紙を出す）	chē zhàn 车站 （駅）
mǎi 买 （買う）	yóu piào 邮票 （切手）	niàn 念 （声に出して読む）	zì 字 （文字）	yì zhí 一直 （まっすぐ）
wǎng qián zǒu 往前走 （前へ歩く）	zhè ge 这个 （これ）	zěn me 怎么 （どうやって）	dú 读 （読む）	qǐng wèn 请问 （おたずねします）

3. 韻母

1 − 089

iou → you   iong → yong   ai

4. 4つの声調

1 − 090

xiāng	xiáng	xiǎng	xiàng	---	dà xiàng
zī	zí	zǐ	zì	---	shī zi
xiōng	xióng	xiǒng	xiòng	---	xióng māo
ē	é	ě	è	---	è yú
dōng	dóng	dǒng	dòng	---	dòng wù
yōu	yóu	yǒu	yòu	---	yóu piào
jū	jú	jǔ	jù	---	yóu jú
xīn	xín	xǐn	xìn	---	jì xìn
chē	ché	chě	chè	---	chē zhàn
zhī	zhí	zhǐ	zhì	---	yì zhí

109

5. ミニ会話

(1) A：<ruby>这<rt>zhè</rt></ruby> <ruby>个<rt>ge</rt></ruby> <ruby>字<rt>zì</rt></ruby> <ruby>怎<rt>zěn</rt></ruby> <ruby>么<rt>me</rt></ruby> <ruby>读<rt>dú</rt></ruby>?

B：<ruby>这<rt>zhè</rt></ruby> <ruby>个<rt>ge</rt></ruby> <ruby>字<rt>zì</rt></ruby> <ruby>读<rt>dú</rt></ruby>[<ruby>邮<rt>yóu</rt></ruby>]。<ruby>邮<rt>yóu</rt></ruby> <ruby>局<rt>jú</rt></ruby> <ruby>的<rt>de</rt></ruby> <ruby>邮<rt>yóu</rt></ruby>。

A：<ruby>你<rt>nǐ</rt></ruby> <ruby>去<rt>qù</rt></ruby> <ruby>邮<rt>yóu</rt></ruby> <ruby>局<rt>jú</rt></ruby> <ruby>干<rt>gàn</rt></ruby> <ruby>什<rt>shén</rt></ruby> <ruby>么<rt>me</rt></ruby>?

B：<ruby>我<rt>wǒ</rt></ruby> <ruby>去<rt>qù</rt></ruby> <ruby>邮<rt>yóu</rt></ruby> <ruby>局<rt>jú</rt></ruby> <ruby>寄<rt>jì</rt></ruby> <ruby>信<rt>xìn</rt></ruby> <ruby>和<rt>hé</rt></ruby> <ruby>买<rt>mǎi</rt></ruby> <ruby>邮<rt>yóu</rt></ruby> <ruby>票<rt>piào</rt></ruby>。

(2) A：<ruby>这<rt>zhè</rt></ruby> <ruby>个<rt>ge</rt></ruby> <ruby>字<rt>zì</rt></ruby> <ruby>怎<rt>zěn</rt></ruby> <ruby>么<rt>me</rt></ruby> <ruby>念<rt>niàn</rt></ruby>?

B：<ruby>这<rt>zhè</rt></ruby> <ruby>个<rt>ge</rt></ruby> <ruby>字<rt>zì</rt></ruby> <ruby>念<rt>niàn</rt></ruby>「<ruby>站<rt>zhàn</rt></ruby>」, <ruby>车<rt>chē</rt></ruby> <ruby>站<rt>zhàn</rt></ruby> <ruby>的<rt>de</rt></ruby> <ruby>站<rt>zhàn</rt></ruby>。

A：<ruby>请<rt>qǐng</rt></ruby> <ruby>问<rt>wèn</rt></ruby> <ruby>车<rt>chē</rt></ruby> <ruby>站<rt>zhàn</rt></ruby> <ruby>怎<rt>zěn</rt></ruby> <ruby>么<rt>me</rt></ruby> <ruby>走<rt>zǒu</rt></ruby>?

B：<ruby>一<rt>yì</rt></ruby> <ruby>直<rt>zhí</rt></ruby> <ruby>往<rt>wǎng</rt></ruby> <ruby>前<rt>qián</rt></ruby> <ruby>走<rt>zǒu</rt></ruby>。

··

訳文：(1) A：この字はどう読みますか？
B：この字は「yóu」と読みます。郵便局の「yóu」です。
A：郵便局へ何をしに行きますか？
B：私は郵便局に手紙を出し、切手を買いに行きます。
(2) A：この字はどう読みますか？
B：この字は「zhàn」と読みます。駅の「zhàn」です。
A：ちょっとお伺いしますが駅へはどう行くのですか？
B：まっすぐ前へ行ってください。

練習問題 解答 p.430

(1) 次のカタカナと同じ音の声母か韻母を書きなさい。

①イユー＿＿＿＿＿　　②イョンー＿＿＿＿＿　　③アイ＿＿＿＿＿

(2) 次の単語を訳し、中国語の上にピンインをつけなさい。

①熊猫＿＿＿＿＿　　②长颈鹿＿＿＿＿＿　　③鳄鱼＿＿＿＿＿

④仓鼠＿＿＿＿＿　　⑤车站＿＿＿＿＿　　⑥邮局＿＿＿＿＿

⑦犬_____　　⑧トラ_____　　⑨切手_____

⑩象_____　　⑪郵便局_____　　⑫ペンギン_____

（3）次の会話を中国語に訳し、ピンインをつけなさい。

A：あなたはペットを飼っていますか？_____

B：飼っていません、あなたは？_____

A：私も飼っていません。_____

B：あなたはどんな動物が好きですか？_____

A：私は犬が好きです。_____

B：どうしてですか？_____

A：犬は人類の友達になれますから。_____

（4）次のミニ会話を中国語に訳し、ピンインをつけなさい。

A：この字はどう読みますか？_____

B：この字は「yóu」と読みます。郵便局の「yóu」です。_____

A：郵便局へ何をしに行きますか？_____

B：私は郵便局に手紙を出し、切手を買いに行きます。_____

（5）あなたの家族が好きな動物を言いなさい。

A：你妈妈喜欢什么动物?　　B：我妈妈喜欢_____。

A：你爸爸喜欢什么动物?　　B：我爸爸喜欢_____。

nǐ xǐ huan shén me yùn dòng
你喜欢 什么运动？

（あなたはどんな運動が好きですか?）

1. 会　話　　　　　　　　　　　　🔊 1 − 092

jí tián xiān sheng　　nǐ　xǐ huan shén me yùn dòng
A：吉田 先 生，你喜 欢 什 么 运 动？

wǒ xǐ huan dǎ gāo 'ěr fū　　liú xiān sheng　　nǐ ne
B：我喜 欢 打高尔夫，刘先 生 ，你呢?

wǒ xǐ huan yóu yǒng
A：我喜 欢 游 泳。

nǐ zài nǎr yóu yǒng
B：你在 哪儿游 泳?

wǒ zǒng shì zài gōng yù de yóu yǒng chí yóu yǒng
A：我总 是在 公 寓的游 泳 池游 泳。

nǐ jīng cháng qù nǎr dǎ gāo 'ěr fū
你经 常 去哪儿打高尔夫?

wǒ jīng cháng hé péng you yì qǐ qù mǎ lái xī yà hé
B：我经 常 和朋友一 起去马来西亚和

yìn dù ní xī yà dǎ gāo 'ěr fū
印 度尼西亚打高尔夫。

nǐ yí ge xīng qī dǎ jǐ cì gāo 'ěr fū
A：你一个 星 期打几次高尔夫?

yīn wèi wǒ méi yǒu shí jiān　　wǒ yí ge xīng qī zhǐ dǎ yí
B：因为我没 有 时间，我一个 星 期只打一

cì gāo 'ěr fū
次高尔夫。

2. 訳　文

A：吉田さんはどんなスポーツが好きですか?
B：私はゴルフをやるのが好きです、劉さんは?
A：私は泳ぐのが好きです。
B：あなたはどこで泳ぎますか?

A：私はいつもマンションのプールで泳ぎます。

　　あなたはいつもどこへゴルフをしに行きますか？

B：私はいつも友達と一緒にマレーシアやインドネシアへゴルフを
　　しに行きます。

A：あなたは1週間に何回ゴルフをしますか？

B：時間がないので、1週間に1回だけです。

3. 新しい単語　　🔊 1－093

1.	jí tián xiān sheng	（固有名詞）	吉田先生	ミスター吉田
2.	gāo'ěr fū	（名詞）	高尔夫	ゴルフ
3.	dǎ gāo'ěr fū	（フレーズ）	打高尔夫	ゴルフをやる
4.	liú xiān sheng	（固有名詞）	刘先生	ミスター劉
5.	yóu yǒng	（動詞）	游泳	水泳をする、泳ぐ
6.	nǎr	（疑問詞）	哪儿	どこ
7.	mǎ lái xī yà	（固有名詞）	马来西亚	マレーシア
8.	yìn dù ní xī yà	（固有名詞）	印度尼西亚	インドネシア
9.	yì qǐ	（副詞）	一起	一緒に
10.	qù	（動詞）	去	行く
11.	zǒng shì	（副詞）	总是	いつも（例外なく）
12.	jīng cháng	（副詞）	经常	いつも（頻繁に）
13.	zhǐ	（副詞）	只	ただ…、…だけ
14.	yí ge xīng qī	（期間詞）	一个星期	1週間
15.	shí jiān	（名詞）	时间	時間
16.	méi yǒu shí jiān	（フレーズ）	没有时间	時間がない
17.	yīn wèi	（接続詞）	因为	…ので
18.	yí cì	（数量詞）	一次	1回
19.	bā	（数詞）	八	8
20.	gāo xīng	（形容詞）	高兴	うれしい
21.	dǎ qiú	（フレーズ）	打球	球技をする
22.	xīng qī yī	（時間詞）	星期一	月曜日
23.	xīng qī yī	（名詞）	足球	サッカー

4. 注　釈

(1)

$$\boxed{主 \cdots\cdots 述語動詞 \cdots\cdots 目}$$
　　　期間詞　　　　回数詞

　この文型は「動作主がどのくらいのペースに何回…をする」という表現に使います。回数詞は述語動詞と目的語の間に置かれることに注意しましょう。

　　例：A：<ruby>你<rt>nǐ</rt></ruby> <ruby>一<rt>yí</rt></ruby> <ruby>个<rt>ge</rt></ruby> <ruby>星<rt>xīng</rt></ruby> <ruby>期<rt>qī</rt></ruby> <ruby>上<rt>shàng</rt></ruby> <ruby>几<rt>jǐ</rt></ruby> <ruby>次<rt>cì</rt></ruby> <ruby>课<rt>kè</rt></ruby>?

　　　　　／あなたは1週間に何回授業を受けますか？

　　　　B：<ruby>我<rt>wǒ</rt></ruby> <ruby>一<rt>yí</rt></ruby> <ruby>个<rt>ge</rt></ruby> <ruby>星<rt>xīng</rt></ruby> <ruby>期<rt>qī</rt></ruby> <ruby>上<rt>shàng</rt></ruby> <ruby>三<rt>sān</rt></ruby> <ruby>次<rt>cì</rt></ruby> <ruby>课<rt>kè</rt></ruby>。

　　　　　／私は1週間に3回授業を受けます。

　　　　A：<ruby>你<rt>nǐ</rt></ruby> <ruby>一<rt>yì</rt></ruby> <ruby>年<rt>nián</rt></ruby> <ruby>回<rt>huí</rt></ruby> <ruby>几<rt>jǐ</rt></ruby> <ruby>次<rt>cì</rt></ruby> <ruby>日<rt>rì</rt></ruby> <ruby>本<rt>běn</rt></ruby>?

　　　　　／あなたは年に何回日本に帰りますか？

　　　　B：<ruby>我<rt>wǒ</rt></ruby> <ruby>一<rt>yì</rt></ruby> <ruby>年<rt>nián</rt></ruby> <ruby>回<rt>huí</rt></ruby> <ruby>三<rt>sān</rt></ruby> <ruby>次<rt>cì</rt></ruby> <ruby>日<rt>rì</rt></ruby> <ruby>本<rt>běn</rt></ruby>。

　　　　　／私は年に3回日本に帰ります。

(2) $\boxed{主語＋没有时间 ＋ 述語動詞・目}$

　この文型は「動作主が…をする時間がない」という表現に使います。

　　例：<ruby>我<rt>wǒ</rt></ruby> <ruby>没<rt>méi</rt></ruby> <ruby>有<rt>yǒu</rt></ruby> <ruby>时<rt>shí</rt></ruby> <ruby>间<rt>jiān</rt></ruby> <ruby>复<rt>fù</rt></ruby> <ruby>习<rt>xí</rt></ruby> <ruby>中<rt>zhōng</rt></ruby> <ruby>文<rt>wén</rt></ruby>。

　　　　／私は中国語を復習する時間がありません。

　　　　<ruby>我<rt>wǒ</rt></ruby> <ruby>没<rt>méi</rt></ruby> <ruby>有<rt>yǒu</rt></ruby> <ruby>时<rt>shí</rt></ruby> <ruby>间<rt>jiān</rt></ruby> <ruby>看<rt>kàn</rt></ruby> <ruby>电<rt>diàn</rt></ruby> <ruby>影<rt>yǐng</rt></ruby>。／私は映画を見る時間がありません。

(3)「<ruby>打<rt>dǎ</rt></ruby>」と「<ruby>踢<rt>tī</rt></ruby>」の使い分け
　手でやる球技運動は「<ruby>打<rt>dǎ</rt></ruby>」を使い、サッカーは「<ruby>踢<rt>tī</rt></ruby>」を使います。

例：
打 篮 球 / バスケットボールをする
dǎ lán qiú

打 排 球 / バレーボールをする
dǎ pái qiú

踢 足 球 / サッカーをする
tī zú qiú

5. 4つの声調

🔊 1 － 094

gāo	gáo	gǎo	gào	---	gāo xìng
ēr	ér	ěr	èr	---	gāo'ěr fū
dā	dá	dǎ	dà	---	dǎ qiú
yōu	yóu	yǒu	yòu	---	yóu yǒng
xīng	xíng	xǐng	xìng	---	xīng qī yī
					yí ge xīng qī
mā	má	mǎ	mà	---	mǎ lái xī yà
yīn	yín	yǐn	yìn	---	yìn dù ní xī yà
zū	zú	zǔ	zù	---	zú qiú
zōng	zóng	zǒng	zòng	---	zǒng shì
zhī	zhí	zhǐ	zhì	---	zhǐ
jīng	jíng	jǐng	jìng	---	jīng cháng
jiān	jián	jiǎn	jiàn	---	shí jiān
qī	qí	qǐ	qì	---	yì qǐ
cī	cí	cǐ	cì	---	yí cì
wēi	wéi	wěi	wèi	---	yīn wèi
bā	bá	bǎ	bà	---	bā

＊破線の右横の単語の漢字と意味は前の「3. 新しい単語」の部分を参照してください。

6. 音節の区別

🔊 1 － 095

① { xià tiān　**夏天** （夏）
　 { jià qián　**价钱** （値段）

② { shèng lì　**胜利** （勝利する）
　 { shēng qì　**生气** （怒る）

③ $\begin{cases} \text{xīn xiān} & \text{新鲜} \ (新鮮である) \\ \text{qī xiàn} & \text{期限} \ (期限) \end{cases}$　④ $\begin{cases} \text{shì jì} & \text{世纪} \ (世紀) \\ \text{sì jì} & \text{四季} \ (四季) \end{cases}$

⑤ $\begin{cases} \text{néng lì} & \text{能力} \ (能力) \\ \text{lěng qì} & \text{冷气} \ (クーラー) \end{cases}$　⑥ $\begin{cases} \text{jī dàn} & \text{鸡蛋} \ (卵) \\ \text{jiǎn dān} & \text{简单} \ (簡単である) \end{cases}$

7. 単語の音節練習　◀)) 1 − 096

wǎng qiú
① 网 球 / テニス

bàng qiú
② 棒 球 / 野球

pīng pāng qiú
③ 乒 乓 球 / 卓球

yǔ máo qiú
④ 羽 毛 球 / バドミントン

xiàng pū
⑤ 相 扑 / 相撲

tài jí quán
⑥ 太 极 拳 / 太極拳

pǎo bù
⑦ 跑 步 / ジョギング

huá xuě
⑧ 滑 雪 / スキー

8. 応用会話　◀)) 1 − 097

nǐ měi tiān yùn dòng ma
A：你 每 天 运 动 吗?

wǒ bù měi tiān yùn dòng　yǒu shí hou yùn dòng
B：我 不 每 天 运 动, 有 时 候 运 动。

wǒ cóng lái bú yùn dòng
C：我 从 来 不 运 动。

訳文：A：あなたは毎日運動しますか？

B：私は毎日運動しません、時々運動します。

C：私は全く運動しません。

（1）次の単語を訳し、中国語の上にピンインをつけなさい。

①高尔夫＿＿＿＿＿＿＿　　　②总是＿＿＿＿＿＿＿＿

③马来西亚＿＿＿＿＿　　　④運動＿＿＿＿＿＿＿＿

⑤１週間＿＿＿＿＿　　　⑥泳ぐ＿＿＿＿＿＿＿＿

（2）次の会話を日本語に訳し、中国語の上にピンインをつけなさい。

A：你喜欢做什么运动?＿＿＿＿＿＿＿＿＿＿＿＿

B：我喜欢游泳。＿＿＿＿＿＿＿＿＿＿＿＿＿＿＿

A：你一个星期游几次泳?＿＿＿＿＿＿＿＿＿＿＿

B：我一个星期游三次泳。＿＿＿＿＿＿＿＿＿＿

（3）次の会話を中国語に訳し、ピンインをつけなさい。

A：あなたは１週間に何回ゴルフをしますか？＿＿＿＿＿＿＿

B：私は１週間に１回だけゴルフをします。＿＿＿＿＿＿＿

A：いつもどこへゴルフをしに行きますか？＿＿＿＿＿＿＿

B：いつもマレーシアへゴルフをしに行きます。＿＿＿＿＿＿

jīn tiān wǒ qǐng kè
今 天 我 请 客。
（今日は私がごちそうします）

1. 会話文

◀))) 1 － 098

(1) A :
mā ma wǒ huì shuō hàn yǔ le　jīn tiān wǒ yào zì jǐ
妈 妈，我 会 说 汉 语 了，今 天 我 要 自 己

diǎn cài wǒ hái kě yǐ bāng nǐ diǎn cài
点 菜。我 还 可 以 帮 你 点 菜。

B :
hǎo wǒ yào chī yì dà lì miàn nǐ xiǎng chī shén me
好，我 要 吃 意 大 利 面，你 想 吃 什 么

jiù diǎn shén me ba
就 点 什 么 吧。

A :
xiǎo jie wǒ yào yí fèn niú pái hé shǔ tiáo wǒ mā ma
小 姐，我 要 一 份 牛 排 和 薯 条，我 妈 妈

yào yì pán yì dà lì miàn
要 一 盘 意 大 利 面。

C :
qǐng wèn hē shén me yǐn liào ma
请 问 喝 什 么 饮 料 吗?

A :
wǒ yào níng méng chá wǒ mā ma yào mò lì huā chá
我 要 柠 檬 茶，我 妈 妈 要 茉 莉 花 茶。

(2) A :
jīn tiān wǒ qǐng kè nǐ xiǎng chī shén me qǐng nǐ
今 天 我 请 客，你 想 吃 什 么? 请 你

diǎn cài ba
点 菜 吧。

B :
wǒ suí biàn hái shì nǐ diǎn cài ba
我 随 便，还 是 你 点（菜）吧。

A :
xiǎo jie qǐng wèn nǐ men de zhāo pái cài shì shén me
小 姐，请 问 你 们 的 招 牌 菜 是 什 么?

C :
wǒ men de zhāo pái cài shì là jiāo páng xiè
我 们 的 招 牌 菜 是 辣 椒 螃 蟹。

A : 还 有 别 的 好 推 荐 吗?
<small>hái yǒu bié de hǎo tuī jiàn ma</small>

C : 我 们 的 醉 虾 也 不 错。
<small>wǒ men de zuì xiā yě bú cuò</small>

A : 那 我 们 试 试 醉 虾 吧。
<small>nà wǒ men shì shi zuì xiā ba</small>

A : 小 姐, 买 单。
<small>xiǎo jie   mǎi dān</small>

C : 一 共 一 百 二 十 五 块。
<small>yí gòng yì bǎi èr shí wǔ kuài</small>

訳：(1) A：お母さん、僕は中国語が話せるようになったから、今日は
自分で注文したいんだ。お母さんの注文も手伝えるよ。

B：いいわよ、私はスパゲティにするから、あなたは自分の好
きなものを注文しなさい。

A：すみません、僕にはステーキとフライドポテト、母にはス
パゲティをお願いします。

C：飲み物はいかがですか？

A：僕にはレモンティー、母にはジャスミン茶をお願いします。

(2) A：今日は私がごちそうします。何を食べたいですか？　どう
ぞ注文してください。

B：私は何でもいいので、やはりあなたが注文してください。

A：すみません、ちょっとお伺いしますが、お店の看板料理は
何ですか？

C：うちの看板料理はチリクラブです。

A：ほかにもお勧めがありますか？

C：酔っ払いエビもおいしいですよ。

A：では、酔っ払いエビにしてみましょう。

A：すみません、お勘定お願いします。

C：全部で125元です。

2. 新しい単語

diǎn cài	mǎi dān	là jiāo	páng xiè	niú pái	zhāo pái cài
点 菜	买 单	辣 椒	螃 蟹	牛 排	招 牌 菜
（料理を注文する）	（勘定する）	（唐辛子）	（蟹）	（ステーキ）	（看板料理）

chǎo fàn	yí gòng	yǐn liào	bú cuò	qǐng kè	yì dà lì miàn
炒 饭	一 共	饮 料	不 错	请 客	意 大 利 面
（チャーハン）	（合計で）	（飲み物）	（悪くない）	（ごちそうする）	（スパゲティ）

jīn tiān	bāng	huì shuō	hàn yǔ	zì jǐ	hǎo tuī jiàn
今 天	帮	会 说	汉 语	自 己	好 推 荐
（今日）	（助ける）	（話せる）	（中国語）	（自分）	（お勧め）

shǔ tiáo	suí biàn	zuì xiā	shì shi	huàn	níng méng chá
薯 条	随 便	醉 虾	试 试	换	柠 檬 茶
（ポテトフライ）	（気ままに、好きなように）	（酒で料理したエビ）	（試してみる）	（換える）	（レモンティー）

shǒu jī	lián luò	mò lì huā chá	diàn huà hào mǎ
手 机	联 络	茉 莉 花 茶	电 话 号 码
（携帯電話）	（連絡する）	（ジャスミン茶）	（電話番号）

yí guàn	yí fèn	yì píng	yì pán	yì dié
一 罐	一 份	一 瓶	一 盘	一 碟
（1缶）	（1人分）	（ボトル1本）	（1皿）	（小皿1つ）

3. 韻 母

eng　　ia → ya　　er

4. 4つの声調

qīng	qíng	qǐng	qìng	---	qǐng zuò
xiē	xié	xiě	xiè	---	xiè xie
hē	hé	hě	hè	---	hē shuǐ
jī	jí	jǐ	jì	---	jī fàn
suī	suí	suǐ	suì	---	suí biàn
tuī	tuí	tuǐ	tuì	---	tuī jiàn
niū	niú	niǔ	niù	---	niú pái
yīn	yín	yǐn	yìn	---	yǐn liào
zhāo	zháo	zhǎo	zhào	---	zhāo pái cài
qīng	qíng	qǐng	qìng	---	qǐng kè

5. ミニ会話

A：今天谢谢你请我吃饭。
<small>jīn tiān xiè xie nǐ qǐng wǒ chī fàn</small>

B：不用谢。
<small>bú yòng xiè</small>

A：下次我请你。
<small>xià cì wǒ qǐng nǐ</small>

B：别客气。
<small>bié kè qi</small>

A：我有点儿事儿，我先走了。
<small>wǒ yǒu diǎnr shìr wǒ xiān zǒu le</small>

B：好，那再联络！
<small>hǎo nà zài lián luò</small>

A：对了，我换了新的手机，我的电话号码是
<small>duì le wǒ huàn le xīn de shǒu jī wǒ de diàn huà hào mǎ shì</small>

9822-3970。
<small>jiǔ bā èr èr sān jiǔ qī líng</small>

....

訳文：A：今日はごちそうさまでした。
　　　B：どういたしまして。
　　　A：次回は私がおごります。
　　　B：気にしないでください。
　　　A：ちょっと用事があるので、お先に失礼いたします。
　　　B：では、また連絡しましょう！
　　　A：そうだ、私は携帯を変えたのです。
　　　　　新しい番号は9822-3970です。

（1）次のカタカナと同じ音の声母か韻母を書きなさい。

①エン・g _____　　②イヤー _____

③ウェイ _____　　④イャン _____

（2）次の単語を訳し、中国語の上にピンインをつけなさい。

①好推荐 _____　　②点菜 _____

③招牌菜 _____　　④不错 _____

⑤意大利面 _____　　⑥饮料 _____

⑦電話番号 _____　　⑧携帯電話 _____

⑨お礼を言う必要がない _____　　⑩ステーキ _____

⑪ごちそうする _____　　⑫自分 _____

（3）次の会話を中国語に訳し、ピンインをつけなさい。

①Ａ：お母さん、僕は中国語が話せるようになったから、今日は自分
　　　で注文したいんだ。お母さんの注文も手伝えるよ。

_____

　　Ｂ：いいわよ、私はスパゲティにするから、あなたは自分の好きな
　　　ものを注文しなさい。

_____

②A：すみません、僕にはステーキとフライドポテト、母にはスパゲ
　　ティをお願いします。

　　_____

　C：飲み物はいかがですか？

　　_____

③A：僕にはレモンティー、母にはジャスミン茶をお願いします。

　　_____

④A：今日は私がごちそうします。何を食べたいですか？　どうぞ注
　　文してください。

　　_____

　B：私は何でもいいので、やはりあなたが注文してください。

　　_____

⑤A：すみません、ちょっとお伺いしますが、お店の看板料理は何で
　　すか？

　　_____

　C：うちの看板料理はチリクラブです。

　　_____

⑥A：ほかにもお勧めがありますか？

　　_____

　C：酔っ払いエビもおいしいですよ。

　　_____

⑦A：では、酔っ払いエビにしてみましょう。

　　_____

⑧Ａ：お勘定お願いします。

　　　　　　_____

　Ｃ：はい。全部で 125 元です。

　　　　　　_____

（4）次のミニ会話を中国語に訳し、ピンインをつけなさい。

　①Ａ：今日はごちそうさまでした。

　　　　　　_____

　Ｂ：どういたしまして。

　　　　　　_____

　②Ａ：次回は私がおごります。

　　　　　　_____

　Ｂ：気にしないでください。

　　　　　　_____

　③Ａ：ちょっと用事があるので、お先に失礼いたします。

　　　　　　_____

　Ｂ：では、また連絡しましょう！

　　　　　　_____

　④Ａ：そうだ、私は携帯を変えたのです。新しい番号は９８２２－
　　　　３９７０です。

　　　　　　_____

(5) 次の文章を中国語に訳し、ピンインをつけなさい。

①私はスパゲティを食べたいです。

_____

②お父さんにはビールを1缶お願いします。

_____

③妹はステーキを食べます。

_____

④飲み物は要りません。氷水をください。

_____

xīn jiā pō zěn me yàng
新加坡怎么样?

(シンガポールはいかがですか?)

1. 会 話

xīn jiā pō zěn me yàng
A : 新 加 坡 怎 么 样?

xīn jiā pō hěn hǎo gān jing yòu ān quán
B : 新 加 坡 很 好, 干 净 又 安 全。

nǐ xǐ huan xīn jiā pō ma
A : 你 喜 欢 新 加 坡 吗?

wǒ xǐ huan xīn jiā pō
B : 我 喜 欢 新 加 坡。

nǐ lái xīn jiā pō duō cháng shí jiān le
A : 你 来 新 加 坡 多 长 时 间 了?

wǒ lái xīn jiā pō liǎng nián bàn le
B : 我 来 新 加 坡 两 年 半 了。

xīn jiā pō de qì hòu zěn me yàng
A : 新 加 坡 的 气 候 怎 么 样?

méi yǒu sì jì yì nián dōu shì xià tiān hěn rè
B : 没 有 四 季, 一 年 都 是 夏 天, 很 热。

2. 訳 文

A : シンガポールはいかがですか?

B : シンガポールはとてもいいです、きれいで、安全です。

A : あなたはシンガポールが好きですか?

B : 私はシンガポールが好きです。

A : シンガポールに来てどれくらいですか?

B : シンガポールに来て2年半になります。

A : シンガポールの気候はどうですか?

B : 四季がなくて、一年中夏です、とても暑いです。

3. 新しい単語

1.	xīn jiā pō	(固有名詞)	新加坡	シンガポール
2.	zěn me yàng	(疑問詞)	怎么样	いかがですか
3.	gān jìng	(形容詞)	干净	きれいである、清潔である
4.	ān quán	(形容詞)	安全	安全である
5.	xǐ huan	(動詞)	喜欢	好きである、…を好む
6.	lái	(動詞)	来	来る
7.	liǎng nián bàn	(期間詞)	两年半	2年半
8.	qì hòu	(名詞)	气候	気候
9.	méi yǒu	(動詞)	没有	ない
10.	sì jì	(名詞)	四季	四季
11.	yì nián	(期間詞)	一年	1年
12.	dōu shì	(フレーズ)	都是	みな…である 全部…である
13.	chūn tiān	(名詞)	春天	春
14.	xià tiān	(名詞)	夏天	夏
15.	qiū tiān	(名詞)	秋天	秋
16.	dōng tiān	(名詞)	冬天	冬
17.	nuǎn huo	(形容詞)	暖和	暖かい
18.	rè	(形容詞)	热	暑い
19.	liáng kuai	(形容詞)	凉快	涼しい
20.	lěng	(形容詞)	冷	寒い
21.	jiǔ	(数詞)	九	9

4. 注 釈

(1) "一" の声調変化

　"一" はもともと第1声ですが、後ろにくる音節の声調によって、第2声や第4声になる時があります。

a. 第1声で発音："yī"

①単独で用いられる場合

例：一 二 三
（yī èr sān）

②序数詞として使う時

例：第一课 一月 第一天／初日
（dì yī kè yī yuè dì yī tiān）

③3ケタ以上の数の10のケタ及び最後のケタにある「一」

例：一百一十一 一百一十九
（yì bǎi yī shí yī　yì bǎi yī shí jiǔ）

＊本書の第15課 5. キーポイント（1）の「数字表」（201ページ）の最後の1行をご参照ください。

b. 第2声で発音："yí"

後ろに第4声（または第4声から変化した軽声がきた場合）

例：一个／一個 一样／同じ
（yí ge　yí yàng）

c. 第4声で発音："yì"

後ろに第1声、第2声、第3声がきた場合

例：一千／千 一条／1本 一百／百 一点／1時
（yì qiān　yì tiáo　yì bǎi　yì diǎn）

（2）…怎么样？／…はどうですか？
（zěn me yàng）

状況や様子を聞く時に使います。

例：你身体怎么样？／お体はいかがですか？
（nǐ shēn tǐ zěn me yàng）

（3）…怎么样了?／…はその後どうなりましたか？
（zěn me yàng le）

状況の変化や結果を聞く時に使います。

例：孩子怎么样了?／お子さんは（その後）どうなりましたか？
（hái zi zěn me yàng le）

（4）两年半／2年半
（liǎng nián bàn）

「两年零六个月」ともいいます。
（liǎng nián líng liù ge yuè）

(5)

形1	形2
又 ……	又 ……

／「Ａ（でもあり）またＢ（でもある）」

yòu kuài yòu hǎo
例：又 快 又 好。／速いし、良い。

yòu pián yi yòu hǎo chī
又 便 宜 又 好 吃。／安くておいしい。

5. 4つの声調

🔊 1－104

xī	xí	xǐ	xì	---	xǐ
huān	huán	huǎn	huàn	---	xǐ huan
gān	gán	gǎn	gàn	---	gān
jīng	jíng	jǐng	jìng	---	gān jing
ān	án	ǎn	àn	---	ān
quān	quán	quǎn	quàn	---	quán
lāi	lái	lǎi	lài	---	lái
liāng	liáng	liǎng	liàng	---	liǎng
niān	nián	niǎn	niàn	---	nián
hōu	hóu	hǒu	hòu	---	qì hòu
mēi	méi	měi	mèi	---	méi yǒu
sī	sí	sǐ	sì	---	sìjì
chūn	chún	chǔn	chùn	---	chūn tiān
nuān	nuán	nuǎn	nuàn	---	nuǎn huo
xiā	xiá	xiǎ	xià	---	xià tiān
qiū	qiú	qiǔ	qiù	---	qiū tiān
rē	ré	rě	rè	---	rè
liāng	liáng	liǎng	liàng	---	liáng kuai
dōng	dóng	dǒng	dòng	---	dōng tiān
lēng	léng	lěng	lèng	---	lěng
jiū	jiú	jiǔ	jiù	---	jiǔ

＊破線の右横の単語の漢字と意味は前の「3. 新しい単語」の部分を参照してください。

6. 音節の区別

① { zì jǐ 自己（自己）
    cì ji 刺激（刺激する）

② { lǚ xíng 旅行（旅行する）
    yǒu qíng 友情（友情）

③ { jī chǎng 机场（空港）
    cūn zhǎng 村长（村長）

④ { zhī dào 知道（知る）
    chí dào 迟到（遅刻する）

⑤ { rèn shi 认识（知り合う）
    zhèng shì 正式（正式の）

⑥ { xīn yì 心意（気持ち）
    fēng mì 蜂蜜（蜂蜜）

7. 音節練習

① yìn dù 印度 / インド

② sī lǐ lán kǎ 斯里兰卡 / スリランカ

③ yuè nán 越南 / ベトナム

④ fēi lǜ bīn 菲律宾 / フィリピン

⑤ tài guó 泰国 / タイ

⑥ pǔ jí dǎo 普吉岛 / プーケット

⑦ jiǎn pǔ zhài 柬埔寨 / カンボジア

⑧ wú gē kū 吴哥窟 / アンコールワット

8. 応用会話

A : nǐ qù guo pǔ jí dǎo ma 你去过普吉岛吗?

B : qù guo nǐ qù guo ma 去过。你去过吗?

C : wǒ méi yǒu qù guo 我没有去过。

訳文：A：あなたはプーケットへ行ったことがありますか？
　　　B：行ったことはあります。あなたは行ったことがありますか？
　　　C：私は行ったことはありません。

（1）次の単語を訳し、中国語の上にピンインをつけなさい。

　　①干浄＿＿＿＿＿＿＿＿＿　　②涼快＿＿＿＿＿＿＿＿＿

　　③暖和＿＿＿＿＿＿＿＿＿　　④暑い＿＿＿＿＿＿＿＿＿

　　⑤寒い＿＿＿＿＿＿＿＿＿　　⑥夏＿＿＿＿＿＿＿＿＿

（2）次の会話を日本語に訳し、中国語の上にピンインをつけなさい。

　　A：你去过吴哥窟吗?

　　＿＿＿＿＿＿＿＿＿＿＿＿＿＿＿＿＿＿＿＿＿＿＿＿＿

　　B：没有去过。

　　＿＿＿＿＿＿＿＿＿＿＿＿＿＿＿＿＿＿＿＿＿＿＿＿＿

　　A：新加坡的气候怎么样?

　　＿＿＿＿＿＿＿＿＿＿＿＿＿＿＿＿＿＿＿＿＿＿＿＿＿

　　B：没有四季，一年都是夏天。

　　＿＿＿＿＿＿＿＿＿＿＿＿＿＿＿＿＿＿＿＿＿＿＿＿＿

（3）次の会話を中国語に訳し、ピンインをつけなさい。

　　A：あなたはシンガポールに来てどれくらいですか？

　　＿＿＿＿＿＿＿＿＿＿＿＿＿＿＿＿＿＿＿＿＿＿＿＿＿

　　B：3年半になりました。

　　＿＿＿＿＿＿＿＿＿＿＿＿＿＿＿＿＿＿＿＿＿＿＿＿＿

　　A：あなたはプーケットへ行ったことがありますか？

　　＿＿＿＿＿＿＿＿＿＿＿＿＿＿＿＿＿＿＿＿＿＿＿＿＿

　　B：行ったことはありません。

　　＿＿＿＿＿＿＿＿＿＿＿＿＿＿＿＿＿＿＿＿＿＿＿＿＿

wǒ de yì tiān
我的一天

（私の一日）

1. 会話文

🔊 1 － 108

nǐ měi tiān jǐ diǎn qǐ chuáng
A：你 每 天 几 点 起 床 ？

wǒ měi tiān dōu qī diǎn qǐ chuáng
B：我 每 天 都 七 点 起 床 。

qǐ chuáng yǐ hòu　nǐ gàn shén me
A：起 床 以 后，你 干 什 么？

wǒ xǐ liǎn　shuā yá　chī zǎo fàn
B：我 洗 脸， 刷 牙， 吃 早 饭。

nǐ zǎo fàn chī shén me
A：你 早 饭 吃 什 么？

wǒ hē niú nǎi　chī miàn bāo hái chī jī dàn hé shā lā
B：我 喝 牛 奶，吃 面 包 还 吃 鸡 蛋 和 沙 拉。

nǐ jǐ diǎn qù xué xiào
A：你 几 点 去 学 校？

wǒ bā diǎn qù xué xiào
B：我 八 点 去 学 校。

nǐ jǐ diǎn huí jiā
A：你 几 点 回 家？

wǒ sì diǎn huí jiā
B：我 四 点 回 家。

nǐ jǐ diǎn shuì jiào
A：你 几 点 睡 觉？

wǒ wǎn shang shí diǎn shàng chuáng shuì jiào
B：我 晚 上 十 点 上 床 睡 觉。

訳：A：あなたは毎日何時に起きますか？

B：私は毎日 7 時に起きます。
A：起きてから何をしますか？
B：顔を洗い、歯を磨き、朝ごはんを食べます。
A：朝ごはんは何を食べますか？
B：ミルクを飲み、パン、卵とサラダを食べます。
A：あなたは何時に学校へ行きますか？
B：私は 8 時に学校へ行きます。
A：あなたは何時に家へ帰りますか？
B：私は 4 時に家へ帰ります。
A：あなたは何時に寝ますか？
B：私は夜 10 時に寝ます。

2. 新しい単語

chī fàn	qǐ chuáng	yǐ hòu	shuā yá	xǐ liǎn	zǎo fàn
吃饭	起床	以后	刷牙	洗脸	早饭
（ご飯を食べる）	（起きる）	（…してから）	（歯を磨く）	（顔を洗う）	（朝ごはん）

xǐ zǎo	miàn bāo	niú nǎi	shā lā	shuì jiào	huí jiā
洗澡	面包	牛奶	沙拉	睡觉	回家
（風呂に入る）	（パン）	（牛乳）	（サラダ）	（寝る）	（家に帰る）

chōng liáng	yuán liàng	jǐ diǎn	gōng sī	xué xiào	zuò zuò yè
冲凉	原谅	几点	公司	学校	做作业
（シャワーを浴びる）	（許す）	（何時）	（会社）	（学校）	（宿題をする）

shàng bān	wàng le	yǐ jīng	zuò wán	dì sān cì	yì diǎn
上班	忘了	已经	做完	第三次	一点
（出勤する）	（忘れた）	（すでに）	（やり終える）	（3回目）	（1 時）

liǎng diǎn	sān diǎn	sì diǎn	wǔ diǎn	liù diǎn	qī diǎn
两点	三点	四点	五点	六点	七点
（2 時）	（3 時）	（4 時）	（5 時）	（6 時）	（7 時）

bā diǎn	jiǔ diǎn	shí diǎn	shí yī diǎn	shí 'èr diǎn
八点	九点	十点	十一点	十二点
（8 時）	（9 時）	（10 時）	（11 時）	（12 時）

qī diǎn bàn	liù diǎn shí fēn	bā diǎn yí kè	xià bān
七 点 半	六 点 十 分	八 点 一 刻	下 班
(7時半)	(6時10分)	(8時15分)	(退勤する)

chà wǔ fēn liù diǎn	liù diǎn chà wǔ fēn
差 五 分 六 点	六 点 差 五 分
(6時5分前)	(6時5分前)

3. 韻　母

{ an	{ uan （wan）
{ ang	{ uang （wang）
{ ian （yan）	{ uai （wai）
{ iang （yang）	{ uei （wei）

4. 4つの声調

shuā	shuá	shuǎ	shuà	---	shuā yá
shuī	shuí	shuǐ	shuì	---	shuì jiào
xī	xí	xǐ	xì	---	xǐ liǎn
huī	huí	huǐ	huì	---	huí jiā
qī	qí	qǐ	qì	---	qǐ chuáng
chī	chí	chǐ	chì	---	chī fàn
jī	jí	jǐ	jì	---	jī dàn
miān	mián	miǎn	miàn	---	miàn bāo
shāng	sháng	shǎng	shàng	---	shàng bān

(1) A : xiàn zài jǐ diǎn le
現 在 几 点 了?

B : xiàn zài shí 'èr diǎn le
现 在 十 二 点 了。

A : nǐ jǐ diǎn qù shàng bān
你 几 点 去 上 班?

B : wǒ bā diǎn bàn qù shàng bān
我 八 点 半 去 上 班。

(2) A : nǐ zěn me yòu méi zuò zuò yè
你 怎 么 又 没 做 作 业?

B : lǎo shī qǐng yuán liàng wǒ wàng le
老 师, 请 原 谅, 我 忘 了。

A : zhè yǐ jīng shì dì sān cì le
这 已 经 是 第 三 次 了,

jīn tiān nǐ yào zuò wán zuò yè cái néng huí jiā
今 天 你 要 做 完 作 业 才 能 回 家。

訳文 : (1) A : 今は何時ですか？

B : 今は 12 時です。

A : あなたは何時に仕事へ行きますか？

B : 私は 8 時半に仕事へ行きます。

(2) A : どうしてまた宿題をやらなかったの？

B : 先生、許してください、忘れました。

A : これでもう 3 回目です、今日は宿題を終えないと帰れませんよ。

（1）次のカタカナと同じ音の声母か韻母を書きなさい。

①イアン＿＿＿＿＿＿＿＿＿＿＿　②イュー＿＿＿＿＿＿＿＿＿＿＿＿＿

③ウェイ＿＿＿＿＿＿＿＿＿＿　④イャン＿＿＿＿＿＿＿＿＿＿＿＿＿＿

（2）次の単語を日本語か中国語に訳し、中国語の上にピンインをつけ
　　なさい。

①请原谅＿＿＿＿＿＿＿＿＿＿　②睡觉＿＿＿＿＿＿＿＿＿＿＿＿＿

③洗澡＿＿＿＿＿＿＿＿＿＿＿　④上班＿＿＿＿＿＿＿＿＿＿＿＿＿

⑤忘了＿＿＿＿＿＿＿＿＿＿＿　⑥歯を磨く＿＿＿＿＿＿＿＿＿＿＿

⑦顔を洗う＿＿＿＿＿＿＿＿＿　⑧宿題をする＿＿＿＿＿＿＿＿＿＿

⑨家に帰る＿＿＿＿＿＿＿＿＿　⑩8時15分＿＿＿＿＿＿＿＿＿＿＿

（3）次の会話を中国語に訳し、ピンインをつけなさい。

　A：あなたは毎日何時に起きますか？

　＿＿＿＿＿＿＿＿＿＿＿＿＿＿＿＿＿＿＿＿＿＿＿＿＿＿＿＿＿＿

　B：私は毎日7時に起きます。

　＿＿＿＿＿＿＿＿＿＿＿＿＿＿＿＿＿＿＿＿＿＿＿＿＿＿＿＿＿＿

　A：起きてから何をしますか？

　＿＿＿＿＿＿＿＿＿＿＿＿＿＿＿＿＿＿＿＿＿＿＿＿＿＿＿＿＿＿

　B：顔を洗い、歯を磨き、朝ごはんを食べます。

　＿＿＿＿＿＿＿＿＿＿＿＿＿＿＿＿＿＿＿＿＿＿＿＿＿＿＿＿＿＿

Ａ：朝ごはんは何を食べますか？

_____

Ｂ：ミルクを飲み、パン、卵とサラダを食べます。

_____

Ａ：あなたは何時に学校へ行きますか？

_____

Ｂ：私は8時に学校へ行きます。

_____

Ａ：あなたは何時に家へ帰りますか？

_____

Ｂ：私は4時に家へ帰ります。

_____

Ａ：あなたは何時に寝ますか？

_____

Ｂ：私は夜10時に寝ます。

_____

（4）次のミニ会話を中国語に訳し、ピンインをつけなさい。

　　Ａ：今は何時ですか？

_____

　　Ｂ：今は12時です。

_____

　　Ａ：あなたは何時に仕事へ行きますか？

_____

B：私は8時半に仕事へ行きます。

A：どうしてまた宿題をやらなかったの？

B：先生、許してください。忘れました。

A：これでもう3回目です。

今日は宿題を終えないと帰れませんよ。

| zì wǒ jiè shào
自 我 介 绍 （自己紹介）

1. 会 話

dà jiā hǎo　xià mian ràng wǒ zuò yí　xiàr　zì wǒ jiè shào
大 家 好。下 面 让 我 做 一 下儿 自 我 介 绍。

wǒ jiào jiā téng měi xuě
我 叫 加 藤 美 雪。

wǒ lái xīn jiā pō liǎng nián le
我 来 新 加 坡 两 年 了。

wǒ xǐ huan yùn dòng　yě xǐ huan lǚ xíng
我 喜 欢 运 动,也 喜 欢 旅 行,

hái xǐ huan chī　zhōng guó cài
还 喜 欢 吃 中 国 菜。

cóng xiàn zài qǐ　wǒ hé dà jiā yì qǐ xué zhōng wén
从 现 在 起,我 和 大 家 一 起 学 中 文。

qǐng duō duō guān zhào　rèn shi nǐ men wǒ hěn gāo xìng
请 多 多 关 照。认 识 你 们 我 很 高 兴。

2. 訳 文

皆さん、こんにちは。今から自己紹介をさせていただきます。
私は加藤美雪と申します。シンガポールに来て2年になりました。
私はスポーツが好きです、旅行も好きです、そして中華料理を食べ
るのも好きです。
今日から皆さんと一緒に中国語を学ぶことになりました。
どうぞよろしくお願いいたします。皆さんと知り合えてとてもうれ
しいです。

3. 新しい単語

1. dà jiā （代名詞）**大家** 皆さん、みんな
2. xià mian （方位詞）**下面** 次、以下
3. ràng （使役動詞）**让** させる
4. yí xiàr （副詞）**一下儿** ちょっと
5. zuò zì wǒ jiè shào （フレーズ）**做自我介绍** 自己紹介をする
6. jiā téng měi xuě （固有名詞）**加藤美雪** 加藤美雪
7. xǐ huan （助動詞・動詞）**喜欢** …するのが好きである
8. yùn dòng （名詞・動詞）**运动** 運動、運動する
9. lǚ xíng （動詞）**旅行** 旅行する
10. chī fàn （動詞）**吃饭** ご飯を食べる
11. cóng…qǐ （文型）**从…起** …から
12. xiàn zài （時間詞）**现在** 今、現在
13. duō duō （形容詞の重ね型）**多多** くれぐれも
14. guān zhào （動詞）**关照** 面倒を見る、世話をする
15. rèn shi （動詞）**认识** 知り合いになる
16. jiàn dào （動詞）**见到** お目にかかれる
17. gāo xìng （形容詞）**高兴** うれしい
18. shí （数詞）**十** 10
19. hàn zì （名詞）**汉字** 漢字

4. 注 釈

（1）儿化韻母

a. 儿化韻母とは、元の発音＋ "er" の音で、習慣的に使われている発音です。標準語と北京語では、音節末尾に、よく "er" をつける習慣があります。

b. "儿" が入っていると、玉が転がるように滑らかに音が響いて美しく聞こえます。儿化韻母が上手に使えるかどうかは、標準語が完璧であるかどうかの判断基準の１つにもなっています。

c. 書き方とピンインのつづりは、前の漢字の後に " 儿 " をつけ、その
" 儿 " の上に "r" をつけます。

（2）儿化韻母がよく使われるケース　　　　　　　　　■)) 1 − 115

①小さくてかわいらしいものを示す単語

例： 小 狗儿 / ワンちゃん、^{pàng liǎnr}胖 脸儿 / ふっくらしてかわいい顔
　　 ^{xiǎo gǒur}

②動詞、形容詞を名詞化した場合

例： 空 / 空く（動詞）→ 空儿 / 暇（名詞）
　　 ^{kōng}　　　　　　　　　^{kòngr}

　　 亮 / 閃く（動詞）→ 亮儿 / 光（名詞）
　　 ^{liàng}　　　　　　　　　^{liàngr}

③具体的な事物を抽象化した場合

例： 门 / ドア　　　　→　 门儿 / 解決方法
　　 ^{mén}　　　　　　　　^{ménr}

　　 水 / 水　　　　　→　 水儿 / 知識
　　 ^{shuǐ}　　　　　　　　^{shuǐr}

　　 面 / 小麦粉　　　→　 面儿 / 粉末
　　 ^{miàn}　　　　　　　　^{miànr}

④形容詞の重ね型の後ろ

例： 好好儿地 / きちんと、ちゃんと
　　 ^{hǎo hāor de}

　　 慢 慢儿地 / ゆっくり、次第に　　＊2つ目の「慢」は習慣上1声で読む。
　　 ^{màn mānr de}

d. 中国南方、台湾及び東南アジアの華僑たちは " 儿化韻母 " を使わず、

違う言い方をしています。

例： 一点儿 → 一点 点 / 少し
　　 ^{yì diǎnr}　　 ^{yì diǎn diǎn}

　　 哪儿 → 哪 里 / どこ？
　　 ^{nǎr}　　 ^{nǎ li}

　　 小孩儿 → 小 孩子 / 子供
　　 ^{xiǎo háir}　　 ^{xiǎo hái zi}

　　 玩儿 → 玩 / 遊ぶ
　　 ^{wánr}　　 ^{wán}

e. 儿化韻母によって意味が変わる言葉

例：　花（かかる、使う－動詞）　　哪（どれ－疑問詞）
　　 ^{huā}　　　　　　　　　　^{nǎ}

　　　花儿（花－名詞）　　　　哪儿（どこ－疑問詞）
　　 ^{huār}　　　　　　　　　　^{nǎr}

$$\begin{cases} \overset{huà}{\text{画}} \text{（描く－動詞）} \\ \overset{huàr}{\text{画儿}} \text{（絵－名詞）} \end{cases} \qquad \begin{cases} \overset{mén}{\text{门}} \text{（ドア－名詞）} \\ \overset{ménr}{\text{门儿}} \text{（解決方法－名詞）} \end{cases}$$

$$\begin{cases} \overset{kòng}{\text{空}} \text{（空く－動詞）} \\ \overset{kòngr}{\text{空儿}} \text{（暇－名詞）} \end{cases} \qquad \begin{cases} \overset{liàng}{\text{亮}} \text{（閃く－動詞）} \\ \overset{liàngr}{\text{亮儿}} \text{（光－名詞）} \end{cases}$$

$$\begin{cases} \overset{bái\ miàn}{\text{白 面}} \text{（小麦粉－名詞）} \\ \overset{bái\ miànr}{\text{白 面儿}} \text{（ヘロイン－名詞）} \end{cases} \qquad \begin{cases} \overset{yì\ diǎn}{\text{一点}} \text{（1時－時間詞）} \\ \overset{yì\ diǎnr}{\text{一点儿}} \text{（少し－副詞）} \end{cases}$$

🔊 1 - 116

(3) 主＋"喜欢"＋述語動詞＋目的語　「～は…するのが好きです」

例：<ruby>他<rt>tā</rt></ruby> <ruby>喜<rt>xǐ</rt></ruby> <ruby>欢<rt>huan</rt></ruby> <ruby>打<rt>dǎ</rt></ruby> <ruby>网<rt>wǎng</rt></ruby> <ruby>球<rt>qiú</rt></ruby>。／彼はテニスをするのが好きです。

<ruby>我<rt>wǒ</rt></ruby> <ruby>喜<rt>xǐ</rt></ruby> <ruby>欢<rt>huan</rt></ruby> <ruby>吃<rt>chī</rt></ruby> <ruby>烤<rt>kǎo</rt></ruby> <ruby>鸭<rt>yā</rt></ruby>。／私は北京ダックを食べるのが好きです。

A：<ruby>你<rt>nǐ</rt></ruby> <ruby>喜<rt>xǐ</rt></ruby> <ruby>欢<rt>huan</rt></ruby> <ruby>做<rt>zuò</rt></ruby> <ruby>什<rt>shén</rt></ruby> <ruby>么<rt>me</rt></ruby>?／あなたは何をするのが好きですか?

B：<ruby>我<rt>wǒ</rt></ruby> <ruby>喜<rt>xǐ</rt></ruby> <ruby>欢<rt>huan</rt></ruby> <ruby>看<rt>kàn</rt></ruby> <ruby>书<rt>shū</rt></ruby>。／私は本を読むのが好きです。

🔊 1 - 117

(4)「<ruby>很<rt>hěn</rt></ruby> <ruby>高<rt>gāo</rt></ruby> <ruby>兴<rt>xìng</rt></ruby> <ruby>认<rt>rèn</rt></ruby> <ruby>识<rt>shi</rt></ruby> <ruby>你<rt>nǐ</rt></ruby>!」＝「<ruby>认<rt>rèn</rt></ruby> <ruby>识<rt>shi</rt></ruby> <ruby>你<rt>nǐ</rt></ruby> <ruby>很<rt>hěn</rt></ruby> <ruby>高<rt>gāo</rt></ruby> <ruby>兴<rt>xìng</rt></ruby>!」

中国人は初対面の時、よく「<ruby>很<rt>hěn</rt></ruby> <ruby>高<rt>gāo</rt></ruby> <ruby>兴<rt>xìng</rt></ruby> <ruby>认<rt>rèn</rt></ruby> <ruby>识<rt>shi</rt></ruby> <ruby>你<rt>nǐ</rt></ruby>! 」あるいは「<ruby>见<rt>jiàn</rt></ruby> <ruby>到<rt>dào</rt></ruby> <ruby>你<rt>nǐ</rt></ruby> <ruby>很<rt>hěn</rt></ruby> <ruby>高<rt>gāo</rt></ruby> <ruby>兴<rt>xìng</rt></ruby>!」と言います。日本風の初対面のあいさつ用語の「はじめまして、よろしくお願いします！」は「<ruby>初<rt>chū</rt></ruby> <ruby>次<rt>cì</rt></ruby> <ruby>见<rt>jiàn</rt></ruby> <ruby>面<rt>miàn</rt></ruby>，<ruby>请<rt>qǐng</rt></ruby> <ruby>多<rt>duō</rt></ruby> <ruby>关<rt>guān</rt></ruby> <ruby>照<rt>zhào</rt></ruby>！」と訳されますが、中国人同士はあまり使いません。

(5)「<ruby>麻<rt>má</rt></ruby> <ruby>烦<rt>fan</rt></ruby> <ruby>你<rt>nǐ</rt></ruby> <ruby>了<rt>le</rt></ruby>」と「<ruby>拜<rt>bài</rt></ruby> <ruby>托<rt>tuō</rt></ruby> <ruby>了<rt>le</rt></ruby>」　🔊 1 - 118

中国人は丁重に人に何かを頼む時、よく「<ruby>拜<rt>bài</rt></ruby> <ruby>托<rt>tuō</rt></ruby> <ruby>了<rt>le</rt></ruby>」（よろしくお頼みします）と言います。軽く友達に何かをしてもらう時には「<ruby>麻<rt>má</rt></ruby> <ruby>烦<rt>fan</rt></ruby> <ruby>你<rt>nǐ</rt></ruby> <ruby>了<rt>le</rt></ruby>」（お手数をかけます）と言います。中国人同士はめったに「<ruby>请<rt>qǐng</rt></ruby> <ruby>多<rt>duō</rt></ruby> <ruby>关<rt>guān</rt></ruby> <ruby>照<rt>zhào</rt></ruby>！」（よろしく！）とは言いません。

5. 4つの声調

dā	dá	dǎ	dà	---	dà jiā
xiā	xiá	xiǎ	xià	---	xià mian
zī	zí	zǐ	zì	---	hàn zì
shāo	sháo	shǎo	shào	---	jiè shào
yūn	yún	yǔn	yùn	---	yùn dòng
lǖ	lǘ	lǚ	lǜ	---	lǚ xíng
chī	chí	chǐ	chì	---	chī fàn
xiān	xián	xiǎn	xiàn	---	xiàn zài
duō	duó	duǒ	duò	---	duō duō
guān	guán	guǎn	guàn	---	guān xīn
zhāo	zháo	zhǎo	zhào	---	guān zhào
qī	qí	qǐ	qì	---	yì qǐ
hē	hé	hě	hè	---	hé
shī	shí	shǐ	shì	---	shí

＊破線の右横の単語の漢字と意味は前の「3. 新しい単語」の部分を参
照してください。

6. 音節の区別

① { jiè shào 介绍 (紹介する) / hù zhào 护照 (パスポート) }
② { qiān zhèng 签证 (ビザ) / xiān sheng 先生 (Mr.…) }

③ { xué xí 学习 (学習する) / jī jí 积极 (積極的である) }
④ { cè suǒ 厕所 (トイレ) / zuò zhě 作者 (作者) }

⑤ { kě yǐ 可以 (よろしい) / suǒ yǐ 所以 (だから) }
⑥ { tóng shí 同时 (同時) / tóng shì 同事 (同僚) }

7. 音節練習

🔊 1 – 121

tóng shì
①同事 / 同僚

tóng xué
②同学 / クラスメート

qīn qi
③亲戚 / 親戚

péng you
④朋友 / 友達

lín jū
⑤邻居 / 隣近所（の人）

lǎo bǎn
⑥老板 / ボス、社長

kè rén
⑦客人 / お客さん

shàng sī
⑧上司 / 上司

8. 応用会話

🔊 1 – 122

jīn tiān shéi qù cān jiā nǐ de shēng rì huì
A：今天谁去参加你的生日会?

wǒ de tóng shì péng you hái yǒu qīn qi
B：我的同事，朋友还有亲戚。

yí gòng duō shao rén
A：一共多少人?

èr shí duō ge rén
B：二十多个人。

訳文：A：今日は誰があなたの誕生会に行きますか？
　　　B：私の同僚、友達そして親戚が来ます。
　　　A：全部で何人ですか？
　　　B：20 数人です。

練習問題　　　　　　　　　　　　　　　　　　解答 p.434

（1）次の単語を中国語か日本語に訳し、中国語の上にピンインをつけ
　　なさい。

①高兴＿＿＿＿＿＿＿＿　　②大家＿＿＿＿＿＿＿＿

③关照＿＿＿＿＿＿＿＿　　④知り合う＿＿＿＿＿＿＿

⑤中華料理＿＿＿＿＿＿　　⑥一緒に＿＿＿＿＿＿＿

144

(2) 次の会話を日本語に訳し、中国語の上にピンインをつけなさい。

A：你去哪儿?

_____

B：我去飞机场接朋友。(<ruby>飞 机 场<rt>fēi jī chǎng</rt></ruby> / 飛行場)

_____

A：今天谁去参加你的生日会? (<ruby>参 加<rt>cān jiā</rt></ruby> / 参加する)

_____

B：我的上司，同事还有朋友。

_____

(3) 次の会話を中国語に訳し、ピンインをつけなさい。

A：皆さんにお会いできて、うれしいです。

_____

B：私も皆さんにお会いできて、うれしいです。

_____

A：今日から皆さんと一緒に中国語を勉強しますので、よろしくお願いします。

_____

B：こちらこそ、よろしくお願いします。

_____

zài xué xiào
在 学 校
(学校で)

1. 会話文

◀)) 1 － 123

wǒ měi tiān qù xué xiào　 wǒ xǐ huan xué xí
(1)我 每 天 去 学 校。我 喜 欢 学 习。

wǒ xǐ huan shàng suàn shù　 tǐ yù hé yīng yǔ kè
我 喜 欢 上 算 术,体 育 和 英 语 课。

wǒ yě xǐ huan zuò yùn dòng hé wánr yóu xì
我 也 喜 欢 做 运 动 和 玩儿 游 戏。

wǒ zài xué xiào hěn yú kuài
我 在 学 校 很 愉 快。

wǒ tè bié xǐ huan yùn dòng huì
我 特 别 喜 欢 运 动 会。

xià kè yǐ hòu nǐ jīng cháng qù　 nǎr
(2) A：下 课 以 后 你 经 常 去 哪儿?

wǒ cháng cháng qù tú shū guǎn hé diàn nǎo shì
B：我 常 常 去 图 书 馆 和 电 脑 室。

nǐ qù nàr gàn shén me
A：你 去 那儿 干 什 么?

wǒ zài tú shū guǎn kàn bào zhǐ hé zá zhì
B：我 在 图 书 馆 看 报 纸 和 杂 志,

zài diàn nǎo shì shàng wǎng liáo tiānr　 yǒu shí hou hái
在 电 脑 室 上 网 聊 天儿。有 时 候 还

hé tóng xué yì qǐ zuò zuò yè
和 同 学 一 起 做 作 业。

訳：(1) 私は毎日学校へ行きます。私は勉強が好きです。私は算数、体
　　　育と英語の授業が好きです。私は運動とゲームも好きです。私
　　　は学校でとても楽しいです。私は特に運動会が好きです。
　　(2) A：学校が終わってから、いつもどこへ行きますか?
　　　B：いつも図書館とパソコンルームへ行きます。
　　　A：そこで何をしますか?
　　　B：図書館では新聞や雑誌を見て、パソコンルームではネットでチャッ
　　　　トします。時々クラスメートと一緒に宿題もやります。

2. 新しい単語

xué xiào 学 校 (学校)	jiào shì 教 室 (教室)	tóng xué 同 学 (クラスメート)	lǎo shī 老 师 (先生)	zhuō zi 桌 子 (机)
yǐ zi 椅 子 (イス)	qiān bǐ 铅 笔 (鉛筆)	xiàng pí 橡 皮 (消しゴム)	zhǐ 纸 (紙)	shū 书 (本)
tǐ yù 体 育 (体育)	suàn shù 算 术 (算数)	yīng yǔ 英 语 (英語)	měi tiān 每 天 (毎日)	xué xí 学 习 (勉強)
xǐ huan 喜 欢 (好む)	zuò yùn dòng 做 运 动 (スポーツをする)	yùn dòng huì 运 动 会 (運動会)	wánr yóu xì 玩儿 游 戏 (ゲームをする)	yú kuài 愉 快 (楽しい)
cháng cháng 常 常 (しょっちゅう)	tú shū guǎn 图 书 馆 (図書館)	diàn nǎo shì 电 脑 室 (パソコンルーム)	bào zhǐ 报 纸 (新聞)	zá zhì 杂 志 (雑誌)
liáo tiānr 聊 天 儿 (おしゃべりする)	yǒu shí hou 有 时 候 (時々)	zuò yè 作 业 (宿題)	zhí yuán 职 员 (職員)	jiā bān 加 班 (残業する)
gōng sī 公 司 (会社)	jīng cháng 经 常 (いつも)	jué de 觉 得 (思う)	yǒu diǎnr 有 点 儿 (少し)	

3. 韻 母

$$\begin{cases} \text{in (yin)} \\ \text{ing (ying)} \end{cases} \quad \begin{cases} \text{ai} \\ \text{ao} \end{cases} \quad \begin{cases} \text{uen (wen)} \\ \text{ueng (weng)} \end{cases}$$

4. 4つの声調

xuē	xué	xuě	xuè	---	xué xiào
xī	xí	xǐ	xì	---	xǐ huan
yūn	yún	yǔn	yùn	---	yùn dòng
suān	suán	suǎn	suàn	---	suàn shù
mēi	méi	měi	mèi	---	měi tiān

zhī	zhí	zhǐ	zhì	---	zá zhì
bāo	báo	bǎo	bào	---	bào zhǐ
jiā	jiá	jiǎ	jià	---	jiā bān
liāo	liáo	liǎo	liào	---	liáo tiānr

5. ミニ会話

◀)) 1 − 127

A：nǐ men gōng sī yǒu duō shao zhí yuán
你 们 公 司 有 多 少 职 员?

B：wǒ men gōng sī yǒu yì bǎi ge zhí yuán
我 们 公 司 有 100 个 职 员。

A：tā men dōu shì rì běn rén ma
他 们 都 是 日 本 人 吗?

B：bù yǒu rì běn rén yě yǒu xīn jiā pō rén
不，有 日 本 人，也 有 新 加 坡 人。

A：nǐ gōng zuò máng ma
你 工 作 忙 吗?

B：hěn máng wǒ jīng cháng zài gōng sī jiā bān
很 忙，我 经 常 在 公 司 加 班。

A：nǐ jué de lèi bu lèi
你 觉 得 累 不 累?

B：yǒu diǎnr lèi
有 点 儿 累。

訳文：A：貴社には従業員はどのくらいいますか？
　　　B：100人います。
　　　A：彼らはみんな日本人ですか？
　　　B：いいえ、日本人もいるし、シンガポール人もいます。
　　　A：お仕事は忙しいですか？
　　　B：とても忙しいです、私はいつも会社で残業します。
　　　A：疲れを感じますか？
　　　B：少し疲れます。

（1）次のカタカナと同じ音の声母か韻母を書きなさい。

①アオ＿＿＿＿＿＿＿＿＿＿　　②アイ＿＿＿＿＿＿＿＿＿＿＿

③ウェン＿＿＿＿＿＿＿＿＿　　④イャン＿＿＿＿＿＿＿＿＿＿

（2）次の単語を訳し、中国語の上にピンインをつけなさい。

①橡皮＿＿＿＿＿＿＿＿＿＿　　②铅笔＿＿＿＿＿＿＿＿＿＿＿

③桌子＿＿＿＿＿＿＿＿＿＿　　④椅子＿＿＿＿＿＿＿＿＿＿＿

⑤教室＿＿＿＿＿＿＿＿＿＿　　⑥先生＿＿＿＿＿＿＿＿＿＿＿

⑦本＿＿＿＿＿＿＿＿＿＿＿　　⑧クラスメート＿＿＿＿＿＿＿

（3）次の日本語を中国語に訳し、ピンインをつけなさい。

①私は毎日学校へ行きます。

＿＿＿＿＿＿＿＿＿＿＿＿＿＿＿＿＿＿＿＿＿＿＿＿＿＿＿＿＿

私は勉強が好きです。

＿＿＿＿＿＿＿＿＿＿＿＿＿＿＿＿＿＿＿＿＿＿＿＿＿＿＿＿＿

私は算数、体育と英語の授業が好きです。

＿＿＿＿＿＿＿＿＿＿＿＿＿＿＿＿＿＿＿＿＿＿＿＿＿＿＿＿＿

私は運動とゲームも好きです。

＿＿＿＿＿＿＿＿＿＿＿＿＿＿＿＿＿＿＿＿＿＿＿＿＿＿＿＿＿

私は学校でとても楽しいです。

＿＿＿＿＿＿＿＿＿＿＿＿＿＿＿＿＿＿＿＿＿＿＿＿＿＿＿＿＿

私は特に運動会が好きです。

②A：学校が終わってから、いつもどこへ行きますか？

B：いつも図書館とパソコンルームへ行きます。

A：そこで何をしますか？

B：図書館では新聞や雑誌を見て、パソコンルームではネットでチャットをします。

時々クラスメートと一緒に宿題もやります。

(4) 次のミニ会話を中国語に訳し、ピンインをつけなさい。

A：貴社には従業員はどのくらいいますか？

B：100人います。

A：彼らはみんな日本人ですか？

B：いいえ、日本人もいるし、シンガポール人もいます。

A：お仕事は忙しいですか？

_____

B：とても忙しいです。私はいつも会社で残業します。

_____

A：疲れを感じますか？

_____

B：少し疲れます。

_____

(5)（　　）の中から正しい単語を選んで ＿＿ に書き入れなさい。

A：你每天去哪儿?

B：我每天去_____。（喜欢・桌子・学校）

A：你去学校干什么?

B：我每天_____，_____，_____。

（学习・什么・做游戏・上英语课・教室）

A：学校快乐吗?

B：_____。（每天・快乐・去）

第3章
発音応用編

中検準4級のための学習
- 応用会話 150 例
- 4つの声調練習
- 音の区別練習
- キーポイント
- 文法ポイント

① ヒアリング力アップのために、一通り学習した後に第11課～第15課までの音声を最初から最後まで（本を見ずに）何回も聞きましょう！

② 会話力アップのため、第11課～第15課までの1「会話」、3「単語」、4「発音練習」、6「応用会話」の内容が話せるよう、（本を見ながら）本書の音声をくりかえし聞き、声を出して発音のマネ音読練習をしましょう！ そのようなマネ音読練習は毎日15分～30分必要です。

③ 単語の意味を覚えるため、3「単語」、6「応用会話」の中の新しい単語の音声を聞きながら、マネ音読した後、漢字の書き方を練習し、漢字の上にピンインをつける練習もしましょう。

④ 6「応用会話」の音声を聞きながら、中文和訳の練習をしましょう！ また応用会話の日本語訳を見て、和文中訳の練習をしましょう！

⑤ この段階での4の(2).音節の学習重点は、「ピンインと声調」を見て正しく発音することです。中国語の漢字の書き方や意味は、中国語検定試験準4級の受験勉強の段階に入ったら勉強しましょう。その時は後の重要語彙リストを見て、すべての単語の漢字の書き方、ピンインのつけ方及び意味をしっかり覚えましょう。

⑥ 練習問題を必ずやりましょう。

⑦ 中検準4級にパスするには、第1課～15課の内容を、50時間以上学ぶ必要があります。

nǐ qù nǎr
你去哪儿?
(どこへ行きますか?)

1. 会 話

🔊 1 – 128

zhōng cūn xiān sheng　nǐ qù nǎr
(1) A : 中 村 先 生, 你 去 哪儿?

wǒ huí jiā
B : 我 回 家。

nǐ jiā zài nǎr
A : 你 家 在 哪儿?

wǒ jiā zài héng bīn
B : 我 家 在 横 滨。

cóng nǐ men jiā dào gōng sī yuǎn ma
A : 从 你 们 家 到 公 司 远 吗?

bù yuǎn
B : 不 远。

nǐ men gōng sī lí chē zhàn jìn ma
A : 你 们 公 司 离 车 站 近 吗?

zǒu lù shí fēn zhōng
B : 走 路 十 分 钟。

~~~~~~~~~~~~~~~~~~~~~~~~~~~~~~~~~~~~~~~

xiǎo lín xiān sheng　nǐ jié hūn le ma
(2) A : 小 林 先 生, 你 结 婚 了 吗?

jié hūn le　　hái méi yǒu
B : 结 婚 了。/ 还 没 有。

nǐ yǒu hái zi ma
A : 你 有 孩 子 吗?

wǒ yǒu yí ge nǚ 'ér hé yí ge ér zi
B : 我 有 一 个 女 儿 和 一 个 儿 子。

tā men jǐ suì le
A : 他 们 几 岁 了?

nǚ 'ér bā suì le　ér zi wǔ suì le
B : 女 儿 八 岁 了, 儿 子 五 岁 了。

2. 訳 文

(1)

A：中村さん、どこへ行くのですか？　　B：私は家に帰ります。

A：お宅はどこですか？　　B：私の家は横浜です。

A：お宅から会社まで遠いですか？　　B：遠くないです。

A：会社から駅まで近いですか？　　B：歩いて10分です。

(2)

A：小林さんは結婚していますか？　　B：結婚しています。／まだです。

A：お子さんはいますか？　　B：娘が1人と息子が1人います。

A：お子さんたちは何歳ですか？　　B：娘は8歳で、息子は5歳です。

3. 新しい単語

🔊 1 - 129

1.	zhōng cūn xiān sheng 中 村 先 生	（固有名詞）	中村さん
2.	qù 去	（動詞）	行く
3.	nǎr 哪儿	（疑問詞）	どこ
4.	zài 在	（動詞）	いる、ある
5.	héng bīn 横 滨	（固有名詞）	横浜
6.	cóng dào 从 … 到 …	（文型）	…から…まで
7.	lí A 离 B	（文型）	AからBまで…離れている
8.	zǒu lù 走 路	（動詞）	歩く
9.	jié hūn 结 婚	（動詞）	結婚する
	chéng jiā △ 成 家	（動詞）	結婚する
10.	yǒu 有	（動詞）	ある、いる
	yǒu liǎng ge hái zi △ 有 两 个 孩 子	（フレーズ）	子供が2人いる

156

11.	<ruby>没<rt>méi</rt></ruby> <ruby>有<rt>yǒu</rt></ruby>	（否定詞）	ない
12.	<ruby>儿<rt>ér</rt></ruby> <ruby>子<rt>zi</rt></ruby>	（名詞）	息子
13.	<ruby>女<rt>nǔ</rt></ruby> <ruby>儿<rt>'ér</rt></ruby>	（名詞）	娘
14.	<ruby>几<rt>jǐ</rt></ruby> <ruby>岁<rt>suì</rt></ruby> <ruby>了<rt>le</rt></ruby>	（フレーズ）	何歳ですか
	△<ruby>多<rt>duō</rt></ruby> <ruby>大<rt>dà</rt></ruby> <ruby>了<rt>le</rt></ruby>	（フレーズ）	おいくつですか
15.	<ruby>八<rt>bā</rt></ruby> <ruby>岁<rt>suì</rt></ruby>	（数量詞）	8 歳です
16.	<ruby>十<rt>shí</rt></ruby> <ruby>一<rt>yī</rt></ruby>	（数詞）	11

4. 発音の練習

🔊 1 － 130

（1） 4 つの声調

qū	qú	qǔ	qù	---	qù
nā	ná	nǎ	nà	---	nǎr、nàr、nǎlǐ
zāi	zái	zǎi	zài	---	zài
hēng	héng	hěng	hèng	---	héng bīn
jiē	jié	jiě	jiè	---	jié hūn
cōng	cóng	cǒng	còng	---	cóng
dāo	dáo	dǎo	dào	---	dào
lī	lí	lǐ	lì	---	lí
chēng	chéng	chěng	chèng	---	chéng jiā
yōu	yóu	yǒu	yòu	---	yǒu
hāi	hái	hǎi	hài	---	hái zi
ēr	ér	ěr	èr	---	ér zi
nǔ	nú	nǔ	nù	---	nǔ'ér
jī	jí	jǐ	jì	---	jǐ suì le
duō	duó	duǒ	duò	---	duō dà le
zōu	zóu	zǒu	zòu	---	zǒu lù

＊破線の右横の単語の漢字と意味は前の「3. 新しい単語」の部分を参照してください。

(2) 音節の区別

① jiǔ diàn　酒店（ホテル）
　 jiǔ diǎn　九点（9時）

② jié hūn　结婚（結婚（する））
　 qiú hūn　求婚（プロポーズする）

③ shū fáng　书房（書斎）
　 chú fáng　厨房（台所）

④ jǐ suì　几岁（何歳ですか）
　 tǐ huì　体会（体得）

⑤ gōng sī　公司（会社）
　 tōng zhī　通知（通知する）

⑥ guǎn lǐ　管理（管理する）
　 guó lì　国立（国立）

5. キーポイント

(1)「先生 (xiān sheng)」の使い方

a. 姓 (xìng) ＋ 先生 (xiān sheng) は Mr.○○、日本語の○○様の意味です。男性にだけ使います。

例： 张先生 (zhāng xiān sheng) /Mr.張　　中村先生 (zhōng cūn xiān sheng) / 中村様

b. 日本語の「先生」は中国語では「老师 (lǎo shī)」あるいは「教师 (jiào shī)」です。「老师 (lǎo shī)」は口頭で先生を呼ぶ時に使い、「教师 (jiào shī)」は職業名として使われます。

c. 例： 张老师好 (zhāng lǎo shī hǎo)。/ 張先生、こんにちは。
　　　 她是一名教师 (tā shì yì míng jiào shī)。/ 彼女は1人の教師です。

d.「你先生 (nǐ xiān sheng)」は「あなたのご主人」、「我先生 (wǒ xiān sheng)」は「うちの夫」の意味です。

(2)「几岁了? (jǐ suì le)」と「多大了? (duō dà le)」

a.「几岁了? (jǐ suì le)」は「何歳ですか？」という意味で、10歳未満の子供の年齢を聞く時に使います。

b.「多大了? (duō dà le)」は「おいくつですか？」という意味で、10歳以上から、自分と同じくらいの年齢の人に聞く時に使います。

6. 文法ポイント

主＋述語動詞＋目的語	～は…をする

A：你 去 哪儿? nǐ qù nǎr	あなたはどこへ行きますか？
B：我 去 公司。 wǒ qù gōng sī	私は会社へ行きます。
A：你 家 在 哪儿? nǐ jiā zài nǎr	お宅はどこにありますか？
B：我 家 在 大阪。 wǒ jiā zài dà bǎn	うちは大阪にあります。
A：你 吃 什么? nǐ chī shén me	あなたは何を食べますか？
B：我 吃 炒饭。 wǒ chī chǎo fàn	私はチャーハンを食べます。

〈解説〉

　「主＋述語動詞＋目的語」構造は中国語の動詞陳述文の基本構造であり、最もよく使われている文型です。疑問文は文末に「吗」を置き、否定文は述語動詞の前に「不」を置きます。詳しい説明は本書第16課の文法ポイント（219ページ）を参照してください。目的語が特殊疑問詞「哪儿」「什么」の場合は、特殊疑問詞疑問文になり、文末に「吗」をつけません。特殊疑問詞疑問文の詳しい説明は本書第17課の文法ポイント（231ページ）を参照してください。

主＋述語動詞＋特殊疑問詞・目的語

～は何の…をしますか？

A：你喝什么茶?
　　nǐ hē shén me chá

あなたは何のお茶を飲みますか？

B：我喝乌龙茶。
　　wǒ hē wū lóng chá

私はウーロン茶を飲みます。

A：你有几个好朋友?
　　nǐ yǒu jǐ ge hǎo péng you

あなたは親友が何人いますか？

B：我有两个好朋友。
　　wǒ yǒu liǎng ge hǎo péng you

私には親友が2人います。

A：你家有几口人?
　　nǐ jiā yǒu jǐ kǒu rén

ご家族は何人いますか？

B：我家有四口人。
　　wǒ jiā yǒu sì kǒu rén

うちは4人家族です。

〈解説〉

　目的語の前に特殊疑問詞「什么」「几口」「几个」などを置くと、特殊疑問詞疑問文になります。答える時は、特殊疑問詞の部分に答えを入れます。特殊疑問詞疑問文の詳しい説明は本書第17課の文法ポイント（231ページ）を参照してください。

主＋还没（有）述語動詞＋目的語

～はまだ…をしていません

A：你结婚了吗?
　　nǐ jié hūn le ma

あなたは結婚していますか？

B：我还没有结婚。
　　wǒ hái méi yǒu jié hūn

私はまだ結婚していません。

A：你们吃饭了吗?
　　nǐ men chī fàn le ma

あなたたちはご飯を食べましたか？

B：我们还没有吃饭。
　　wǒ men hái méi yǒu chī fàn

私たちはまだご飯を食べていません。

A：他参加工作了吗?
　　tā cān jiā gōng zuò le ma

彼は就職しましたか？

B：他还没有参加工作。
　　tā hái méi yǒu cān jiā gōng zuò

彼はまだ就職していません。

　「主＋述語動詞＋目的語・了吗？」は「動作行為が行われましたか？」という聞き方です。否定する場合は、述語動詞の前に、副詞・否定詞「还没有」を入れ、動作行為がまだ行われていないことを示します。肯定する場合は「主＋述語動詞＋目的語・了」の形になります。

例：<ruby>我<rt>wǒ</rt></ruby> <ruby>结<rt>jié</rt></ruby> <ruby>婚<rt>hūn</rt></ruby> <ruby>了<rt>le</rt></ruby>。／私は結婚しました。

文型 & 応用会話　4　　　🔊 1 - 136

| 从 | A場所
…
A時点 | 到 | B場所
…
B時点 |

| …
A時点 | から | …
B時点 | まで |
| A場所 | | B場所 | |

A：<ruby>从<rt>cóng</rt></ruby> <ruby>成<rt>chéng</rt></ruby> <ruby>田<rt>tián</rt></ruby> <ruby>机<rt>jī</rt></ruby> <ruby>场<rt>chǎng</rt></ruby> <ruby>到<rt>dào</rt></ruby> <ruby>你<rt>nǐ</rt></ruby> <ruby>家<rt>jiā</rt></ruby> <ruby>远<rt>yuǎn</rt></ruby> <ruby>吗<rt>ma</rt></ruby>?

成田空港からお宅まで遠いですか？

B：<ruby>很<rt>hěn</rt></ruby> <ruby>远<rt>yuǎn</rt></ruby>，<ruby>坐<rt>zuò</rt></ruby> <ruby>巴<rt>bā</rt></ruby> <ruby>士<rt>shì</rt></ruby> <ruby>一<rt>yí</rt></ruby> <ruby>个<rt>ge</rt></ruby> <ruby>半<rt>bàn</rt></ruby> <ruby>小<rt>xiǎo</rt></ruby> <ruby>时<rt>shí</rt></ruby>。

遠いです。バスで1時間半かかります。

A：<ruby>从<rt>cóng</rt></ruby> <ruby>你<rt>nǐ</rt></ruby> <ruby>家<rt>jiā</rt></ruby> <ruby>到<rt>dào</rt></ruby> <ruby>邮<rt>yóu</rt></ruby> <ruby>局<rt>jú</rt></ruby> <ruby>走<rt>zǒu</rt></ruby> <ruby>路<rt>lù</rt></ruby> <ruby>几<rt>jǐ</rt></ruby> <ruby>分<rt>fēn</rt></ruby> <ruby>钟<rt>zhōng</rt></ruby>?

お宅から郵便局まで歩いて何分かかりますか？

B：<ruby>从<rt>cóng</rt></ruby> <ruby>我<rt>wǒ</rt></ruby> <ruby>家<rt>jiā</rt></ruby> <ruby>到<rt>dào</rt></ruby> <ruby>邮<rt>yóu</rt></ruby> <ruby>局<rt>jú</rt></ruby> <ruby>走<rt>zǒu</rt></ruby> <ruby>路<rt>lù</rt></ruby> <ruby>十<rt>shí</rt></ruby> <ruby>分<rt>fēn</rt></ruby> <ruby>钟<rt>zhōng</rt></ruby>。

私の家から郵便局まで歩いて10分です。

A：<ruby>你<rt>nǐ</rt></ruby> <ruby>在<rt>zài</rt></ruby> <ruby>法<rt>fǎ</rt></ruby> <ruby>国<rt>guó</rt></ruby> <ruby>住<rt>zhù</rt></ruby> <ruby>了<rt>le</rt></ruby> <ruby>多<rt>duō</rt></ruby> <ruby>长<rt>cháng</rt></ruby> <ruby>时<rt>shí</rt></ruby> <ruby>间<rt>jiān</rt></ruby>?

あなたはフランスにどのくらい住んだのですか？

B：<ruby>从<rt>cóng</rt></ruby> 1999 <ruby>年<rt>nián</rt></ruby> <ruby>到<rt>dào</rt></ruby> 2007 <ruby>年<rt>nián</rt></ruby> <ruby>一<rt>yí</rt></ruby> <ruby>共<rt>gòng</rt></ruby> <ruby>八<rt>bā</rt></ruby> <ruby>年<rt>nián</rt></ruby>。

1999年から2007年まで合計8年です。

A：<ruby>你<rt>nǐ</rt></ruby> <ruby>们<rt>men</rt></ruby> <ruby>从<rt>cóng</rt></ruby> <ruby>认<rt>rèn</rt></ruby> <ruby>识<rt>shi</rt></ruby> <ruby>到<rt>dào</rt></ruby> <ruby>结<rt>jié</rt></ruby> <ruby>婚<rt>hūn</rt></ruby> <ruby>交<rt>jiāo</rt></ruby> <ruby>往<rt>wǎng</rt></ruby> <ruby>了<rt>le</rt></ruby> <ruby>几<rt>jǐ</rt></ruby> <ruby>年<rt>nián</rt></ruby>?

知り合ってから結婚まで何年付き合ったのですか？

B：<ruby>我<rt>wǒ</rt></ruby> <ruby>们<rt>men</rt></ruby> <ruby>从<rt>cóng</rt></ruby> <ruby>认<rt>rèn</rt></ruby> <ruby>识<rt>shi</rt></ruby> <ruby>到<rt>dào</rt></ruby> <ruby>结<rt>jié</rt></ruby> <ruby>婚<rt>hūn</rt></ruby> <ruby>交<rt>jiāo</rt></ruby> <ruby>往<rt>wǎng</rt></ruby> <ruby>了<rt>le</rt></ruby> <ruby>两<rt>liǎng</rt></ruby> <ruby>年<rt>nián</rt></ruby>。

2年付き合いました。

〈解説〉

　「从…到…」は「期間」や「距離」を表す時に使う文型です。「从」は省略されることがあります。B場所/時点の後ろに期間詞や距離用語がくることが多いです。

文型 & 応用会話　5

A場所		B場所	
…	离	…	
今から		ある時点	

A場所		B場所		距離
…	から	…	まで	…
今から		ある時点		期間

sù shè lí gōng sī yuǎn ma A : 宿 舍 离 公 司 远 吗?	寮から会社まで遠いですか？
bù yuǎn B : 不 远 。	遠くないです。
yòu 'ér yuán lí chē zhàn jìn A : 幼 儿 园 离 车 站 近 ma 吗?	幼稚園から駅まで近いですか？
bú tài jìn zǒu lù shí wǔ fēn B : 不 太 近 , 走 路 十 五 分 zhōng 钟 。	あまり近くないです。歩いて15分です。
xiàn zài lí huí guó hái yǒu duō A : 现 在 离 回 国 还 有 多 cháng shí jiān 长 时 间?	今から帰国まで、あとどのくらいありますか？
hái yǒu sān ge yuè B : 还 有 三 个 月 。	あと3か月あります。
lí dà xué bì yè hái yǒu jǐ A : 离 大 学 毕 业 还 有 几 ge yuè 个 月?	大学卒業まであと何か月ありますか？
hái yǒu bàn nián B : 还 有 半 年 。	あと半年あります。

〈解説〉

　「…离…」は本来「A場所からB場所までどのぐらいの距離があるか」を表しますが、「离」の後ろに「動詞・目的語」フレーズや他のフレーズを置くことで、「…するまでどのくらいの期間が残されているか」を

表すこともできます。残された期間を言う場合、「离」の前に置く「现在」「今天」などの時間詞がよく省略されます。

例：（现在）离 放 假 还 有 几 天？/ 休みに入るまであと何日間ですか？
<small>xiàn zài　lí fàng jià hái yǒu jǐ tiān</small>

文型 & 応用会話 6　　　　　🔊 1 − 138

| 場所名詞
主語＋去‥‥‥‥述語 V・目的語 | 〜 は … へ … しに行く |

A：你 去 中 国 干 什 么？
<small>nǐ qù zhōng guó gàn shén me</small>

あなたは中国へ何をしに行きますか？

B：我 去 中 国 出 差。
<small>wǒ qù zhōng guó chū chāi</small>

私は中国へ出張に行きます。

A：你 们 去 哪儿 买 食 物？
<small>nǐ men qù nǎr mǎi shí wù</small>

あなたたちはどこへ食品を買いに行きますか？

B：我 们 去 超 市 买 食 物。
<small>wǒ men qù chāo shì mǎi shí wù</small>

私たちはスーパーマーケットへ食品を買いに行きます。

A：他 们 去 哪儿 旅 行？
<small>tā men qù nǎr lǚ xíng</small>

彼らはどこへ旅行に行きますか？

B：他 们 去 泰 国 旅 行。
<small>tā men qù tài guó lǚ xíng</small>

彼らはタイへ旅行に行きます。

〈解説〉

　最もよく使われている文型ですので、「去」の後には場所名詞がくることに注意しましょう。場所名詞は省略される場合もあります。

例：我 们 去（游 泳 池）游 泳。/ 私たちは（プールへ）泳ぎに行きます。
<small>wǒ men qù　yóu yǒng chí　yóu yǒng</small>

（1）次の単語を訳し、中国語の上にピンインをつけなさい。

①回家＿＿＿＿＿＿　　②孩子＿＿＿＿＿＿　　③儿子＿＿＿＿＿＿

④どこ＿＿＿＿＿＿　　⑤行く＿＿＿＿＿＿　　⑥結婚＿＿＿＿＿＿

（2）次の会話を日本語に訳し、中国語の上にピンインをつけなさい。

A：你吃饭了吗?＿＿＿＿＿＿　　B：还没有。＿＿＿＿＿＿

A：你家有几口人?＿＿＿＿＿＿　　B：我家有五口人。＿＿＿＿＿＿

（3）次の会話を中国語に訳し、中国語にピンインをつけなさい。

A：お宅はどこにありますか？

＿＿＿＿＿＿＿＿＿＿＿＿＿＿＿＿＿＿＿＿＿＿＿＿＿＿＿

B：私の家は横浜にあります。

＿＿＿＿＿＿＿＿＿＿＿＿＿＿＿＿＿＿＿＿＿＿＿＿＿＿＿

A：あなたは何のお茶を飲みますか？

＿＿＿＿＿＿＿＿＿＿＿＿＿＿＿＿＿＿＿＿＿＿＿＿＿＿＿

B：私はウーロン茶を飲みます。

＿＿＿＿＿＿＿＿＿＿＿＿＿＿＿＿＿＿＿＿＿＿＿＿＿＿＿

A：寮から会社まで遠いですか？

＿＿＿＿＿＿＿＿＿＿＿＿＿＿＿＿＿＿＿＿＿＿＿＿＿＿＿

B：遠くないです。

＿＿＿＿＿＿＿＿＿＿＿＿＿＿＿＿＿＿＿＿＿＿＿＿＿＿＿

A：あなたは中国へ何をしに行きますか？

_____

B：私は中国へ出張に行きます。

_____

A：成田空港からお宅まで遠いですか？

_____

B：遠いです。バスで1時間半かかります。

_____

nǐ zài nǎr gōng zuò
你在哪儿工作?
(どこにお勤めですか?)

1. 会 話

yī téng xiān sheng nǐ zài nǎr gōng zuò
A:伊藤先生,你在哪儿工作?

wǒ zài yín háng gōng zuò
B:我在银行工作。

shān běn xiǎo jie nǐ zuò shén me gōng zuò
山本小姐,你做什么工作?

wǒ shì gōng wù yuán
A:我是公务员。

nǐ xǐ huan nǐ de gōng zuò ma
B:你喜欢你的工作吗?

wǒ fēi cháng xǐ huan wǒ de gōng zuò nǐ ne
A:我非常喜欢我的工作。你呢?

wǒ bú tài xǐ huan wǒ de gōng zuò
B:我不太喜欢我的工作。

wèi shén me
A:为什么?

yīn wèi yā lì tài dà le
B:因为压力太大了。

2. 訳 文

A:伊藤さん、あなたはどこに勤めていますか?

B:私は銀行に勤めています。山本さんはどんなお仕事をしていますか?

A:私は公務員です。

B:あなたは自分の仕事が好きですか?

A:私は自分の仕事が大好きです。あなたは?

B:私は自分の仕事があまり好きではありません。

A:どうしてですか?

B:プレッシャーがとても大きいからです。

166

3. 新しい単語

1. 伊藤先生　　yī téng xiān sheng　（固有名詞）　　伊藤さん

2. 山本小姐　　shān běn xiǎo jie　（固有名詞）　　山本さん

3. 在…　　zài　（前置詞）　　…で、…に

　　△在银行工作　　zài yín háng gōng zuò　（フレーズ）　　銀行に勤める

4. 做　　zuò　（動詞）　　する

5. 公务员　　gōng wù yuán　（名詞）　　公務員

6. 喜欢　　xǐ huan　（動詞・助動詞）　　好む、…するのが好きである

7. 工作　　gōng zuò　（名詞・動詞）　　仕事、働く

8. 非常　　fēi cháng　（副詞）　　非常に

9. 不太…　　bú tài　（文型）　　あまり…ではない

　　△不太好　　bú tài hǎo　（否定文）　　あまり良くない

　　△不太喜欢　　bú tài xǐ huan　（否定文）　　あまり好きではない

10. 为什么　　wèi shén me　（疑問詞）　　なぜ

11. 因为　　yīn wèi　（接続詞）　　…ので、…だから

12. 压力　　yā lì　（名詞）　　プレッシャー

13. 太…了　　tài le　（文型）　　すごく…、…すぎる

　　△太大了　　tài dà le　（感嘆文）　　すごく大きい

　　△太热了　　tài rè le　（感嘆文）　　暑すぎる

14. 十二　　shí 'èr　（数詞）　　12

4. 発音の練習

(1) 4つの声調

xiān	xián	xiǎn	xiàn	---	xiān sheng
xiāo	xiáo	xiǎo	xiào	---	xiǎo jiě
yīn	yín	yǐn	yìn	---	yín háng
zuō	zuó	zuǒ	zuò	---	gōng zuò
gōng	góng	gǒng	gòng	---	gōng wù yuán
fēi	féi	fěi	fèi	---	fēi cháng
wēi	wéi	wěi	wèi	---	yīn wèi
rē	ré	rě	rè	---	rè
tāi	tái	tǎi	tài	---	tài rè le
xī	xí	xǐ	xì	---	xǐ huan
dā	dá	dǎ	dà	---	dà
shēn	shén	shěn	shèn	---	（wèi）shén me

＊破線の右横の単語の漢字と意味は前の「3. 新しい単語」の部分を参照してください。

(2) 音節の区別

① yín háng　銀行（銀行）
　 jīng cháng　经常（常に）

② shuǐ jiǎo　水饺（水ギョーザ）
　 shuì jiào　睡觉（寝る）

③ yǔ yán　语言（言語）
　 yì nián　一年（1年）

④ chǎo fàn　炒饭（チャーハン）
　 hǎo kàn　好看（きれいである）

⑤ xiū xué　休学（休学する）
　 jù jué　拒绝（断る）

⑥ chú shī　厨师（料理人、シェフ）
　 zǔ zhī　组织（組織）

5. キーポイント

(1) 語気助詞「呢（ne）」の使い方

　語気助詞「呢（ne）」は語尾に置き、軽声として発音されます。いくつかの使い方がありますが、ここでは、「主語＋呢（ne）?」の使い方を紹介します。

「主語＋呢?」は「○○はどうですか？」という意味で、主語の状況をたずねます。「呢」の詳しい使い方は本書第20課のキーポイント（287ページ）を参照してください。

例：A：<ruby>我<rt>wǒ</rt></ruby> <ruby>妈<rt>mā</rt></ruby> <ruby>妈<rt>ma</rt></ruby> <ruby>是<rt>shì</rt></ruby> <ruby>中<rt>zhōng</rt></ruby> <ruby>国<rt>guó</rt></ruby> <ruby>人<rt>rén</rt></ruby>。／私の母は中国人です。

　　　　<ruby>你<rt>nǐ</rt></ruby> <ruby>妈<rt>mā</rt></ruby> <ruby>妈<rt>ma</rt></ruby> <ruby>呢<rt>ne</rt></ruby>?　　　あなたのお母さんは？

　　B：<ruby>我<rt>wǒ</rt></ruby> <ruby>妈<rt>mā</rt></ruby> <ruby>妈<rt>ma</rt></ruby> <ruby>是<rt>shì</rt></ruby> <ruby>美<rt>měi</rt></ruby> <ruby>籍<rt>jí</rt></ruby> <ruby>华<rt>huá</rt></ruby> <ruby>人<rt>rén</rt></ruby>。／私の母は米国籍の華人です。

　　A：<ruby>我<rt>wǒ</rt></ruby> <ruby>吃<rt>chī</rt></ruby> <ruby>炒<rt>chǎo</rt></ruby> <ruby>饭<rt>fàn</rt></ruby>，<ruby>你<rt>nǐ</rt></ruby> <ruby>呢<rt>ne</rt></ruby>?／私はチャーハンを食べます、あなたは?

　　B：<ruby>我<rt>wǒ</rt></ruby> <ruby>吃<rt>chī</rt></ruby> <ruby>饺<rt>jiǎo</rt></ruby> <ruby>子<rt>zi</rt></ruby>。／私はギョーザを食べます。

(2)「<ruby>因<rt>yīn</rt></ruby> <ruby>为<rt>wèi</rt></ruby>…<ruby>所<rt>suǒ</rt></ruby> <ruby>以<rt>yǐ</rt></ruby>～」の使い方　　　　🔊 1－144

a.「<ruby>因<rt>yīn</rt></ruby> <ruby>为<rt>wèi</rt></ruby>…<ruby>所<rt>suǒ</rt></ruby> <ruby>以<rt>yǐ</rt></ruby>～」はよくセットで使う文型で「<ruby>因<rt>yīn</rt></ruby> <ruby>为<rt>wèi</rt></ruby>」の後には原因、「<ruby>所<rt>suǒ</rt></ruby> <ruby>以<rt>yǐ</rt></ruby>」の後には結果を述べます。「<ruby>因<rt>yīn</rt></ruby> <ruby>为<rt>wèi</rt></ruby>」は省略もできます。

例：<ruby>因<rt>yīn</rt></ruby> <ruby>为<rt>wèi</rt></ruby> <ruby>我<rt>wǒ</rt></ruby> <ruby>妈<rt>mā</rt></ruby> <ruby>妈<rt>ma</rt></ruby> <ruby>是<rt>shì</rt></ruby> <ruby>中<rt>zhōng</rt></ruby> <ruby>国<rt>guó</rt></ruby> <ruby>人<rt>rén</rt></ruby>，<ruby>所<rt>suǒ</rt></ruby> <ruby>以<rt>yǐ</rt></ruby> <ruby>我<rt>wǒ</rt></ruby> <ruby>会<rt>huì</rt></ruby> <ruby>说<rt>shuō</rt></ruby> <ruby>中<rt>zhōng</rt></ruby> <ruby>文<rt>wén</rt></ruby>。

　　／私の母は中国人ですから、私は中国語がしゃべれます。

　　（<ruby>因<rt>yīn</rt></ruby> <ruby>为<rt>wèi</rt></ruby>）<ruby>他<rt>tā</rt></ruby> <ruby>身<rt>shēn</rt></ruby> <ruby>体<rt>tǐ</rt></ruby> <ruby>不<rt>bù</rt></ruby> <ruby>好<rt>hǎo</rt></ruby>，<ruby>所<rt>suǒ</rt></ruby> <ruby>以<rt>yǐ</rt></ruby> <ruby>休<rt>xiū</rt></ruby> <ruby>学<rt>xué</rt></ruby> <ruby>了<rt>le</rt></ruby>。

　　／彼は体調が良くないので、休学しました。

b.「<ruby>为<rt>wèi</rt></ruby> <ruby>什<rt>shén</rt></ruby> <ruby>么<rt>me</rt></ruby>…」で質問される場合は、「<ruby>因<rt>yīn</rt></ruby> <ruby>为<rt>wèi</rt></ruby>…」で答えることが多いです。

例：A：<ruby>你<rt>nǐ</rt></ruby> <ruby>为<rt>wèi</rt></ruby> <ruby>什<rt>shén</rt></ruby> <ruby>么<rt>me</rt></ruby> <ruby>学<rt>xué</rt></ruby> <ruby>中<rt>zhōng</rt></ruby> <ruby>文<rt>wén</rt></ruby>?／あなたはなぜ中国語を習うのですか?

　　B：<ruby>因<rt>yīn</rt></ruby> <ruby>为<rt>wèi</rt></ruby> <ruby>我<rt>wǒ</rt></ruby> <ruby>喜<rt>xǐ</rt></ruby> <ruby>欢<rt>huan</rt></ruby> <ruby>中<rt>zhōng</rt></ruby> <ruby>国<rt>guó</rt></ruby> <ruby>历<rt>lì</rt></ruby> <ruby>史<rt>shǐ</rt></ruby>。

　　／私は中国の歴史が好きだからです。

(3)「<ruby>是<rt>shì</rt></ruby>」の使い方　　　　🔊 1－145

「<ruby>是<rt>shì</rt></ruby>」は判断詞で、「…は～である」の意味です。「<ruby>是<rt>shì</rt></ruby>」の後ろには基

本的に名詞のみ置かれ、形容詞は置かれないことに注意しましょう。

「是」の詳しい使い方は本書第18課のキーポイント（244ページ）を参照してください。

例：他 是 意 大 利 人。／彼はイタリア人です。
tā shì yì dà lì rén

这 是 牛 仔 裤。／これはジーパンです。
zhè shì niú zǎi kù

今 天 ~~是~~ 热。→㊣今 天（很）热。／今日は暑いです。
jīn tiān shì rè　　jīn tiān hěn rè

他 ~~是~~ 好。→㊣他（很）好。／彼は良い人です。／彼は元気です。
tā shì hǎo　　tā hěn hǎo

6. 文法ポイント

文型 & 応用会話　7　　　　　　　　　　　◀)) 1 - 146

場所名詞 主＋在 ………	人　　　物 ～は…にいる／～は…にある

A：你 在 哪儿? nǐ zài nǎr	あなたはどこにいますか？
B：我 在 外 面。 wǒ zài wài mian	私は外にいます。
A：我 的 词 典 在 哪儿? wǒ de cí diǎn zài nǎr	私の辞書はどこにありますか？
B：你 的 词 典 在 桌 子 上。 nǐ de cí diǎn zài zhuō zi shang	あなたの辞書は机の上にあります。
A：你 们 公 司 在 哪儿? nǐ men gōng sī zài nǎr	あなた方の会社はどこにありますか?
B：我 们 公 司 在 郊 区。 wǒ men gōng sī zài jiāo qū	私たちの会社は郊外にあります。

〈解説〉

　この文型の「在」は存在動詞で、述語動詞の役割を果たします。後には場所名詞がきます。「在哪儿？」で質問された場合、「哪儿」の位置に具体的な場所名を入れて答えてください。

| 場所名詞
主＋在………述語動詞＋目的語 | ～は…で…する |

A : 你 在 哪儿 买 衣服?
<small>nǐ zài nǎr mǎi yī fu</small>
あなたはどこで服を買いますか?

B : 我 在 服 装 店 买 衣服。
<small>wǒ zài fú zhuāng diàn mǎi yī fu</small>
私は衣料品店で服を買います。

A : 你 在 哪儿 学 中 文?
<small>nǐ zài nǎr xué zhōng wén</small>
あなたはどこで中国語を習いますか?

B : 我 在 语 言 学 校 学 中 文。
<small>wǒ zài yǔ yán xué xiào xué zhōng wén</small>
私は語学学校で中国語を習います。

A : 你 们 在 哪儿 吃 晚 饭?
<small>nǐ men zài nǎr chī wǎn fàn</small>
あなたたちはどこで晩ごはんを食べますか?

B : 我 们 在 麦 当 劳 吃 快 餐。
<small>wǒ men zài mài dāng láo chī kuài cān</small>
私たちはマクドナルドでファストフードを食べます。

〈解説〉

a. この文型の「在」は「で、にて」の意味となる前置詞です。「在…」は文の中では場所状況語であり、常に述語動詞の前に置きます。

b.「主＋動1在・場所名詞（動2目）」の文もよく使われます。

他 住 在 东 京。/ 彼は東京に住んでいます。
<small>tā zhù zài dōng jīng</small>

妹 妹 躺 在 床 上 睡 觉。/ 妹はベッドで横になって寝ています。
<small>mèi mei tǎng zài chuáng shàng shuì jiào</small>

爸 爸 坐 在 沙 发 上 看 书。/ 父はソファーに座って本を読んでいます。
<small>bà ba zuò zài shā fā shàng kàn shū</small>

　この文型は「～は…で…をする」の意味として使われますが、「在」の前に置ける動詞は限られています。例文を通して覚える方が良いです。「住在东京」=「在东京住」/ 東京に住んでいる、「躺在床上」=「在床上躺着」/ ベッドで横になっている、「坐在沙发上」=「在沙发上坐着」/ ソファーに座っている。＊「着」は動作の継続状態を表します

◀)) 1 － 148

| 主＋在・述語動詞＋目的語（呢） | ～は…をしている |

nǐ zài gàn shén me ne
A：你 在 干 什 么 呢?　　あなたは何をしていますか？

wǒ zài tīng yīn yuè ne
B：我 在 听 音 乐 呢。　　私は音楽を聞いています。

tā zài gàn shén me　ne
A：他 在 干 什 么 （呢）?　彼は何をしていますか？

tā zài kāi huì　ne
B：他 在 开 会 （呢）。　　彼は会議中です。

xué shēng men zài gàn shén me
A：学 生 们 在 干 什 么?　学生たちは何をしていますか？

xué shēng men zài kǎo shì
B：学 生 们 在 考 试。　　学生たちはテストを受けています。

〈解説〉

　この文型の中の「在」は助動詞で、述語動詞の前に置き、動作の現在進行を表します。語尾には「呢」を置いても、省略しても構いません。

　「干什么?」の疑問文に答えるには、具体的な動作行為を表す動詞を使います。

　　例：⊗gàn tīng yīn yuè干 听 音 乐。→正tīng yīn yuè听 音 乐。／音楽を聞いています。

◀)) 1 － 149

| 主＋不太……形容詞／動詞目的語 | あまり…ないです
あまり…しないです |

nǐ xǐ huan shòu sī ma
A：你 喜 欢 寿 司 吗?　　あなたは寿司が好きですか？

wǒ bú tài xǐ huan
B：我 不 太 喜 欢。　　私はあまり好きではありません。

jīn nián xià tiān rè ma
A：今 年 夏 天 热 吗?　　今年の夏は暑いですか？

jīn nián xià tiān bú tài rè
B：今 年 夏 天 不 太 热。　今年の夏はあまり暑くないです。

```
      zhè cì de kǎo shì nán ma?
A : 这 次 的 考 试 难 吗?                今回の試験は難しいですか?

      zhè cì de kǎo shì bú tài nán
B : 这 次 的 考 试 不 太 难。           今回の試験はあまり難しくないです。
```

〈解説〉

　「不太」の後ろにはしばしば形容詞がきます。動詞「喜欢」「了解」も、よく「不太」と一緒に使います。

```
    liǎo jiě              xǐ huan
例：了 解 / 分かる    喜 欢 / 好む
    wǒ bú tài liǎo jiě tā
例：我 不 太 了 解 她。/ 私は彼女のことをあまり知らない。
    wǒ bú tài xǐ huan shòu sī
    我 不 太 喜 欢 寿 司。/ 私はあまり寿司が好きではない。
```

練習問題　　　　　　　　　　　　　　　　　　　　解答 p.435

（1）次の単語を訳し、中国語の上にピンインをつけなさい。

①因为＿＿＿＿＿＿＿＿　　②ミス＿＿＿＿＿＿＿＿＿＿

③太热了＿＿＿＿＿＿＿　　④ミスター＿＿＿＿＿＿＿＿

⑤工作＿＿＿＿＿＿＿＿　　⑥どうして＿＿＿＿＿＿＿＿

　＊解答は新しい単語を参照してください。

（2）次の会話を日本語に訳し、中国語の上にピンインをつけなさい。

A：我吃炒饭，你呢?　＿＿＿＿＿＿＿＿＿＿＿＿＿＿＿＿＿＿

B：我吃饺子。＿＿＿＿＿＿＿＿＿＿＿＿＿＿＿＿＿＿＿＿＿＿

A：你为什么会说中文?＿＿＿＿＿＿＿＿＿＿＿＿＿＿＿＿＿＿

B：因为我妈妈是中国人。＿＿＿＿＿＿＿＿＿＿＿＿＿＿＿＿＿

（3）次の会話を中国語に訳し、中国語にピンインをつけなさい。

A：あなたはどこで中国語を勉強していますか？

_____

B：私は語学学校で中国語を勉強しています。

_____

A：あなたはなぜ中国語を習うのですか？

_____

B：中国の文化が好きだからです。

_____

A：私の辞書はどこにありますか？

_____

B：あなたの辞書は机の上にあります。

_____

A：あなたたちはどこで晩ごはんを食べますか？

_____

B：私たちはマクドナルドでファストフードを食べます。

_____

A：あなたは何をしていますか？

_____

B：私は音楽を聞いています。

_____

174

第13課 現在几点了?

xiàn zài jǐ diǎn le

现在几点了?

(今は何時ですか?)

1. 会 話

1 − 150

xiàn zài jǐ diǎn le
A：现 在 几 点 了?

xiàn zài liù diǎn le
B：现 在 6 点 了。

nǐ měi tiān jǐ diǎn shàng bān
A：你 每 天 几 点 上 班?

wǒ měi tiān jiǔ diǎn shàng bān
B：我 每 天 9 点 上 班。

jīn tiān xīng qī jǐ
A：今 天 星 期 几?

jīn tiān xīng qī sì
B：今 天 星 期 四。

nǐ shén me shí hou jiā bān
A：你 什 么 时 候 加 班?

wǒ měi ge xīng qī sān wǎn shang jiā bān
B：我 每 个 星 期 三 晚 上 加 班。

nǐ yuàn yì jiā bān ma
A：你 愿 意 加 班 吗?

wǒ bú yuàn yì jiā bān
B：我 不 愿 意 加 班。

2. 訳 文

A：今何時ですか?
B：今は6時です。
A：あなたは毎日何時に出社しますか?
B：私は毎日9時に出社します。
A：今日は何曜日ですか?
B：今日は木曜日です。

A：あなたはいつ残業しますか？
B：私は毎週水曜日の夜に残業します。
A：あなたは残業をしたいですか？
B：私は残業をしたくないです。

3. 新しい単語

🔊 1 － 151

1. 现在
xiàn zài
（時間詞）今、現在

2. 几点了
jǐ diǎn le
（疑問代詞）何時になりましたか

3. 6点
liù diǎn
（時間詞）6時

4. 上班
shàng bān
（動詞）出社する

△下班
xià bān
（動詞）退社する

5. 每天
měi tiān
（時間詞）毎日

6. 今天
jīn tiān
（時間詞）今日

7. 星期几
xīng qī jǐ
（疑問代詞）何曜日

8. 星期四
xīng qī sì
（時間詞）木曜日

9. 什么时候
shén me shí hou
（疑問代詞）いつ

10. 每个
měi ge
（指示代詞）各

△每个星期三
měi ge xīng qī sān
毎週水曜日

11. 加班
jiā bān
（動詞）残業する

12. 愿意
yuàn yì
（動詞）…したい

13. 十三
shí sān
（数詞）13

176

中国語の数字

yī	èr	sān	sì	wǔ	liù	qī	bā	jiǔ	shí
一	二	三	四	五	六	七	八	九	十

曜日の表現

xīng qī yī 星 期 一、（月曜日）
xīng qī 'èr 星 期 二、（火曜日）
xīng qī sān 星 期 三、（水曜日）
xīng qī sì 星 期 四、（木曜日）
xīng qī wǔ 星 期 五、（金曜日）

xīng qī liù 星 期 六、（土曜日）
xīng qī rì tiān 星 期 日 / 天（日曜日）

4. 発音の練習

（1）4つの声調

zāi	zái	zǎi	zài	---	xiàn zài
shāng	sháng	shǎng	shàng	---	shàng kè
bān	bán	bǎn	bàn	---	shàng bān
xīng	xíng	xǐng	xìng	---	xīng qī
jī	jí	jǐ	jì	---	jǐ diǎn le
jīn	jín	jǐn	jìn	---	jīn tiān
shī	shí	shǐ	shì	---	shí jiān
jiā	jiá	jiǎ	jià	---	jiā bān
mēi	méi	měi	mèi	---	měi tiān
jiē	jié	jiě	jiè	---	jié hūn
huī	huí	huǐ	huì	---	huí rì běn
qī	qí	qǐ	qì	---	qǐ chuáng
yuān	yuán	yuǎn	yuàn	---	yuàn yì

＊破線の右横の単語の漢字と意味は前の「3. 新しい単語」の部分を参照してください。

①
- xiàn zài　**现在**（現在）
- qiàn zhài　**欠债**（負債）

②
- tǐ jiǎn　**体检**（健康診断）
- jǐ diǎn　**几点**（何時）

③
- qǐ chuáng　**起床**（起きる）
- jǐn zhāng　**紧张**（緊張する）

④
- fēi jī　**飞机**（飛行機）
- xīng qī　**星期**（曜日）

⑤
- ào màn　**傲慢**（傲慢である）
- làng màn　**浪漫**（ロマンチックである）

⑥
- jī piào　**机票**（航空券）
- zhī piào　**支票**（小切手）

5. キーポイント

🔊 1 - 156

①「几 点 了?」と「几 点?」の使い方
　　「现 在 几 点?」は「今何時ですか?」、「现 在 几 点 了?」は「今何時になりましたか?」という意味です。両方とも同様に使えます。

②中国語の曜日の表現
　　中国語の曜日は「星 期 …」の後に数字を入れます。
　　ただ「日曜日」は「星 期 七」ではなく、「星 期 日 / 天」です。
「星 期 …」の代わりに「(礼 拜) …」という表現も使われます。

例　A：今 天 星 期 几 (礼 拜 几)? / A：今日は何曜日ですか?
　　B：今 天 星 期 四 (礼 拜 四)。/ B：今日は木曜日です。

③中国語の時間の表現
　a.「…時」を中国語では「… 点」と表現します。

例：2：00 → **两 点** / 2時、5：00 → **五 点** / 5時
　　＊2時を「**二 点**」と言わないことに注意しましょう。
　b.「…時～分」を中国語では「… 点 ～分」と表現します。

例：3：10→三 点 十 分 / 3 時 10 分
<small>sān diǎn shí fēn</small>

5：20→五 点 二 十 分 / 5 時 20 分
<small>wǔ diǎn èr shí fēn</small>

12：05→十 二 点（零）五 分 / 12 時 5 分
<small>shí 'èr diǎn líng wǔ fēn</small>

c.「…時～分前」を中国語では「差…分～点」あるいは「…点 差～分」と表現します。
<small>chà fēn diǎn / diǎn chà fēn</small>

例：1：55→差 五 分 两 点 / 2 時 5 分前
<small>chà wǔ fēn liǎng diǎn</small>

两 点 差 五 分
<small>liǎng diǎn chà wǔ fēn</small>

9：50→差 十 分 十 点 / 10 時 10 分前
<small>chà shí fēn shí diǎn</small>

十 点 差 十 分
<small>shí diǎn chà shí fēn</small>

d.「15分」は「十 五 分」の代わりに「一 刻」、「45分」は「四 十 五 分」の代わりに「三 刻」と、よく表現されます。
<small>shí wǔ fēn / yí kè / sì shí wǔ fēn / sān kè</small>

例：9：15→九 点 一 刻 / 9 時 15 分
<small>jiǔ diǎn yí kè</small>

九 点 十 五 分
<small>jiǔ diǎn shí wǔ fēn</small>

9：45→九 点 三 刻 / 9 時 45 分
<small>jiǔ diǎn sān kè</small>

九 点 四 十 五 分
<small>jiǔ diǎn sì shí wǔ fēn</small>

差 十 五 分 十 点
<small>chà shí wǔ fēn shí diǎn</small>

e.「30分」は「三 十 分」の代わりに「半」と、よく表現されます。
<small>sān shí fēn / bàn</small>

例：8：30→八 点 半 / 8 時半
<small>bā diǎn bàn</small>

2：30→两 点 半 / 2 時半
<small>liǎng diǎn bàn</small>

f.「ちょうど…時」は「…点 整」と表現します。
<small>diǎn zhěng</small>

例：7：00→七 点 整 / ちょうど 7 時
<small>qī diǎn zhěng</small>

＊時間の細かな表現は本書の第 21 課の文法ポイント（310 ページ）を参照してください。

6. 文法ポイント

🔊 1 － 157

| 主＋什么时候＋述動＋目的語? | ～は、いつ…をする |

nǐ shén me shí hou qù zhōng guó A : 你 什 么 时 候 去 中 国?	あなたはいつ中国へ行きますか?
wǒ xià ge yuè qù zhōng guó B : 我 下 个 月 去 中 国。	私は来月中国へ行きます。
tā shén me shí hou jié hūn A : 他 什 么 时 候 结 婚?	彼はいつ結婚しますか?
tā míng nián sān yuè jié hūn B : 他 明 年 3 月 结 婚。	彼は来年の3月に結婚します。
tā shén me shí hou bì yè A : 她 什 么 时 候 毕 业?	彼女はいつ卒業しますか?
tā hòu nián jiǔ yuè bì yè B : 她 后 年 九 月 毕 业。	彼女は再来年の9月に卒業します。

〈解説〉

　特殊疑問詞「什么时候」は時間状況語です。常に述語動詞の前に置かれ、「いつ…をしますか」という意味を表します。答える時には「什么时候」の位置に答えを入れます。

180

| 主＋毎天几点＋述動＋目的語? | ～は毎日何時に…をする |

A : nǐ měi tiān jǐ diǎn qǐ chuáng
你 每 天 几 点 起 床 ?

あなたは毎日何時に起きますか？

B : wǒ měi tiān bā diǎn qǐ chuáng
我 每 天 8 点 起 床 。

私は毎日 8 時に起きます。

A : nǐ men jiā měi tiān jǐ diǎn chī wǎn fàn
你 们 家 每 天 几 点 吃 晚 饭?

お宅は毎日何時に晩ごはんを食べますか？

B : wǒ men jiā měi tiān qī diǎn bàn chī wǎn fàn
我 们 家 每 天 七 点 半 吃 晚 饭。

うちは毎日 7 時半に晩ごはんを食べます。

A : nǐ xiān sheng měi tiān jǐ diǎn xià bān
你 先 生 每 天 几 点 下 班?

ご主人は毎日何時に仕事が終わりますか？

B : tā měi tiān qī diǎn bàn xià bān
他 每 天 七 点 半 下 班。

彼は毎日 7 時半に退社します。

〈解説〉

特殊疑問詞「几点」は時間状況語です。述語動詞の前に置かれ、「何時に…をしますか」という意味を表します。答える時には「几点」の位置に答えを入れます。時間詞「毎日」は主語の前後に置くことができます。

例 : nǐ měi tiān jǐ diǎn shuì jiào
你 每 天 几 点 睡 觉? ／あなたは毎日何時に寝ますか？

měi tiān nǐ jǐ diǎn shuì jiào
每 天 你 几 点 睡 觉? ／毎日あなたは何時に寝ますか？

主 + 愿意/想 + 述動 + 目的語	～は…するのを願っている ～は…をしたい

nǐ yuàn yì jiā bān ma A：你 愿 意 加 班 吗?	あなたは残業をしたいですか？
wǒ bú yuàn yì jiā bān B：我 不 愿 意 加 班。	私は残業をしたくないです。
nǐ xiǎng chī jiǎo zi ma A：你 想 吃 饺 子 吗?	あなたはギョーザを食べたいですか?
wǒ bù xiǎng chī jiǎo zi B：我 不 想 吃 饺 子。	私はギョーザを食べたくないです。
tā xiǎng qù liú xué ma A：他 想 去 留 学 吗?	彼は留学に行きたいですか？
tā xiǎng qù liú xué B：他 想 去 留 学。	彼は留学に行きたいです。

〈解説〉

　「想」と「愿意」は願望を表す助動詞で、述語動詞の前に置きます。「想」は「…をしたい」、「愿意」は「心より…するのを願っている」という意味です。否定形は「不想・述Ⅴ＋目的語」「不愿意・述Ⅴ＋目的語」となります。「想」と「愿意」及びその他の願望助動詞の使い方は本書の第23課の文法ポイント（352ページ）を参照してください。

　「想」は毎回行う動作行為に使えます。「愿意」は毎日行う動作行為にほとんど使いません。

練習問題　　　　　　　　　　　　　　　　　　　　　　　　　　解答 p.436

（1）次の単語を訳し、中国語の上にピンインをつけなさい。

　①加班＿＿＿＿＿　　②上班＿＿＿＿＿　　③什么时候＿＿＿＿＿＿

　④水曜日＿＿＿＿＿　　⑤何時＿＿＿＿＿　　⑥仕事が終わる＿＿＿＿＿＿

（2）数字の上にピンインをつけなさい。

　一　　二　　三　　四　　五　　六　　七　　八　　九　　十

(3) 次の会話を日本語に訳し、中国語の上にピンインをつけなさい。

A：你什么时候去中国? _____

B：我下个月去中国。 _____

A：他什么时候结婚? _____

B：他明年三月结婚。 _____

(4) 次の会話を中国語に訳し、ピンインをつけなさい。

A：今は何時ですか？

_____

B：今は6時です。

_____

A：あなたは何時に仕事に行きますか？

_____

B：私は8時に仕事に行きます。

_____

A：今日は何曜日ですか？

_____

B：今日は木曜日です。

_____

A：彼は留学に行きたいですか？

_____

B：彼は留学に行きたいです。

_____

A：あなたは毎日何時に寝ますか？

_____

B：私は毎日 10 時半に寝ます。

_____

（5）次の時間を中国語で書き、ピンインをつけなさい。

例：12：00 → 十 二 点
　　　　　　　　shí èr diǎn

　　　6：15 → _____　　　2：20 → _____

　　　9：30 → _____　　　12：00 → _____

　　　11：05 → _____　　　10：45 → _____

第14課

nǐ wèi shén me xué zhōngwén
你为什么学中文?
(なぜ中国語を習いますか?)

1. 会 話

◀)) 1 − 160

nǐ wèi shén me xué zhōng wén
A : 你 为 什 么 学 中 文?

yīn wèi wǒ duì zhōng guó wén huà yǒu xìng qu
B : 因 为 我 对 中 国 文 化 有 兴 趣。

nǐ xué zhōng wén duō cháng shí jiān le
A : 你 学 中 文 多 长 时 间 了?

wǒ xué zhōng wén sān ge yuè le
B : 我 学 中 文 三 个 月 了。

zhōng wén nán ma
A : 中 文 难 吗?

zhōng wén hěn nán tè bié shì fā yīn hěn nán
B : 中 文 很 难, 特 别 是 发 音 很 难。

nǐ huì shuō zhōng wén ma
A : 你 会 说 中 文 吗?

wǒ huì shuō yì diǎnr
B : 我 会 说 一 点 儿。

nǐ qù guo zhōng guó ma
A : 你 去 过 中 国 吗?

wǒ hái méi yǒu qù guo
B : 我 还 没 有 去 过。

2. 訳 文

A：どうして中国語を習っているのですか？
B：中国文化に興味があるからです。
A：中国語を勉強してどのくらいですか？
B：中国語を勉強して3か月になります。
A：中国語は難しいですか？
B：中国語は難しいです、特に発音が難しいです。

185

A：あなたは中国語が話せますか？
B：少し話せます。
A：あなたは中国へ行ったことがありますか？
B：私は中国へ行ったことがありません。

3. 新しい単語

1. 为 什 么 wèi shén me （疑問詞）　どうして

2. 因 为… yīn wèi （接続詞）　…なので、…であるため

3. 对 duì （前置詞）　…について、…に対して

　△对 duì （形容詞）　正しい

4. 文 化 wén huà （名詞）　文化

5. 兴 趣 xìng qu （名詞）　興味

　△对…有 兴 趣 duì　yǒu xìng qu （文型）　…に興味がある

6. 多 长 时 间 duō cháng shí jiān （疑問詞）　どのくらいの時間

　△多 长 时 间 了 duō cháng shí jiān le （疑問詞）　どのくらい（の期間）になりましたか

7. 三 个 月 sān ge yuè （期間詞）　3か月

　△三 个 月 了 sān ge yuè le （フレーズ）　3か月になりました

8. 难 nán （形容詞）　難しい

9. 特 别 是 tè bié shì （副詞）　特に

10. 发 音 fā yīn （名詞）　発音

11. 会 huì （助動詞）　できる

12. 说 shuō （動詞）　話す、言う

　△会 说 huì shuō （動詞）　話せる

186

13. yì diǎnr 一 点 儿 　　　（副詞）　　　少し

14. shí sì 十 四 　　　（数詞）　　　14

┌─ **中国語の期間詞** ─────────────────────────

bàn tiān　　yì tiān　　liǎng tiān　　sān tiān　　yí ge xīng qī　　liǎng ge xīng qī
半 天、 一 天、 两 天、 三 天、 一 个 星 期、 两 个 星 期、
（半日）（1日）（2日間）（3日間）　（1週間）　　　（2週間）

sān ge xīng qī　　bàn ge yuè　　yí ge yuè　　liǎng ge yuè　　sān ge yuè
三 个 星 期、 半 个 月、 一 个 月、 两 个 月、 三 个 月、
（3週間）　　（15日間）　（1か月）　　（2か月）　（3か月）

bàn nián　　yì nián　　liǎng nián　　sān nián
半 年、 一 年、 两 年、 三 年
（半年）（1年）（2年）（3年）

───────────────────────────────────

4. 発音の練習

🔊 1 － 163

（1） 4 つの声調

wēi	wéi	wěi	wèi	---	wèi shén me
yīn	yín	yǐn	yìn	---	yīn wèi
duī	duí	duǐ	duì	---	duì bu dui
wēn	wén	wěn	wèn	---	wèn tí
huā	huá	huǎ	huà	---	wén huà
qū	qú	qǔ	qù	---	xìng qu
chāng	cháng	chǎng	chàng	---	cháng
jiān	jián	jiǎn	jiàn	---	shí jiān
yuē	yué	yuě	yuè	---	yuè
nān	nán	nǎn	nàn	---	nán
tē	té	tě	tè	---	tè
biē	bié	biě	biè	---	tè bié shì
fā	fá	fǎ	fà	---	fā yīn
shuō	shuó	shuǒ	shuò	---	shuō
diān	dián	diǎn	diàn	---	yì diǎn, yì diǎnr

＊破線の右横の単語の漢字と意味は前の「3. 新しい単語」の部分を
　参照してください。

①
- gōng sī　**公司**（会社）
- gōng zī　**工资**（給料）

②
- jì jié　　**季节**（季節）
- jù jué　　**拒绝**（断る）

③
- wǔ huì　**舞会**（ダンスパーティー）
- wù huì　**误会**（誤解）

④
- xìn yù　　**信誉**（信用）
- xìng yùn　**幸运**（幸運）

⑤
- tù zi　**兔子**（ウサギ）
- dù zi　**肚子**（おなか）

⑥
- pǎo le　**跑了**（逃げた）
- bǎo le　**饱了**（おなかいっぱいだ）

5. キーポイント　🔊 1 – 165

(1)「多 长 时 间？」と「多 久 了？」
（duō cháng shí jiān）（duō jiǔ le）

「多 长 时 间？」（duō cháng shí jiān）は時間の長さを聞く標準語の言い方です。

「多 久 了？」（duō jiǔ le）も同じ意味です。中国南方や東南アジア地域では、こちらのほうが多く使われています。

例　A：你 来 上 海 多 久 了？（nǐ lái shàng hǎi duō jiǔ le）／上海に来てどれくらいですか？
　　B：我 来 上 海 一 年 半 了。（wǒ lái shàng hǎi yì nián bàn le）／上海に来て1年半になります。

(2)「三 个 月」
（sān ge yuè）

「3か月」の意味です。「三 个 月」（sān ge yuè）から「个」（ge）をとった「三 月」（sān yuè）は「3月」の意味です。

(3)「一 点儿」
（yì diǎnr）

標準語の儿化韵母の言い方です。

東南アジアや中国の南方では「一 点 点」（yì diǎn diǎn）を使います。

「一 点儿」（yì diǎnr）の「儿」をとって、「一 点」（yì diǎn）だけになると、時刻を表す「一時」という意味になります。

(4)「対 … 感 兴 趣」/ …に対して、興味がある

　　＊「感 兴 趣」は「有 兴 趣」と言い替えが可能です。

　　例：他 对 书 法 有 兴 趣。/ 彼は書道に興味があります。

　　　　我 对 历 史 感 兴 趣。/ 私は歴史に興味があります。

(5)「会 说 一 点儿 …」/ …が少し話せます

　　例　A：他 会 说 德 语 吗? / 彼はドイツ語が話せますか？

　　　　B：他 会 说 一 点儿 德 语。/ 彼はドイツ語が少し話せます。

　　　　（他 不 会 说 德 语。/ 彼はドイツ語が話せません。）

＊「会」には助動詞の役割があります。述語動詞の前に置いて、学習
　や訓練を経て技能や技術などを習得した結果「…ができる」という
　意味を表します。否定形は「不 会」です。「能・会・可以」の使
　い方については、本書の第 23 課の文法ポイント（356 ページ）を
　参照してください。

6. 文法ポイント

| 主＋述動＋目的語＋多长时间了? | ～は…をしてどれくらいですか？
（どれくらいになりましたか？） |

nǐ lái rì běn duō cháng shí A：你 来 日 本 多 长 时 jiān le 间 了?	あなたは日本に来てどれくらいです か？
wǒ lái rì běn kuài yì nián le B：我 来 日 本 快 一 年 了。	私は日本に来てもうすぐ１年になり ます。
tā men lí kāi zhōng guó duō A：他 们 离 开 中 国 多 cháng shí jiān le 长 时 间 了?	彼らは中国を離れてどれくらいにな りましたか？
tā men lí kāi zhōng guó B：他 们 离 开 中 国 zhěng liǎng nián le 整 两 年 了。	彼らは中国を離れてちょうど２年に なりました。
tā men rèn shi duō cháng shí A：他 们 认 识 多 长 时 jiān le 间 了?	彼らは知り合ってどれくらいになり ましたか？
tā men rèn shi yì nián B：他 们 认 识 一 年 duō le 多 了。	彼らは知り合って１年余りになりま した。

〈解説〉

　動作行為を行う期間を聞く時には、特殊（期間）疑問詞「多长时间、多久了、几年」などがよく使われます。答える時には、特殊（期間）疑問詞の位置に期間詞を入れて答えます。

| 主＋述語・形容詞 | ～は…です |

A：<ruby>今<rt>jīn</rt></ruby> <ruby>天<rt>tiān</rt></ruby> <ruby>热<rt>rè</rt></ruby> <ruby>吗<rt>ma</rt></ruby>?　　　　今日は暑いですか？

B：<ruby>今<rt>jīn</rt></ruby> <ruby>天<rt>tiān</rt></ruby> <ruby>很<rt>hěn</rt></ruby> <ruby>热<rt>rè</rt></ruby>。　　　　今日は暑いです。

A：<ruby>富<rt>fù</rt></ruby> <ruby>士<rt>shì</rt></ruby> <ruby>山<rt>shān</rt></ruby> <ruby>漂<rt>piào</rt></ruby> <ruby>亮<rt>liang</rt></ruby> <ruby>吗<rt>ma</rt></ruby>?　　富士山は美しいですか？

B：<ruby>富<rt>fù</rt></ruby> <ruby>士<rt>shì</rt></ruby> <ruby>山<rt>shān</rt></ruby> <ruby>很<rt>hěn</rt></ruby> <ruby>漂<rt>piào</rt></ruby> <ruby>亮<rt>liang</rt></ruby>。　　富士山はとても美しいです。

A：<ruby>东<rt>dōng</rt></ruby> <ruby>京<rt>jīng</rt></ruby> <ruby>物<rt>wù</rt></ruby> <ruby>价<rt>jià</rt></ruby> <ruby>贵<rt>guì</rt></ruby> <ruby>吗<rt>ma</rt></ruby>?　　東京の物価は高いですか？

B：<ruby>东<rt>dōng</rt></ruby> <ruby>京<rt>jīng</rt></ruby> <ruby>物<rt>wù</rt></ruby> <ruby>价<rt>jià</rt></ruby> <ruby>很<rt>hěn</rt></ruby> <ruby>贵<rt>guì</rt></ruby>。　　東京の物価はとても高いです。

〈解説〉

①形容詞が述語となり、物事の性質・状態と特徴を陳述する文を形容詞述語文と呼びます。中国語の形容詞陳述文は形容詞の前に「是」を置きません。その代わりにセンテンス全体の音のバランスを保つために、程度副詞「很」「非常」などがよく置かれます。

例：<ruby>今<rt>jīn</rt></ruby> <ruby>天<rt>tiān</rt></ruby> <ruby>是<rt>shì</rt></ruby> <ruby>热<rt>rè</rt></ruby>。　→　<ruby>今<rt>jīn</rt></ruby> <ruby>天<rt>tiān</rt></ruby> <ruby>热<rt>rè</rt></ruby>。
　　<ruby>他<rt>tā</rt></ruby> <ruby>是<rt>shì</rt></ruby> <ruby>很<rt>hěn</rt></ruby> <ruby>好<rt>hǎo</rt></ruby>。　→　<ruby>他<rt>tā</rt></ruby> <ruby>很<rt>hěn</rt></ruby> <ruby>好<rt>hǎo</rt></ruby>。

②「是＋形容詞」という特別な使い方は本書の第18課のキーポイント（244ページ）を参照してください。

③「程度副詞・形容詞」の使い方は本書の第19課の文法ポイント（273ページ）を参照してください。

主＋为什么＋述語 V 目	〜はなぜ…をするのですか

nǐ wèi shén me xué zhōng wén A：你 为 什 么 学 中 文？	あなたはなぜ中国語を学ぶのですか？
yīn wèi wǒ xǐ huan zhōng guó lì shǐ B：因 为 我 喜 欢 中 国 历 史。	中国の歴史が好きだからです。
tā wèi shén me qù zhōng guó A：他 为 什 么 去 中 国？	彼はどうして中国へ行くのですか？
yīn wèi tā qù zhōng guó cháng zhù B：因 为 他 去 中 国 常 驻。	中国へ駐在に行くからです。
tā de fā yīn wèi shén me bù hǎo A：他 的 发 音 为 什 么 不 好？	彼の発音はどうして下手なのですか？
yīn wèi tā méi yǒu tīng lù yīn B：因 为 他 没 有 听 录 音， yě méi yǒu zuò lǎng dú liàn xí 也 没 有 做 朗 读 练 习。	彼は録音を聞かず、朗読練習もしなかったからです。

〈解説〉

　「为什么」は特殊疑問詞として述語の前に置き、動作主が動作行為を行う理由を聞きます。答える時には「因为…」がよく使われます。

192

| 主＋述語 V 过＋目 | ～は…をしたことがある |

A：你 <ruby>看<rt>kàn</rt></ruby> <ruby>过<rt>guo</rt></ruby> <ruby>那<rt>nà</rt></ruby> <ruby>本<rt>běn</rt></ruby> <ruby>杂<rt>zá</rt></ruby> <ruby>志<rt>zhì</rt></ruby> <ruby>吗<rt>ma</rt></ruby>?
你 kàn guo nà běn zá zhì ma

あなたはあの雑誌を読んだことがありますか?

B：我 没（有）看 过 那 本 杂 志。
wǒ méi yǒu kàn guo nà běn zá zhì

私はあの雑誌を読んだことがありません。

A：以 前 你 吃 过 烤 鸭 吗?
yǐ qián nǐ chī guo kǎo yā ma

これまでにあなたは北京ダックを食べたことがありますか?

B：以 前 我 吃 过 烤 鸭。
yǐ qián wǒ chī guo kǎo yā

これまでに私は北京ダックを食べたことがあります。

A：你 的 同 事 学 过 电 脑 吗?
nǐ de tóng shì xué guo diàn nǎo ma

あなたの同僚はパソコンを習ったことがありますか?

B：他 学 过 电 脑。
tā xué guo diàn nǎo

彼はパソコンを習ったことがあります。

A：你 的 外 国 朋 友 用 过 筷 子 吗?
nǐ de wài guó péng you yòng guo kuài zi ma

あなたの外国人の友達は箸を使ったことがありますか?

B：他 没（有）用 过 筷 子。
tā méi yǒu yòng guo kuài zi

彼は箸を使ったことがありません。

〈解説〉

　述語動詞の後に「过」を置いて、過去の経験を表します。否定文は「没（有）V 过」です。

| A　比　B形容詞 $\binom{数量補語}{程度補語}$ | AはBより… |

A： nǐ péng you bǐ nǐ gāo ma
你 朋 友 比 你 高 吗?
お友達はあなたより背が高いですか？

B： wǒ péng you bǐ wǒ gāo
我 朋 友 比 我 高。
彼は私より背が高いです。

A： tā bǐ nǐ gāo duō shao
他 比 你 高 多 少?
彼はあなたよりどのくらい背が高いですか？

B： tā bǐ wǒ gāo wǔ gōng fēn
他 比 我 高 5 公 分。
彼は私より背が5センチ高いです。

A： gōng qí xiān sheng de zhōng wén hǎo ma
宮 崎 先 生 的 中 文 好 吗?
宮崎さんの中国語はお上手ですか？

B： tā de zhōng wén bǐ wǒ hǎo duō le
他 的 中 文 比 我 好 (多 了)。
彼の中国語は私より（ずっと）上手です。

A： nǐ gē ge bǐ nǐ dà jǐ suì
你 哥 哥 比 你 大 几 岁?
お兄さんはあなたより何歳年上ですか？

B： tā bǐ wǒ dà sān suì
他 比 我 大 三 岁。
彼は私より3歳年上です。

〈解説〉

　Bの後に形容詞だけを置いても構いませんが、その形容詞の後に数量補語や程度補語を置くと、比較する内容をさらに詳しく説明できます。「高5公分」の「5公分」は数量補語であり、「好多了」の「多了」は程度補語です。

　比較文の否定形は「A没有B…」です。

　　例： tā méi yǒu wǒ gāo
　　　　他 没 有 我 高。／彼は私ほど高くない。「他 不 比 我 高 tā bù bǐ wǒ gāo」はあまり使わない。

　　　比較文の詳しい使い方は本書の第24課の文法ポイント（388ページ）を参照してください。

（1）次の単語を訳し、中国語の上にピンインをつけなさい。

　①会说＿＿＿＿＿　　　②为什么＿＿＿＿＿　　　③一点儿＿＿＿＿＿

　④難しい＿＿＿＿　　⑤どのくらい（の時間）＿＿＿＿　　⑥興味がある＿＿＿＿

（2）次の会話を日本語に訳し、中国語にピンインをつけなさい。

　A：今天热吗?＿＿＿＿＿＿　　　　B：今天很热。＿＿＿＿＿＿

　A：他们离开中国多长时间了?＿＿＿＿＿＿＿＿＿＿＿

　B：他们离开中国三年了。＿＿＿＿＿＿＿＿＿＿＿＿＿＿

（3）次の会話を中国語に訳し、ピンインをつけなさい。

　A：あなたは中国語を勉強してどれくらいになりましたか？

　＿＿＿＿＿＿＿＿＿＿＿＿＿＿＿＿＿＿＿＿＿＿＿＿＿＿＿

　B：私は中国語を勉強して半年になりました。

　＿＿＿＿＿＿＿＿＿＿＿＿＿＿＿＿＿＿＿＿＿＿＿＿＿＿＿

　A：あなたはなぜ中国語を勉強するのですか？

　＿＿＿＿＿＿＿＿＿＿＿＿＿＿＿＿＿＿＿＿＿＿＿＿＿＿＿

　B：中国文化に対して興味があるからです

　＿＿＿＿＿＿＿＿＿＿＿＿＿＿＿＿＿＿＿＿＿＿＿＿＿＿＿

　A：彼の中国語は上手ですか？

　＿＿＿＿＿＿＿＿＿＿＿＿＿＿＿＿＿＿＿＿＿＿＿＿＿＿＿

　B：彼の中国語は私よりずっと上手です。

　＿＿＿＿＿＿＿＿＿＿＿＿＿＿＿＿＿＿＿＿＿＿＿＿＿＿＿

A：あなたはあの雑誌を読んだことがありますか？

B：読んだことはありません。

第 **15** 課 |
这个多少钱?
（これはいくらですか?）

1. 会 話

1 - 171

A：huān yíng guāng lín　nín xiǎng mǎi diǎnr shén me
欢 迎 光 临, 您 想 买 点儿 什 么?

B：wǒ suí biàn kàn kan
我 随 便 看 看。

A：hǎo　nín màn mānr kàn
好, 您 慢 慢儿 看。

~~~~~~

B：qǐng wèn　zhè jiàn yī fu duō shao qián
请 问, 这 件 衣 服 多 少 钱?

A：yì bǎi wǔ shí kuài
一 百 五 十 块。

B：tài guì le　néng dǎ zhé ma
太 贵 了。 能 打 折 吗?

A：zuì duō dǎ jiǔ zhé　nín yào ma
最 多 打 九 折。您 要 吗?

B：ràng wǒ zài kǎo lu kǎo lü　wǒ xiǎng gěi péng you mǎi lǐ wù
让 我 再 考 虑 考 虑。我 想 给 朋 友 买 礼 物。

~~~~~~

B：wǒ xiǎng mǎi liǎng jiàn　nǐ néng bu néng zài pián yi
我 想 买 两 件, 你 能 不 能 再 便 宜
yì　diǎnr
（一）点儿?

A：liǎng jiàn yí gòng èr bǎi wǔ shí kuài　bù néng zài pián yi le
两 件 一 共 二 百 五 十 块, 不 能 再 便 宜 了。

B：wǒ yào liǎng jiàn
我 要 两 件。

A：xiè xie
谢 谢!

2. 訳 文

A：いらっしゃいませ。何かお探しですか？

B：ちょっと見ているだけです。

A：どうぞごゆっくりご覧ください。

~~~~~~

B：ちょっと伺いますが、この服はいくらですか？

A：150元です。

B：高すぎます。値引きできますか？

A：1割引きしかできません。よろしいですか？

B：ちょっと考えます。私は友達へのプレゼントを買いたいのです。

~~~~~~

B：2枚買いたいのですが、もう少し安くできませんか？

A：2枚まとめて250元です。もうこれ以上は安くできません。

B：じゃあ、2枚ください。

A：ありがとうございます。

3. 新しい単語

🔊 1 － 172

1.	huān yíng guāng lín 欢 迎 光 临	（あいさつ文）	いらっしゃいませ
2.	qǐng wèn 请 问	（あいさつ文）	お伺いします
3.	suí biàn 随 便	（副詞・形容詞）	気ままである、好きなように
4.	kàn kan 看 看	（動詞の重ね型）	見てみる
5.	màn mānr 慢 慢 儿	（形容詞の重ね型）	ゆっくり
6.	zhè jiàn yī fu 这 件 衣 服	（フレーズ）	この（1枚の）服
7.	duō shao qián 多 少 钱	（疑問フレーズ）	いくらですか
8.	yì bǎi wǔ shí 一 百 五 十	（数詞）	150
9.	kuài 块	（量詞）	人民元の単位：元（口語）

10. <ruby>太<rt>tài</rt></ruby> <ruby>贵<rt>guì</rt></ruby> <ruby>了<rt>le</rt></ruby>	（感嘆文）	高すぎる	
11. <ruby>能<rt>néng</rt></ruby>	（助動詞）	できる、可能である	
△ <ruby>能<rt>néng</rt></ruby> <ruby>不<rt>bu</rt></ruby> <ruby>能<rt>néng</rt></ruby> ?＝能吗?	（文型）	できるかどうか	
12. <ruby>打<rt>dǎ</rt></ruby> <ruby>折<rt>zhé</rt></ruby>	（動詞）	値引きする	
△<ruby>打<rt>dǎ</rt></ruby> <ruby>九<rt>jiǔ</rt></ruby> <ruby>折<rt>zhé</rt></ruby>	（フレーズ）	1割引き	
13. <ruby>考<rt>kǎo</rt></ruby> <ruby>虑<rt>lǜ</rt></ruby>	（動詞）	考える	
14. <ruby>想<rt>xiǎng</rt></ruby> <ruby>买<rt>mǎi</rt></ruby>	（動詞）	買いたい	
15. <ruby>买<rt>mǎi</rt></ruby>	（動詞）	買う	
16. <ruby>便<rt>pián</rt></ruby> <ruby>宜<rt>yi</rt></ruby>	（形容詞）	安い	
17. <ruby>一<rt>yí</rt></ruby> <ruby>共<rt>gòng</rt></ruby>	（副詞）	全部で	
18. <ruby>两<rt>liǎng</rt></ruby> <ruby>件<rt>jiàn</rt></ruby>	（数量詞）	2枚	
19. <ruby>让<rt>ràng</rt></ruby>	（使役動詞）	…させる	
20. <ruby>十<rt>shí</rt></ruby> <ruby>五<rt>wǔ</rt></ruby>	（数詞）	15	

4. 発音の練習

1 − 173

（1）4つの声調

huān	huán	huǎn	huàn	---	huān
yīng	yíng	yǐng	yìng	---	huān yíng
suī	suí	suǐ	suì	---	suí
biān	bián	biǎn	biàn	---	suí biàn
kān	kán	kǎn	kàn	---	kàn
mān	mán	mǎn	màn	---	màn、màn mānr
duō	duó	duǒ	duò	---	duō
shāo	sháo	shǎo	shào	---	shǎo

qiān	qián	qiǎn	qiàn	---	qián
bāi	bái	bǎi	bài	---	yì bǎi
guī	guí	guǐ	guì	---	tài guì le
piān	pián	piǎn	piàn	---	pián yi
dā	dá	dǎ	dà	---	dǎ
zhē	zhé	zhě	zhè	---	dǎ zhé
rāng	ráng	rǎng	ràng	---	ràng
kāo	káo	kǎo	kào	---	kǎo lǜ
shī	shí	shǐ	shì	---	shí wǔ

＊破線の右横の単語の漢字と意味は前の「3. 新しい単語」の部分を
参照してください。

（2）音節の区別　　　　　　　　　　　🔊 1 － 174

① | wǔ shí　**五十**（50）
　 | zhǔ shí　**主食**（主食）

② | yóu yǒng　**游泳**（泳ぐ）
　 | yǒu yòng　**有用**（役に立つ）

③ | zhī chí　**支持**（支持する）
　 | zhǐ shì　**指示**（指示する）

④ | pián yi　**便宜**（安い）
　 | lián xi　**联系**（連絡する）

⑤ | kǎo lǜ　**考虑**（考える）
　 | tǐ yù　**体育**（体育）

⑥ | huān yíng　**欢迎**（歓迎する）
　 | sòng xíng　**送行**（見送る）

5. キーポイント　　　　　　　　　　🔊 1 － 175

（1）中国語の数字の数え方

　中国語の数字のケタは日本語と同じです。一、二、三、四、五、六、
七、八、九、十、零までの数字の読み方を覚えた後は、さらに中国語
のケタの言い方を覚え、以下の表を頭に入れておけば、万のケタまで言
えるようになります。

万 (wàn)	千 (qiān)	百 (bǎi)	十 (shí)	(个) (gè)
			shí jiǔ 9	jiǔ 9
	qiān yì 1	bǎi èr 2	shí wǔ 5	liù 6
	qiān sì 4	líng 0	shí yī 1	0
wàn bā 8	qiān jiǔ 9	bǎi qī 7	shí sān 3	sì 4
wàn sì 4	qiān qī 7	bǎi liù 6	shí bā 8	yī 1
wàn wǔ 5	qiān sì 4	bǎi èr 2	shí liù 6	èr 2
wàn sān 3	qiān sì 4	bǎi qī 7	shí èr 2	bā 8

＊以下の数字の特別な言い方に注意しましょう！

万	千	百 (bǎi)	(十) (shí)	个
		èr 2	wǔ 5	0
wàn wǔ 5	líng 0	0	0	èr 2
wàn liǎng 2	qiān liǎng 2	bǎi èr 2	shí èr 2	èr 2
wàn yí 1	qiān yì 1	bǎi yì 1	shí yī 1	yī 1

1）「一」の声調変化は第9課の「4、注釈」の（1）（127ページ）を参照。

2）百と千の言い方　　　　　　　　　　　　　🔊 1－176

　日本語では百と千をそのまま「百」「千」と言いますが、中国語は

「一百 (yì bǎi)」「一千 (yì qiān)」のように、百と千の前にそれぞれ「一 (yī)」をつけます。

例：130 ＝ 一百三十 (yì bǎi sān shí)　　194 ＝ 一百九十四 (yì bǎi jiǔ shí sì)

　　1300 ＝ 一千三百 (yì qiān sān bǎi)　　1480 ＝ 一千四百八十 (yì qiān sì bǎi bā shí)

3) ゼロで終わる数字の言い方　🔊 1－177

　　150や1800のようなゼロで終わる数字は、最後の位を省略できます。

例：150 ＝ 一百五(十) (yì bǎi wǔ shí)　　1300 ＝ 一千三(百) (yì qiān sān bǎi)

　　＊ただし後に量詞を伴う場合は省略できません。

例：一百五十匹马 (yì bǎi wǔ shí pǐ mǎ)　　一千三百个人 (yì qiān sān bǎi ge rén)

4)「零 (líng)」の読み方：

　　ケタとケタの間に「0 (líng)」が入る時は、たとえ「0 (líng)」が2つ以上続いていたとしても「零 (líng)」は一度しか言いません。

例：106 ＝ 一百零六 (yì bǎi líng liù)　　1,006 ＝ 一千零六 (yì qiān líng liù)

　　10,008 ＝ 一万零八 (yí wàn líng bā)　　100,009 ＝ 十万零九 (shí wàn líng jiǔ)

5)「二 (èr)」と「两 (liǎng)」の使い分け方：

a. 数字や序数詞として使う時は「二 (èr)」を使います。

例：一、二、三 (yī、èr、sān)　第二课 (dì èr kè)　二楼 (èr lóu)　十二点 (shí 'èr diǎn)　二十岁 (èr shí suì)

b. 数字の中の千、万、千万、億の位の "2" は「两 (liǎng)」を使い、それ以外の位の "2" は「二 (èr)」を使います。

例：222,222,222 ＝ 两亿两千二百二十二万两千二百二十二 (liǎng yì liǎng qiān èr bǎi èr shí 'èr wàn liǎng qiān èr bǎi èr shí 'èr)

c. 以下の単語は必ず「两 (liǎng)」を使い、「二 (èr)」は使えません。（すなわち、量詞がつく場合「两 (liǎng)」を使う。）

例：
两天， 两个， 两点， 两口人，
（liǎng tiān）（liǎng ge）（liǎng diǎn）（liǎng kǒu rén）
（2日間）（2つ）（2時）（2人家族）

两块钱， 两岁， 两毛
（liǎng kuài qián）（liǎng suì）（liǎng máo）
（2元）（2歳）（2角）

＊「二」と「两」の詳しい使い分けは本書の第22課のキーポイント（331
ページ）を参照してください。

(2) 中国のお金の数え方　　🔊 1 - 178

中国のお金は「人民币（rén mín bì）」です。単位は「元、角、分（yuán jiǎo fēn）」ですが、
会話の中では「块、毛、分（kuài máo fēn）」と言います。

例：10分＝1角(毛)、10角(毛)＝1元(1块)
（shí fēn）（yì jiǎo　máo）（shí jiǎo　máo）（yì yuán　yí kuài）

例：99.58 → 99元5角8分 → 99块5毛8分
（jiǔ shí jiǔ yuán wǔ jiǎo bā fēn）（jiǔ shí jiǔ kuài wǔ máo bā fēn）
　　　　　　　　（紙幣）　　　　　　（口語）

99.5^块 8^毛 ^(分)　　28.2^块 0^毛
108.7^块 6^毛 ^(分)　　5743.4^块 3^毛 ^(分)

例：28.20 → 28元2(角)(紙幣) → 28块2毛(口語)
（èr shí bā yuán èr jiǎo）（èr shí bā kuài liǎng máo）

(3) お金に関する表現　　🔊 1 - 179

2.50元 → 两块五毛 → 两块半
　　　（liǎng kuài wǔ máo）（liǎng kuài bàn）

5.00元 → 五块(钱)　　10元 → 十块(整)
　　　（wǔ kuài qián）　　　　（shí kuài zhěng）

100元 → 一百块　　105元 → 一百零五块
　　　（yì bǎi kuài）　　　　（yì bǎi líng wǔ kuài）

110元 → 一百一十块　　200元 → 二百块/两百块
　　　（yì bǎi yī shí kuài）　　　（èr bǎi kuài liǎng bǎi kuài）

500元 → 五百块　　1000元 → 一千块
　　　（wǔ bǎi kuài）　　　　（yì qiān kuài）

1050元 → 一千零五十块　　1100元 → 一千一百块
　　　（yì qiān líng wǔ shí kuài）　　（yì qiān yì bǎi kuài）

1200元 → 一千二百块　　10,000元 → 一万块
　　　（yì qiān èr bǎi kuài）　　　（yí wàn kuài）

203

＊数字とお金の詳しい数え方は本書第22課の文法ポイント（329ページ）を参照してください。

6. 文法ポイント

🔊 1－180

| _{形容詞}
太 ………… 了 | ～はとても…である、…すぎる |

_{jīn tiān tài rè le} A：今天太热了。	今日はすごく暑いですね
_{zhēn de hěn rè} B：真的很热。	本当に暑いです。
_{wǒ tài pàng le　wǒ yào jiǎn féi} A：我太胖了。我要减肥。	私は太りすぎですね、ダイエットが必要です。
_{nǐ bú pàng　zhèng hǎo} B：你不胖，正好。	太っていませんよ、ちょうどいいです。
_{nǐ hǎo xiàng shòu le} A：你好像瘦了。	おやせになったみたいですね。
_{duì　wǒ zuì jìn tài lèi le} B：对，我最近太累了。	ええ、最近とても疲れています。

〈解説〉

　「太…了」の「了」は語気助詞で感嘆を表し、「よ」「ね」の意味です。ここの「胖、瘦、累」は様態動詞で、形容詞として使うことができます。

204

主＋不能再 $\begin{pmatrix}形容詞 \\ …… \\ 動　詞\end{pmatrix}$ 了　　　　｜　〜はもうこれ以上…できない

nǐ bù néng zài hē le
A：你 不 能 再 喝 了。

méi guān xi　wǒ jiǔ liàng dà
B：没 关 系，我 酒 量 大。

wǒ bù néng zài zǒu le
A：我 不 能 再 走 了。

nà wǒ men xiū xi yí huìr ba
B：那 我 们 休 息 一 会儿 吧。

zhè ge bù néng zài pián yi le
A：这 个 不 能 再 便 宜 了。

nà hǎo　wǒ yào le
B：那 好，我 要 了。

もうこれ以上飲んではいけません。

大丈夫です、私はけっこう飲めますから。

もうこれ以上歩けません。

じゃあ、ちょっと休憩しましょう。

これはもうこれ以上安くできません。

いいでしょう、それをください。

〈解説〉

　この文型は「これ以上…をしたら、だめだ」という意味です。「不能再」の後には動詞や形容詞を置き、語尾に「了」を置きます。

　助動詞「能」の詳しい使い方は本書の第 23 課の文法ポイント（356 ページ）を参照してください。

| （主）+让 …… ^人 述語動詞・動詞 | ～に…をさせてみる |

A：(你) 让 我 考虑 考虑。
<small>nǐ ràng wǒ kǎo lù kǎo lù</small>
ちょっと考えさせてください。

B：好，给 你 两 天 时 间。
<small>hǎo gěi nǐ liǎng tiān shí jiān</small>
分かりました、あなたに2日間あげましょう。

A：让 我 看 看 好 吗?
<small>ràng wǒ kàn kan hǎo ma</small>
ちょっと見せてくれませんか。

B：可 以，你 看 吧。
<small>kě yǐ nǐ kàn ba</small>
いいですよ。どうぞご覧ください。

A：你 到 底 去 不 去?
<small>nǐ dào dǐ qù bu qu</small>
あなたは結局行くの、行かないの？

B：让 我 再 想 一 想。
<small>ràng wǒ zài xiǎng yi xiǎng</small>
もう少し考えさせてください。

〈解説〉
「让」は使役動詞で「させる」という意味です。動詞の重ね型はちょっと軽く動作を行ってみるというニュアンスを表します。

| 主 +再 ……… 形容詞／動詞 一点儿 | もう少し … する |

A：你 再 吃 一 点儿 吧。
<small>nǐ zài chī yì diǎnr ba</small>
もう少し食べなさいよ。

B：谢 谢，我 吃 饱 了。
<small>xiè xie wǒ chī bǎo le</small>
もうおなかがいっぱいです、ありがとう。

A：你 再 喝 一 点儿 吧。
<small>nǐ zài hē yì diǎnr ba</small>
もう少し飲んでくださいよ。

B：够 了，不 要 了。
<small>gòu le bú yào le</small>
もう十分ですから、結構です。

A：再 便 宜 一 点儿 吧。
<small>zài pián yi yì diǎnr ba</small>
もう少し安くしてくださいよ。

B：不 能 再 便 宜 了。
<small>bù néng zài pián yi le</small>
もうこれ以上は安くできません。

〈解説〉

a. 「一点儿」は述語の後に置き、「有点儿」は述語の前に置きます。

b. 「有点儿」は自分の定めた基準から見ると「少し…」であること
を表し、「一点儿」は客観的事実から見ると「少し…」であるこ
とを表します。

例：<ruby>这<rt>zhè</rt></ruby> <ruby>次<rt>cì</rt></ruby> <ruby>的<rt>de</rt></ruby> <ruby>考<rt>kǎo</rt></ruby> <ruby>试<rt>shì</rt></ruby> <ruby>有<rt>yǒu</rt></ruby> <ruby>点<rt>diǎnr</rt></ruby> <ruby>儿<rt></rt></ruby>难。／今回の試験は少し難しいです。（自分にとって）

例：<ruby>这<rt>zhè</rt></ruby> <ruby>次<rt>cì</rt></ruby> <ruby>的<rt>de</rt></ruby> <ruby>考<rt>kǎo</rt></ruby> <ruby>试<rt>shì</rt></ruby> <ruby>难<rt>nán</rt></ruby> <ruby>一<rt>yì</rt></ruby> <ruby>点<rt>diǎnr</rt></ruby> <ruby>儿<rt></rt></ruby>。／今回の試験は少し難しいです。（過去と比べて）

文型 & 応用会話　23

1 - 184

主＋给 ……… 限定語・目的語 (人)	～は…に…を あげる くれる

A：nǐ gěi wǒ yì bēi shuǐ hǎo ma
你 给 我 一 杯 水，好 吗?　　お水を1杯くれませんか？

B：hǎo qǐng děng yí xiàr
好，请 等 一 下 儿。　　はい、ちょっと待ってください。

A：qǐng gěi wǒ yì zhāng zhǐ hǎo ma
请 给 我 一 张 纸，好 吗?　　紙を1枚いただけませんか？

B：méi wèn tí gěi nǐ
没 问 题，给 你!　　いいですよ、はいどうぞ！

A：wǒ xiǎng gěi tā yí fèn lǐ wù
我 想 给 他 一 份 礼 物。　　私は彼にプレゼントを1つあげたいです。

B：shì ma shén me lǐ wù
是 吗? 什 么 礼 物?　　そうですか？　どんなプレゼントですか？

〈解説〉

　この文型の中の「给」は述語動詞です。「给」の後にくる人称代名詞
によって、訳文の意味が変わります。「给我…」は「私に…をくれる」
の意味で、「给你（他）…」は「あなた（彼）に…をあげる」の意味で
す。目的語の前には数量限定語がよくきます。「想给 人 限定 ・目的 」
は「人 に 物 をあげたい」の意味になります。例：我想给你一块手表。
／私はあなたに腕時計を1つあげたい。

207

主＋给 …人…… 述語動詞・目的語　　　～は―に…をして あげる / くれる

A : nǐ gěi shéi zhī máo yī
你 给 谁 织 毛 衣?

あなたは誰にセーターを編んで
あげるのですか？

B : wǒ gěi wǒ mèi mei zhī máo yī
我 给 我 妹 妹 织 毛 衣。

私は妹にセーターを編んであげ
ます。

A : tā gěi shéi mǎi lǐ wù
他 给 谁 买 礼 物?

彼は誰にプレゼントを買ってあ
げるのですか？

B : tā gěi péng you mǎi lǐ wù
他 给 朋 友 买 礼 物。

彼は友達にプレゼントを買って
あげるのです。

A : shéi gěi nǐ zhào gù hái zi
谁 给 你 照 顾 孩 子?

誰がお子さんの面倒を見てくれ
ていますか？

B : wǒ mǔ qin gěi wǒ zhào gù hái zi
我 母 亲 给 我 照 顾 孩 子。

母が子供の面倒を見てくれてい
ます。

〈解説〉

　この文型の中の「给」は前置詞で、動作の対象を導く役割をしていま
す。この文型の中に述語動詞があることに注意しましょう！「主＋想给
…人…述語動詞・目的語」は「～に…をしてあげたい」の意味です。

　例：wǒ xiǎng gěi tā dǎ diàn huà
我 想 给 他 打 电 话。／私は彼に電話をしたい。

(1) 次の単語を訳し、中国語の上にピンインをつけなさい。

①打折＿＿＿＿＿＿＿   ②いらっしゃいませ＿＿＿＿＿＿＿

③考慮考慮＿＿＿＿＿   ④いくらですか＿＿＿＿＿＿＿＿＿

⑤便宜＿＿＿＿＿＿＿   ⑥どうぞごゆっくりご覧ください

⑦貴＿＿＿＿＿＿＿＿   ＿＿＿＿＿＿＿＿＿＿＿＿＿＿＿

(2) 次の会話を日本語に訳し、中国語にピンインをつけなさい。

①我太胖了。我要减肥。＿＿＿＿＿＿＿＿＿＿＿＿＿＿＿＿＿＿

②你再吃一点儿吧。＿＿＿＿＿＿＿＿＿＿＿＿＿＿＿＿＿＿＿＿

③我不能再走了。＿＿＿＿＿＿＿＿＿＿＿＿＿＿＿＿＿＿＿＿＿

④能不能再便宜一点儿?＿＿＿＿＿＿＿＿＿＿＿＿＿＿＿＿＿＿

(3) 次の会話を中国語に訳し、ピンインをつけなさい。

①ちょっと考えさせてください。

＿＿＿＿＿＿＿＿＿＿＿＿＿＿＿＿＿＿＿＿＿＿＿＿＿＿＿＿＿

②ちょっと休憩しましょう。

＿＿＿＿＿＿＿＿＿＿＿＿＿＿＿＿＿＿＿＿＿＿＿＿＿＿＿＿＿

③おなかがいっぱいです。

＿＿＿＿＿＿＿＿＿＿＿＿＿＿＿＿＿＿＿＿＿＿＿＿＿＿＿＿＿

④見せてください。

＿＿＿＿＿＿＿＿＿＿＿＿＿＿＿＿＿＿＿＿＿＿＿＿＿＿＿＿＿

⑤母が子供の面倒を見てくれています。

_____

⑥私は友達にお土産を買ってあげたいです。

_____

（4）例にならって、次の「人民币」と「数字」を中国語で書きなさい！

お金	例：24.56 元 → **二十四块五毛四分**
	① 94.26 元 →
	② 120.05 元 →
	③ 305 元 →
	④ 2,000 元 →
	⑤ 50,000 元 →
数字	例：1,500 → **一千五百**
	⑥ 88 →
	⑦ 730 →
	⑧ 1,010 →
	⑨ 4,002 →
	⑩ 22,222 →

第4章
実践応用編

学習ポイント

<table>
<tr><td colspan="2" align="center">中検 4 級のための学習</td></tr>
<tr><td>◎</td><td>単語 1300</td></tr>
<tr><td>◎</td><td>応用会話 700 例</td></tr>
<tr><td>◎</td><td>キーポイント 20</td></tr>
<tr><td>◎</td><td>文法ポイント 40</td></tr>
<tr><td>◎</td><td>文型 70</td></tr>
</table>

①ヒアリング力アップのために、一通り学習した後に各課の音声を最初から最後まで（本を閉じて）何回も聞きましょう！

②会話力アップのため、各課の1「会話」、3「単語」、5「文法の応用会話」及び「役に立つ一言会話」が話せるよう、（本を見ながら）本書の音声を聞き、声を出して、マネ音読の練習をしましょう！　またチャンスがあったら、中国語ができる人と一緒に会話の練習をしましょう！　正確に流暢に話せるようになるには、音声の聞き流し、（声を出して）マネしながらの音読練習と会話練習は不可欠です！　そのようなマネ音読練習は毎日 15 分〜 30 分必要です。

③単語を覚えるため、各課の 3「単語」と「役に立つ一言会話」の意味をしっかり覚えましょう。音声を聞きながら、漢字の書き方を練習し、漢字の上にピンインをつける練習もしましょう。

④各課の 5「文法ポイント」の応用会話の音声を聞きながら、中文和訳の練習をしましょう！　また応用会話の中の日本語訳を見て、和文中訳の練習をしましょう！

⑤各課の1「会話」を暗記しましょう！　応用会話から最もよく使われる会話文を2、3選んで暗記しましょう！

⑥余力があれば全ての「応用会話」を暗記しましょう！　チャンスがあれば中国語が話せる人と会話の練習をしましょう！

⑦練習問題を必ずやりましょう！

⑧中検 4 級に合格するためには以上の学習ポイントを徹底的に実施する必要があり、また第 16 課〜第 25 課の内容を 80 時間以上学ぶ必要があります。

実践応用編の特徴

発音の学習を終えた皆さんにとって、次のステップにおける学習ポイント

は、語彙とフレーズを正しい文法で組み立て、マスターした正しい発音で、チャイニーズスピーカーとコミュニケーションをとることです。

　中国語に限らず外国語の学習はビルの建築に似ています。発音が基礎の土台工事、文法は建物の躯体工事、単語やフレーズが建築材料になります。これらの中で、学習者が辞書などを使って、自力である程度まで用意できるのは建築材料（単語、フレーズ）だけで、発音と文法は先生を通じて学ばなければなりません。今皆さんは基礎工事（発音）が終わり、次なる躯体工事に取りかかる段階です。躯体工事で欠陥工事を行えば、将来ビル全体に様々な悪影響が出かねないように、ここで文法をしっかり学ばなければ、常に間違い混じりの表現をしてしまったり、細かい意思の疎通ができなかったり、検定試験に合格できない、目標の資格が取れない等々、せっかくマスターした発音も役に立たず、学習に費やした時間も努力も無駄になってしまいます。また外国語の学習においては、文法をどれだけ深く広く正しく学習するかによって、のちの表現力に大きな差が出てきます。このように文法は重要なのですが、実際のところ中国語の文法ポイントは、日本語や英語と比べて数が多い上に複雑です。また必ず例外があるため、その規則性をきちんと理解することは難しく、多くの学習者は実践・応用の際に戸惑ってしまいます。例えば「中国語の "Yes" "No" の答え方」「" 不 " と " 没 " の違い」「可能表現の " 能、会、可以 " の区別」「語順の正しい並べ方」「複雑な数字表現」「数量詞の種類とその使い方」「中国語の文の基本構造」「名詞述語文、形容詞述語文、動詞述語文の肯定式、否定式、疑問形式」「中国語の比較表現」「" 了 " と " 是…的 "」の違い「" 得 " が付く補語表現」など、どれをとっても初級学習者を混乱させる文法事項でしょう。

　本書の第4章実践応用編では、上記のような難しい文法事項でも、日本語による分かりやすい解説を加え、文法ポイントを公式化した上で、豊富な単語とフレーズを取り入れた数多くの応用会話練習を収録しています。学習者はこれらの応用会話練習をこなしていくうちに、自然と文法的に正しくかつ豊かな表現を覚えられるでしょう。また各課は「本文」「新しい単語」「キーポイント」「文法ポイント」「応用会話」「役に立つ一言会話」「練習問題」で構成されており、学習していくうちに聞く力、話す力、読む力、書く力、訳す力が同時にレベルアップし、すぐに実践・応用できる内容になっています。本書を最後まで学び、収録された1300の単語、70の文型及び応用会話700例を覚えたら、学習者は楽々と中国語検定4級に合格できます。

nǐ píng shí xǐ huan zuò shén me
你平时喜欢做什么？
（ふだん何をするのが好きですか?）

1. 会 話

■》 2 － 001

yī téng xiān sheng　nǐ píng shí xǐ huan zuò shén me
A：伊藤 先 生，你 平 时 喜 欢 做 什 么?

wǒ píng shí xǐ huan kàn shū hé kàn bào
B：我 平 时 喜 欢 看 书 和 看 报。

nǐ xǐ huan tīng yīn yuè ma
A：你 喜 欢 听 音 乐 吗?

wǒ yě xǐ huan tīng yīn yuè　yóu qí shì gǔ diǎn yīn yuè
B：我 也 喜 欢 听 音 乐。尤 其 是 古 典 音 乐。

hán xiǎo jie　nǐ píng shí xǐ huan zuò shén me
　韩 小 姐，你 平 时 喜 欢 做 什 么?

wǒ yě xǐ huan tīng yīn yuè　bú guò wǒ xǐ huan liú xíng
A：我 也 喜 欢 听 音 乐。不 过 我 喜 欢 流 行

yīn yuè
音 乐。

nà yǒu shí jiān wǒ men yì qǐ qù tīng yǎn chàng huì ba
B：那 有 时 间 我 们 一 起 去 听 演 唱 会 吧。

hǎo a　　wǒ děng nǐ de diàn huà
A：好 啊！我 等 你 的 电 话。

2. 訳 文

A：伊藤さん、あなたはふだん何をするのが好きですか？

B：私は本と新聞を読むのが好きです。

A：音楽を聞くのは好きですか？

B：音楽を聞くのも好きです。特にクラシック音楽です。韓さんは
　ふだん何をするのが好きですか？

A：私も音楽を聞くのは好きです。でも私はポピュラー音楽が好きです。

B：では時間があったら、一緒にコンサートに行きましょう。

A：いいですよ！　お電話をお待ちしています。

3. 新しい単語

1.	píng shí 平 时	（名詞）	日頃
2.	kàn diàn yǐng 看 电 影	（フレーズ）	映画を見る
3.	kàn bào 看 报	（フレーズ）	新聞を読む
4.	tīng guǎng bō 听 广 播	（フレーズ）	ラジオを聞く
5.	yóu qí shì 尤 其 是	（フレーズ）	特に
6.	gǔ diǎn yīn yuè 古 典 音 乐	（名詞）	クラシック音楽
7.	liú xíng yīn yuè 流 行 音 乐	（名詞）	ポピュラー音楽
8.	bú guò 不 过	（接続詞）	でも
9.	yǒu shí jiān 有 时 间	（フレーズ）	時間がある、時間があったら
10.	yǎn chàng huì 演 唱 会	（名詞）	コンサート
11.	děng 等	（動詞）	待つ
	ràng nǐ jiǔ děng le △ 让 你 久 等 了	（あいさつ文）	お待たせいたしました
12.	làng màn 浪 漫	（形容詞）	ロマンティックである
13.	má jiàng 麻 将	（名詞）	麻雀
	dǎ má jiàng △打 麻 将	（フレーズ）	麻雀をする
14.	kǎ lā 卡 拉 OK	（名詞）	カラオケ
	chàng kǎ lā △ 唱 卡 拉 OK	（フレーズ）	カラオケをする
15.	guàng jiē 逛 街	（動詞）	街をぶらつく
16.	mài dāng láo 麦 当 劳	（固有名詞）	マクドナルド

4. キーポイント

(1) 中国語の文の基本構造

a. 中国語の文の基本構造は独立語構造であり、独立した1文字1文字で文章を構成します。日本語のように単語をつなぐ助詞（が、は、を、へ…など）や助動詞（る、だ、ます、です、である…など）がありません。

例：私は 魚を 食べます。＝ 我 吃 魚。(wǒ chī yú)

b. 中国語のもう1つの特徴は、単語が時態や品詞によって変化しないことです（形容詞、動詞の語尾変化や活用がない）。中国語の文の意味は単語の語順と単語フレーズの組み合わせによって決まります。

例： 我 吃 魚。(wǒ chī yú)   ←→   魚 吃 我。(yú chī wǒ)

（<u>私は</u> 魚を 食べます。）　　（魚は <u>私を</u> 食べます。）

I eat fish.　　　　　　　　Fish eats me.

c. 中国語の文には日本語の助詞（「が、は、を、へ」）などや助動詞（「る、だ、ます、です、である」など）がありません。仮に単語を真珠、助詞や助動詞をその真珠をつなぐ糸に例えると、中国語の文章は糸を通していない真珠を並べているようなもので、真珠（単語）は簡単に位置を移動しますし、また1つの単語が動けば、全体もそれにつられて変化してしまいます。つまり単語の位置が変わることによって、その文章の意味が変わったり、また通じなくなったりするのです。このように中国語では、語順が文の意味を左右する重要な役割を果たしているのです。いっぽう日本語は粘着語構造で、助詞と助動詞が単語をつないでいるため、たとえ単語の位置が動いても成分（主語や述語など）は分かるので文の意味は通じます。

例：{ 私は 魚を 食べます。　　——→ 魚を 食べます 私は。
　　　　　　　　　　　　　　　　（意味は同じ）
　　　我 吃 魚。(wǒ chī yú)　　←——→ 魚 吃 我。(yú chī wǒ)
　　　（私は 魚を 食べます。）　（意味は反対）（魚は 私を 食べます。）

216

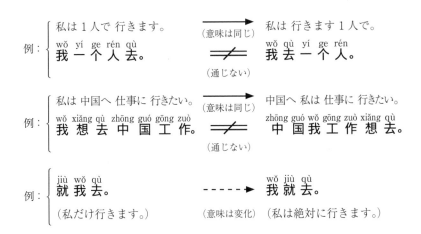

例：
私は1人で 行きます。
wǒ yí ge rén qù
我 一 个 人 去。

（意味は同じ）→
（通じない）≠→

私は 行きます1人で。
wǒ qù yí ge rén
我 去 一 个 人。

例：
私は 中国へ 仕事に 行きたい。
wǒ xiǎng qù zhōng guó gōng zuò
我 想 去 中 国 工 作。

（意味は同じ）→
（通じない）≠→

中国へ 私は 仕事に 行きたい。
zhōng guó wǒ gōng zuò xiǎng qù
中 国 我 工 作 想 去。

例：
jiù wǒ qù
就 我 去。
（私だけ行きます。）

- - - - →
（意味は変化）

wǒ jiù qù
我 就 去。
（私は絶対に行きます。）

(2) 文章の意味を左右する3大要素

中国語の文章を左右する3つのメイン要素は、「語順」「時態」と「語彙」になります。「語彙」は徐々に増やし、「時態」については中級文法で学習します。初級文法では中国語の基本語順を学んでいきましょう。

(3) 中国語の文の基本構造及び述語の種類　　🔊 2 − 004

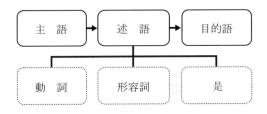

```
主 語 → 述 語 → 目的語
         │
    動 詞  形容詞  是
```

例：
wǒ qù běi jīng
我 去 北 京。／私は北京へ行く。
tā zuò yú jiā
她 做 瑜 珈。／彼女はヨガをやる。
xià tiān rè
夏 天 热。／夏は暑い。
chūn tiān nuǎn huo
春 天 暖 和。／春は暖かい。
wǒ men shì rì běn rén
我 们 是 日 本 人。／私たちは日本人です。
tā men shì liú xué shēng
他 们 是 留 学 生 。／彼らは留学生です。

217

5. 文法ポイント

● 動詞述語文の基本語順（肯定文・否定文・疑問文）

A　陳述文　｜　文型 & 応用会話　1　　　◀)) 2 － 005

主＋述語動詞＋目的語	～は…をする

例：
<ruby>我<rt>wǒ</rt></ruby> <ruby>看<rt>kàn</rt></ruby> <ruby>报<rt>bào</rt></ruby>。　私は新聞を読みます。

<ruby>他<rt>tā</rt></ruby> <ruby>听<rt>tīng</rt></ruby> <ruby>音<rt>yīn</rt></ruby> <ruby>乐<rt>yuè</rt></ruby>。　彼は音楽を聞きます。

〈解説〉

　最も多く使われている文型です。主語と目的語が省略されることがありますが、述語は必ず必要です。

A：你 看 电 影 吗? nǐ kàn diàn yǐng ma	あなたは映画を見ますか？
B：我 看 电 影。 wǒ kàndiàn yǐng	私は映画を見ます。
A：你 要 水 吗? nǐ yào shuǐ ma	あなたは水が欲しいですか？
B：我 要 水。 wǒ yào shuǐ	私は水が欲しいです。
A：他 唱 歌 吗? tā chàng gē ma	彼は歌を歌いますか？
B：他 唱 歌。 tā chàng gē	彼は歌を歌います。
A：你 买 报 吗? nǐ mǎi bào ma	あなたは新聞を買いますか？
B：我 买 报。 wǒ mǎi bào	私は新聞を買います。

主＋不＋述語動詞＋目的語	～は…をしない

例：<ruby>我<rt>wǒ</rt></ruby> <ruby>不<rt>bú</rt></ruby> <ruby>要<rt>yào</rt></ruby> <ruby>茶<rt>chá</rt></ruby>。　　私はお茶は要りません。

　　<ruby>他<rt>tā</rt></ruby> <ruby>不<rt>bú</rt></ruby> <ruby>看<rt>kàn</rt></ruby> <ruby>电<rt>diàn</rt></ruby> <ruby>视<rt>shì</rt></ruby>。　彼はテレビを見ません。

〈解説〉

　「不」は意志上の否定（～する気がない）、将来態の否定（これから～しない）及び習慣上の否定（～する習慣がない）ことを表します。「不」と「没」の違いは本書の第 24 課のキーポイント（376 ページ）を参照してください。

A：<ruby>你<rt>nǐ</rt></ruby> <ruby>要<rt>yào</rt></ruby> <ruby>水<rt>shuǐ</rt></ruby> <ruby>果<rt>guǒ</rt></ruby> <ruby>吗<rt>ma</rt></ruby>?　あなたは果物が欲しいですか？

B：<ruby>我<rt>wǒ</rt></ruby> <ruby>不<rt>bú</rt></ruby> <ruby>要<rt>yào</rt></ruby> <ruby>水<rt>shuǐ</rt></ruby> <ruby>果<rt>guǒ</rt></ruby>。　私は果物は欲しくありません。

A：<ruby>他<rt>tā</rt></ruby> <ruby>买<rt>mǎi</rt></ruby> <ruby>书<rt>shū</rt></ruby> <ruby>吗<rt>ma</rt></ruby>?　彼は本を買いますか？

B：<ruby>他<rt>tā</rt></ruby> <ruby>不<rt>bù</rt></ruby> <ruby>买<rt>mǎi</rt></ruby> <ruby>书<rt>shū</rt></ruby>，<ruby>他<rt>tā</rt></ruby> <ruby>买<rt>mǎi</rt></ruby> <ruby>报<rt>bào</rt></ruby>。　彼は本を買いません、新聞を買います。

A：<ruby>他<rt>tā</rt></ruby> <ruby>们<rt>men</rt></ruby> <ruby>听<rt>tīng</rt></ruby> <ruby>广<rt>guǎng</rt></ruby> <ruby>播<rt>bō</rt></ruby> <ruby>吗<rt>ma</rt></ruby>?　彼らはラジオを聞きますか？

B：<ruby>他<rt>tā</rt></ruby> <ruby>们<rt>men</rt></ruby> <ruby>不<rt>bù</rt></ruby> <ruby>听<rt>tīng</rt></ruby> <ruby>广<rt>guǎng</rt></ruby> <ruby>播<rt>bō</rt></ruby>。　彼らはラジオを聞きません。

A：<ruby>她<rt>tā</rt></ruby> <ruby>们<rt>men</rt></ruby> <ruby>看<rt>kàn</rt></ruby> <ruby>电<rt>diàn</rt></ruby> <ruby>视<rt>shì</rt></ruby> <ruby>吗<rt>ma</rt></ruby>?　彼女たちはテレビを見ますか？

B：<ruby>她<rt>tā</rt></ruby> <ruby>们<rt>men</rt></ruby> <ruby>不<rt>bú</rt></ruby> <ruby>看<rt>kàn</rt></ruby> <ruby>电<rt>diàn</rt></ruby> <ruby>视<rt>shì</rt></ruby>，　彼女たちはテレビを見ません、

　　<ruby>她<rt>tā</rt></ruby> <ruby>们<rt>men</rt></ruby> <ruby>听<rt>tīng</rt></ruby> <ruby>音<rt>yīn</rt></ruby> <ruby>乐<rt>yuè</rt></ruby>。　音楽を聞きます。

| 主＋述語動詞＋目的語＋吗? | ～は…をしますか? |

nǐ mǎi shuǐ guǒ ma
例：你 买 水 果 吗?

あなたは果物を買いますか?

tā yào shū ma
他 要 书 吗?

彼は本が要りますか?

〈解説〉

　陳述文の最後に語気助詞の「吗」を置き、その後ろにクエスチョンマーク「?」をつけます。「吗」は軽声として発音されます。「吗」式疑問文の答え方:

nǐ mǎi shuǐ guǒ ma　　wǒ mǎi shuǐ guǒ　　wǒ bù mǎi shuǐ guǒ
例　A：你 买 水 果 吗?　B：我 买（水 果）。/ 我 不 买（水 果）。

＊肯定の場合は最後の「吗」をとり、そのままのセンテンスを使って答えます。

＊否定の場合は最後の「吗」をとり、述語動詞の前に否定詞「不」を置いて答えます。

---

nǐ dǎ gāo ěr fū qiú ma
A：你 打 高 尔 夫（球）吗?

あなたはゴルフをしますか?

wǒ bù dǎ gāo ěr fū qiú
B：我 不 打 高 尔 夫（球）。
wǒ dǎ wǎng qiú
我 打 网 球。

私はゴルフをしません。テニスをします。

nǐ chōu yān ma
A：你 抽 烟 吗?

あなたはタバコを吸いますか?

wǒ bù chōu yān
B：我 不 抽 烟。

私はタバコを吸いません。

nǐ péng you xué zhōng wén ma
A：你 朋 友 学 中 文 吗?

お友達は中国語を習いますか?

tā bù xué zhōng wén
B：她 不 学 中 文。
tā xué yīng wén
她 学 英 文。

彼女は中国語を習いません。英語を習います。

nǐ bà ba hē jiǔ ma
A：你 爸 爸 喝 酒 吗?

お父さんはお酒を飲みますか?

tā bù hē jiǔ　　tā chōu yān
B：他 不 喝 酒。他 抽 烟。

彼（父）はお酒を飲みません。タバコを吸います。

●常用文型

🔊 2－008

| a. 主＋喜欢＋ 什么／哪个 ＋目的語? | ～は どんな／どの ～が好きですか? |

nǐ xǐ huan shén me shuǐ guǒ
例：你 喜 欢 什 么 水 果?

あなたはどんな果物が好きですか?

tā xǐ huan nǎ ge guó jiā
他 喜 欢 哪 个 国 家?

彼はどの国が好きですか?

〈解説〉

この文型中の「喜欢」は述語です。

---

nǐ xǐ huan nǎ ge guó jiā
A：你 喜 欢 哪 个 国 家?

あなたはどの国が好きですか?

wǒ xǐ huan fǎ guó
B：我 喜 欢 法 国。

私はフランスが好きです。

wèi shén me
A：为 什 么?

なぜですか?

yīn wèi fǎ guó hěn làng màn
B：因 为 法 国 很 浪 漫。

フランスはとてもロマンティックですから。

nǐ ér zi xǐ huan shén me shuǐ guǒ
A：你 儿 子 喜 欢 什 么 水 果?

息子さんはどんな果物が好きですか?

dà ér zi xǐ huan cǎo méi xiǎo ér zi xǐ huan xī guā
B：大 儿 子 喜 欢 草 莓，
小 儿 子 喜 欢 西 瓜。

長男はイチゴが好きで、次男はスイカが好きです。

🔊 2－009

| b. 主＋喜欢＋述語動詞＋目的語 | ～は…するのが好きです。 |

zhōng guó rén xǐ huan dǎ má jiàng
例：中 国 人 喜 欢 打 麻 将。

中国人は麻雀をするのが好きです。

rì běn nán rén xǐ huan hē jiǔ
日 本 男 人 喜 欢 喝 酒。

日本の男性は酒を飲むのが好きです。

〈解説〉

この文型中の「喜欢」は助動詞です。述語動詞は「喜欢」の後に置くことに注意しましょう!

A：你 平 时 喜 欢 做 什 么？
nǐ píng shí xǐ huan zuò shén me

あなたはふだん何をするのが
好きですか？

B：我 平 时 喜 欢 去 卡 拉 OK。
wǒ píng shí xǐ huan qù kǎ lā

私はふだんカラオケに行くの
が好きです。

A：中 国 人 喜 欢 吃 什 么？
zhōng guó rén xǐ huan chī shén me

中国人は何を食べるのが好き
ですか？

B：中 国 人 喜 欢 吃 饺 子。
zhōng guó rén xǐ huan chī jiǎo zi

中国人はギョーザを食べるの
が好きです。

A：日 本 人 喜 欢 吃 什 么？
rì běn rén xǐ huan chī shén me

日本人は何を食べるのが好き
ですか？

B：日 本 人 喜 欢 吃 寿 司。
rì běn rén xǐ huan chī shòu sī

日本人は寿司を食べるのが好
きです。

A：新 加 坡 人 喜 欢 吃 什 么？
xīn jiā pō rén xǐ huan chī shén me

シンガポール人は何を食べる
のが好きですか？

B：新 加 坡 人 喜 欢 吃 鸡 饭。
xīn jiā pō rén xǐ huan chī jī fàn

シンガポール人はチキンライ
スを食べるのが好きです。

A：小 孩 儿 喜 欢 吃 什 么？
xiǎo háir xǐ huan chī shén me

子供は何を食べるのが好きで
すか？

B：小 孩 儿 喜 欢 吃 麦 当 劳。
xiǎo háir xǐ huan chī mài dāng láo

子供はマクドナルド（のハンバー
グ）を食べるのが好きです。

A：你 喜 欢 吃 什 么？
nǐ xǐ huan chī shén me

あなたは何を食べるのが好き
ですか？

B：我 喜 欢 吃 咖 喱 饭。
wǒ xǐ huan chī gā lí fàn

私はカレーライスを食べるの
が好きです。

A：你 平 时 喜 欢 做 什 么？
nǐ píng shí xǐ huan zuò shén me

あなたは日頃何をするのが好
きですか？

B：我 平 时 喜 欢 逛 街 和 听
wǒ píng shí xǐ huan guàng jiē hé tīng
音 乐。
yīn yuè

私は日頃街をぶらつくのと音
楽を聞くのが好きです。

222

● 人称代名詞まとめ

🔊 2 − 010

	単　　数	複　　数
第一人称	wǒ 我	wǒ men　　zán men 我 们、咱 们
第二人称	nǐ　　　　nín 你 、 您	nǐ men　nín men　nín èr wèi 你 们、您 们、您 二 位
第三人称	tā　tā　tā 他、她、它	tā men　tā men　tā men 他 们、她 们、它 们

〈解説〉

① 「我们」と「咱们」

「我们」は話し手だけを含み、「咱们」は話し手と聞き手の両方を含む。
北京の人は「咱们」をよく使うが、南方の人は「我们」だけを使う。

② 「你」と「您」

「您」は「你」の尊敬語。目上の人、初対面の人、お客様などに対
して使う。「您二位」は多く口語で使われ、「您们」は口語として北京
で使われることが多い。

③ 「他」は彼、「她」は彼女、「它」は事物や動物を指し、英語の「it」
に相当する。

🔊 2 − 011

> 役に立つ一言会話
>
> ràng nín pò fei le　bù hǎo yì si
> A：让 您 破 费 了, 不 好 意 思。
> méi shén me　bié zài yì
> B：没 什 么, 别 在 意。
>
> A：私のためにお金を使わせてしまい、恐縮です。
>
> B：大したことではありません、気にしないでください。

学習効果を上げるために、前の第4章実践応用編のところの学習ポイント（212
ページ）を参照してください。

（1）絵を見て単語を下線部に入れ（ピンインをつけ）、会話練習をしなさい。

① A：你要＿＿＿＿＿＿＿＿＿＿＿＿＿＿＿＿＿＿＿＿＿吗？

　　B：我要＿＿＿＿＿＿＿＿＿＿＿＿＿＿＿＿＿＿＿＿＿。

② A：我喝＿＿＿＿＿＿＿＿＿＿＿＿＿＿＿。你呢？

　　B：我喝＿＿＿＿＿＿＿＿＿＿＿＿＿＿＿＿＿＿＿＿＿。

③ A：他们抽＿＿＿＿＿＿＿＿＿＿＿＿＿＿＿＿＿吗？

　　B：他们不抽＿＿＿＿＿＿＿＿＿＿＿，他们吃＿＿＿＿＿＿＿。

④ A：你先生（太太）打＿＿＿＿＿＿＿吗？

　　B：他（她）不打＿＿＿＿＿＿＿，他（她）打＿＿＿＿＿＿＿。

⑤ A：你朋友买＿＿＿＿＿＿＿＿＿＿＿＿＿＿＿吗？

　　B：他不买＿＿＿＿＿＿＿＿＿＿＿＿＿。

　　　他租＿＿＿＿＿＿＿＿＿＿＿＿＿。

（租：レンタルする）

（2）次の単語を正しい語順に並べ替えた後、訳しなさい。

① 看・电视・我・不。

＿＿＿＿＿＿＿＿＿＿＿＿＿　訳＿＿＿＿＿＿＿＿＿＿＿＿＿

② 哪个・喜欢・国家・你？

＿＿＿＿＿＿＿＿＿＿＿＿＿　訳＿＿＿＿＿＿＿＿＿＿＿＿＿

③ 平时・什么・做・喜欢・你？

_____ 訳 _____

④ 吃・小孩儿・麦当劳・喜欢。

_____ 訳 _____

⑤ 浪漫・因为・很・法国。

_____ 訳 _____

(3) 次の疑問文を中国語に訳した後、肯定と否定の答えを書き、ピンインをつけ、ペアで会話練習をしなさい。

例：皆さんはテレビを見ますか？　　肯定文　　　否定文
　　nǐ men kàn diàn shì ma?　　　　wǒ men kàn　　wǒ men bú kàn
　　你 们 看 电 视 吗?　　　➡我 们 看。　➡我 们 不 看。

① 彼はカラオケをしますか？

_____ ➡ _____ ➡ _____

② あなたはチャーハンを食べますか？

_____ ➡ _____ ➡ _____

③ お母さんはギョーザを作りますか？（ギョーザを作る / 包 饺 子）
　　　　　　　　　　　　　　　　　　　　　bāo jiǎo zi

_____ ➡ _____ ➡ _____

④ あなたたちはラジオを聞きますか？

_____ ➡ _____ ➡ _____

⑤ お友達は中国語を習いますか？

_____ ➡ _____ ➡ _____

⑥　ご主人はタバコを吸いますか？

＿＿＿＿＿＿＿＿＿＿＿＿＿＿＿＿＿＿　➡　　　　　➡　＿＿＿＿＿＿＿＿＿

⑦　若者はインターネットをしますか？

＿＿＿＿＿＿＿＿＿＿＿＿＿＿＿＿＿＿　➡　　　　　➡　＿＿＿＿＿＿＿＿＿

⑧　奥さんはカレーライスが好きですか？

＿＿＿＿＿＿＿＿＿＿＿＿＿＿＿＿＿＿　➡　　　　　➡　＿＿＿＿＿＿＿＿＿

qǐng lái wǒ jiā hē xià wǔ chá
请来我家喝下午茶
（お茶を飲みに来ませんか?）

1. 会 話　　　　　　　　　　　　　　🔊 2 − 012

nǐ xiǎng mǎi diǎnr shén me
A : 你 想 买 点儿 什 么?

wǒ shén me dōu bù mǎi　wǒ zhǐ shì suí biàn kàn kan
B : 我 什 么 都 不 买。我 只 是 随 便 看 看。

nǐ jīn tiān xià wǔ qù nǎr ma
A : 你 今 天 下 午 去 哪儿 吗?

wǒ nǎr yě bú qù　wǒ bú qù nǎr
B : 我 哪儿 也 不 去。/ 我 不 去 哪儿。

nà wǒ qǐng nǐ lái wǒ jiā hē xià wǔ chá hǎo ma
A : 那 我 请 你 来 我 家 喝 下 午 茶, 好 吗?

nà tài hǎo le　xiè xie nǐ de yāo qǐng
B : 那 太 好 了! 谢 谢 你 的 邀 请。

2. 訳 文

A : 何か買いたいですか？

B : 何も買いません。見ているだけです。

A : 今日の午後、どこかへ行きますか？

B : どこへも行きません。

A : では、家に来てアフタヌーンティーを飲みませんか？

B : それは良いですね！　お招きくださって、ありがとうございます。

3. 新しい単語　　　　　　　　　　　　🔊 2 − 013

xiǎng
1. 想　　　　　　　　（助動詞）　　…したい

mǎi
2. 买　　　　　　　　（動詞）　　　買う

	yì diǎnr		
3.	一点儿	（数量詞）	少し
4.	什么 shén me	（疑問詞）	何
5.	只是 zhǐ shì	（副詞）	ただ…だけ
6.	随便 suí biàn	（形容詞）	気の向くままである
7.	看看 kàn kan	（動詞の重ね型）	見てみる
8.	今天 jīn tiān	（時間詞）	今日
9.	下午 xià wǔ	（時間詞）	午後
10.	去 qù	（動詞）	行く
	△不去哪儿 bú qù nǎr	（否定文）	どこへも行かない
11.	哪儿 nǎr	（疑問詞）	どこ
	△哪儿也不去 nǎr yě bú qù	（否定文）	どこへも行かない
12.	请 qǐng	（動詞）	招く、招待する
	△我请你吃饭 wǒ qǐng nǐ chī fàn	（陳述文）	私はあなたにごちそうする
13.	下午茶 xià wǔ chá	（名詞）	アフタヌーンティー
14.	太好了 tài hǎo le	（感嘆文）	それは良かった
15.	邀请 yāo qǐng	（動詞・名詞）	招く、招待する、招待

4. キーポイント

🔊 2 - 014

(1) 述語動詞の完全否定文と完全肯定文

中国語の述語完全否定文にはいくつかのパターンがあります。

a. 主・什么・$\frac{都}{也}$・不・述語 V ⇔ 主・什么・都・述語 V

訳：…は何もしない　　　　　　　訳：…は何でもする

例 我什么都不吃。 wǒ shén me dōu bù chī ⟷ 我什么都吃。 wǒ shén me dōu chī

私は何も食べません。　　　　　　私は何でも食べます。

tā shén me yě bú yào
他 什 么 也 不 要 。 ⟷ tā shén me dōu yào
他 什 么 都 要 。

彼は何も要りません。　　　　　彼は何でも欲しい。

b. | 主・什么・都/也・不想・述語Ⅴ | ⇔ | 主・什么・都想・述語Ⅴ |

訳：…は何もしたくない　　　　訳：…は何でもしたい

zuì jìn méi yǒu wèi kǒu　shén me
例 最 近 没 有 胃 口 ， 什 么
dōu bù xiǎng chī
都 不 想 吃 。 ⟷ zuì jìn wèi kǒu hěn hǎo　shén me
最 近 胃 口 很 好 ， 什 么
dōu xiǎng chī
都 想 吃 。

最近食欲がなく、何も食べたくあ　　最近は食欲が旺盛で、何でも食べ
りません。　　　　　　　　　　　たい。

wǒ shén me dōu yǒu　shén me yě
我 什 么 都 有 ， 什 么 也
bù xiǎng ná
不 想 拿 。 ⟷ tā shén me dōu méi yǒu　shén me
他 什 么 都 没 有 ， 什 么
dōu xiǎng ná
都 想 拿 。

何でも持っているので、何ももら　　彼は何もないので、何でももらい
いたくない。　　　　　　　　　　たい。

c. | 主・哪儿・都/也・不去 | ⇔ | 主・哪儿・都・述語Ⅴ |

訳：どこへも行かない　　　　　訳：どこへでも…する

tā píng shí　nǎr yě bú qù
例 他 平 时 哪 儿 也 不 去 。 ⟷ tā méi shìr　nǎr dōu guàng
他 没 事 儿 哪 儿 都 逛 。

彼はふだん、どこへも行かない。　彼は暇な時はあちこちをぶらぶら
する。

d. | 主・哪儿・都/也・不想去 | ⇔ | 主・哪儿・都想・去 |

訳：どこへも行きたくない　　　訳：どこへでも行きたい

wǒ men tài lèi le　nǎr dōu bù
例 我 们 太 累 了 ， 哪 儿 都 不
xiǎng qù
想 去 。 ⟷ wǒ men yì diǎnr yě bú lèi　nǎr
我 们 一 点 儿 也 不 累 ， 哪 儿
dōu xiǎng qù
都 想 去 。

私たちはとても疲れたので、どこ　　私たちは全然疲れていないので、
へも行きたくない。　　　　　　　どこへでも行きたい。

(2) 述語形容詞の完全否定文

主・一点儿也不・形

訳：全然…ではない

上記の文型は述語形容詞の完全否定文に使い、述語形容詞の性質・状態を完全に否定します。

jīn tiān yì diǎnr yě bú rè
例　今 天 一 点儿 也 不 热。　　　今日は全然暑くないです。

zhè ge yì diǎnr yě bù hǎo
　　 这 个 一 点儿 也 不 好。　　　これは全然良くないです。

(3) 目的語の完全否定文

a) 中国語の一般的な述語否定文の構文は以下のようになります。

主．不・述 V ………… + 目的語 　　没有

訳：〜は…をしない
　　〜は…がない

tā bú rèn shi　　　　zì
例　他 不 认 识　　　字。　　　彼は字が読めません。

tā méi yǒu dài　　　zhǐ
　　他 没（有）带　　　纸。　　　彼は紙を持っていない。

tā méi yǒu　　　　　qián
　　他 没 有　　　　　钱。　　　彼はお金がありません。

b) 上記のセンテンスの中の目的語を完全否定する場合、目的語を述語の前に置き、その目的語の前に数量詞を置いて、以下のような構文にします。

主・(连)・数量詞・目的語 + 也・不・述 V 　　　　　　　　　　　都・没（有）・述 V 　　　　　　　　　　　也・没有

訳：全然…しない。
　　全く…していない。
　　…さえない。

tā lián　　 yí ge　　 zì yě bú rèn shi
例　他 连　 一 个　 字 也 不 认 识。　　彼は1文字でさえ読めない。

tā　　 yì zhāng　 zhǐ yě méi you dài
　　他　 一 张　 纸 也 没（有）带。　　彼は1枚の紙さえ持っていない。

tā lián　 yì fēn　 qián yě méi you
　　他 连　 一 分　 钱 也 没 有。　　彼は1円すら持っていない。

230

5. 文法ポイント

●「吗」疑問詞以外の疑問文

A 「特殊疑問詞」疑問文

① 「什么」「哪儿」疑問文

文型 & 応用会話 6

主＋述語動詞＋特殊疑問詞 $\left\{\begin{array}{l}什么\\\cdots\cdots\cdots\\哪儿\end{array}\right.$	～は…をする ～は…へ行く

nǐ mǎi shén me
例：你 买 什 么？　　　　　あなたは何を買いますか？

tā qù nǎr
他 去 哪 儿？　　　　　彼はどこへ行きますか？

〈解説〉

　特殊疑問詞を使って疑問を表す場合、文末には「吗」を置かず、クエスチョンマーク「？」をつけます。答える時は、特殊疑問詞の位置に答えを入れます。

---

dà jiā chī shén me
A：大 家 吃 什 么？　　　　皆さんは何を食べますか？

wǒ men chī chǎo miàn
B：我 们 吃 炒 面。　　　　私たちは焼きそばを食べます。

nǐ yào shén me
A：你 要 什 么？　　　　　あなたは何が欲しいですか？

wǒ yào zhōng guó chá
B：我 要 中 国 茶。　　　　私は中国茶が欲しいです。

tā men qù nǎ li
A：他 们 去 哪 里？　　　　彼らはどこへ行きますか？

tā men qù dà bǎn
B：他 们 去 大 阪。　　　　彼らは大阪へ行きます。

tā men mài shén me
A：他 们 卖 什 么？　　　　彼らは何を売りますか？

tā men mài niú nǎi
B：他 们 卖 牛 奶。　　　　彼らは牛乳を売ります。

231

②不定疑問文「什么吗？」「哪儿吗？」

主＋述語動詞＋ 什么 哪儿 吗？	…は何かをしますか？ …はどこかへ行きますか？

　　　　nǐ mǎi shén me ma
例：你 买 什 么 吗?　　　　あなたは何かを買いますか？

　　　tā qù nǎr ma
　　他 去 哪儿 吗?　　　　　彼はどこかへ行きますか？

〈解説〉

　特殊疑問詞「**哪儿**」「**什么**」の後に「**吗**」をつけると不定疑問文になります。不定疑問文とは相手がその動作をするかどうかを確認するために出す質問です。述語動詞の後ろには「**一点儿**」を置くことができ、この「**一**」は省略できます。例：你买(一)点儿什么吗？/ 何かを買いますか？

　特殊疑問詞疑問文に答える時、肯定文で答えてもいいし、否定文で答えてもいいです。

---

　　　qǐng wèn nǐ men hē diǎnr shén
A：请 问 你 们 喝 点儿 什
　　me ma
　　么 吗?

すみませんが、皆さんは何か飲みますか？

　　　wǒ yào yì bēi zhōng guó chá
B：我 要 一 杯 中 国 茶。
　　tā yào yì bēi chéng zhī
　　他 要 一 杯 橙 汁。

私は中国茶が欲しいです。彼はオレンジジュースが欲しいです。

　　　zhè wèi xiǎo jie ne
A：这 位 小 姐 呢?

こちらのお嬢さんは？

　　　wǒ shén me yě bú yào
C：我 什 么 也 不 要。

私は何も要りません。

　　　nǐ men chī diǎnr shén me ma
A：你 们 吃 点儿 什 么 吗?

お2人は何か食べますか？

　　　wǒ bú è
B：我 不 饿。

私はおなかがすいていません。

　　　gěi wǒ yí kuài yuè bǐng ba
C：给 我 一 块 月 饼 吧。

私に月餅を1つください。

| 主＋動詞・不・動詞＋目的語? | ～は…をしますか・しませんか? |

例：你喝不喝可口可乐?
nǐ hē bu he kě kǒu kě lè

あなたはコカ・コーラを飲みますか、飲みませんか?

他看不看电影?
tā kàn bu kan diàn yǐng

彼は映画を見ますか、見ませんか?

〈解説〉

　述語動詞の肯定式と否定式の両方を並べて疑問を表します。文末には「吗」を置きません。否定式の部分は軽声で発音されます。

A：大家喝不喝啤酒?
dà jiā hē bu he pí jiǔ

皆さんはビールを飲みますか、飲みませんか?

B：我们不喝(啤酒)。
wǒ men bù hē pí jiǔ

私たちは(ビールを)飲みません。

A：你们家买不买房子?
nǐ men jiā mǎi bu mai fáng zi

お宅は家を買いますか、買いませんか?

B：(我们家)不买房子。
wǒ men jiā bù mǎi fáng zi
我们家租房子。
wǒ men jiā zū fáng zi

(うちは)家を買いません。家を借ります。

A：你父母来不来新加坡?
nǐ fù mǔ lái bu lai xīn jiā pō

ご両親はシンガポールに来ますか、来ませんか?

B：他们不来(新加坡)。
tā men bù lái xīn jiā pō
他们去泰国。
tā men qù tài guó

彼らはシンガポールに来ません。タイへ行きます。

| (センテンス)A ＋还是＋(センテンス)B ? | A ですか、それとも B ですか？ |

例 ： nǐ hē kā fēi hái shì hē chá
你 喝 咖 啡 还 是 喝 茶?

あなたはコーヒーを飲みますか、
それともお茶を飲みますか？

nǐ men chī jiǎo zi hái shì chī chǎo fàn
你 们 吃 饺 子 还 是 吃 炒 饭?

あなたたちはギョーザを食べますか、
それともチャーハンを食べますか？

〈解説〉

＊ 2 つの陳述文の間に「还是」を置いて、2 つのうちのどちらであるか
を聞きます。文末には「吗」を置きません。

＊述語 V が同じである場合「目１・还是・目２」の型で表現できます。

nǐ hē chá hái shì hē kā fēi
例 ： 你 喝 茶 还 是 (喝) 咖 啡?

お茶を飲みますか、それともコーヒーを飲みますか？

---

nǐ mǎi cài hái shì mǎi shuǐ guǒ
A ： 你 买 菜 还 是 买 水 果?

あなたは野菜を買いますか、
それとも果物を買いますか？

wǒ shén me dōu bù mǎi
B ： 我 什 么 都 不 买。

私は何も買いません。

nǐ kàn diàn shì hái shì tīng guǎng bō
A ： 你 看 电 视 还 是 听 广 播?

あなたはテレビを見ますか、
それともラジオを聞きますか？

wǒ tīng guǎng bō
B ： 我 听 广 播。

私はラジオを聞きます。

nǐ qù lǚ xíng hái shì qù chū chāi
A ： 你 去 旅 行 还 是 去 出 差?

あなたは旅行に行きますか、
それとも出張に行きますか？

wǒ qù chū chāi
B ： 我 去 出 差。

私は出張に行きます。

nǐ shì měi guó rén hái shì zhōng guó rén
A ： 你 是 美 国 人 还 是 中 国 人?

あなたはアメリカ人ですか、
それとも中国人ですか？

wǒ shì zhōng guó rén bú shì měi guó rén
B ： 我 是 中 国 人, 不 是 美 国 人。

私は中国人です、アメリカ人
ではありません。

nǐ shuō huá yǔ hái shì shuō fǎ yǔ
A ： 你 说 华 语 还 是 说 法 语?

あなたは中国語を話しますか、
それともフランス語を話しますか？

wǒ shuō huá yǔ bù shuō fǎ yǔ
B ： 我 说 华 语, 不 说 法 语。

私は中国語を話します、フラ
ンス語は話しません。

●常用文型

文型 & 応用会話　10　　　　　　🔊 2－021

| a. 主＋去 場所名詞＋述語動詞・目 | ～は…へ…しに行く。 |

例：A：老师去学校干什么?
　　　lǎo shī qù xué xiào gàn shén me
　　　B：老师去学校开会。
　　　lǎo shī qù xué xiào kāi huì

先生は学校へ何をしに行きますか？

先生は学校へ会議をしに行きます。

〈解説〉

　この文型の中で、場所名詞は必ず「**去**」の後に置かれることに注意しましょう。

A：你去中国干什么?
nǐ qù zhōng guó gàn shén me

B：我去中国出差。
wǒ qù zhōng guó chū chāi

あなたは中国へ何をしに行きますか？

私は中国へ出張に行きます。

A：你的同事去美国干什么?
nǐ de tóng shì qù měi guó gàn shén me

B：他去美国开会。
tā qù měi guó kāi huì

あなたの同僚はアメリカに何をしに行きますか？

彼はアメリカに会議をしに行きます。

A：你们全家回日本干什么?
nǐ men quán jiā huí rì běn gàn shén me

B：我们全家回日本短期休假。
wǒ men quán jiā huí rì běn duǎn qī xiū jià

ご家族そろって日本へ何をしに帰りますか？

私たち家族は日本へ短期休暇で帰ります。

A：上次你们回日本干什么了?
shàng cì nǐ men huí rì běn gàn shén me le

B：上次我们回日本参加亲戚的婚礼了。
shàng cì wǒ men huí rì běn cān jiā qīn qi de hūn lǐ le

前回あなたたちは日本へ何をしに帰りましたか？

前回私たちは親戚の結婚式へ列席しに日本へ帰りました。

A：你回公司干什么?
nǐ huí gōng sī gàn shén me

B：我回公司拿东西。
wǒ huí gōng sī ná dōng xi

あなたは会社へ何をしに帰りますか？

私は会社へ物を取りに帰ります。

A：你去银行干什么?
nǐ qù yín háng gàn shén me

B：我去银行取钱。
wǒ qù yín háng qǔ qián

あなたは銀行へ何をしに行きますか？

私は銀行へお金を下ろしに行きます。

235

b. 主＋帯 人／物 去＋述語動詞・(目)

~は人を連れて…しに行く。
~は物を持って…しに行く。

例：<ruby>爸<rt>bà</rt></ruby> <ruby>爸<rt>ba</rt></ruby> <ruby>带<rt>dài</rt></ruby> <ruby>谁<rt>shéi</rt></ruby> <ruby>去<rt>qù</rt></ruby> <ruby>吃<rt>chī</rt></ruby> <ruby>饭<rt>fàn</rt></ruby>?

お父さんは誰を連れて食事に行きますか?

<ruby>你<rt>nǐ</rt></ruby> <ruby>带<rt>dài</rt></ruby> <ruby>什<rt>shén</rt></ruby> <ruby>么<rt>me</rt></ruby> <ruby>去<rt>qù</rt></ruby> <ruby>野<rt>yě</rt></ruby> <ruby>餐<rt>cān</rt></ruby>?

あなたは何を持ってピクニックへ行きますか?

〈解説〉

　この文型では「帯」の後に「人」を置くと、「人を連れて…する」という意味になり、「帯」の後ろに「物」を置くと、「物を持って…する」という意味になります。「去」の後には場所名詞も置けます。

例：<ruby>妈<rt>mā</rt></ruby> <ruby>妈<rt>ma</rt></ruby> <ruby>带<rt>dài</rt></ruby> <ruby>孩<rt>hái</rt></ruby> <ruby>子<rt>zi</rt></ruby> <ruby>去<rt>qù</rt></ruby> <ruby>公<rt>gōng</rt></ruby> <ruby>园<rt>yuán</rt></ruby> <ruby>散<rt>sàn</rt></ruby> <ruby>步<rt>bù</rt></ruby>。

　　お母さんは子供を連れて公園へ散歩に行きます。

A：<ruby>爸<rt>bà</rt></ruby> <ruby>爸<rt>ba</rt></ruby> <ruby>带<rt>dài</rt></ruby> <ruby>谁<rt>shéi</rt></ruby> <ruby>去<rt>qù</rt></ruby> <ruby>旅<rt>lǚ</rt></ruby> <ruby>行<rt>xíng</rt></ruby>?

お父さんは誰を連れて旅行に行きますか?

B：<ruby>爸<rt>bà</rt></ruby> <ruby>爸<rt>ba</rt></ruby> <ruby>带<rt>dài</rt></ruby> <ruby>全<rt>quán</rt></ruby> <ruby>家<rt>jiā</rt></ruby> <ruby>去<rt>qù</rt></ruby> <ruby>旅<rt>lǚ</rt></ruby> <ruby>行<rt>xíng</rt></ruby>。

父は家族全員を連れて旅行に行きます。

A：<ruby>你<rt>nǐ</rt></ruby> <ruby>们<rt>men</rt></ruby> <ruby>带<rt>dài</rt></ruby> <ruby>什<rt>shén</rt></ruby> <ruby>么<rt>me</rt></ruby> <ruby>去<rt>qù</rt></ruby> <ruby>旅<rt>lǚ</rt></ruby> <ruby>行<rt>xíng</rt></ruby>?

あなたたちは何を持って旅行に行きますか?

B：<ruby>我<rt>wǒ</rt></ruby> <ruby>们<rt>men</rt></ruby> <ruby>只<rt>zhǐ</rt></ruby> <ruby>带<rt>dài</rt></ruby> <ruby>简<rt>jiǎn</rt></ruby> <ruby>单<rt>dān</rt></ruby> <ruby>的<rt>de</rt></ruby> <ruby>行<rt>xíng</rt></ruby> <ruby>李<rt>li</rt></ruby> <ruby>去<rt>qù</rt></ruby> <ruby>旅<rt>lǚ</rt></ruby> <ruby>行<rt>xíng</rt></ruby>。

私たちは簡単な荷物だけを持って旅行に行きます。

A：<ruby>你<rt>nǐ</rt></ruby> <ruby>带<rt>dài</rt></ruby> <ruby>什<rt>shén</rt></ruby> <ruby>么<rt>me</rt></ruby> <ruby>去<rt>qù</rt></ruby> <ruby>上<rt>shàng</rt></ruby> <ruby>中<rt>zhōng</rt></ruby> <ruby>文<rt>wén</rt></ruby> <ruby>课<rt>kè</rt></ruby>?

あなたは何を持って中国語の授業(を受け)に行きますか?

B：<ruby>我<rt>wǒ</rt></ruby> <ruby>带<rt>dài</rt></ruby> <ruby>书<rt>shū</rt></ruby>，<ruby>笔<rt>bǐ</rt></ruby> <ruby>记<rt>jì</rt></ruby> <ruby>本<rt>běn</rt></ruby>，<ruby>还<rt>hái</rt></ruby> <ruby>有<rt>yǒu</rt></ruby> <ruby>电<rt>diàn</rt></ruby> <ruby>子<rt>zǐ</rt></ruby> <ruby>辞<rt>cí</rt></ruby> <ruby>典<rt>diǎn</rt></ruby> <ruby>去<rt>qù</rt></ruby> <ruby>上<rt>shàng</rt></ruby> <ruby>中<rt>zhōng</rt></ruby> <ruby>文<rt>wén</rt></ruby> <ruby>课<rt>kè</rt></ruby>。

私は本、ノート、そして電子辞書を持って中国語の授業に行きます。

A：<ruby>老<rt>lǎo</rt></ruby> <ruby>师<rt>shī</rt></ruby> <ruby>带<rt>dài</rt></ruby> <ruby>什<rt>shén</rt></ruby> <ruby>么<rt>me</rt></ruby> <ruby>去<rt>qù</rt></ruby> <ruby>开<rt>kāi</rt></ruby> <ruby>会<rt>huì</rt></ruby>?

先生は何を持って会議に行きますか?

B：<ruby>老<rt>lǎo</rt></ruby> <ruby>师<rt>shī</rt></ruby> <ruby>带<rt>dài</rt></ruby> <ruby>文<rt>wén</rt></ruby> <ruby>件<rt>jiàn</rt></ruby> <ruby>去<rt>qù</rt></ruby> <ruby>开<rt>kāi</rt></ruby> <ruby>会<rt>huì</rt></ruby>。

先生は書類を持って会議に行きます。

役に立つ一言会話

A：<ruby>让<rt>ràng</rt></ruby> <ruby>你<rt>nǐ</rt></ruby> <ruby>久<rt>jiǔ</rt></ruby> <ruby>等<rt>děng</rt></ruby> <ruby>了<rt>le</rt></ruby>。

B：<ruby>没<rt>méi</rt></ruby> <ruby>关<rt>guān</rt></ruby> <ruby>系<rt>xi</rt></ruby>。<ruby>我<rt>wǒ</rt></ruby> <ruby>也<rt>yě</rt></ruby> <ruby>刚<rt>gāng</rt></ruby> <ruby>来<rt>lái</rt></ruby>。

A：お待たせしました。

B：大丈夫です。私も来たばかりです。

学習効果を上げるために、前の第4章実践応用編のところの学習ポイント（212 ページ）を参照してください。

237

（1）下の絵から最も適切な単語を 1 つ選び、下線部に入れ（ピンイン
　　　をつけ）、会話の練習をしなさい。

　　① A：你 喝不喝 可口可乐？

　　　　B：我 不喝 可口可乐。 我喝 _____ 。

　　② A：日本人 喜欢 吃 什么？

　　　　B：日本人 喜欢 吃 _____ 。

　　③ A：小孩儿 喜欢 吃 什么？

　　　　B：小孩儿 喜欢 吃 _____ 。

　　④ A：你 父亲 抽烟 还是 喝酒？

　　　　B：他不抽烟也不喝酒。他打 _____ 。

　　⑤ A：你 为什么 喜欢 香港？

　　　　B：因为 香港 _____ 。

タバコ　　ハンバーガー　　コーヒー　　チャーハン

すし　　マージャン　　スープ　　本

ギョーザ　　食べ物が おいし～い♡　　ロマンティック

(2) 次の単語を正しい語順に並べ替え、日本語に訳しなさい。

① 我・不去・也・哪儿。

_____ 訳 _____

② 他・买东西・去・商店。

_____ 訳 _____

③ 是・日本人・你们・美国人・还是？

_____ 訳 _____

④ 喜欢・饺子・吃・中国人。

_____ 訳 _____

⑤ 不说・中国人・说・法语・华语。

_____ 訳 _____

⑥ 要・什么・也・他・不。

_____ 訳 _____

⑦ 想吃・胃口・什么・好・都・他。

_____ 訳 _____

⑧ 不・贵・也・鱼・一点儿。

_____ 訳 _____

(3) 次の会話を中国語に訳して（ピンインをつけ）、会話の練習をし
   なさい。

1) **特殊疑問詞を使いなさい。**

① A：皆さんは何を食べますか？

   B：私は焼きそばを食べます。

訳 _____

② A：あなたはどこへ行きますか？

B：私はオーチャードロードへ行きます。(オーチャードロード：乌节路)

訳 _____

③ A：あなたは何を勉強しますか？

B：私は中国語を勉強します。

訳 _____

④ A：彼は何を飲みますか？

B：彼は緑茶を飲みます。(緑茶：禄茶)

訳 _____

⑤ A：彼女は何が好きですか？　　B：彼女はギョーザが好きです。

訳 _____

2) 疑問文は反復疑問文の形にしなさい。

⑥ A：あなたのご主人は紅茶を飲みますか？ (紅茶：红茶)

B：彼は紅茶を飲みません、ブラックコーヒーを飲みます。
（ブラックコーヒー / 黑咖啡)

訳 _____

⑦ A：あなたの奥様は映画を見ますか？

B：彼女は映画は見ません、テレビを見ます。

訳 _____

⑧ A：お友達は日本に帰りますか？

B：彼は日本に帰ります。

訳 _____

3) 選択疑問文を使いなさい。

⑨　A：あなたはタイへ行きますか、それともインドネシアに行きますか?

　　B：私はタイへ行きます、インドネシアには行きません。

　　訳 _____

⑩　A：王先生はウーロン茶を飲みますか、それともジャスミン茶を
　　　　飲みますか?

　　B：私はウーロン茶を飲みます、ジャスミン茶は飲みません。

　　訳 _____

⑪　A：ご両親がシンガポールに来ますか、それともあなたが日本に
　　　　行きますか?

　　B：私が日本に行きます。

　　訳 _____

第 18 課 | wǒ shì gōng wù yuán
我 是 公 务 员
（私は公務員です）

1. 会 話

🔊 2 − 024

líng mù xiān sheng nín zuò shén me gōng zuò
A：铃 木 先 生，您 做 什 么 工 作？

wǒ shì gōng wù yuán wáng xiān sheng
B：我 是 公 务 员。王 先 生，
nǐ de gōng zuò shì shén me
你 的 工 作 是 什 么？

wǒ shì gāo zhōng shù xué lǎo shī
A：我 是 高 中 数 学 老 师。

nǐ tài tai zài nǎr gōng zuò
B：你 太 太 在 哪 儿 工 作？

zài yī yuàn gōng zuò tā shì hù shi nín tài tai ne
A：在 医 院 工 作。她 是 护 士。您 太 太 呢？

tā yǐ qián zài yín háng gōng zuò xiàn zài bù gōng zuò
B：她 以 前 在 银 行 工 作，现 在 不 工 作。
wáng xiān sheng nǐ xǐ huan nǐ de gōng zuò ma
王 先 生，你 喜 欢 你 的 工 作 吗？

wǒ fēi cháng xǐ huan wǒ de gōng zuò nǐ ne
A：我 非 常 喜 欢 我 的 工 作。你 呢？

wǒ yě fēi cháng xǐ huan wǒ de gōng zuò
B：我 也 非 常 喜 欢 我 的 工 作。

2. 訳 文

A：鈴木さんはどんなお仕事をしておられますか？

B：私は公務員です。王さんの仕事は何ですか？

A：私は高校の数学教師です。

B：奥さんはどこで働いていますか？

A：病院で働いてます。彼女は看護師です。あなたの奥さんは？

B：彼女は昔銀行で働いていましたが、今は仕事をしていません。
　　ところで王さんはご自分の仕事が好きですか？
A：私は自分の仕事が大好きです。あなたは（どうですか）？
B：私も自分の仕事が大好きです。

3. 新しい単語

2 − 025

líng mù xiān sheng 1. 铃木先生	（国有名詞）	鈴木様・鈴木さん
xiān sheng △…先生	（名詞）	ミスター…、…さま
nín 2. 您	（代名詞）	你の尊敬語
zuò 3. 做	（動詞）	…をする、作る
gōng zuò 4. 工作	（名詞・動詞）	仕事、仕事をする
shì 5. 是	（判断動詞）	…である
gōng wù yuán 6. 公务员	（名詞）	公務員
gāo zhōng 7. 高中	（名詞）	高等学校
shù xué lǎo shī 8. 数学老师	（名詞）	数学の先生
tài tai 9. …太太	（名詞）	ミセス…、…さんの奥さん
yě 10. 也	（副詞）	…も
hù shi 11. 护士	（名詞）	看護師
yī yuàn 12. 医院	（名詞）	病院
yǐ qián 13. 以前	（時間詞）	以前、昔
yín háng zhí yuán 14. 银行职员	（名詞）	銀行員
nà 15. 那	（接続詞）	ところで、それでは
fēi cháng 16. 非常	（副詞）	非常に、とても

(1) 判断詞「是」の使い方と注意事項

1) 中国語の判断詞「是」は日本語の格助詞「は」と同じ役割を果たす場合があります。ただし日本語の格助詞「は」は名詞の前に置くことも、形容詞の前に置くこともできますが、中国語の判断詞「是」の後には名詞しか置けません（特殊な場合を除いて形容詞は置けない）。

中国語	日本語
主 ＋ 　是・名　詞 主 ＋ 　~~是~~・形容詞	主 ＋ 　は 名　詞 　　　　　…… です 　　　　　形容詞

例：比較

中国語	日本語
tā　　shì　rì běn rén 他　　是 日 本 人。	彼　　は 日本人です。
wǒ　　shì　lǎo shī 我　　是 老 师。	私　　は 教師です。
tā　　shì　dài fu 他　　是 大 夫。	彼　　は 医者です。
jīn tiān　　　lěng 今 天　~~是~~ 冷。	今日　　は 寒いです。
zhè běn shū　　yǒu yì si ma 这 本 书 ~~是~~ 有 意 思 吗?	この本 は 面白いですか？
zhōng wén　　　nán ma 中 文 ~~是~~ 难 吗?	中国語 は 難しいですか？

2) 「是＋形容詞」の場合、「是」は判断詞ではなく、強調の役目をする副詞「**的确是**」の省略となり、「確かに」という意味になります。

　　例：jīn tiān　dí què　shì lěng
　　　今 天 (的 确) 是 冷!　／今日は確かに寒いです。

　　　（「是」は寒さを強調している。「さすがに12月、冬の最中で、寒いですね」のようなニュアンスがある）
　　　zhè lǐ de wù jià dí què shì guì
　　　这 里 的 物 价(的 确)是 贵!　／ここの物価は確かに高いです。

244

（「是」は値段の高さを強調している。「うわさどおりにすご
く物価が高いですね」のようなニュアンスを含んでいる）

3)　「是」は願望助動詞「**想**」「**要**」「**希望**」「**愿意**」や可能助動詞「**能**」
　　「**会**」「**可以**」の前に置き、願望や可能のニュアンスをさらに強め
　　ます。後に転換文がくることが多く、その場合も「**是**」は判断詞
　　ではなく強調の役目をする副詞「**的确是**」の省略となり、「確かに」
　　という意味になります。

例：我（的确）是想出国，但是没机会。
　　wǒ dí què shì xiǎng chū guó dàn shì méi jī huì

　　/ 私は（確かに）外国へ行きたいのですが、でもチャンスが
　　ありません。

　　我是愿意跟你结婚，可是我父母不同意。
　　wǒ shì yuàn yì gēn nǐ jié hūn kě shì wǒ fù mǔ bù tóng yì

　　/ 私は（確かに）あなたとの結婚を願っていますが、でも両
　　親は反対です。

　　他是希望成功，不过不容易。
　　tā shì xī wàng chéng gōng bú guò bù róng yì

　　/ 彼は（確かに）成功を望んでいますが、でも簡単ではあり
　　ません。

　　他是会说中文，可是说得不流利。
　　tā shì huì shuō zhōng wén kě shì shuō de bù liú lì

　　/ 彼は（確かに）中国語が話せますが、流暢には話せません。

　　我的朋友是能来，可是要晚一点儿。
　　wǒ de péng you shì néng lái kě shì yào wǎn yì diǎnr

　　/ 私の友達は（確かに）来られますが、でもちょっと遅くなります。

(2) 副詞「也」 （🔊 2－027）

　中国語の副詞「也」は日本語の格助詞「も」の意味ですが、中国語と
日本語の構造の違いから、中国語の「也」の文中での位置は、日本語の
「も」の文中での位置と同じ場合も、違う場合もあります。

1) 主語のことを「も」で強調する場合、中国語の「也」は日本語の「も」と同じように、主語の後ろに置きます。

例：私は日本人です、　　彼も日本人です。

wǒ shì rì běn rén
我是日本人，

tā yě shì rì běn rén
他也是日本人。
　　主語

2) 目的語のことを「も」で強調する場合、日本語の「も」は目的語の後に置きますが、中国語の「也」は、やはり主語の後に置きます。

例：私はスイカを食べます、　　リンゴも食べます。

wǒ chī xī guā
我吃西瓜，

wǒ yě chī píng guǒ
（我）也吃苹果。
　　主語

wǒ chī píng guǒ yě
（我）吃苹果也。
　　主語　　　　　　⊗

3) 時間詞のことを「も」で強調する場合、中国語の「也」は日本語の「も」と同じように、時間詞の後に置きます。

例：私は金曜日に行きます、　　土曜日にも行きます。

wǒ xīng qī wǔ qù
我星期五去，

xīng qī liù yě qù
星期六也去。
　　時間詞

4) 「也」と「很」を同時に使う時、「也」は「很」の前に置きます。

例：彼は背が高いです、　　→　　彼の弟も背が高いです。

tā gè zi hěn gāo
他个子很高，　　→　　

tā dì di gè zi yě hěn gāo
他弟弟个子也很高。

tā dì di gè zi hěn yě gāo
他弟弟个子很也高。
　　　　　　　　⊗

彼女はシンガポールが大好きです。 → 彼女はタイも大好きです。

tā hěn xǐ huan xīn jiā pō
她 很 喜 欢 新 加 坡。 →
tā yě hěn xǐ huan tài guó
她 也 很 喜 欢 泰 国。

tā hěn yě xǐ huan tài guó
她 很 也 喜 欢 泰 国。
⊗

日本の物はとても高いです。 → 中国の物もとても高いです。

rì běn de dōng xi hěn guì
日 本 的 东 西 很 贵。 →
zhōng guó de dōng xi yě hěn guì
中 国 的 东 西 也 很 贵。

zhōng guó de dōng xi hěn yě guì
中 国 的 东 西 很 也 贵。
⊗

(3) 反復疑問文に「也」は使いません　　　🔊 2 − 028

tā yě shì rì běn rén ma
例：㊣他 也 是 日 本 人 吗? →
tā yě shì bu shì rì běn rén
他 也 是 不 是 日 本 人?

訳：彼も日本人ですか？　　　　⊗

tā men yě qù diàn yǐng yuàn ma
㊣他 们 也 去 电 影 院 吗? →
tā men yě qù bu qu diàn yǐng yuàn
他 们 也 去 不 去 电 影 院?

訳：彼らも映画館へ行きますか？　　⊗

(4) 時間詞　　　🔊 2 − 029

時間詞は主語の前後に置きます。時間詞の詳しい使い方は本書の第
21 課の文法ポイント（310 ページ）を参照してください。

yǐ qián wǒ shì kōng zhōng xiǎo jiě
例：以 前 我 是 空 中 小 姐。／以前私はキャビンアテンダントでした。

wǒ yǐ qián shì kōng zhōng xiǎo jiě
我 以 前 是 空 中 小 姐。／私は以前キャビンアテンダントでした。

xiàn zài wǒ xué zhōng wén
现 在 我 学 中 文。／今私は中国語を習っています。

wǒ xiàn zài xué zhōng wén
我 现 在 学 中 文。／私は今中国語を習っています。

(5) 指示代名詞と指示場所名詞

指 示 代 名 詞		
zhè(zhèi) **这** これ	nà(nèi) **那** あれ・それ	nǎ(něi) **哪** どれ
zhè ge **这个** この	nà ge **那个** あの・その	nǎ ge **哪个** どの
zhè xiē **这些** これら	nà xiē **那些** あれら・それら	nǎ xiē **哪些** どれの複数形

指 示 場 所 名 詞		
ここ	そこ・あそこ	どこ？
zhè lǐ zhèr **这里、这儿**	nà lǐ nàr **那里、那儿**	nǎ li nǎr **哪里、哪儿**
		nǎ guó **哪国** どの国
		nǎ wèi **哪位** どなた

＊（　）の中の発音は話し言葉で多く用いられ、特に北京地区でよく使われます。

A：_{nǎ ge shì nǐ de xíng li} 哪 个 是 你 的 行 李?　　どれがあなたの荷物ですか？

B：_{zhè ge shì wǒ de xíng li} 这 个 是 我 的 行 李。　　これが私の荷物です。

A：_{nǎ xiē shì nǐ men de dōng xi} 哪 些 是 你 们 的 东 西?　　どれがあなたたちの物ですか？

B：_{nà xiē shì wǒ men de dōng xi} 那 些 是 我 们 的 东 西。　　あれらが私たちの物です。

A：_{zhè xiē rén zài gàn shén me} 这 些 人 在 干 什 么?　　これらの人々は何をしていますか？

B：_{zhè xiē rén zài pāi diàn yǐng} 这 些 人 在 拍 电 影。　　これらの人々は映画の撮影をしています。

A：_{nǎ wèi shì liú lǎo shī} 哪 位 是 刘 老 师?　　どなたが劉先生ですか？

B：_{zhè wèi shì liú lǎo shī} 这 位 是 刘 老 师。　　この方が劉先生です。

A：_{zhè lǐ yǒu shén me} 这 里 有 什 么?　　ここには何がありますか？

B：_{zhè lǐ yǒu gōng yuán hé xué xiào} 这 里 有 公 园 和 学 校。　　ここには公園と学校があります。

A：_{nǐ shì yì dà lì nǎr de rén} 你 是 意 大 利 哪儿 的 人?　　あなたはイタリアのどこの人ですか？

B：_{wǒ shì yì dà lì wēi ní sī rén} 我 是 意 大 利 威 尼 斯 人。　　私はイタリアのベニスの人間です。

249

5. 文法ポイント

● 名詞述語文の基本語順（肯定文・否定文・疑問文）

以下のように「是＋名詞」が述語になる文を名詞述語文と呼びます。

A 「是・名詞」陳述文

文型 & 応用会話 **13**

🔊 2 − 032

| 主語 ＋ 是 ＋ 名詞 | ～は…である・です。 |

wǒ men shì běi jīng rén
例：我 们 是 北 京 人。

tā shì chú shī
他 是 厨 师。

我々は北京の人間です。

彼はシェフです。

〈解説〉

「是」の後ろに名詞を置くことに注意しましょう。

---

nǐ men shì nǎr de rén
A：你 们 是 哪儿 的 人?

あなたたちはどこの人ですか？

wǒ men shì běi jīng rén
B：我 们 是 北 京 人。

私たちは北京の人間です。

nǐ péng you yě shì běi jīng rén ma
A：你 朋 友 也 是 北 京 人 吗?

お友達も北京の人ですか？

tā yě shì běi jīng rén
B：他 也 是 北 京 人。

彼も北京の人です。

nǐ fù qin shì nǎ guó rén
A：你 父 亲 是 哪 国 人?

お父さんはどこの国の人ですか？

tā shì zhōng guó rén
B：他 是 中 国 人。

彼（父）は中国人です。

nǐ mǔ qin ne
A：你 母 亲 呢?

お母さんは？

wǒ mǔ qin shì rì běn rén
B：我 母 亲 是 日 本 人。

wǒ shì zhōng rì hùn xuě ér
我 是 中 日 混 血 儿。

母は日本人です。私は中日のハーフです。

① 「吗」疑問文

文型 & 応用会話 14　　　　　　　　　🔊 2 − 033

| 主語＋是＋名詞＋吗？ | ～は…ですか？ |

例：zhè lǐ shì yī yuàn ma
这 里 是 医 院 吗?　　　ここは病院ですか？

nǐ shì yī shēng ma
你 是 医 生 吗?　　　あなたはお医者さんですか？

〈解説〉

　文末に「吗」を置き、その後にクエスチョンマーク「？」をつけます。

---

tā shì kōng zhōng xiǎo jiě ma
A：她 是 空 中 小 姐 吗?　　彼女はキャビンアテンダントですか？

tā shì kōng zhōng xiǎo jiě
B：她 是 空 中 小 姐。　　彼女はキャビンアテンダントです。

nǐ ér zi shì chú shī ma
A：你 儿 子 是 厨 师 吗?　　息子さんはシェフですか？

tā shì chú shī
B：他 是 厨 师。　　彼（息子）はシェフです。

nǐ fù qin shì gōng wù yuán ma
A：你 父 亲 是 公 务 员 吗?　　お父さんは公務員ですか？

tā shì gōng wù yuán
B：他 是 公 务 员。　　彼（父）は公務員です。

nǐ mǔ qin shì lǎo shī ma
A：你 母 亲 是 老 师 吗?　　お母さんは先生ですか？

tā shì lǎo shī
B：她 是 老 师。　　彼女（母）は先生です。

②反復疑問文

🔊 2 − 034

| 主語 + 是不是 + 名詞？ | ～は…であるかどうか？ |

例：
<ruby>这<rt>zhè</rt></ruby> <ruby>里<rt>lǐ</rt></ruby> <ruby>是<rt>shì</rt></ruby> <ruby>不<rt>bu</rt></ruby> <ruby>是<rt>shi</rt></ruby> <ruby>博<rt>bó</rt></ruby> <ruby>物<rt>wù</rt></ruby> <ruby>馆<rt>guǎn</rt></ruby>？　　ここは博物館ですか？

<ruby>老<rt>lǎo</rt></ruby> <ruby>刘<rt>liú</rt></ruby> <ruby>是<rt>shì</rt></ruby> <ruby>不<rt>bu</rt></ruby> <ruby>是<rt>shi</rt></ruby> <ruby>翻<rt>fān</rt></ruby> <ruby>译<rt>yì</rt></ruby>?　　劉さんは通訳ですか？

<ruby>你<rt>nǐ</rt></ruby> <ruby>是<rt>shì</rt></ruby> <ruby>医<rt>yī</rt></ruby> <ruby>生<rt>shēng</rt></ruby> <ruby>不<rt>bu</rt></ruby> <ruby>是<rt>shi</rt></ruby>？　　あなたはお医者さんですか？

〈解説〉

「是不是」の「不是」は、よく軽声で発音されます。反復疑問文には疑問詞「吗」を使いません。また「是…不是？」の形も使われています。

A：<ruby>你<rt>nǐ</rt></ruby> <ruby>哥<rt>gē</rt></ruby> <ruby>哥<rt>ge</rt></ruby> <ruby>是<rt>shì</rt></ruby> <ruby>不<rt>bu</rt></ruby> <ruby>是<rt>shi</rt></ruby> <ruby>医<rt>yī</rt></ruby> <ruby>生<rt>shēng</rt></ruby>？　　お兄さんは医者ですか?

B：<ruby>他<rt>tā</rt></ruby> <ruby>不<rt>bú</rt></ruby> <ruby>是<rt>shì</rt></ruby> <ruby>医<rt>yī</rt></ruby> <ruby>生<rt>shēng</rt></ruby>。　　彼は医者ではありません。

A：<ruby>这<rt>zhè</rt></ruby> <ruby>里<rt>lǐ</rt></ruby> <ruby>是<rt>shì</rt></ruby> <ruby>不<rt>bu</rt></ruby> <ruby>是<rt>shi</rt></ruby> <ruby>医<rt>yī</rt></ruby> <ruby>院<rt>yuàn</rt></ruby>？　　ここは病院ですか?

B：<ruby>这<rt>zhè</rt></ruby> <ruby>里<rt>lǐ</rt></ruby> <ruby>不<rt>bú</rt></ruby> <ruby>是<rt>shì</rt></ruby> <ruby>医<rt>yī</rt></ruby> <ruby>院<rt>yuàn</rt></ruby>，<ruby>是<rt>shì</rt></ruby> <ruby>教<rt>jiào</rt></ruby> <ruby>堂<rt>táng</rt></ruby>。　　ここは病院ではなく、教会です。

A：<ruby>这<rt>zhè</rt></ruby> <ruby>里<rt>lǐ</rt></ruby> <ruby>是<rt>shì</rt></ruby> <ruby>乌<rt>wū</rt></ruby> <ruby>节<rt>jié</rt></ruby> <ruby>路<rt>lù</rt></ruby> <ruby>不<rt>bu</rt></ruby> <ruby>是<rt>shi</rt></ruby>?　　ここはオーチャードロードですか?
（シンガポールのメインストリート）

B：<ruby>这<rt>zhè</rt></ruby> <ruby>里<rt>lǐ</rt></ruby> <ruby>是<rt>shì</rt></ruby> <ruby>乌<rt>wū</rt></ruby> <ruby>节<rt>jié</rt></ruby> <ruby>路<rt>lù</rt></ruby>。　　ここはオーチャードロードです。

A：<ruby>这<rt>zhè</rt></ruby> <ruby>是<rt>shì</rt></ruby> <ruby>不<rt>bu</rt></ruby> <ruby>是<rt>shi</rt></ruby> <ruby>复<rt>fù</rt></ruby> <ruby>印<rt>yìn</rt></ruby> <ruby>机<rt>jī</rt></ruby>?　　これはコピー機ですか?

B：<ruby>这<rt>zhè</rt></ruby> <ruby>是<rt>shì</rt></ruby> <ruby>复<rt>fù</rt></ruby> <ruby>印<rt>yìn</rt></ruby> <ruby>机<rt>jī</rt></ruby>，
<ruby>也<rt>yě</rt></ruby> <ruby>是<rt>shì</rt></ruby> <ruby>打<rt>dǎ</rt></ruby> <ruby>印<rt>yìn</rt></ruby> <ruby>机<rt>jī</rt></ruby>。　　これはコピー機でもあり、プリンターでもあります。

A：<ruby>那<rt>nà</rt></ruby> <ruby>里<rt>lǐ</rt></ruby> <ruby>是<rt>shì</rt></ruby> <ruby>圣<rt>shèng</rt></ruby> <ruby>淘<rt>táo</rt></ruby> <ruby>沙<rt>shā</rt></ruby> <ruby>不<rt>bu</rt></ruby> <ruby>是<rt>shi</rt></ruby>?　　あそこはセントーサですか?
（シンガポールの有名な観光地）

B：<ruby>那<rt>nà</rt></ruby> <ruby>里<rt>lǐ</rt></ruby> <ruby>不<rt>bú</rt></ruby> <ruby>是<rt>shì</rt></ruby> <ruby>圣<rt>shèng</rt></ruby> <ruby>淘<rt>táo</rt></ruby> <ruby>沙<rt>shā</rt></ruby>，
<ruby>那<rt>nà</rt></ruby> <ruby>里<rt>lǐ</rt></ruby> <ruby>是<rt>shì</rt></ruby> <ruby>民<rt>mín</rt></ruby> <ruby>丹<rt>dān</rt></ruby> <ruby>岛<rt>dǎo</rt></ruby>。　　あそこはセントーサではなく、ビンタン島です。

③特殊疑問詞疑問文

2－035

a. 主語＋是＋特殊疑問詞 (什么) (谁) ？	～は (何) (誰) ですか？

例：
zhè shì shén me
这 是 什 么?

lǎo shī shì shéi
老 师 是 谁?

これは何ですか？

先生は誰ですか？

〈解説〉

答える時には、特殊疑問詞「什么」「谁」の位置に答える内容を入れます。

A :
nà shì shén me
那 是 什 么?
あれは何ですか？

B :
nà shì tián pǐn
那 是 甜 品。
あれはデザートです。

A :
tā shì shéi
他 是 谁?
彼は誰ですか？

B :
tā shì wǒ de péng you
他 是 我 的 朋 友。
彼は私の友達です。

A :
nà wèi nǚ shì shì shéi
那 位 女 士 是 谁?
あちらの女性は誰ですか？

B :
tā shì wǒ de lǎo shī
她 是 我 的 老 师。
彼女は私の先生です。

b. 特殊疑問詞 ＋ 是・名詞 ？
（谁、哪个、哪些、哪里）

誰が…ですか？
どれが、どこが…ですか？

例：谁 是 老 师?
shéi shì lǎo shī

誰が先生ですか？

　　哪 个 是 你 家?
nǎ ge shì nǐ jiā

どれがお宅ですか？

〈解説〉

　答える時には、特殊疑問詞「谁」「哪个」「哪些」「哪里」の位置に答える内容を入れます。

A：谁 是 老 师?
shéi shì lǎo shī

誰が先生ですか？

B：李 先 生 是 老 师。
lǐ xiān sheng shì lǎo shī

ミスター李が先生です。

A：哪 位 是 您 太 太?
nǎ wèi shì nín tài tai

どなたが奥さんですか？

B：这 是 我 太 太。
zhè shì wǒ tài tai

これが私の妻です。

A：哪 些 是 你 的 东 西?
nǎ xiē shì nǐ de dōng xi

どれがあなたの物ですか？

B：这 些 是 我 的 东 西。
zhè xiē shì wǒ de dōng xi

これらが私の物です。

A：哪 个 是 最 便 宜 的?
nǎ ge shì zuì pián yi de

どれが一番安いですか？

B：这 个 是 最 便 宜 的。
zhè ge shì zuì pián yi de

これが一番安いです。

A：哪 里 是 学 校?
nǎ li shì xué xiào

どこが学校ですか？

B：居 民 区 后 面 是 学 校。
jū mín qū hòu mian shì xué xiào

居住区の後ろが学校です。

C.主語＋是＋什么・名詞?	～はどんな、何の…ですか?

例：zhè shì shén me shū
这 是 什 么 书?

これは何の本ですか?

nà shì shén me chá
那 是 什 么 茶?

あれは何のお茶ですか?

〈解説〉

　答える時には、特殊疑問詞「**什么・名詞**」の位置に答える内容を入れます。

A：这 是 什 么 书?
zhè shì shén me shū

これは何の本ですか?

B：这 是 中 文 书。
zhè shì zhōng wén shū

これは中国語の本です。

A：那 是 什 么 茶?
nà shì shén me chá

あれはどんなお茶ですか?

B：那 是 普 洱 茶。
nà shì pǔ 'ěr chá

あれはプーアル茶です。

A：那 些 是 什 么 人?
nà xiē shì shén me rén

あれらはどんな人たちですか?

B：那 些 是 保 安 人 员。
nà xiē shì bǎo 'ān rén yuán

あれらは警備員です。

A：这 里 是 什 么 地 方?
zhè lǐ shì shén me dì fang

ここはどんな場所ですか?

B：这 里 是 居 民 区。
zhè lǐ shì jū mín qū

ここは居住区です。

④選択疑問文

主語　是 A ＋ 还是 ＋ B ？	…は A ですか、それとも B ですか？
nǐ shì huá rén hái shì rì běn rén 例：你 是 华 人 还 是 日 本 人?	あなたは華人ですか、それとも日本人ですか？
zhè shì tián pǐn hái shì tāng 这 是 甜 品 还 是 汤?	これはデザートですか、それともスープですか？

〈解説〉

　2つの目的語の間に「还是」を置いて、2つのうちのどちらなのかを聞きます。文末には「吗」を使わず、クエスチョンマーク「？」をつけます。

nǐ shì huá rén hái shì A：你 是 华 人 还 是 rì běn rén 日 本 人?	あなたは華人ですか、それとも日本人ですか？
wǒ shì huá rén B：我 是 华 人。	私は華人です。
zhè shì tián pǐn hái shì tāng A：这 是 甜 品 还 是 汤?	これはデザートですか、それともスープですか？
zhè shì tián pǐn bú shì tāng B：这 是 甜 品，不 是 汤。	これはデザートです、スープではありません。
zhè lǐ shì diàn yǐng yuàn hái A：这 里 是 电 影 院 还 shì gòu wù zhōng xīn 是 购 物 中 心?	ここは映画館ですか、それともショッピングセンターですか？
zhè lǐ shì gòu wù zhōng xīn B：这里 是 购 物 中 心。	ここはショッピングセンターです。
zhè lǐ shì bàn gōng shì hái shì A：这 里 是 办 公 室 还 是 huì yì shì 会 议 室?	ここは事務室ですか、それとも会議室ですか？
zhè lǐ shì huì yì shì B：这 里 是 会 议 室。	ここは会議室です。

文型 & 応用会話 20　　　　　　🔊 2 − 039

主語 ＋ 不是 ＋ 名詞	～は…ではありません。

例：<ruby>藤<rt>téng</rt></ruby> <ruby>田<rt>tián</rt></ruby> <ruby>小<rt>xiǎo</rt></ruby> <ruby>姐<rt>jiě</rt></ruby> <ruby>不<rt>bú</rt></ruby> <ruby>是<rt>shì</rt></ruby> <ruby>司<rt>sī</rt></ruby> <ruby>机<rt>jī</rt></ruby>。　　藤田さんは運転手ではありません。

<ruby>他<rt>tā</rt></ruby> <ruby>们<rt>men</rt></ruby> <ruby>不<rt>bú</rt></ruby> <ruby>是<rt>shì</rt></ruby> <ruby>中<rt>zhōng</rt></ruby> <ruby>国<rt>guó</rt></ruby> <ruby>人<rt>rén</rt></ruby>。　　彼らは中国人ではありません。

〈解説〉

　否定詞「不」は「是」の前に置きます。

A：<ruby>藤<rt>téng</rt></ruby> <ruby>田<rt>tián</rt></ruby> <ruby>小<rt>xiǎo</rt></ruby> <ruby>姐<rt>jiě</rt></ruby> <ruby>是<rt>shì</rt></ruby> <ruby>司<rt>sī</rt></ruby> <ruby>机<rt>jī</rt></ruby> <ruby>吗<rt>ma</rt></ruby>?　　藤田さんは運転手ですか?

B：<ruby>她<rt>tā</rt></ruby> <ruby>不<rt>bú</rt></ruby> <ruby>是<rt>shì</rt></ruby> <ruby>司<rt>sī</rt></ruby> <ruby>机<rt>jī</rt></ruby>，<ruby>她<rt>tā</rt></ruby> <ruby>是<rt>shì</rt></ruby> <ruby>翻<rt>fān</rt></ruby> <ruby>译<rt>yì</rt></ruby>。　　彼女は運転手ではなく、通訳です。

A：<ruby>他<rt>tā</rt></ruby> <ruby>是<rt>shì</rt></ruby> <ruby>中<rt>zhōng</rt></ruby> <ruby>国<rt>guó</rt></ruby> <ruby>人<rt>rén</rt></ruby> <ruby>吗<rt>ma</rt></ruby>?　　彼は中国人ですか?

B：<ruby>他<rt>tā</rt></ruby> <ruby>不<rt>bú</rt></ruby> <ruby>是<rt>shì</rt></ruby> <ruby>中<rt>zhōng</rt></ruby> <ruby>国<rt>guó</rt></ruby> <ruby>人<rt>rén</rt></ruby>，　　彼は中国人ではなく、シンガポール人です。
<ruby>他<rt>tā</rt></ruby> <ruby>是<rt>shì</rt></ruby> <ruby>新<rt>xīn</rt></ruby> <ruby>加<rt>jiā</rt></ruby> <ruby>坡<rt>pō</rt></ruby> <ruby>人<rt>rén</rt></ruby>。

A：<ruby>你<rt>nǐ</rt></ruby> <ruby>是<rt>shì</rt></ruby> <ruby>老<rt>lǎo</rt></ruby> <ruby>板<rt>bǎn</rt></ruby> <ruby>吗<rt>ma</rt></ruby>?　　あなたは社長ですか?

B：<ruby>我<rt>wǒ</rt></ruby> <ruby>不<rt>bú</rt></ruby> <ruby>是<rt>shì</rt></ruby> <ruby>老<rt>lǎo</rt></ruby><ruby>板<rt>bǎn</rt></ruby>，　　私は社長ではなく、スタッフです。
<ruby>我<rt>wǒ</rt></ruby> <ruby>是<rt>shì</rt></ruby> <ruby>打<rt>dǎ</rt></ruby> <ruby>工<rt>gōng</rt></ruby> <ruby>的<rt>de</rt></ruby>。

文型 & 応用会話　21

◀)) 2 － 040

a. 主語　＋　在・哪儿・工作?	…はどこで仕事をしていますか？
例：A：<ruby>你<rt>nǐ</rt></ruby> <ruby>在<rt>zài</rt></ruby> <ruby>哪儿<rt>nǎr</rt></ruby> <ruby>工<rt>gōng</rt></ruby> <ruby>作<rt>zuò</rt></ruby>?	A：あなたはどこで仕事をしていますか？
B：<ruby>我<rt>wǒ</rt></ruby> <ruby>在<rt>zài</rt></ruby> <ruby>新<rt>xīn</rt></ruby> <ruby>加<rt>jiā</rt></ruby> <ruby>坡<rt>pō</rt></ruby> <ruby>工<rt>gōng</rt></ruby> <ruby>作<rt>zuò</rt></ruby>。	B：私はシンガポールで仕事をしています。

〈解説〉

　質問 a では勤める場所を聞いていますが、答える際、勤務地や会社名を答えてもいいし、職業名を答えても大丈夫です。

A：<ruby>他<rt>tā</rt></ruby> <ruby>在<rt>zài</rt></ruby> <ruby>哪儿<rt>nǎr</rt></ruby> <ruby>工<rt>gōng</rt></ruby> <ruby>作<rt>zuò</rt></ruby>?	彼はどこに勤めていますか？
B：<ruby>他<rt>tā</rt></ruby> <ruby>在<rt>zài</rt></ruby> <ruby>三<rt>sān</rt></ruby> <ruby>菱<rt>líng</rt></ruby> <ruby>商<rt>shāng</rt></ruby> <ruby>社<rt>shè</rt></ruby> <ruby>工<rt>gōng</rt></ruby> <ruby>作<rt>zuò</rt></ruby>。	彼は三菱商社に勤めています。
A：<ruby>你<rt>nǐ</rt></ruby> <ruby>舅<rt>jiù</rt></ruby> <ruby>舅<rt>jiu</rt></ruby> <ruby>在<rt>zài</rt></ruby> <ruby>哪儿<rt>nǎr</rt></ruby> <ruby>工<rt>gōng</rt></ruby> <ruby>作<rt>zuò</rt></ruby>?	あなたのおじさんはどこに勤めていますか？
B：<ruby>他<rt>tā</rt></ruby> <ruby>在<rt>zài</rt></ruby> <ruby>惠<rt>huì</rt></ruby> <ruby>普<rt>pǔ</rt></ruby> <ruby>公<rt>gōng</rt></ruby> <ruby>司<rt>sī</rt></ruby> <ruby>工<rt>gōng</rt></ruby> <ruby>作<rt>zuò</rt></ruby>。 <ruby>他<rt>tā</rt></ruby> <ruby>是<rt>shì</rt></ruby> <ruby>电<rt>diàn</rt></ruby> <ruby>脑<rt>nǎo</rt></ruby> <ruby>工<rt>gōng</rt></ruby> <ruby>程<rt>chéng</rt></ruby> <ruby>师<rt>shī</rt></ruby>。	彼はヒューレット・パッカードに勤めています。彼は IT エンジニアです。
A：<ruby>他<rt>tā</rt></ruby> <ruby>儿<rt>ér</rt></ruby> <ruby>子<rt>zi</rt></ruby> <ruby>在<rt>zài</rt></ruby> <ruby>哪儿<rt>nǎr</rt></ruby> <ruby>工<rt>gōng</rt></ruby> <ruby>作<rt>zuò</rt></ruby>?	彼の息子さんはどこに勤めていますか？
B：<ruby>他<rt>tā</rt></ruby> <ruby>也<rt>yě</rt></ruby> <ruby>在<rt>zài</rt></ruby> <ruby>这<rt>zhè</rt></ruby> <ruby>家<rt>jiā</rt></ruby> <ruby>公<rt>gōng</rt></ruby> <ruby>司<rt>sī</rt></ruby> <ruby>工<rt>gōng</rt></ruby> <ruby>作<rt>zuò</rt></ruby>, <ruby>他<rt>tā</rt></ruby> <ruby>是<rt>shì</rt></ruby> <ruby>会<rt>kuài</rt></ruby> <ruby>计<rt>jì</rt></ruby>。	彼もこの会社に勤めています。彼は経理です。

b.　主＋做・什么工作？	…はどんな仕事をしていますか？

例：A：你姐夫做什么工作？
　　　nǐ jiě fu zuò shén me gōng zuò

　　B：他在金融机关工作。
　　　tā zài jīn róng jī guān gōng zuò

A：お姉さんのだんなさんはどんな仕事をしていますか？

B：彼は金融機関に勤めています。

〈解説〉

　質問 b では職種を聞いていますが、答える際、職種を答えてもいいし、勤務地を答えても大丈夫です。

A：你先生做什么工作？ nǐ xiān sheng zuò shén me gōng zuò	ご主人はどんな仕事をしていますか？
B：他在旅行社工作。 tā zài lǚ xíng shè gōng zuò 他是导游。 tā shì dǎo yóu	彼は旅行会社に勤めています。 彼はガイドです。
A：你侄子做什么工作？ nǐ zhí zi zuò shén me gōng zuò	あなたのおいは，どんな仕事をしていますか？
B：他是邮递员，在邮局工作。 tā shì yóu dì yuán　zài yóu jú gōngzuò	彼は郵便配達人で、郵便局に勤めています。
A：你姑姑做什么工作？ nǐ gū gu zuò shén me gōng zuò	あなたのおばさんは、どんな仕事をしていますか？
B：她是模特儿。 tā shì mó tèr	彼女はモデルです。

---

c. …的工作是什么？

…の仕事は何ですか?

例：A：你妹夫的 工 作 是 什 么?
nǐ mèi fu de gōng zuò shì shén me

B：他 是 律 师。
tā shì lǜ shī

A：妹さんのだんなさんの仕事は何ですか?

B：彼は弁護士です。

〈解説〉

　質問 c では職業名を聞いていますが、答える際、職業名を答えてもいいし、勤める会社名を答えても大丈夫です。

A：你嫂子的 工 作 是 什 么?
nǐ sǎo zi de gōng zuò shì shén me

B：她 在 贸 易 公 司 做 事 务 性 的 工 作。
tā zài mào yì gōng sī zuò shì wù xìng de gōng zuò

兄嫁さんの仕事は何ですか?

彼女は貿易会社で事務の仕事をしています。

A：你 表 弟 的 工 作 是 什 么?
nǐ biǎo dì de gōng zuò shì shén me

B：他 是 服 装 设 计 师。
tā shì fú zhuāng shè jì shī

いとこ（従弟）の仕事は何ですか?

彼はファッションデザイナーです

A：你 表 妹 的 工 作 是 什 么?
nǐ biǎo mèi de gōng zuò shì shén me

B：她 是 美 容 师。
tā shì měi róng shī

いとこ（従妹）の仕事は何ですか?

彼女は美容師です。

＊日本語の「会社で事務の仕事をしています」を中国語では「我是文員」とも言います。

役に立つ一言会話

A：这 是 我 的 一 点儿 心 意， 请 收 下。
<small>zhè shì wǒ de yì diǎnr xīn yì　qǐng shōu xià</small>

B：谢 谢 你 总 是 想 着 我。
<small>xiè xie nǐ zǒng shì xiǎng zhe wǒ</small>

A：気持ちだけのものですが、どうぞ受け取ってください。

B：いつも私のことを気にかけてくださって、ありがとう。

練習問題　　　　　　　　　　　　　　　　　　　　　　解答 p.439

（1）適当な単語を下線部に入れ（ピンインをつけ）、例のように3種類
　　の疑問文を作り、会話の練習をしなさい。

例：这 里 是 新 加 坡 国 立 大 学。（大学、病院）
<small>zhè lǐ shì xīn jiā pō guó lì dà xué</small>

① 　Q　这 里 是 新 加 坡 国 立 大 学 吗?

　　　A　这 里 是 新 加 坡 国 立 大 学。

② 　Q　这 里 是 不 是 新 加 坡 国 立 大 学?

　　　A　这 里 不 是 新 加 坡 国 立 大 学，是 国 立 医 院。

③ 　Q　这 里 是 什 么 大 学?

　　　A　这 里 是 新 加 坡 国 立 大 学。

1）加 藤 小 姐 是＿＿＿＿＿＿＿＿＿（キャビンアテンダント、看護師）

　①　Q＿＿＿＿＿＿＿＿＿＿＿＿＿＿＿＿＿＿

　　　A＿＿＿＿＿＿＿＿＿＿＿＿＿＿＿＿＿＿

② Q＿＿＿＿＿＿＿＿＿＿＿＿＿＿＿＿＿＿＿＿＿＿

　　A＿＿＿＿＿＿＿＿＿＿＿＿＿＿＿＿＿＿＿＿＿＿

③ Q＿＿＿＿＿＿＿＿＿＿＿＿＿＿＿＿＿＿＿＿＿＿

　　A＿＿＿＿＿＿＿＿＿＿＿＿＿＿＿＿＿＿＿＿＿＿

2）这里是＿＿＿＿＿＿＿＿＿＿＿＿＿＿＿＿＿（私の家、病院）

① Q＿＿＿＿＿＿＿＿＿＿＿＿＿＿＿＿＿＿＿＿＿＿

　　A＿＿＿＿＿＿＿＿＿＿＿＿＿＿＿＿＿＿＿＿＿＿

② Q＿＿＿＿＿＿＿＿＿＿＿＿＿＿＿＿＿＿＿＿＿＿

　　A＿＿＿＿＿＿＿＿＿＿＿＿＿＿＿＿＿＿＿＿＿＿

③ Q＿＿＿＿＿＿＿＿＿＿＿＿＿＿＿＿＿＿＿＿＿＿

　　A＿＿＿＿＿＿＿＿＿＿＿＿＿＿＿＿＿＿＿＿＿＿

3）我父亲是＿＿＿＿＿＿＿＿＿＿＿＿＿＿＿＿＿（シェフ、運転手）

① Q＿＿＿＿＿＿＿＿＿＿＿＿＿＿＿＿＿＿＿＿＿＿

　　A＿＿＿＿＿＿＿＿＿＿＿＿＿＿＿＿＿＿＿＿＿＿

② Q＿＿＿＿＿＿＿＿＿＿＿＿＿＿＿＿＿＿＿＿＿＿

　　A＿＿＿＿＿＿＿＿＿＿＿＿＿＿＿＿＿＿＿＿＿＿

③ Q＿＿＿＿＿＿＿＿＿＿＿＿＿＿＿＿＿＿＿＿＿＿

　　A＿＿＿＿＿＿＿＿＿＿＿＿＿＿＿＿＿＿＿＿＿＿

4) 我 母 亲 是_____（公務員、通訳）

   ① Q_____

       A_____

   ② Q_____

       A_____

   ③ Q_____

       A_____

5) 她 哥 哥 是_____（ガイド、郵便配達人）

   ① Q_____

       A_____

   ② Q_____

       A_____

   ③ Q_____

       A_____

（2）次の単語を正しい語順に並べ替え、日本語に訳しなさい。

   ① 是・她・空中小姐・不是 ？

      _____ 訳_____

   ② 太太・哪位・您・是 ？

      _____ 訳_____

   ③ 电影院・还是・购物中心・是・这里 ？

      _____ 訳_____

④ 便宜・是・这个・最・的　。

_____　訳 _____

⑤ 去・他们・邮局・吗・也　？

_____　訳 _____

⑥ 意大利・你・哪儿・是・的・人　？

_____　訳 _____

⑦ 哪儿・在・你・工作　？

_____　訳 _____

⑧ 也・学生们・星期天・学习　。

_____　訳 _____

⑨ 他・高・弟弟・很・也・个子　。

_____　訳 _____

⑩ 金融机关・工作・事务性・我・的・在・做　。

_____　訳 _____

(3) 次の会話を中国語に訳して（ピンインもつけ）、会話の練習をし
　　なさい。

① A：池田さんはどんな仕事をしていますか？

　　B：私は銀行員です。　_____

訳　A：_____

　　B：_____

② A：これはコカ・コーラですか、それともスープですか？

　　B：これはスープです、コカ・コーラではありません。

訳　A：_____

　　B：_____

③ A：誰が社長ですか？

　　B：王さんが社長です。劉さんはスタッフです。

訳　A：_____

　　B：_____

④ A：どちらさまですか？

　　B：私は通訳の加藤です。

訳　A：_____

　　B：_____

⑤ A：あれはどんなお茶ですか？

　　B：あれはウーロン茶です。私はウーロン茶が好きです。

訳　A：_____

　　B：_____

第19課 新加坡好吗?

xīn jiā pō hǎo ma

（シンガポールはいいですか?）

1. 会 話

🔊 2 − 044

（1）

A：新加坡好吗?
xīn jiā pō hǎo ma

B：新加坡很好，但是很小。
xīn jiā pō hěn hǎo dàn shì hěn xiǎo

A：新加坡的日本人多吗?
xīn jiā pō de rì běn rén duō ma

B：新加坡的日本人不少。
xīn jiā pō de rì běn rén bù shǎo

（2）

A：日本怎么样?
rì běn zěn me yàng

B：日本也很好，但是东西太贵了。
rì běn yě hěn hǎo dàn shì dōng xi tài guì le

A：香港怎么样?
xiāng gǎng zěn me yàng

B：香港的食物很好吃，
xiāng gǎng de shí wù hěn hǎo chī
但是东西也很贵。
dàn shì dōng xi yě hěn guì

A：中国呢?
zhōng guó ne

B：中国很大。有的东西贵，有的东西
zhōng guó hěn dà yǒu de dōng xi guì yǒu de dōng xi
便宜。
pián yi
有的地方好，有的地方不好。
yǒu de dì fang hǎo yǒu de dì fang bù hǎo
现在（有）很多日本人去中国。
xiàn zài yǒu hěn duō rì běn rén qù zhōng guó

2. 訳　文

(1)
　　A：シンガポールはいいですか？
　　B：シンガポールはいいです。でも、とても小さいです。
　　A：シンガポールの日本人は多いですか？
　　B：シンガポールの日本人は少なくないです。

(2)
　　A：日本はいかがですか？
　　B：日本もとてもいいです。でも物が高すぎます。
　　A：香港はいかがですか？
　　B：香港の食べ物はとてもおいしいです、でも物価もとても高いです。
　　A：中国は？
　　B：中国はとても大きいです。ある物は高いし、ある物は安いです。
　　　　よいところも、よくないところもあります。あるところはいいし、
　　　　あるところはよくありません。今、中国へ行く日本人はたくさんい
　　　　ます。

3. 新しい単語

（2 − 045）

	hǎo		
1.	好	（形容詞）	いい
	bù hǎo		
△	不 好	（否定文）	よくない
	huài		
2.	坏	（形容詞）	悪い
	hěn		
3.	很	（程度副詞）	とても
	dàn shì		
4.	但 是	（接続詞）	しかし、けれども
	xiǎo		
5.	小	（形容詞）	小さい
	dà		
6.	大	（形容詞）	大きい
	duō		
7.	多	（形容詞）	多い
	shǎo		
8.	少	（形容詞）	少ない

9.	<ruby>怎<rt>zěn</rt></ruby> <ruby>么<rt>me</rt></ruby> <ruby>样<rt>yàng</rt></ruby>	（疑問詞）	どうですか？ / いかがですか？
10.	<ruby>东<rt>dōng</rt></ruby> <ruby>西<rt>xi</rt></ruby>	（名詞）	物、商品
11.	<ruby>太<rt>tài</rt></ruby>…<ruby>了<rt>le</rt></ruby>	（文型）	とても…だ /…すぎる
12.	<ruby>贵<rt>guì</rt></ruby>	（形容詞）	（値段が）高い
△	<ruby>太<rt>tài</rt></ruby> <ruby>贵<rt>guì</rt></ruby> <ruby>了<rt>le</rt></ruby>	（感嘆文）	高すぎる
13.	<ruby>便<rt>pián</rt></ruby> <ruby>宜<rt>yi</rt></ruby>	（形容詞）	安い
14.	<ruby>香<rt>xiāng</rt></ruby> <ruby>港<rt>gǎng</rt></ruby>	（固有名詞）	香港
15.	<ruby>食<rt>shí</rt></ruby> <ruby>物<rt>wù</rt></ruby>	（名詞）	食べ物
16.	<ruby>好<rt>hǎo</rt></ruby> <ruby>吃<rt>chī</rt></ruby>	（形容詞）	おいしい（食べ物）
17.	<ruby>好<rt>hǎo</rt></ruby> <ruby>喝<rt>hē</rt></ruby>	（形容詞）	おいしい（飲み物）
18.	<ruby>有<rt>yǒu</rt></ruby> <ruby>的<rt>de</rt></ruby>…		（ある…は）
△	<ruby>有<rt>yǒu</rt></ruby> <ruby>的<rt>de</rt></ruby> <ruby>人<rt>rén</rt></ruby>	（フレーズ）	（ある人は）
19.	<ruby>地<rt>dì</rt></ruby> <ruby>方<rt>fang</rt></ruby>	（名詞）	場所、所
20.	<ruby>真<rt>zhēn</rt></ruby>	（程度副詞）	本当に
21.	<ruby>挺<rt>tǐng</rt></ruby> … <ruby>的<rt>de</rt></ruby>	（文型）	なかなか…である
22.	<ruby>蛮<rt>mán</rt></ruby> … <ruby>的<rt>de</rt></ruby>	（文型）	なかなか…である
23.	<ruby>非<rt>fēi</rt></ruby> <ruby>常<rt>cháng</rt></ruby>	（程度副詞）	非常に
24.	<ruby>特<rt>tè</rt></ruby>（<ruby>别<rt>bié</rt></ruby>）	（程度副詞）	特別に

4. キーポイント

（1）中国語の呼び方いろいろ

1）中国人が外国人に対して

中国人は一般に外国人を呼ぶ際、男性は苗字＋「先生<ruby>先<rt>xiān</rt></ruby><ruby>生<rt>sheng</rt></ruby>」、未婚の女性は苗字＋「<ruby>小<rt>xiǎo</rt></ruby><ruby>姐<rt>jie</rt></ruby>」、既婚の女性は苗字＋「<ruby>太<rt>tài</rt></ruby><ruby>太<rt>tai</rt></ruby>」の形で呼びます。また「<ruby>女<rt>nǚ</rt></ruby><ruby>士<rt>shì</rt></ruby>」はインテリなどの女性の姓の後につけ、敬意を表すもので、日本語の「○○女史」と同じような呼び方です。

例：（<ruby>小<rt>xiǎo</rt></ruby><ruby>姐<rt>jie</rt></ruby>・Miss）　　（<ruby>太<rt>tài</rt></ruby><ruby>太<rt>tai</rt></ruby>・Mrs.）　　（<ruby>先<rt>xiān</rt></ruby><ruby>生<rt>sheng</rt></ruby>・Mr.）

　＊最近の中国では、ホステスも「小姐」と呼ばれ、即ち「小姐」はもうホステスの代名詞になっているので、苗字の知らない女性を「小姐」と呼んではいけません。20 代前半の女性を「小妹」（妹ちゃん）と呼び、30 代前後の女性を「大姐」（お姉ちゃん）と呼ぶほうが無難です。

　＊1980 年代から数年前まで、ホテルやレストランの女性サービス係りを「小姐」と呼んでいたのですが、それも上記の理由で「小姐」と呼んではいけなくなり、女性サービス係りを「<ruby>服<rt>fú</rt></ruby><ruby>务<rt>wù</rt></ruby><ruby>员<rt>yuán</rt></ruby>」と呼び、男性サービス係りを「<ruby>服<rt>fú</rt></ruby><ruby>务<rt>wù</rt></ruby><ruby>生<rt>shēng</rt></ruby>」と呼ぶようになりました。

2）外国人が中国人に対して

　a.外国人が中国人を呼ぶ場合で、正式な場合やその中国人とあまり親しくない場合は、上記の「中国人が外国人に対して」と同じ呼び方を使って呼べばいいでしょう。

　b.特定の職種の人々に対して

①　運転手や職人さん（エアコン修理の人等）は苗字の後に「<ruby>师<rt>shī</rt></ruby><ruby>傅<rt>fu</rt></ruby>（師匠）」をつけます。

　　例：<ruby>王<rt>wáng</rt></ruby><ruby>师<rt>shī</rt></ruby><ruby>傅<rt>fu</rt></ruby>/王師匠　　<ruby>周<rt>zhōu</rt></ruby><ruby>师<rt>shī</rt></ruby><ruby>傅<rt>fu</rt></ruby>/周師匠

　＊苗字が分からない場合は「<ruby>师<rt>shī</rt></ruby><ruby>傅<rt>fu</rt></ruby>」だけでも大丈夫です。

②　掃除のおばさんやお手伝いさんは苗字の後に「<ruby>阿<rt>ā</rt></ruby><ruby>姨<rt>yí</rt></ruby>」をつけて呼びます。

　　例：<ruby>胡<rt>hú</rt></ruby><ruby>阿<rt>ā</rt></ruby><ruby>姨<rt>yí</rt></ruby>/胡おばさん　　<ruby>常<rt>cháng</rt></ruby><ruby>阿<rt>ā</rt></ruby><ruby>姨<rt>yí</rt></ruby>/常おばさん

③　母親の女友達や隣のおばさんは普通「阿姨（ā yí）」で呼びます。

＊苗字が分からない場合は「阿姨（ā yí）」だけでも大丈夫です。

c.親しい中国人の友達に対して名前を直接呼んだり、ニックネーム
　で呼びます。

例：张 国 昌 先 生（zhāng guó chāng xiān sheng）→国 昌（guó chāng）
　　李 小 平 小 姐（lǐ xiǎo píng xiǎo jie）→小 平 / 平 平（xiǎo píng / píng ping）

d.相手の中国人を何と呼んでいいか分からない場合、あるいは失礼
　にならないように特別に気を使う場合、「我 怎 么 称 呼 您？（wǒ zěn me chēng hu nín）」
　（何とお呼びすればいいですか？）と先に聞き、相手の指示に従
　えばよいでしょう。

例：A：我 怎 么 称 呼 您?（wǒ zěn me chēng hu nín）
　　B：你 可 以 叫 我 小 张 。（nǐ kě yǐ jiào wǒ xiǎo zhāng）

(2) 中国人同士の呼び方

1)　正式な場合「○○先 生（xiānsheng）」「○○小 姐（xiǎo jie）」「○○太 太（tài tai）」「○○女
　士（shì）」という呼び方を使っています。

2)　会社では肩書きをつけて呼びます。

例：王 总 (经 理)（wáng zǒng jīng lǐ）/ 王社長　　张 会 计（zhāng kuài ji）/ 会計の張さん
　　李 教 练（lǐ jiào liàn）/ 李コーチ　　齐 院 长（qí yuàn zhǎng）/ 斉院長
　　陈 大 夫（chén dài fu）/ 陳先生（医師）　　汪 医 生（wāng yī shēng）/ 汪先生（医師）

＊中国語の「经 理（jīng lǐ）」はマネージャーの意味で、日本語の「経理」
　は中国語では、「会 计（kuài ji）」といいます。

＊最近の中国語では肩書きの最後の文字を省略して、前の文字だけ
　で上司を呼ぶ傾向があります。

△「齐院长」→「齐院」　△「王导演」（映画監督王さん）→「王导」

270

3) 親しい間柄の同僚に対して自分より年上の人には「老^{lǎo}+姓」、年下の人には「小^{xiǎo}+姓」で呼びます。

例：老何^{lǎo hé} / 何さん　　　　　　小吴^{xiǎo wú} / 呉さん

＊「老何^{lǎo hé}」「小吴^{xiǎo wú}」などの呼び方は親しいご近所同士でも使えるし、自分にも使えます。

例：我是小王^{wǒ shì xiǎo wáng}。/ 王です。　我是老刘^{wǒ shì lǎo liú}。/ 劉です。

4) 家族や親しい友達の場合

名前やニックネームで呼びます。「吴丽」など姓名あわせて2文字の場合はフルネームで呼びます。

例：洪华青^{hóng huá qīng} → 华青^{huá qīng}　李小玲^{lǐ xiǎo líng} → 小玲^{xiǎo líng} → 玲玲^{líng líng}
吴丽^{wú lì} → 吴丽^{wú lì}

5) 学校では

先生同士はお互いに「姓＋老师^{lǎo shī}」で呼びます。生徒は先生に対して「姓＋老师^{lǎo shī}」で呼び、先生は生徒を「姓＋同学^{tóngxué}」と呼びます。生徒同士はふつう「姓＋名」のフルネームで呼びます。

例：李老师^{lǐ lǎo shī} / 李先生　　　　　高校长^{gāo xiào zhǎng} / 高校長
李子力^{lǐ zǐ lì}(同学^{tóng xué}) / 李子力さん（先生から生徒へ）
高玉宝^{gāo yù bǎo} / 高玉宝さん（生徒同士）

(3) 夫婦の呼び方（第三者がいる時か、第三者に紹介する時）

妻→夫「我丈夫^{wǒ zhàng fu}」(夫)、「我老公^{wǒ lǎo gōng}」(だんな)、「我先生^{wǒ xiān sheng}」(主人)、「我爱人^{wǒ ài ren}」(私の伴侶) がよく使われます。

例：这是我先生^{zhè shì wǒ xiān sheng} / 老公^{lǎo gōng} / 爱人^{ài ren}。/ これは私の主人です。
夫→妻「我太太^{wǒ tài tai}」(ワイフ)、「我妻子^{wǒ qī zi}」(妻)、「我老婆^{wǒ lǎo po}」(女房)、「我爱人^{wǒ ài ren}」(私の伴侶) がよく使われます。

例：<ruby>这<rt>zhè</rt></ruby> <ruby>是<rt>shì</rt></ruby> <ruby>我<rt>wǒ</rt></ruby> <ruby>太<rt>tài</rt></ruby> <ruby>太<rt>tai</rt></ruby> / <ruby>爱<rt>ài</rt></ruby> <ruby>人<rt>ren</rt></ruby>。/ これは私の妻です。

(4) 恋人同士や婚約者同士の呼び方

1) 2人だけの場合は本人同士で決めたニックネームで呼び合います。

例：（女）<ruby>李<rt>lǐ</rt></ruby> <ruby>丽<rt>lì</rt></ruby> <ruby>桥<rt>qiáo</rt></ruby>→<ruby>丽<rt>lì</rt></ruby> <ruby>桥<rt>qiáo</rt></ruby> → <ruby>桥<rt>qiáo</rt></ruby> → <ruby>丽<rt>lì</rt></ruby> <ruby>丽<rt>li</rt></ruby>

（男）<ruby>林<rt>lín</rt></ruby> <ruby>大<rt>dà</rt></ruby> <ruby>伟<rt>wěi</rt></ruby>→<ruby>大<rt>dà</rt></ruby> <ruby>伟<rt>wěi</rt></ruby>

2) 第三者がいる時か第三者に紹介する時

例：<ruby>这<rt>zhè</rt></ruby> <ruby>是<rt>shì</rt></ruby> <ruby>我<rt>wǒ</rt></ruby> <ruby>的<rt>de</rt></ruby> <ruby>男<rt>nán</rt></ruby> <ruby>朋<rt>péng</rt></ruby> <ruby>友<rt>you</rt></ruby>。/ この人は私のボーイフレンドです。

<ruby>她<rt>tā</rt></ruby> <ruby>是<rt>shì</rt></ruby> <ruby>我<rt>wǒ</rt></ruby> <ruby>的<rt>de</rt></ruby> <ruby>女<rt>nǔ</rt></ruby> <ruby>朋<rt>péng</rt></ruby> <ruby>友<rt>you</rt></ruby>。/ 彼女は私のガールフレンドです。

<ruby>这<rt>zhè</rt></ruby> <ruby>是<rt>shì</rt></ruby> <ruby>我<rt>wǒ</rt></ruby> <ruby>的<rt>de</rt></ruby> <ruby>未<rt>wèi</rt></ruby> <ruby>婚<rt>hūn</rt></ruby> <ruby>妻<rt>qī</rt></ruby>（<ruby>未<rt>wèi</rt></ruby> <ruby>婚<rt>hūn</rt></ruby> <ruby>夫<rt>fū</rt></ruby>）。/ この人は私の婚約者です。

注意事項：

①昔、中国人は人を呼ぶ時、実年齢よりも年代または親族呼称の順位を上にすることで尊敬の意を表しました。例えば、20代の若い人を「哥哥」（お兄さん）あるいは「姐姐」（お姉さん）と呼ぶより、「叔叔」（おじさん）あるいは「阿姨」（おばさん）と呼ぶほうが相手に失礼がありません。50代後半の方を「叔叔」（おじさん）あるいは「阿姨」（おばさん）と呼ぶより、「爷爷」（おじいさん）あるいは「奶奶」（おばあさん）と呼ぶほうが失礼のない呼び方になります。

②最近の中国では西洋の影響を受け、「爷爷」「奶奶」「叔叔」「阿姨」も若く呼ばれるのを喜ぶようになりました。

③最近の中国では、業界の先輩に敬意を表す為、業界の後輩はその先輩を「○○先生」「○○女士」と呼ばず、「○○老师」と呼ぶ傾向があります。仮にその先輩の職業が教師でなくても、「○○老师」と呼びます。

5. 文法ポイント

●形容詞述語文の基本語順（肯定文・否定文・疑問文）

A 陳述文

主語 ＋ 程度副詞 ＋ 述語形容詞
很
真
非常
特別
挺…的
蛮…的

①形容詞が述語になり、物事の性質・状態を陳述したり、感嘆を表したり、何かを説明したりする時、述語形容詞の前によく程度副詞を置きます。

②その程度副詞は、特に強く発音しない限り、程度を強調する役割は弱く、単に形容詞述語文全体の音のリズムのバランスをとる働きをしているにすぎません。形容詞1文字が述語の場合、音節が1つしかないので、どうもリズムの上で何かが足りない…と感じるからであり、それを補うために形容詞の前に程度副詞を入れるようになったのです。

③ただし、形容詞述語文をもって対比を表したり、問いに答えたりする場合は程度副詞を述語形容詞の前に置く必要はありません。

a. 陳述：述語形容詞の前には程度副詞を必要とします。

例：你 们 家 真 大。
nǐ men jiā zhēn dà
／お宅は大きいですね。（感嘆を表す）

新 加 坡 很 漂 亮。
xīn jiā pō hěn piào liang
／シンガポールはとてもきれいですよ。（状況を陳述）

今 天 蛮 热 的。
jīn tiān mán rè de
／今日は、とても暑いですね。（状態を説明）

rì běn rén fēi cháng qín láo
日 本 人 非 常 勤 劳。
　　　　　　　　/ 日本人は非常に勤勉ですよ。
　　　　　　　　（特性を陳述）

b. 対比：述語形容詞の前に程度副詞を必要としません。もし程度副詞
　　が使われていたら、特別にその程度を強調する役割を果たし
　　ています。

例：zhōng guó yǒu de dōng xi guì　yǒu de dōng xi pián yi
　　中 国 有 的 东 西 贵，有 的 东 西 便 宜。

　　/ 中国は高い物もあれば安い物もある。

　　gē ge gè zi gāo　dì di gè zi ǎi
　　哥 哥 个 子 高，弟 弟 个 子 矮。

　　/ 兄は背が高く、弟は背が低い。

c. 質問への回答：上記「対比」の説明と同様です。

例：shèng táo shā yuǎn ma
　　A：**圣 淘 沙 远 吗?**　　　　/ セントーサは遠いですか？
　　shèng táo shā yuǎn
　　B：**圣 淘 沙 远 。**　　　　　/ セントーサは遠いです。
　　nà li hǎo wánr ma
　　A：**那 里 好 玩儿 吗?**　　　/ あそこは面白いですか？
　　nà li hǎo wánr
　　B：**那 里 好 玩儿。**　　　　/ あそこは面白いです。

B 疑問文

① 「吗」疑問文

文型 & 応用会話　24　　　　　　🔊 2 － 047

主 + 述語形容詞＋吗?	～は…ですか？
例：běi hǎi dào　de　dōng tiān lěng ma **北 海 道 (的) 冬 天 冷 吗?**	北海道の冬は寒いですか？
xià wēi yí piào liang ma **夏 威 夷 漂 亮 吗?**	ハワイはきれいですか？
rì běn　de　qiū tiān liáng kuài ma **日 本 (的) 秋 天 凉 快 吗?**	日本の秋は涼しいですか？

〈解説〉

　形容詞陳述文の最後に語気助詞の「吗」を置き、その後ろにクエスチョ
ンマーク「？」をつけます。

A：他们家大吗？
tā men jiā dà ma

B：他们家大。
tā men jiā dà

A：新加坡漂亮吗？
xīn jiā pō piào liang ma

B：新加坡很漂亮。
xīn jiā pō hěn piào liang

A：日本人勤劳吗？
rì běn rén qín láo ma

B：日本人非常勤劳。
rì běn rén fēi cháng qín láo

A：中国人呢？
zhōng guó rén ne

B：中国人也很勤劳。
zhōng guó rén yě hěn qín láo

A：最近天气怎么样？
zuì jìn tiān qì zěn me yàng

B：最近天气蛮热的。
zuì jìn tiān qì mán rè de

A：民丹岛远吗？
mín dān dǎo yuǎn ma

B：不远。坐船四十五分钟。
bù yuǎn　zuò chuán sì shí wǔ fēn zhōng

A：圣淘沙好玩儿吗？
shèng táo shā hǎo wánr ma

B：圣淘沙很好玩儿。特别是"海底世界"很好玩儿。
shèng táo shā hěn hǎo wánr　tè bié shì hǎi dǐ shì jiè hěn hǎo wánr

彼らの家は大きいですか？

彼らの家は大きいです。

シンガポールはきれいですか？

シンガポールはとてもきれいです。

日本人は勤勉ですか？

日本人はとても勤勉です。

中国人は？

中国人もとても勤勉です。

最近の天気はどうですか？

最近の天気はけっこう暑いです。

ビンタン島は遠いですか？

遠くないです、船で45分です。

セントーサは面白いですか？

セントーサはとても面白いです、特に水族館はとても面白いです。

②反復疑問文

主 ＋ 形容詞・不・形容詞？	～は…か、どうか？

例：
jīn tiān rè bu re
今 天 热 不 热?

nǐ men gōng sī dà bu da
你 们 公 司 大 不 大?

今日は暑いですか、暑くないですか？

あなたたちの会社は大きいですか？

〈解説〉

　形容詞の肯定式と否定式を両方並べて疑問を表します。文末には「吗」を置きません。否定式の部分は軽声として発音されます。

＊反復疑問文は程度副詞を使いません。

例：
nǐ men gōng yù de rì běn rén duō bu duo
你 们 公 寓 (的) 日 本 人 多 不 多?

／あなたのマンションには日本人が多いですか？

nǐ men gōng yù de rì běn rén hěn duō bu duo
[你 们 公 寓 (的) 日 本 人 很 多 不 多?]
⊗

zhōng guó de dōng xi guì bu gui
中 国 (的) 东 西 贵 不 贵? ／中国の品物は高いですか？

zhōng guó de dōng xi zhēn guì bu gui
[中 国 (的) 东 西 真 贵 不 贵?]
⊗

rì běn hǎo bu hao
日 本 好 不 好? ／日本はいいですか？

rì běn fēi cháng hǎo bu hao
[日 本 非 常 好 不 好?]
⊗

A：<ruby>峇<rt>bā</rt></ruby> <ruby>厘<rt>lí</rt></ruby> <ruby>岛<rt>dǎo</rt></ruby> <ruby>离<rt>lí</rt></ruby> <ruby>新<rt>xīn</rt></ruby> <ruby>加<rt>jiā</rt></ruby> <ruby>坡<rt>pō</rt></ruby> <ruby>远<rt>yuǎn</rt></ruby> <ruby>不<rt>bu</rt></ruby> <ruby>远<rt>yuan</rt></ruby>？

バリ島はシンガポールから遠いですか？

B：<ruby>不<rt>bú</rt></ruby> <ruby>太<rt>tài</rt></ruby> <ruby>远<rt>yuǎn</rt></ruby>。<ruby>坐<rt>zuò</rt></ruby> <ruby>飞<rt>fēi</rt></ruby> <ruby>机<rt>jī</rt></ruby> <ruby>两<rt>liǎng</rt></ruby> <ruby>个<rt>ge</rt></ruby> <ruby>小<rt>xiǎo</rt></ruby> <ruby>时<rt>shí</rt></ruby>。

あまり遠くないです、飛行機で2時間です。

A：<ruby>夏<rt>xià</rt></ruby> <ruby>威<rt>wēi</rt></ruby> <ruby>夷<rt>yí</rt></ruby> <ruby>呢<rt>ne</rt></ruby>？

ハワイは？

B：<ruby>夏<rt>xià</rt></ruby> <ruby>威<rt>wēi</rt></ruby> <ruby>夷<rt>yí</rt></ruby> <ruby>离<rt>lí</rt></ruby> <ruby>新<rt>xīn</rt></ruby> <ruby>加<rt>jiā</rt></ruby> <ruby>坡<rt>pō</rt></ruby> <ruby>很<rt>hěn</rt></ruby> <ruby>远<rt>yuǎn</rt></ruby>。<ruby>坐<rt>zuò</rt></ruby> <ruby>飞<rt>fēi</rt></ruby> <ruby>机<rt>jī</rt></ruby> <ruby>十<rt>shí</rt></ruby> <ruby>六<rt>liù</rt></ruby> <ruby>个<rt>ge</rt></ruby> <ruby>小<rt>xiǎo</rt></ruby> <ruby>时<rt>shí</rt></ruby>。

ハワイはシンガポールからとても遠いです。飛行機で16時間です。

A：<ruby>那<rt>nà</rt></ruby> <ruby>里<rt>li</rt></ruby> <ruby>是<rt>shì</rt></ruby> <ruby>圣<rt>shèng</rt></ruby> <ruby>淘<rt>táo</rt></ruby> <ruby>沙<rt>shā</rt></ruby> <ruby>不<rt>bu</rt></ruby> <ruby>是<rt>shi</rt></ruby>？

あそこはセントーサですか？

B：<ruby>那<rt>nà</rt></ruby> <ruby>里<rt>li</rt></ruby> <ruby>不<rt>bú</rt></ruby> <ruby>是<rt>shì</rt></ruby> <ruby>圣<rt>shèng</rt></ruby> <ruby>淘<rt>táo</rt></ruby> <ruby>沙<rt>shā</rt></ruby>，<ruby>那<rt>nà</rt></ruby> <ruby>里<rt>li</rt></ruby> <ruby>是<rt>shì</rt></ruby> <ruby>民<rt>mín</rt></ruby> <ruby>丹<rt>dān</rt></ruby> <ruby>岛<rt>dǎo</rt></ruby>。

あそこはセントーサではありません、あそこはビンタン島です。

A：<ruby>你<rt>nǐ</rt></ruby> <ruby>们<rt>men</rt></ruby> <ruby>公<rt>gōng</rt></ruby> <ruby>寓<rt>yù</rt></ruby>（<ruby>的<rt>de</rt></ruby>）<ruby>日<rt>rì</rt></ruby> <ruby>本<rt>běn</rt></ruby> <ruby>人<rt>rén</rt></ruby>
<ruby>多<rt>duō</rt></ruby> <ruby>不<rt>bu</rt></ruby> <ruby>多<rt>duo</rt></ruby>？

あなたたちのマンションには日本人が多いですか？

B：<ruby>我<rt>wǒ</rt></ruby> <ruby>们<rt>men</rt></ruby> <ruby>公<rt>gōng</rt></ruby> <ruby>寓<rt>yù</rt></ruby>（<ruby>的<rt>de</rt></ruby>）<ruby>日<rt>rì</rt></ruby> <ruby>本<rt>běn</rt></ruby> <ruby>人<rt>rén</rt></ruby>
<ruby>很<rt>hěn</rt></ruby> <ruby>多<rt>duō</rt></ruby>。

私たちのマンションには日本人がとても多いです。

A：<ruby>中<rt>zhōng</rt></ruby> <ruby>国<rt>guó</rt></ruby>（<ruby>的<rt>de</rt></ruby>）<ruby>东<rt>dōng</rt></ruby> <ruby>西<rt>xi</rt></ruby> <ruby>贵<rt>guì</rt></ruby> <ruby>不<rt>bu</rt></ruby> <ruby>贵<rt>gui</rt></ruby>？

中国の物は高いですか？

B：<ruby>有<rt>yǒu</rt></ruby> <ruby>的<rt>de</rt></ruby> <ruby>东<rt>dōng</rt></ruby> <ruby>西<rt>xi</rt></ruby> <ruby>贵<rt>guì</rt></ruby>，
<ruby>有<rt>yǒu</rt></ruby> <ruby>的<rt>de</rt></ruby> <ruby>东<rt>dōng</rt></ruby> <ruby>西<rt>xi</rt></ruby> <ruby>便<rt>pián</rt></ruby> <ruby>宜<rt>yi</rt></ruby>。

高い物もあれば、安い物もあります。

A：<ruby>日<rt>rì</rt></ruby> <ruby>本<rt>běn</rt></ruby> <ruby>好<rt>hǎo</rt></ruby> <ruby>不<rt>bu</rt></ruby> <ruby>好<rt>hao</rt></ruby>？

日本はいいですか？

B：<ruby>日<rt>rì</rt></ruby> <ruby>本<rt>běn</rt></ruby> <ruby>非<rt>fēi</rt></ruby> <ruby>常<rt>cháng</rt></ruby> <ruby>好<rt>hǎo</rt></ruby>。
<ruby>有<rt>yǒu</rt></ruby> <ruby>很<rt>hěn</rt></ruby> <ruby>多<rt>duō</rt></ruby> <ruby>好<rt>hǎo</rt></ruby> <ruby>玩<rt>wánr</rt></ruby> <ruby>儿<rt></rt></ruby> <ruby>的<rt>de</rt></ruby> <ruby>地<rt>dì</rt></ruby> <ruby>方<rt>fang</rt></ruby>。
<ruby>但<rt>dàn</rt></ruby> <ruby>是<rt>shì</rt></ruby> <ruby>东<rt>dōng</rt></ruby> <ruby>西<rt>xi</rt></ruby> <ruby>很<rt>hěn</rt></ruby> <ruby>贵<rt>guì</rt></ruby>。

日本はすごくいいです。面白い場所がたくさんあります。でも物はとても高いです。

A：<ruby>榴<rt>liú</rt></ruby> <ruby>莲<rt>lián</rt></ruby> <ruby>好<rt>hǎo</rt></ruby> <ruby>吃<rt>chī</rt></ruby> <ruby>不<rt>bu</rt></ruby> <ruby>好<rt>hao</rt></ruby> <ruby>吃<rt>chī</rt></ruby>
／<ruby>好<rt>hǎo</rt></ruby> <ruby>不<rt>bu</rt></ruby> <ruby>好<rt>hao</rt></ruby> <ruby>吃<rt>chī</rt></ruby>？

ドリアンはおいしいですか？

B：<ruby>有<rt>yǒu</rt></ruby> <ruby>人<rt>rén</rt></ruby> <ruby>说<rt>shuō</rt></ruby> <ruby>好<rt>hǎo</rt></ruby> <ruby>吃<rt>chī</rt></ruby>，<ruby>有<rt>yǒu</rt></ruby> <ruby>人<rt>rén</rt></ruby>
<ruby>说<rt>shuō</rt></ruby> <ruby>不<rt>bù</rt></ruby> <ruby>好<rt>hǎo</rt></ruby> <ruby>吃<rt>chī</rt></ruby>。

おいしいと言う人もいれば、おいしくないと言う人もいます。

A：<ruby>木<rt>mù</rt></ruby> <ruby>瓜<rt>guā</rt></ruby> <ruby>好<rt>hǎo</rt></ruby> <ruby>吃<rt>chī</rt></ruby> <ruby>吗<rt>ma</rt></ruby>？

パパイヤはおいしいですか？

B：<ruby>木<rt>mù</rt></ruby> <ruby>瓜<rt>guā</rt></ruby> <ruby>还<rt>hái</rt></ruby> <ruby>可<rt>kě</rt></ruby> <ruby>以<rt>yǐ</rt></ruby>。

パパイヤはまあまあです。

主語＋特殊疑問詞（怎么样）？	…はいかがですか？

例：<ruby>你<rt>nǐ</rt></ruby> <ruby>身<rt>shēn</rt></ruby> <ruby>体<rt>tǐ</rt></ruby> <ruby>怎<rt>zěn</rt></ruby> <ruby>么<rt>me</rt></ruby> <ruby>样<rt>yàng</rt></ruby>？　お体はいかがですか？

<ruby>新<rt>xīn</rt></ruby> <ruby>加<rt>jiā</rt></ruby> <ruby>坡<rt>pō</rt></ruby> <ruby>怎<rt>zěn</rt></ruby> <ruby>么<rt>me</rt></ruby> <ruby>样<rt>yàng</rt></ruby>？　シンガポールはいかがですか？

〈解説〉

特殊疑問詞「怎么样」を使って物事の性質や状態を聞きます。文末には「吗」を置きません。

A：你父母身体怎么样？　ご両親のお体はいかがですか？

B：很好。　とても元気です。

A：马来西亚怎么样？　マレーシアはどうですか？

B：马来西亚治安很好。　マレーシアの治安はとても良いです。

A：中国怎么样？　中国はどうですか？

B：中国治安也不错，就是人太多了。　中国の治安も良いですが、ただ人が多すぎます。

A：那本书怎么样？　あの本はどうですか？

B：那本书很有意思。　あの本はとても面白いです。

A：他人怎么样？　彼の人柄はどうですか？

B：他人很好，很老实。　彼はとても良い人で、真面目です。

文型 & 応用会話 27

主＋述語V・过・目的語	～は…をしたことがある

例：你 去 过 中 国 吗?
    nǐ qù guo zhōng guó ma

中国へ行ったことがありますか？

   你 吃 过 北 京 烤 鸭 吗?
    nǐ chī guo běi jīng kǎo yā ma

北京ダックを食べたことがありますか？

〈解説〉

＊否定文：主＋没（有）述 V 过＋目 / ～は…したことがない。

例：我 没 去 过 中 国。
    wǒ méi qù guo zhōng guó

私は中国へ行ったことがない。

文型 & 応用会話 28

主＋想・述語V・目的語	～は…をしたい

例：我 想 去 中 国。
    wǒ xiǎng qù zhōng guó

私は中国へ行きたい。

   他 想 吃 日 本 菜。
    tā xiǎng chī rì běn cài

彼は日本料理を食べたい。

〈解説〉

助動詞「想」は述語動詞の前に置くことに注意しましょう。

A：<ruby>你<rt>nǐ</rt></ruby> <ruby>去<rt>qù</rt></ruby> <ruby>过<rt>guo</rt></ruby> <ruby>中<rt>zhōng</rt></ruby> <ruby>国<rt>guó</rt></ruby> <ruby>吗<rt>ma</rt></ruby>?　　あなたは中国へ行ったことがありますか?

B：<ruby>我<rt>wǒ</rt></ruby>（<ruby>还<rt>hái</rt></ruby>）<ruby>没<rt>méi</rt></ruby>（<ruby>有<rt>yǒu</rt></ruby>）<ruby>去<rt>qù</rt></ruby> <ruby>过<rt>guo</rt></ruby>。　　（私は）まだ行ったことがありません。

A：<ruby>你<rt>nǐ</rt></ruby> <ruby>想<rt>xiǎng</rt></ruby> <ruby>去<rt>qù</rt></ruby> <ruby>中<rt>zhōng</rt></ruby> <ruby>国<rt>guó</rt></ruby> <ruby>吗<rt>ma</rt></ruby>?　　（あなたは）中国へ行きたいですか?

B：<ruby>我<rt>wǒ</rt></ruby> <ruby>想<rt>xiǎng</rt></ruby> <ruby>去<rt>qù</rt></ruby> <ruby>中<rt>zhōng</rt></ruby> <ruby>国<rt>guó</rt></ruby>。　　私は中国へ行きたいです。

　　<ruby>我<rt>wǒ</rt></ruby> <ruby>想<rt>xiǎng</rt></ruby> <ruby>去<rt>qù</rt></ruby> <ruby>登<rt>dēng</rt></ruby> <ruby>长<rt>cháng</rt></ruby> <ruby>城<rt>chéng</rt></ruby>。　　私は万里の長城に登りたいです。

　　<ruby>你<rt>nǐ</rt></ruby> <ruby>呢<rt>ne</rt></ruby>?　　あなたは?

A：<ruby>我<rt>wǒ</rt></ruby> <ruby>去<rt>qù</rt></ruby> <ruby>过<rt>guo</rt></ruby> <ruby>一<rt>yí</rt></ruby> <ruby>次<rt>cì</rt></ruby>。　　私は1回行ったことがあります。

B：<ruby>你<rt>nǐ</rt></ruby> <ruby>还<rt>hái</rt></ruby> <ruby>想<rt>xiǎng</rt></ruby> <ruby>再<rt>zài</rt></ruby> <ruby>去<rt>qù</rt></ruby> <ruby>吗<rt>ma</rt></ruby>?　　（あなたは）また行きたいですか?

A：<ruby>我<rt>wǒ</rt></ruby> <ruby>还<rt>hái</rt></ruby> <ruby>想<rt>xiǎng</rt></ruby> <ruby>再<rt>zài</rt></ruby> <ruby>去<rt>qù</rt></ruby>。　　（私は）また行きたいです。

　　<ruby>我<rt>wǒ</rt></ruby> <ruby>想<rt>xiǎng</rt></ruby> <ruby>去<rt>qù</rt></ruby> <ruby>参<rt>cān</rt></ruby> <ruby>观<rt>guān</rt></ruby> <ruby>故<rt>gù</rt></ruby> <ruby>宫<rt>gōng</rt></ruby>。　　私は故宮を見に行きたいです。

B：<ruby>你<rt>nǐ</rt></ruby> <ruby>想<rt>xiǎng</rt></ruby> <ruby>吃<rt>chī</rt></ruby> <ruby>什<rt>shén</rt></ruby> <ruby>么<rt>me</rt></ruby>?　　あなたは何を食べたいですか?

A：<ruby>我<rt>wǒ</rt></ruby> <ruby>想<rt>xiǎng</rt></ruby> <ruby>吃<rt>chī</rt></ruby> <ruby>烤<rt>kǎo</rt></ruby> <ruby>鸭<rt>yā</rt></ruby>。　　私は北京ダックを食べたいです。

B：<ruby>你<rt>nǐ</rt></ruby> <ruby>想<rt>xiǎng</rt></ruby> <ruby>去<rt>qù</rt></ruby> <ruby>哪<rt>nǎr</rt></ruby><ruby>儿<rt></rt></ruby>?　　あなたはどこへ行きたいですか?

A：<ruby>我<rt>wǒ</rt></ruby> <ruby>想<rt>xiǎng</rt></ruby> <ruby>去<rt>qù</rt></ruby> <ruby>乌<rt>wū</rt></ruby> <ruby>节<rt>jié</rt></ruby> <ruby>路<rt>lù</rt></ruby>。　　私はオーチャードロードへ行きたいです。

🔊 2 － 052

㊙役に立つ一言会話

A：<ruby>不<rt>bù</rt></ruby> <ruby>好<rt>hǎo</rt></ruby> <ruby>意<rt>yì</rt></ruby> <ruby>思<rt>si</rt></ruby>，<ruby>给<rt>gěi</rt></ruby> <ruby>你<rt>nǐ</rt></ruby> <ruby>添<rt>tiān</rt></ruby> <ruby>麻<rt>má</rt></ruby> <ruby>烦<rt>fan</rt></ruby> <ruby>了<rt>le</rt></ruby>。

B：<ruby>没<rt>méi</rt></ruby> <ruby>关<rt>guān</rt></ruby> <ruby>系<rt>xi</rt></ruby>，<ruby>别<rt>bié</rt></ruby> <ruby>放<rt>fàng</rt></ruby> <ruby>在<rt>zài</rt></ruby> <ruby>心<rt>xīn</rt></ruby> <ruby>上<rt>shàng</rt></ruby>。

A：恐れ入ります、ご迷惑をかけました。

B：大丈夫です、気にしないでください。

学習効果を上げるために、前の第4章実践応用編のところの学習ポイント（212ページ）を参照してください。

(1)（　）から正しい単語を選んで下線部に漢字とピンインの両方を入れなさい。

① 咖 啡 _____（hǎo hē・好吃）

② 东 西 _____（便宜・yǒu yì si）

③ 日 本 人 _____（nuǎn huo・qín láo）

④ 个 子 _____（老实／おとなしい・矮̌／低い）

⑤ 新 加 坡 _____（漂亮・liáng kuai）

⑥ 香港物价 _____（贵・hǎo wánr）

(2) 次の単語を正しい語順に並べ替え、日本語に訳しなさい。

① 他・苹果・喜欢・梨・也・喜欢 　。

文 _____

訳 _____

② 都是・中国人・也都是・我们・他们・中国人 　。

文 _____

訳 _____

③ 见到・我・你・高兴・很・也 　。

文 _____

訳 _____

④ 东京・六个小时・坐・从・到・新加坡・飞机 　。

文 _____

訳 _____

⑤　气候・夏威夷・的・宜人・非常。(宜人：心地良い)

文　＿＿＿＿＿＿＿＿＿＿＿＿＿＿＿＿＿＿＿＿

訳　＿＿＿＿＿＿＿＿＿＿＿＿＿＿＿＿＿＿＿＿

⑥　地方・中国・有的・安全・很。

文　＿＿＿＿＿＿＿＿＿＿＿＿＿＿＿＿＿＿＿＿

訳　＿＿＿＿＿＿＿＿＿＿＿＿＿＿＿＿＿＿＿＿

(3) 次の会話を中国語に訳し、会話の練習をしなさい。

①　中国は広いですね。

訳　＿＿＿＿＿＿＿＿＿＿＿＿＿＿＿＿＿＿＿＿

②　万里の長城は立派ですね。(万里长城・壮观)

訳　＿＿＿＿＿＿＿＿＿＿＿＿＿＿＿＿＿＿＿＿

③　今週は特別に暑いですか？(这个星期)

訳　＿＿＿＿＿＿＿＿＿＿＿＿＿＿＿＿＿＿＿＿

④　空港はここから遠いですか？((飞)机场)

訳　＿＿＿＿＿＿＿＿＿＿＿＿＿＿＿＿＿＿＿＿

⑤　あの映画は面白いですか？(あの映画：那部电影)

訳　＿＿＿＿＿＿＿＿＿＿＿＿＿＿＿＿＿＿＿＿

⑥　A：ご家族は親戚が多いですか？(亲戚)

　　B：親戚は多くないのですが、友達が多いです。

訳　A：＿＿＿＿＿＿＿＿＿＿＿＿＿＿＿＿＿＿

　　B：＿＿＿＿＿＿＿＿＿＿＿＿＿＿＿＿＿＿

wǒ jiā zài guǎng chǎng
我家在 UE 广 场
（私の家は UE 広場にあります）

1. 本 文

2 − 053

wǒ jiā zài guǎng chǎng guǎng chǎng zài lǐ bā bā lǐ lù kào
我家在 UE 广 场，UE 广 场 在里峇峇里路，靠

jìn liàng gé guǎng chǎng li yǒu sì zuò gāo lóu liǎng zuò shì sī
近 亮 阁。UE 广 场 里有四座高楼。两 座是私

rén gōng yù yí zuò shì gòu wù zhōng xīn lìng yí zuò shì bàn gōng lóu
人 公 寓，一 座 是 购 物 中 心，另 一 座 是 办 公 楼。

guǎng chǎng de gòu wù zhōng xīn li yǒu zhěn suǒ chāo jí shì
UE 广 场 的 购 物 中 心 里 有 诊 所，超 级 市

chǎng hé cān tīng děng deng gòu wù zhōng xīn wài mian hái yǒu dī shì zhàn
场 和 餐 厅 等 等。购 物 中 心 外 面 还有的士站。

zhù zài guǎng chǎng de rén jué de fēi cháng fāng biàn
住在 UE 广 场 的人觉得非 常 方 便。

zài wǒ men gōng yù li hái yǒu jiàn shēn fáng yóu yǒng chí hé ér
在我 们 公 寓里还有健 身 房，游 泳 池和儿

tóng yóu lè chǎng wǒ men jué de zài zhè lǐ shēng huó hěn shū shì
童 游 乐 场，我 们 觉得在这里 生 活很舒适。

2. 訳 文

　私の家は UE スクエアにあります。UE スクエアはリバーバレーロード
にあり、リャンコートの近くです。UE スクエアには 4 棟の高層ビルが
あります。2 棟はプライベートマンション、1 棟はショッピングセンター、
あと 1 棟はオフィスビルです。

　UE スクエアのショッピングセンターには、クリニックやスーパー、
レストランなどがあります。ショッピングセンターの外にはタクシー乗
り場もあります。UE スクエアに住んでいる人はとても便利だと感じて
います。

　私たちのマンションにはさらにジムやプール、子供のプレーグラウン
ドもあります。私たちはここでの生活をとても快適だと思っています。

3. 新しい単語

1. jiā
   家 (名詞) 家

2. zài
   在… (動詞) …にある、いる

3. guǎng chǎng
   广 场 (名詞) 広場

   tiān 'ān mén guǎng chǎng
   △天 安 门 广 场 (固有名詞) 天安門広場

4. lǐ bā bā lǐ lù
   里 峇 峇 里 路 (固有名詞) リバーバレーロード

5. kào jìn
   A 靠 近 B (動詞) A は B の近くにある、間近だ

   wǒ jiā kào jìn wū jié lù   私の家はオーチャードロード
   △我 家 靠 近 乌 节 路 (陳述文) に近い

6. zuò   比較的大型のもの、または固
   座 (量詞) 定したものを数える

   yí zuò shān
   △一 座 山 (フレーズ) 1 つの山

   yí zuò dà qiáo
   △一 座 大 桥 (フレーズ) 1 つの大橋

7. gāo lóu
   高 楼 (名詞) ビル

8. sī rén gōng yù
   私 人 公 寓 (名詞) プライベートマンション

   zǔ wū   HDB フラット
   △组 屋   (シンガポールの公団)
   yáng fáng (名詞)
   △ 洋 房   一軒家

9. gòu wù zhōng xīn
   购 物 中 心 (名詞) ショッピングセンター

10. bàn gōng lóu
    办 公 楼 (名詞) オフィスビル、棟

11. zhěn suǒ
    诊 所 (名詞) クリニック

12. chāo jí shì chǎng
    超 级 市 场 (名詞) スーパーマーケット

13. hé
    和 (接続詞) …と

14. cān tīng
    餐 厅 (名詞) レストラン

zhōng cān tīng　xī cān tīng △ 中 餐 厅 / 西 餐 厅	（名詞）	中華料理店、西洋レストラン
rì běn cān tīng △日 本 餐 厅	（名詞）	日本料理店
děng deng 15. 等 等	（接尾語）	など
wài mian　wài biān 16. 外 面 (外 边)	（方位詞）	外
lǐ mian　lǐ biān △里 面 (里 边)	（方位詞）	中
dī shì zhàn 17. 旳 士 (站)	（名詞）	タクシー（乗り場）
chū zū chē zhàn △出 租 车 (站)	（名詞）	タクシー（乗り場）
zhù zài 18. 住 在…	（フレーズ）	…に住んでいる
zhù zài rì běn △住 在 日 本	（フレーズ）	日本に住んでいる
fāng biàn 19. 方 便	（形容詞）	便利な
bù fāng biàn　bú biàn △不 方 便 / 不 便	（フレーズ）	不便である
yóu yǒng chí 20. 游 泳 池	（名詞）	スイミングプール
ér tóng 21. 儿 童	（名詞）	児童
yóu lè chǎng 22. 游 乐 场	（名詞）	遊園地、プレーグラウンド
shēng huó 23. 生 活	（名詞）	生活
shēng huó yú kuài △ 生 活 愉 快	（陳述文）	生活が楽しい
shū shì 24. 舒 适	（形容詞）	快適な
huán jìng shū shì △环 境 舒 适	（陳述文）	環境が快適
shū fu △舒 服	（形容詞）	気分がよい、心地よい
zuò zhe shū fu △坐 着 舒 服	（フレーズ）	座り心地がよい

4. キーポイント

(1) 語気助詞「呢」の使い方

1) 主語＋述語動詞・目的語＋呢

　この形で動作の現在進行形を表します。「呢」は文末に置き、「〜は…をしている」という意味になります。

例：A：你 干 什 么 呢?／あなたは何をしていますか？
　　nǐ gàn shén me ne

　　B：我 吃 饭 呢。／私はご飯を食べています。
　　　　wǒ chī fàn ne

　　　　我 听 录 音 呢，你 别 吵。
　　　　wǒ tīng lù yīn ne　nǐ bié chǎo

　　　　／私は録音を聞いているので、うるさくするな。

＊「呢」がない「你 干 什 么?」は相手に強く詰問する「何をするの？」
　　ne　　　　　nǐ gàn shén me

　という意味になります。

2)「物・人＋呢」「人が…にいますか／物は…にありますか」

　人や物の存在場所をたずねていることを表します。

例：妈 妈 呢?／お母さんは？（どこにいますか？）
　　mā ma ne

　　我 的 书 呢?／私の本は？（どこにありますか？）
　　wǒ de shū ne

3) 特殊疑問詞疑問文の最後に置き、「…かしら？」と不思議そうに質問するニュアンスを表します。

　　この場合「呢」がなくても疑問文が成立します。

例：这 是 怎 么 回 事 (呢)?
　　zhè shì zěn me huí shì　ne

　　／これはいったい、どういうことなのかしら？

　　谁 拿 了 呢?／誰が取ったのかしら？
　　shéi ná le ne

4)「○○呢?」（○○は？）

　話の流れから何について聞いているのかが分かっている場合に使わ

れます。「主語 + 呢？」の形で、「○○は？（どうですか？）」と主語の状況をたずねる言い方です。

例：A：我 妈 妈 是 中 国 人。/ 私の母は中国人です。
　　　wǒ mā ma shì zhōng guó rén
　　B：你 爸 爸 呢？/ お父さんは？
　　　nǐ bà ba ne
　　A：我 朋 友 学 中 文。/ 私の友人は中国語を習っています。
　　　wǒ péng you xué zhōng wén
　　B：你 呢？/ あなたは？
　　　nǐ ne

(2)「怎么」の使い方

🔊 2 － 056

A：	主 + 怎么 + 述 V（的）？	～はどのように（どうやって）…をするのか？（方式・方法）

例：这 个 怎 么 吃? / これはどうやって食べるの？
　　zhè ge zěn me chī
　　你 怎 么 来 的? / あなたはどうやって来たのですか？
　　nǐ zěn me lái de
　　A："サンドイッチ" 用 中 文 怎 么 说?
　　　　　　　　　yòng zhōng wén zěn me shuō
　　　　　/ サンドイッチは中国語で何と言うの？
　　B："サンドイッチ" 中 文 是 三 明 治。
　　　　　　　　　zhōng wén shì sān míng zhì
　　　　　　　　 中 文 叫 三 明 治。
　　　　　　　　　zhōng wén jiào sān míng zhì

　　　/ サンドイッチは中国語では "sān míng zhì" です。

〈解説〉

　疑問詞「怎么」は述語動詞の前に置き、動作の方式・方法をたずねます。「怎么…V的」は発生済みの動作方式を聞く時に使います。

B：	主 + 怎么 { 不 / 没 / 这么 / 那么 / 还不 / 还没 } + 述 V？ 述 adj.	～はどうして …ですか？ …をするの？（原因・理由）

＊ adj. は形容詞で V は動詞です。

288

例：<ruby>他<rt>tā</rt></ruby> <ruby>怎<rt>zěn</rt></ruby> <ruby>么<rt>me</rt></ruby> <ruby>没<rt>méi</rt></ruby> <ruby>来<rt>lái</rt></ruby>? ／彼はどうして来なかったのですか？

<ruby>他<rt>tā</rt></ruby> <ruby>怎<rt>zěn</rt></ruby> <ruby>么<rt>me</rt></ruby> <ruby>还<rt>hái</rt></ruby> <ruby>不<rt>bù</rt></ruby> <ruby>来<rt>lái</rt></ruby>? ／彼はどうしてまだ来ないのですか？

<ruby>你<rt>nǐ</rt></ruby> <ruby>怎<rt>zěn</rt></ruby> <ruby>么<rt>me</rt></ruby> <ruby>没<rt>méi</rt></ruby> <ruby>去<rt>qù</rt></ruby>? ／あなたはどうして行かなかったのですか？

<ruby>老<rt>lǎo</rt></ruby> <ruby>板<rt>bǎn</rt></ruby> <ruby>怎<rt>zěn</rt></ruby> <ruby>么<rt>me</rt></ruby> <ruby>那<rt>nà</rt></ruby> <ruby>么<rt>me</rt></ruby> <ruby>高<rt>gāo</rt></ruby> <ruby>兴<rt>xìng</rt></ruby>?

／社長はどうしてあんなに喜んでいるのですか？

<ruby>你<rt>nǐ</rt></ruby> <ruby>上<rt>shàng</rt></ruby> <ruby>课<rt>kè</rt></ruby> <ruby>怎<rt>zěn</rt></ruby> <ruby>么<rt>me</rt></ruby> <ruby>不<rt>bú</rt></ruby> <ruby>带<rt>dài</rt></ruby> <ruby>字<rt>zì</rt></ruby> <ruby>典<rt>diǎn</rt></ruby>?

／授業の時どうして辞書を持って来ないのですか？

〈解説〉

疑問詞「怎么」と述語動詞／形容詞の間に「不」「没」「这么・那么」のような単語があると「怎么」は「为什么」と同じ意味になり、述語が成り立つ理由をたずねます。

C：| 主＋怎么＋述 V 了？ | ～はどうして…したのか?（原因・理由）

例：**你 怎 么 哭 了?**／あなたはなぜ泣いたの？
<ruby>你<rt>nǐ</rt></ruby> <ruby>怎<rt>zěn</rt></ruby> <ruby>么<rt>me</rt></ruby> <ruby>哭<rt>kū</rt></ruby> <ruby>了<rt>le</rt></ruby>

比較

他 怎 么 来 了? ／彼はどうして来たのですか？
<ruby>他<rt>tā</rt></ruby> <ruby>怎<rt>zěn</rt></ruby> <ruby>么<rt>me</rt></ruby> <ruby>来<rt>lái</rt></ruby> <ruby>了<rt>le</rt></ruby>

（過去発生した動作の原因・理由を聞く）

他 怎 么 来 的? ／彼はどうやって来たのですか？
<ruby>他<rt>tā</rt></ruby> <ruby>怎<rt>zěn</rt></ruby> <ruby>么<rt>me</rt></ruby> <ruby>来<rt>lái</rt></ruby> <ruby>的<rt>de</rt></ruby>

（過去発生した動作の方法・方式を聞く）

他 怎 么 来? ／彼はどうやって来ますか？
<ruby>他<rt>tā</rt></ruby> <ruby>怎<rt>zěn</rt></ruby> <ruby>么<rt>me</rt></ruby> <ruby>来<rt>lái</rt></ruby>

（これから発生する動作の方法・方式を聞く）

〈解説〉

述語動詞の後に「了」があると、「怎么」は「为什么」の代わりに使われ、原因や理由を聞きます。

D：| 我怎么知道？ | 私がどうして知っていようか？
→知るわけがない（固有表現） |

例　A：他 怎 么 偷 东 西 (了)？　/ 彼はどうして盗みをしたの？

tā zěn me tōu dōng xi　le

　　B：我 怎 么 知 道?　/ 知るわけないでしょ。

wǒ zěn me zhī dào

　　A：他 怎 么 没 考 上 大 学?

tā zěn me méi kǎo shàng dà xué

　　　　　　/ 彼はどうして大学に受からなかったの？

　　B：我 怎 么 知 道?

wǒ zěn me zhī dào

　　　　　　　/ そんなの知らないよ（知るわけないでしょ）。

　　A：他 怎 么 来 了?　/ 彼はどうして来たの？

tā zěn me lái le

　　B：我 怎 么 知 道?　/ 私が知るわけないだろ。

wǒ zěn me zhī dào

比較　他 怎 么 知 道 啊?　/ 彼がどうして知っているの？（詰問）

tā zěn me zhī dào a

　　　　　　　　　（彼が知っているわけないでしょ。）

　　　他 怎 么 知 道 的?　/ 彼はどのように知ったの？

tā zěn me zhī dào de

　　　　　　（過去発生した動作の方法・方式を聞く）

〈解説〉

　「**我怎么知道？**」は強い反語を表す定型文で、「私が知っているわけが
ない」という意味になります。

5. 文法ポイント

(1) 存在文「在」

　述語動詞「在（いる、ある）」を使って物・人物がある場所に存在していることを表します。

人 物 ＋在＋場所詞

例：书 在 桌 子 上。
（shū zài zhuō zi shang）

母 亲 在 厨 房 里。
（mǔ qin zài chú fáng li）

人 物 は ……場所…… に いる ある

本は机の上にあります。

母親は台所にいます。

(2) 存在文「有」

　述語動詞「有（いる、ある）」を使って物・人物がある場所に存在していることを表します。

場所詞 ＋有＋ 人 物

例： 墙 上 有 一 幅 画儿。
（qiáng shang yǒu yì fú huàr）

公 园 里 有 很 多 旅 客。
（gōng yuán li yǒu hěn duō lǚ kè）

場所 …… に 人 物 が いる ある

壁に絵が1枚あります。

公園に観光客が大勢います。

(3) 日本語の存在文と所有文との比較

A.

日本語の a.1 の内容を
中国語で表現したい時

↓

中国語の a.2 の存在文型を使う。

a.1
人　場所　いる
……が……に……
物　　　　ある

↓↓

a.2
人　場所
……在……
物

291

社長は社長室にいます。
shè zhǎng zài shè zhǎng bàn gōng shì
社长在社长办公室。

モデルさんは舞台にいます。
mó tèr zài wǔ tái shang
模特儿在舞台上。

B. 日本語の右の b.1 の内容を中国語で表現したい時
↓
中国語の右の b.2 の存在文型を使う。

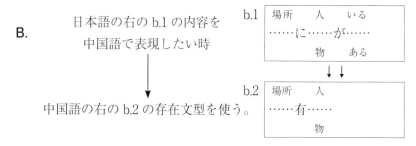

b.1

場所	人	いる
……に	……が……	
	物	ある

↓↓

b.2

場所	人
……有……	
	物

スーパーマーケットにはお客さんがいっぱいいます。
chāo jí shì chǎng li yǒu hěn duō kè rén
超级市场里有很多客人。

森には鳥がたくさんいます。
sēn lín li yǒu hěn duō niǎor
森林里有很多鸟儿。

(4) 存在を表す「有」と「在」の使い分け

2－060

1)「有」の後にくるのは「不特定な人・物」「未知の人・物」あるいは「特定する必要のない人・物」です。

yuàn zi li yǒu yì kē shù
例：院子里有一棵树。/ 庭に1本の木があります。

（その1本の木の名前は未知）

qián bāo li yǒu yì xiē qián
钱包里有（一些）钱。/ 財布の中には（いくらか）お金があります。

（具体的な金額は未知）

wū zi li yǒu yí ge rén
屋子里有一个人。/ 家の中に人が1人います。

（その人が誰であるかは特定されていない）

2）「在」の前に置くのは「特定の人・物」「既知の人・物」です。

例：<ruby>渡<rt>dù</rt></ruby> <ruby>边<rt>biān</rt></ruby> <ruby>太<rt>tài</rt></ruby> <ruby>太<rt>tai</rt></ruby> <ruby>在<rt>zài</rt></ruby> <ruby>屋<rt>wū</rt></ruby> <ruby>子<rt>zi</rt></ruby> <ruby>里<rt>li</rt></ruby>。／ミセス渡辺は部屋にいます。

（人物がミセス渡辺と特定されている）

<ruby>我<rt>wǒ</rt></ruby> <ruby>的<rt>de</rt></ruby> <ruby>二<rt>èr</rt></ruby> <ruby>百<rt>bǎi</rt></ruby> <ruby>块<rt>kuài</rt></ruby> <ruby>钱<rt>qián</rt></ruby> <ruby>在<rt>zài</rt></ruby> <ruby>钱<rt>qián</rt></ruby> <ruby>包<rt>bāo</rt></ruby> <ruby>里<rt>li</rt></ruby>。

／私の200元は財布の中にあります。

（お金の所有者や金額が特定されている）

3）存在文の主語の前に代詞「这・量詞」「那・量詞」と人称代名詞「你的」「我的」「他的」がある場合は、必ず「在」を使う。

a.
> 这（量詞）
> 那（量詞）
> 名詞 + 在 場 所

例：<ruby>那<rt>nà</rt></ruby> <ruby>本<rt>běn</rt></ruby> <ruby>书<rt>shū</rt></ruby> <ruby>在<rt>zài</rt></ruby> <ruby>书<rt>shū</rt></ruby> <ruby>架<rt>jià</rt></ruby> <ruby>上<rt>shang</rt></ruby> 。（あの本は本棚の上にある。）
　　　　特定の物

　⊗<ruby>那<rt>nà</rt></ruby> <ruby>本<rt>běn</rt></ruby> <ruby>书<rt>shū</rt></ruby> <ruby>有<rt>yǒu</rt></ruby> <ruby>书<rt>shū</rt></ruby> <ruby>架<rt>jià</rt></ruby> <ruby>上<rt>shang</rt></ruby> 。

　→正<ruby>桌<rt>zhuō</rt></ruby> <ruby>子<rt>zi</rt></ruby> <ruby>上<rt>shang</rt></ruby> <ruby>有<rt>yǒu</rt></ruby> <ruby>一<rt>yì</rt></ruby> <ruby>本<rt>běn</rt></ruby> <ruby>书<rt>shū</rt></ruby>。（机の上に1冊の本がある。）
　　　　　　　　　　　　　　不特定の物

<ruby>那<rt>nà</rt></ruby> <ruby>位<rt>wèi</rt></ruby> <ruby>老<rt>lǎo</rt></ruby> <ruby>师<rt>shī</rt></ruby> <ruby>在<rt>zài</rt></ruby> <ruby>办<rt>bàn</rt></ruby> <ruby>公<rt>gōng</rt></ruby> <ruby>室<rt>shì</rt></ruby> <ruby>里<rt>li</rt></ruby>。（あの先生はオフィスにいる。）
　　　既知の人

　⊗<ruby>那<rt>nà</rt></ruby> <ruby>位<rt>wèi</rt></ruby> <ruby>老<rt>lǎo</rt></ruby> <ruby>师<rt>shī</rt></ruby> <ruby>有<rt>yǒu</rt></ruby> <ruby>办<rt>bàn</rt></ruby> <ruby>公<rt>gōng</rt></ruby> <ruby>室<rt>shì</rt></ruby> <ruby>里<rt>li</rt></ruby>。

　→正<ruby>办<rt>bàn</rt></ruby> <ruby>公<rt>gōng</rt></ruby> <ruby>室<rt>shì</rt></ruby> <ruby>里<rt>li</rt></ruby> <ruby>有<rt>yǒu</rt></ruby> <ruby>一<rt>yí</rt></ruby> <ruby>位<rt>wèi</rt></ruby> <ruby>老<rt>lǎo</rt></ruby> <ruby>师<rt>shī</rt></ruby>。（オフィスに先生が1人いる。）
　　　　　　　　　　　　　未知の人

<ruby>那<rt>nà</rt></ruby> <ruby>些<rt>xiē</rt></ruby> <ruby>大<rt>dà</rt></ruby> <ruby>学<rt>xué</rt></ruby> <ruby>生<rt>shēng</rt></ruby> <ruby>在<rt>zài</rt></ruby> <ruby>校<rt>xiào</rt></ruby> <ruby>园<rt>yuán</rt></ruby> <ruby>里<rt>li</rt></ruby>。（あれらの大学生はキャンパスにいる。）
　　　既知の人

　⊗<ruby>那<rt>nà</rt></ruby> <ruby>些<rt>xiē</rt></ruby> <ruby>大<rt>dà</rt></ruby> <ruby>学<rt>xué</rt></ruby> <ruby>生<rt>shēng</rt></ruby> <ruby>有<rt>yǒu</rt></ruby> <ruby>校<rt>xiào</rt></ruby> <ruby>园<rt>yuán</rt></ruby> <ruby>里<rt>li</rt></ruby>。

　→正<ruby>校<rt>xiào</rt></ruby> <ruby>园<rt>yuán</rt></ruby> <ruby>里<rt>li</rt></ruby> <ruby>有<rt>yǒu</rt></ruby> <ruby>一<rt>yì</rt></ruby> <ruby>些<rt>xiē</rt></ruby> <ruby>大<rt>dà</rt></ruby> <ruby>学<rt>xué</rt></ruby> <ruby>生<rt>shēng</rt></ruby>。（キャンパスに何人かの大学生がいる。）
　　　　　　　　　　未知の人

b.

你的 他的 名詞 (物)	+	在	場所

例：你的 身份 证 在 钱 包 里。（あなたの身分証明書は財布の中にある。）
　　nǐ de shēn fèn zhèng zài qián bāo li
　　　特定の物

　　⊗你的 身份 证 有 钱 包 里。
　　　nǐ de shēn fèn zhèng yǒu qián bāo li

　→(正)钱 包 里 有 一 个 身份 证。（財布の中に身分証明書が1枚ある。）
　　　qián bāo li yǒu yí ge shēn fèn zhèng
　　　　　　　　　　　　　不特定の物

　　他的 手 机 在 车 里。（彼の携帯電話は車の中にある。）
　　tā de shǒu jī zài chē li
　　　特定な物

　　⊗他的 手 机 有 车 里。
　　　tā de shǒu jī yǒu chē li

　→(正)车 里 有 一 个 手 机。（車の中に携帯電話が1台ある。）
　　　chē li yǒu yí ge shǒu jī
　　　　　　　　　不特定の物

c. 存在文の中の目的語が「数量詞・名詞」である場合、「有」を使います。

場所	有+	数量詞・名詞

例：饭 店 大 厅 里 有 一 架 三 角 钢 琴。
　　fàn diàn dà tīng li yǒu yí jià sān jiǎo gāng qín
　　　　　　　　　　不特定の物

　　　　　　（ホテルのロビーにはグランドピアノが1台ある。）

　　⊗饭 店 大 厅 在 一 架 三 角 钢 琴。
　　　fàn diàn dà tīng zài yí jià sān jiǎo gāng qín

　→(正)那 架 三 角 钢 琴 在 饭 店 大 厅 里。
　　　nà jià sān jiǎo gāng qín zài fàn diàn dà tīng li
　　　　　　特定の物

　　　　　　（あのグランドピアノはホテルのロビーにある。）

　　书 房 里 有 两 台 电 脑。（書斎にはパソコンが2台ある。）
　　shū fáng li yǒu liǎng tái diàn nǎo
　　　　　　不特定の物

　　⊗书 房 里 在 两 台 电 脑。
　　　shū fáng li zài liǎng tái diàn nǎo

　→(正)那 两 台 电 脑 在 书 房 里。（あの2台のパソコンは書斎にある。）
　　　nà liǎng tái diàn nǎo zài shū fáng li
　　　特定の物

294

4) センテンスの中の最初の成分を強調するために、「**有**」と「**在**」を
併用する場合もあります。

A：**有**・数量詞・名＋**在**・場所名詞	ある 人/物 は 場所…… に いる/ある

例： <ruby>有<rt>yǒu</rt></ruby> <ruby>一<rt>yí</rt></ruby> <ruby>个<rt>ge</rt></ruby> <ruby>人<rt>rén</rt></ruby> <ruby>在<rt>zài</rt></ruby> <ruby>屋<rt>wū</rt></ruby> <ruby>子<rt>zi</rt></ruby> <ruby>里<rt>li</rt></ruby>。
　　　└─→ 強 調

ある1人の人が部屋にいる。

<ruby>有<rt>yǒu</rt></ruby> <ruby>三<rt>sān</rt></ruby> <ruby>只<rt>zhī</rt></ruby> <ruby>狗<rt>gǒu</rt></ruby> <ruby>在<rt>zài</rt></ruby> <ruby>院<rt>yuàn</rt></ruby> <ruby>子<rt>zi</rt></ruby> <ruby>里<rt>li</rt></ruby>。
└─→ 強 調

ある3匹の犬が庭にいる。

B：**在**・場所名詞　**有**・数量詞・名	場所…… には 人/物 が いる/ある……

例：(<ruby>在<rt>zài</rt></ruby>) <ruby>屋<rt>wū</rt></ruby> <ruby>子<rt>zi</rt></ruby> <ruby>里<rt>li</rt></ruby> <ruby>有<rt>yǒu</rt></ruby> <ruby>一<rt>yí</rt></ruby> <ruby>个<rt>ge</rt></ruby> <ruby>人<rt>rén</rt></ruby>。
　　　　└─→ 強 調

部屋には1人の人がいる。
（「在」は省略できる）

(<ruby>在<rt>zài</rt></ruby>) <ruby>院<rt>yuàn</rt></ruby> <ruby>子<rt>zi</rt></ruby> <ruby>里<rt>li</rt></ruby> <ruby>有<rt>yǒu</rt></ruby> <ruby>三<rt>sān</rt></ruby> <ruby>只<rt>zhī</rt></ruby> <ruby>狗<rt>gǒu</rt></ruby>。
　　└─→ 強 調

庭には3匹の犬がいる。
（「在」は省略できる）

〈解説〉

a. 前のページでは「在」の前に特定な人・物を置きますと説明しま
した。上記の文型Aの中の「有・数量詞・名」フレーズは「有」
を通してその部分を強調しているので、「有・数量詞・名」フレー
ズは特定されている内容と理解してください。

b. この段階の学習者にとって、「在」と「有」の併用はまだ難しい
と思いますので、意味を知った上で、例文を覚えておくだけで結
構です。

(5) 存在文の場所用語につく「里」と「上」 🔊 2 － 061

「里」と「上」は「方向」や「位置」を表す方位詞です。よく存在文の場所用語の後につけて使われ、日本語の格助詞「に」「には「には」は格助詞「に」＋副助詞（係助詞）「は」」「にて「にて」は格助詞「に」＋接続助詞「て」」の役割に相当します。その使い方の具体例は以下のとおりです。

1) 普通名詞を場所名詞に変える時、普通名詞の後に「上」や「里」をつけます。「上」は場所の表面に物が存在している状態を表し、「里」は場所の中に物・人が存在している状態を表します。

例：
shū jià
书 架 →
(本棚)
shū jià shang yǒu hěn duō shū
书 架 上 (有 很 多 书。) / 本棚には本がたくさんある。

qiáng
墙 →
(壁)
qiáng shang yǒu yì fú huàr
墙 上 (有 一 幅 画儿。) / 壁には絵が1枚ある。

qián bāo
钱 包 →
(財布)
qián bāo li yǒu qián
钱 包 里 (有 钱。) / 財布にはお金が入っている。

chōu tì
抽 屉 →
(引き出し)
chōu tì li yǒu hěn duō dōng xi
抽 屉 里 (有 很 多 东 西。)
/ 引き出しの中にはたくさんの物が入っている。

2) 体の部位の範囲を示す時、その部位の後に「上」や「里」をつけます。

例：
shēn
身 →
(体)
shēn shang yǒu qián
身 上 (有 钱。) / お金を持っている。

liǎn
脸 →
(顔)
liǎn shang yǒu qīng chūn dòur
脸 上 (有 青 春 痘儿。) / 顔にニキビがある。

shǒu
手 →
(手)
shǒu li ná zhe shū
手 里 (拿 着 书。) / 手には本を持っている。

脖子 → 脖子 上（有一颗痣。）/ 首にはほくろが１つあります。
（首）

3) 山や海など自然の事物の範囲を示す時、空・海・川などの言葉の
後に「里」や「上」をつけます。

例：天 → 天 上（有一架飞机。）/ 空に飛行機が一機飛んでいます。
（空）

河 → 河 里（有很多鱼。）/ 川には魚がたくさんいます。
（川）→ 河 面 上（有几只渔 船。）/ 川に漁船が何艘かあります。

海 → 海 上（有几只邮轮。）/ 海に大型定期客船が何艘も浮かんでいます。
（海）→ 海 里（有很多鱼虾。）/ 海の中には魚やエビがたくさんいます。
→ 海 的 上 空（飞着两只海鸥。）
/ 海の上を２羽のカモメが飛んでいます。

4) 生活や仕事の場所や施設名の後に「里」をつけ、その範囲を強調
します。この場合の「里」は省略できます。

例：学 校（里）有很多留学 生。/ 学校には留学生が大勢います。
游客在公园（里）。/ 観光客が公園にいます。
我们公司（里）有很多外国人。/ うちの会社には外国人がたくさんいます。
机 场（里）停着几架飞机。/ 空港には飛行機が何機も停まっています。

5) 下記のような場所用語には必ず「里」がつきます。

例：屋子里 / 部屋の中　　　　院子里 / 庭に
房子里 / 建物の中に　　　村子里 / 村に

6) 下記のような場所用語には必ず「上」がつきます。

例：床 上 / ベッドで　路 上 / 道で　街 上 / 街で

7)「交通機関にて」という表現には必ず「里」や「上」をつけます。

例：
zài fēi jī shang
在 飞 机 上 / 飛行機にて
zài chū zū chē li
在 出 租 车 里 / タクシーにて
zài shǐ wǎng héng bīn de yóu lún shang
在 驶 往 横 滨 的 邮 轮 上 / 横浜に向かう大型定期客船にて

8) 国や地名の後には方位詞「里」や「上」を使う必要はありません。

例：「中国で」「ニューヨークで」「大阪にて」など地域や範囲を表す

時は、
zài zhōng guó　　zài niǔ yuē　　zài dà bǎn
在 中 国　　**在 纽 约**　　**在 大 阪**　　で表現する。

⊗中国里　　⊗纽约上　　⊗大阪里

文型　29　　　　　　　　　　　　　　🔊 2 − 062

| 人物 ＋ 在 ＋ 場所詞 | 人物 は 場所 に いる/ある |

例：A：
mǔ qīn zài nǎr
母 亲 在 哪儿?
　　B：
mǔ qīn zài chú fáng li
母 亲 在 厨 房 里。

お母さんはどこにいますか？

母は台所にいます。

文型 & 応用会話　30

| 場所詞 ＋ 有 ＋ 人物 | 場所 に 人物 が いる/ある |

例：A：
chú fáng li yǒu shénme
厨 房 里 有 什 么?
　　B：
chú fáng li yǒu bīng xiāng hé
厨 房 里 有 冰 箱 和
wēi bō lú
微 波 炉。

台所には何がありますか？

台所には冷蔵庫と電子レンジがあります。

A : nǐ men jiā zài nǎr
你 们 家 在 哪儿?

お宅はどこにありますか？

B : wǒ men jiā zài jīng dū
我 们 家 在 京 都。

私たちの家は京都にあります。

A : nǐ men jiā yǒu shén me
你 们 家 有 什 么?

お宅には何がありますか？

B : wǒ men jiā yǒu jiā jù
我 们 家 有 家 具,
jiā diàn chǎn pǐn hé yī fu děng
家 电 产 品 和 衣 服 等。

私たちの家には家具、家電製品と洋服などがあります。

A : nǐ de fáng jiān zài nǎr
你 的 房 间 在 哪儿?

あなたの部屋はどこにありますか？

B : wǒ de fáng jiān zài kè tīng hòu mian
我 的 房 间 在 客 厅 后 面。

私の部屋は客間の後方にあります。

A : nǐ de fáng jiān lǐ yǒu shén me
你 的 房 间 里 有 什 么?

あなたの部屋には何がありますか？

B : wǒ de fáng jiān lǐ yǒu shū zhuō
我 的 房 间 里 有 书 桌,
shū jià yī chú chuáng hé diàn nǎo děng
书 架, 衣 橱, 床 和 电 脑 等。

私の部屋には勉強机、本棚、洋服ダンス、ベッドとパソコンなどがあります。

299

A：客厅在哪儿?
　　kè tīng zài nǎr

B：客厅在那儿。
　　kè tīng zài nàr

A：客厅里有什么?
　　kè tīng li yǒu shén me

B：客厅里有沙发,
　　kè tīng li yǒu shā fā
　　餐桌和钢琴。
　　cān zhuō hé gāng qín

A：冰箱在哪儿?
　　bīng xiāng zài nǎr

B：冰箱在厨房里。
　　bīng xiāng zài chú fáng li

A：冰箱里有什么?
　　bīng xiāng li yǒu shén me

B：冰箱里有蔬菜和
　　bīng xiāng li yǒu shū cài hé
　　水果。
　　shuǐ guǒ

A：钱包在哪儿?
　　qián bāo zài nǎr

B：钱包在抽屉里。
　　qián bāo zài chōu tì li

A：钱包里有什么?
　　qián bāo li yǒu shén me

B：钱包里有钱和信用
　　qián bāo li yǒu qián hé xìn yòng
　　卡还有身份证和护照。
　　kǎ hái yǒu shēn fèn zhèng hé hù zhào

A：厕所在哪儿?
　　cè suǒ zài nǎr

B：厕所在那边。
　　cè suǒ zài nà biān

A：厕所里有什么?
　　cè suǒ li yǒu shén me

B：厕所里有洗手液和卫
　　cè suǒ li yǒu xǐ shǒu yè hé wèi
　　生纸(手纸)。
　　shēng zhǐ　shǒu zhǐ

客間はどこにありますか?

客間はあそこにあります。

客間には何がありますか?

客間にはソファー、食卓とピアノ
があります。

冷蔵庫はどこにありますか?

冷蔵庫は台所にあります。

冷蔵庫の中には何がありますか?

冷蔵庫の中には野菜と果物があ
ります。

財布はどこにありますか?

財布は引き出しの中にあります。

財布の中には何が入っています
か?

財布の中にはお金とクレジットカー
ド、身分証明書とパスポートが
入っています。

トイレはどこにありますか?

トイレはあそこにあります。

トイレには何がありますか?

トイレにはハンドソープとトイレット
ペーパーがあります。

300

A：全聚德在哪儿？
quán jù dé zài nǎr

全聚德はどこにありますか?

B：全聚德在北京的王府井。
quán jù dé zài běi jīng de wáng fǔ jǐng

全聚德は北京の王府井にあります。

A：全聚德有什么招牌菜?
quán jù dé yǒu shén me zhāo pái cài

全聚德の看板料理は何ですか?

B：全聚德有北京烤鸭。
quán jù dé yǒu běi jīng kǎo yā

全聚德の看板料理は北京ダックです。

A：日本的迪斯尼乐园在哪儿?
rì běn de dí sī ní lè yuán zài nǎr

日本のディズニーランドはどこにありますか?

B：日本的迪斯尼乐园在千叶。
rì běn de dí sī ní lè yuán zài qiān yè

日本のディズニーランドは千葉にあります。

A：日本的迪斯尼乐园里有什么?
rì běn de dí sī ní lè yuán li yǒu shén me

日本のディズニーランドには何がありますか?

B：日本的迪斯尼乐园里有米老鼠和唐老鸭。
rì běn de dí sī ní lè yuán li yǒu mǐ lǎo shǔ hé táng lǎo yā

日本のディズニーランドにはミッキーマウスとドナルドダックがいます。

A：瑞士在哪儿?
ruì shì zài nǎr

スイスはどこにありますか？

B：瑞士在欧洲。
ruì shì zài ōu zhōu

スイスはヨーロッパにあります。

A：瑞士有什么?
ruì shì yǒu shén me

スイスには何がありますか？

B：瑞士有美丽的风景。
ruì shì yǒu měi lì de fēng jǐng

スイスには美しい景色があります。

A：巴西在哪儿?
bā xī zài nǎr

ブラジルはどこにありますか？

B：巴西在南美洲。
bā xī zài nán měi zhōu

ブラジルは南米にあります。

A：巴西有什么著名的运动?
bā xī yǒu shén me zhù míng de yùn dòng

ブラジルにはどんな有名なスポーツがありますか？

B：巴西的足球运动很著名。
bā xī de zú qiú yùn dòng hěn zhù míng

ブラジルのサッカーはとても有名です。

a. 主 + 坐骑开 ⋯⋯ 乗り物 去 ⋯⋯ 場 所
述語動詞・(目的語)

…は ⋯⋯ 乗り物 で …へ行く
…しに行く

例: 他 坐 地 铁 去 上 班。
tā zuò dì tiě qù shàng bān

我 骑 自 行 车 去 学 校。
wǒ qí zì xíng chē qù xué xiào

彼は地下鉄で仕事に行きます。

私は自転車で学校へ行きます。

〈解説〉

*「骑」は跨って乗る乗り物に使う。

骑马 / 馬に乗る　骑摩托车 / オートバイに乗る
qí mǎ　　　　　qí mó tuō chē

*跨って乗ることを説明することに重点を置き、即ち乗る姿勢を強調する。

△「开摩托车」オートバイに乗る
kāi mó tuō chē

　*免許がある状態で乗ることを説明し、即ち免許があることを強調する。

　*「坐」は座って乗る乗り物に使う。

坐巴士 / バスに乗る　坐出租车 / タクシーに乗る
zuò bā shì　　　　　zuòchū zū chē

*他人の車に乗っていく場合、「坐…的车」という表現を使う。

坐 小 李 的 车 去 / 李さんの車で行く。「坐」の代わりに「搭」を
zuò xiǎo lǐ de chē qù

使う時もある。△「搭 同 事 的 车 去」/ 同僚の車で行く。
　　　　　　　　dā tóng shì de chē qù

*「开车」は自分で運転するという意味です。
kāi chē

A : 你 每 天 怎 么 去 公 司?
nǐ měi tiān zěn me qù gōng sī

あなたは毎日どうやって会社に行きますか?

B : 我 自 己 开 车 去 公 司。
wǒ zì jǐ kāi chē qù gōng sī

私は自分で運転して会社に行きます。

A : 学 生 们 怎 么 去 上 学?
xué shēng men zěn me qù shàng xué

学生たちはどうやって学校に行きますか?

B : 大 多 数 学 生 骑 自 行 车 去。
dà duō shù xué shēng qí zì xíng chē qù

多くの学生は自転車で行きます。

nǐ men shén me shí hou chū fā qù rì běn
A：你 们 什 么 时 候 出 发 去 日 本?

あなたたちはいつ日本へ出発しますか?

wǒ men xià zhōu yī chū fā qù rì běn
B：我 们 下 周 一 出 发 去 日 本。
wǒ men zhè cì bú shì zuò fēi jī
我 们 这 次 不 是 坐 飞 机,
shì zuò chuán qù
是 坐 船 去。

私たちは来週月曜日に日本へ出発します。今回私たちは飛行機で行くのではなく、船で行きます。

---

b. 主 + …^{经常}…述語動詞・目的語
　　　　　 ^{很少}

…は いつも・しょっちゅう…をする
　　 めったに…をしない

xué sheng jīng cháng cān jiā kǎo shì
例：学 生 经 常 参 加 考 试。

学生はしょっちゅう試験を受けます。

wǒ hěn shǎo chī xī cān
我 很 少 吃 西 餐。

私はめったに西洋料理を食べません。

bà ba ǒu ěr xià chú
爸 爸 偶 尔 下 厨。

父はたまに台所に入って料理します。

wǒ ér zi yǒu shí hou shēng bìng
我 儿 子 有 时 候 生 病。

息子は時々病気になります。

〈解説〉
　「经常」「很少」「偶尔」と「有时候」は副詞で、述語動詞の
jīng cháng　hěn shǎo　ǒu ěr　　　　yǒu shí hou
前に置かれ、状況語の役割を果しています。

🔊 2 − 064

┌─ 役に立つ一言会話 ─
│
│ 　　　wū li　　yǒu rén ma?　　　　　　shéi ya
│ A：(屋 里) 有 人 吗?　　　B：谁 呀?
│ 　　shì wǒ　lǎo zhāng　　　　　　qǐng jìn qǐng jìn
│ A：是 我。老 张。　　　　B：请 进, 请 进。
│ ┄┄┄┄┄┄┄┄┄┄┄┄┄┄┄┄┄┄┄┄┄┄┄┄┄┄┄┄┄┄┄
│ A：ごめんください。　　　B：どなたですか?
│
│ A：私です。張です。　　　B：どうぞ、お入りください。
└

学習効果を上げるために、前の第4章実践応用編のところの学習ポイント (212
ページ) を参照してください。

（1）絵を見て下線部にふさわしい中国語とピンインを書き入れなさい。

例：书架上有 A（<ruby>字 典<rt>zì diǎn</rt></ruby>）　　　　　。　　①_____在厨房里。

②屋里有_____吗?　　③_____在桌子上。

④墙上有一幅_____。　　⑤_____在森林里。

A <ruby>词 典<rt>cí diǎn</rt></ruby>	B <ruby>杯 子<rt>bēi zi</rt></ruby>	C <ruby>人<rt>rén</rt></ruby>	D <ruby>钢 琴<rt>gāng qín</rt></ruby>	E <ruby>冰 箱<rt>bīng xiāng</rt></ruby>
F <ruby>沙 发<rt>shā fā</rt></ruby>	G <ruby>闹 钟<rt>nào zhōng</rt></ruby> （目覚まし時計）	H <ruby>画儿<rt>huàr</rt></ruby>	I <ruby>电 视 机<rt>diàn shì jī</rt></ruby>	J <ruby>啤 酒<rt>pí jiǔ</rt></ruby>
K <ruby>汽 车<rt>qì chē</rt></ruby>	L <ruby>小 鸟<rt>xiǎo niǎo</rt></ruby>	M <ruby>钢 笔<rt>gāng bǐ</rt></ruby> （ペン）		

（2）次の2つの文から正しい文を選び、○をつけなさい。

① 她在家里。　　　　　　（　　）
　 家里有他。　　　　　　（　　）

② 墙上有那张画儿。　　　（　　）
　 你画的画儿在墙上。　　（　　）

③ 冰箱里有那些水果。　　（　　）
　 那些水果在冰箱里。　　（　　）

④ 钱包里有那十块钱。　　（　　）
　 你的十块钱在钱包里。　（　　）

⑤ 那些学生们在教室里。　（　　）
　 教室里有那些学生们。　（　　）

⑥ 那几千只鸟在森林里。　（　　）
　 森林里有这几千只鸟。　（　　）

(3) 次の日本語を中国語に訳しなさい。

① レストランにはお客さんがたくさんいます。(**客人**)

▶ _____

② 中華レストランは何階にありますか？（**几楼**)

▶ _____

③ 学校には学生がどれくらいいますか？（**多少**)

▶ _____

④ お手洗いはどこにありますか？（**洗手间**)

▶ _____

⑤ 庭には木が何本ありますか？（**几棵树**)

▶ _____

⑥ 庭には木が２本あります。

▶ _____

⑦ A：お宅には何がありますか？

▶ _____

B：うちには家具（**家具**)、家電製品（**家电产品**)、着る物（**穿的东西**)
や食べ物（**吃的东西**) などがあります。

▶ _____

_____

(4) 本文に関する質問と回答を書き出しなさい。

(5) 作文「我住的地方」

xiàn zài jǐ diǎn le
现在几点了?
(今何時ですか?)

1. 会 話

◀») 2 − 065

xiàn zài jǐ diǎn le
A : 现 在 几 点 了?

kuài qī diǎn le　nǐ men jǐ diǎn shàng kè
B : 快 七 点 了。你 们 几 点 上 课?

wǒ men qī diǎn bàn shàng kè　wǒ gāi zǒu le
A : 我 们 七 点 半 上 课。我 该 走 了。

wǒ kāi chē sòng nǐ qù ba
B : 我 开 车 送 你 去 吧。

bú yòng hěn jìn　zǒu lù shí fēn zhōng jiù dào le
A : 不 用, 很 近, 走 路 十 分 钟 就 到 了。

nà xià kè yǐ hòu wǒ qù jiē nǐ ba
B : 那 下 课 以 后 我 去 接 你 吧。

wǒ bù hǎo yì si má fan nǐ
A : 我 不 好 意 思 麻 烦 你。

nǐ bú yòng gēn wǒ kè qi
B : 你 不 用 跟 我 客 气。

nà má fan nǐ le
A : 那 麻 烦 你 了。

2. 訳 文

A：今何時ですか？

B：もうすぐ7時になります。あなたたちは何時に授業が始まりますか?

A：7時半からです。そろそろ行かなくては。

B：車で送ってあげましょうか？

A：結構ですよ。とても近いのです。歩いて10分で着きます。

B：では、授業の後、迎えに行きましょうか。

A：ご迷惑をかけるのは恐縮です。

B：私に遠慮する必要はありませんよ。

A：では、よろしくお願いします。

3. 新しい単語

🔊 2 - 066

1. 几点
_{jǐ diǎn}
（疑問代詞）
何時

2. 上课
_{shàng kè}
（動詞）
授業を受ける、授業が始まる

3. 该…了
_{gāi le}
（文型）
そろそろ…する

△该走了
_{gāi zǒu le}
（陳述文）
そろそろ帰ります

4. 快…了
_{kuài le}
（文型）
もうすぐ…である

△快吃饭了
_{kuài chī fàn le}
（陳述文）
もうすぐご飯です

5. 开车
_{kāi chē}
（フレーズ）
運転する

6. 送
_{sòng}
（動詞）
送る

7. 不用…
_{bú yòng}
（文型）
…する必要がない

8. 近
_{jìn}
（形容詞）
近い

△远
_{yuǎn}
（形容詞）
遠い

9. 走路
_{zǒu lù}
（フレーズ）
（道を）歩く

△走着
_{zǒu zhe}
（フレーズ）
歩いて

10. 那
_{nà}
（接続詞）
じゃあ、では

11. 下课
_{xià kè}
（動詞）
授業が終わる

12. 以后
_{yǐ hòu}
（方位詞）
今後、…の後、

13. 接／送
_{jiē sòng}
（動詞）
迎える／見送る

14. 不好意思
_{bù hǎo yì si}
（あいさつ文）
恐縮である

4. キーポイント

(1) 時間の聞き方

🔊 2－067

xiàn zài jǐ diǎn
現 在 几 点?　　xiàn zài jǐ diǎn le
現 在 几 点 了?　　xiàn zài jǐ diǎn zhōng le
現 在 几 点 钟 了?

＊基本的には上記のどれを使ってもいいです。

「几点钟」の「钟」は鐘の意味で、昔まだ時計がない頃、鐘の鳴る回数で時刻を知らせたため、このような表現ができました。

「了」は時刻の変化、「何時になった？」という意味ですので、簡単に言う時は「**現在几点?**」でも大丈夫です。

(2) 月、日、曜日などの表現

🔊 2－068

a.

qián tiān	zuó tiān	jīn tiān	míng tiān	hòu tiān	dà hòu tiān
前 天	昨 天	今 天	明 天	后 天	大 后 天
（おととい）	（きのう）	（きょう）	（あした）	（あさって）	（しあさって）

b. 日付の言い方

yī hào	èr hào	sān hào	sì hào	wǔ hào	liù hào
一 号	二 号	三 号	四 号	五 号	六 号
（ついたち）	（ふつか）	（みっか）	（よっか）	（いつか）	（むいか）

qī hào	bā hào	jiǔ hào	shí hào	shí yī hào	shí'èr hào
七 号	八 号	九 号	十 号	十一 号	十二 号
（なのか）	（ようか）	（ここのか）	（とうか）	（11日）	（12日）

shí sān hào	shí sì hào	shí wǔ hào	shí liù hào	shí qī hào	shí bā hào
十三 号	十四 号	十五 号	十六 号	十七 号	十八 号
（13日）	（14日）	（15日）	（16日）	（17日）	（18日）

shí jiǔ hào	èr shí hào	èr shí yī hào	èr shí'èr hào	èr shí sān hào	
十九 号	二十 号	二十一 号	二十二 号	二十三 号	
（19日）	（20日）	（21日）	（22日）	（23日）	

èr shí sì hào	èr shí wǔ hào	èr shí liù hào	èr shí qī hào	èr shí bā hào	
二十四 号	二十五 号	二十六 号	二十七 号	二十八 号	
（24日）	（25日）	（26日）	（27日）	（28日）	

èr shí jiǔ hào	sān shí hào	sān shí yī hào			
二十九 号	三十 号	三十一 号			
（29日）	（30日）	（31日）			

＊口語では「号」を使い、書面では「日」を使います。

c. 月の言い方

yī yuè	èr yuè	sān yuè	sì yuè	wǔ yuè	liù yuè
一 月	二 月	三 月	四 月	五 月	六 月

qī yuè	bā yuè	jiǔ yuè	shí yuè	shí yī yuè	shí 'èr yuè
七 月	八 月	九 月	十 月	十 一 月	十 二 月

＊「…か月」は「一个月」「两个月」「三个月」を使います。

d. 曜日の言い方

xīng qī yī	xīng qī 'èr	xīng qī sān	xīng qī sì	xīng qī wǔ	xīng qī liù	xīng qī tiān
星期 一	星期 二	星期 三	星期 四	星期 五	星期 六	星期 天

xīng qī rì
星期 日

lǐ bài yī	lǐ bài 'èr	lǐ bài sān	lǐ bài sì	lǐ bài wǔ	lǐ bài liù	lǐ bài tiān
礼拜 一	礼拜 二	礼拜 三	礼拜 四	礼拜 五	礼拜 六	礼拜 天
月曜日	火曜日	水曜日	木曜日	金曜日	土曜日	日曜日

＊シンガポールでは「拜 一」（月曜日）、「拜 二」（火曜日）、「拜 三」
（水曜日）…と言います。

(3) 年の言い方

📢 2 － 069

qián nián	qù nián	jīn nián	míng nián	hòu nián
前 年	去 年	今 年	明 年	后 年
（おととし）	（去年）	（今年）	（来年）	（再来年）

yī jiǔ jiǔ bā nián	èr líng líng líng nián	èr líng líng qī nián
一 九 九 八 年	二 ○ ○ ○ 年	二 ○ ○ 七 年
1998 年	2000 年	2007 年

＊「年号」はふつう粒読みです。ただ新世紀が始まる最初の何年かは、
強調するために「ケタ」の「千」を入れて言います。
（例：2000 年 / 两 千 年）。

(4) 「又」と「再」の使い分け

📢 2 － 070

「又」と「再」は共に「また」と訳されますが、「又」は過去の動作行
為をもう一度したという表現に用い、述語動詞の後には「了」をつけま

309

す。「再」はこれから動作行為をもう一度行うという表現に用います。

比較：

tā míng tiān zài lái 他 明 天 再 来。	／彼は明日また来ます。
tā zuó tiān yòu lái le 他 昨 天 又 来 了。	／彼は昨日また来ました。
nà ge diàn yǐng wǒ xiǎng zài kàn yí biàn 那 个 电 影 我 想 再 看 一 遍。	／あの映画を私はもう一度見たいです。
nà ge diàn yǐng wǒ yòu kàn le yí biàn 那 个 电 影 我 又 看 了 一 遍。	／あの映画を私はもう一度見ました。
wǒ míng tiān xiǎng zài qù yí cì 我 明 天 想 再 去 一 次。	／私は明日もう一度行きたいです。
wǒ zuó tiān yòu qù le yí cì 我 昨 天 又 去 了 一 次。	／私は昨日もう一度行きました。

5. 文法ポイント

🔊 2 − 071

(1) 時間の表現

① …時 ⇒ diǎn …点

yì diǎn　liǎng diǎn　sān diǎn　sì diǎn　wǔ diǎn　liù diǎn
一 点　两 点　三 点　四 点　五 点　六 点

qī diǎn　bā diǎn　jiǔ diǎn　shí diǎn　shí yī diǎn　shí'èr diǎn　líng diǎn
七 点　八 点　九 点　十 点　十 一 点　十 二 点　零 点

② …時…分 ⇒ diǎn　fēn …点…分

bā diǎn wǔ fēn
八 点 五 分

shí diǎn shí fēn
十 点 十 分

③ …時 15 分 ⇒ diǎn yí kè　diǎn shí wǔ fēn …点 一刻、…点 十 五 分

shí yī diǎn yí kè
十 一 点 一 刻

shí'èr diǎn shí wǔ fēn
十 二 点 十 五 分

④ …時 30 分 ⇒ diǎn bàn　diǎn sān shí fēn …点 半、…点 三 十 分

liǎng diǎn bàn
两 点 半

sì diǎn sān shí fēn
四 点 三 十 分

＊ほとんど「半」が使われます。

⑤ …時 45 分 ⇒ diǎn sān kè　diǎn sì shí wǔ fēn …点 三刻、…点 四十 五（分）

qī diǎn sān kè
七 点 三 刻

bā diǎn sì shi wǔ fēn
八 点 四十 五（分）

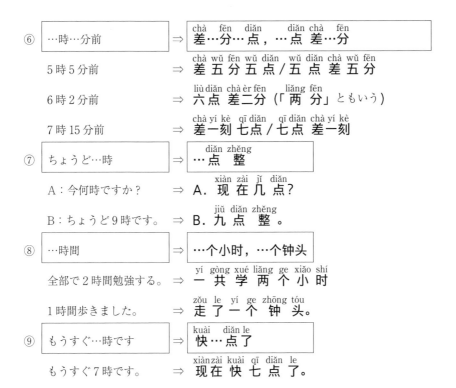

⑥	…時…分前	⇒	chà fēn diǎn diǎn chà fēn 差…分…点，…点差…分
	5時5分前	⇒	chà wǔ fēn wǔ diǎn wǔ diǎn chà wǔ fēn 差五分五点／五点差五分
	6時2分前	⇒	liù diǎn chà èr fēn liǎng fēn 六点差二分（「两分」ともいう）
	7時15分前	⇒	chà yí kè qī diǎn qī diǎn chà yí kè 差一刻七点／七点差一刻
⑦	ちょうど…時	⇒	diǎn zhěng …点整
	A：今何時ですか？	⇒	xiàn zài jǐ diǎn A. 现在几点？
	B：ちょうど9時です。	⇒	jiǔ diǎn zhěng B. 九点整。
⑧	…時間	⇒	…个小时，…个钟头
	全部で2時間勉強する。	⇒	yí gòng xué liǎng ge xiǎo shí 一共学两个小时
	1時間歩きました。	⇒	zǒu le yí ge zhōng tóu 走了一个钟头。
⑨	もうすぐ…時です	⇒	kuài diǎn le 快…点了
	もうすぐ7時です。	⇒	xiàn zài kuài qī diǎn le 现在快七点了。

(2) 詳しい時間表現 🔊 2－072

「点」の後に数字が1つしかない場合、「分」は省略できませんが、数字が2つある場合、「分」を省略できます。夜中の「零時」は「零点」といいます。

shí 'èr diǎn zhěng líng diǎn
12:00 十二点（整）／零点

shí 'èr diǎn líng yī fēn
12:01 十二点零一（分）

shí 'èr diǎn líng èr fēn
12:02 十二点零二（分）

shí 'èr diǎn líng wǔ fēn
12:05 十二点零五（分）

shí 'èr diǎn wǔ fēn
十二点五分

shí 'èr diǎn sān shí liù fēn
12:36 十二点三十六（分）

shí 'èr diǎn sì shí fēn
12:40 十二点四十（分）

chà èr shí fēn yì diǎn
差二十（分）一点

yì diǎn chà èr shí fēn
一点差二十（分）

shí 'èr diǎn sì shí yī fēn
12:41 十二点四十一（分）

12:06	<ruby>十<rt>shí</rt></ruby> <ruby>二<rt>'èr</rt></ruby> <ruby>点<rt>diǎn</rt></ruby> <ruby>零<rt>líng</rt></ruby> <ruby>六<rt>liù</rt></ruby>（<ruby>分<rt>fēn</rt></ruby>）	12:45	<ruby>十<rt>shí</rt></ruby> <ruby>二<rt>'èr</rt></ruby> <ruby>点<rt>diǎn</rt></ruby> <ruby>三<rt>sān</rt></ruby> <ruby>刻<rt>kè</rt></ruby>

shí 'èr diǎn líng liù　fēn
12:06 十 二 点 零 六（分）

shí 'èr diǎn shí fēn
12:10 十 二 点 十 分

shí 'èr diǎn shí sān　fēn
12:13 十 二 点 十 三（分）

shí 'èr diǎn yí kè
12:15 十 二 点 一 刻

shí 'èr diǎn shí wǔ　fēn
十 二 点 十 五（分）

shí 'èr diǎn shí qī　fēn
12:17 十 二 点 十 七（分）

shí 'èr diǎn èr shí　fēn
12:20 十 二 点 二 十（分）

shí 'èr diǎn èr shí sì　fēn
12:24 十 二 点 二 十 四（分）

shí 'èr diǎn èr shí wǔ　fēn
12:25 十 二 点 二 十 五（分）

shí 'èr diǎn èr shí bā　fēn
12:28 十 二 点 二 十 八（分）

shí 'èr diǎn bàn
12:30 十 二 点 半

shí 'èr diǎn san shi　fēn
十 二 点 三 十（分）

shí 'èr diǎn sān shí yī　fēn
12:31 十 二 点 三 十 一（分）

shí 'èr diǎn sān shí wǔ　fēn
12:35 十 二 点 三 十 五（分）

shí 'èr diǎn sān kè
12:45 十 二 点 三 刻

chà yí kè yì diǎn
差 一 刻 一 点

shí 'èr diǎn sì shí wǔ　fēn
十 二 点 四 十 五（分）

shí 'èr diǎn sì shí liù　fēn
12:46 十 二 点 四 十 六（分）

shí 'èr diǎn wǔ shí　fēn
12:50 十 二 点 五 十（分）

chà shí fēn yì diǎn
差 十 分 一 点

shí 'èr diǎn wǔ shí yī　fēn
12:51 十 二 点 五 十 一（分）

shí 'èr diǎn wǔ shí wǔ　fēn
12:55 十 二 点 五 十 五（分）

chà wǔ fēn yì diǎn
差 五 分 一 点

yì diǎn chà wǔ fēn
一 点 差 五 分

shí 'èr diǎn wǔ shí liù　fēn
12:56 十 二 点 五 十 六（分）

yì diǎn zhěng
13:00 一 点（整）

liǎng diǎn zhěng
14:00 两 点（整）

liǎng diǎn bàn
14:30 两 点 半

(3) 時間帯の表現

朝	<ruby>早 上<rt>zǎo shang</rt></ruby>	05:00 ～ 09:00 AM
午前	<ruby>上 午<rt>shàng wǔ</rt></ruby>	10:00 ～ 11:00 AM
昼	<ruby>中 午<rt>zhōng wǔ</rt></ruby>	12:00 PM
午後	<ruby>下 午<rt>xià wǔ</rt></ruby>	01:00 ～ 05:00 PM
夕方	<ruby>傍 晚<rt>bàng wǎn</rt></ruby>	05:00 ～ 06:00 PM

夜	wǎn shang 晚 上	07:00 ～ 11:00 PM
夜中	bàn yè 半 夜	12:00 AM（0：00）
明け方	líng chén 凌 晨	01:00 ～ 04:00 AM

＊時間帯の表現は前後30分ほどずれても大丈夫です。

応用会話 32　　　　　　　　　　　　　🔊 2－074

xiàn zài jǐ diǎn le A：现 在 几 点 了?	今何時ですか?
kuài bā diǎn le B：快 八 点 了。	もうすぐ 8 時です。
tā zěn me hái bù lái A：他 怎 么 还 不 来?	彼はどうしてまだ来ないのですか?
kě néng tā yǒu bié de shì B：可 能 他 有 别 的 事。 zài děng yì huǐr ba 　再 等 一 会 儿 吧!	ほかの用事があるのかもしれません。もう少し待ちましょう!
zán men jǐ diǎn zài nǎr jiàn miàn A：咱 们 几 点 在 哪 儿 见 面?	私たちは何時にどこで会いますか?
bā diǎn bàn zài xī 'ěr dùn jiǔ diàn B：八 点 半 在 希 尔 顿 酒 店 dà tīng hǎo ma 　大 厅 好 吗?	8 時半にヒルトンホテルのロビーでいいですか?
hǎo bú jiàn bú sàn A：好。不 见 不 散。	いいですよ。会うまで待つことにしましょう。

313

A：今天 (是) 几月几号?
jīn tiān shì jǐ yuè jǐ hào

今日は何月何日ですか？

B：今天 (是) 七月十四号。
jīn tiān shì qī yuè shí sì hào

今日は 7 月 14 日です。

A：今天 (是) 星期几?
jīn tiān shì xīng qī jǐ

今日は何曜日ですか？

B：今天 (是) 星期一。
jīn tiān shì xīng qī yī

今日は月曜日です。

A：昨天 (是) 几月几号? 星期几?
zuó tiān shì jǐ yuè jǐ hào xīng qī jǐ

昨日は何月何日、何曜日
ですか？

B：昨天 (是)七月十三号, 星期天。
zuó tiān shì qī yuè shí sān hào xīng qī tiān

昨日は 7 月 13 日、日曜日
です。

A：明天 (是) 几月几号? 礼拜几?
míng tiān shì jǐ yuè jǐ hào lǐ bài jǐ

明日は何月何日、何曜日
ですか？

B：明天 (是)七月十五号, 礼拜二。
míng tiān shì qī yuè shí wǔ hào lǐ bài 'èr

明日は 7 月 15 日、火曜日
です。

A：你星期一干什么?

B：我星期一学插花儿。

A：你先生星期二干什么?

B：他星期二开会。

A：你女儿星期三干什么?

B：她星期三学芭蕾(舞)。

A：你儿子星期四干什么?

B：我儿子星期四学空手道。

A：星期天你们(全家)干什么?

B：星期天我们全家出去吃饭。周末轻松一下儿。

あなたは月曜日に何をしますか?

私は月曜日に生け花を習います。

ご主人は火曜日に何をしますか?

彼は火曜日に会議をします。

お嬢さんは水曜日に何をしますか?

娘は水曜日にバレエを習います。

息子さんは木曜日に何をしますか?

息子は木曜日に空手を習います。

日曜日にご家族は何をしますか?

日曜日には家族全員で外へご飯を食べに行きます。週末はちょっとリラックスします。

A : qíng rén jié shì jǐ yuè jǐ hào
情人节是几月几号?

B : qíng rén jié shì èr yuè shí sì hào
情人节是二月十四号。

バレンタインは何月何日ですか?

バレンタインは2月14日です。

A : nǐ men qìng zhù qíng rén jié ma
你们庆祝情人节吗?

あなたたちはバレンタインを祝いますか?

B : yǒu shí hou qìng zhù
有时候庆祝,
yǒu shí hou bú qìng zhù
有时候不庆祝。

祝ったり、祝わなかったりです。

A : nǐ men de jié hūn jì niàn rì shì shén
你们的结婚纪念日是什
me shí hou
么时候?

お2人の結婚記念日はいつですか?

B : wǒ men de jié hūn jì niàn rì shì
我们的结婚纪念日是
jiǔ yuè sì hào
九月四号。

私たちの結婚記念日は9月4日です。

A : nǐ de shēng rì shì jǐ yuè jǐ hào
你的生日是几月几号?

あなたの誕生日は何月何日ですか?

B : wǒ de shēng rì jiù shì jīn tiān
我的生日就是今天。

私の誕生日はまさに今日です。

A : ō tài qiǎo le
噢, 太巧了!
zhù nǐ shēng rì kuài lè
祝你生日快乐!

おお、すごい偶然ですね! お誕生日おめでとう!

B : xiè xie
谢谢!

ありがとう!

A：今年是几几年？
jīn nián shì jǐ jǐ nián

B：今年是二零零三年。
jīn nián shì èr líng líng sān nián

A：你是哪年生的？
nǐ shì nǎ nián shēng de

B：我是一九六二年生的。
wǒ shì yī jiǔ liù èr nián shēng de

A：你属什么的？
nǐ shǔ shén me de

B：我属虎的。你呢？
wǒ shǔ hǔ de nǐ ne

A：我属兔。
wǒ shǔ tù
今年是我的本命年。
jīn nián shì wǒ de běn mìng nián

B：那，你比我小一岁。
nà nǐ bǐ wǒ xiǎo yí suì

A：明年你有什么打算？
míng nián nǐ yǒu shén me dǎ suan

B：明年我打算去伦敦留学。
míng nián wǒ dǎ suan qù lún dūn liú xué
明年你有什么计划？
míng nián nǐ yǒu shén me jì huà

A：我想换一份工作。
wǒ xiǎng huàn yí fèn gōng zuò

今年は（二千）何年ですか？

今年は 2003 年です。

あなたは何年生まれですか？

私は 1962 年生まれです。

あなたの干支は何ですか？

私はトラ（寅）年です。あなたは？

私はウサギ（卯）年です。今年は年女です。

でしたら、あなたは私より1歳年下です。

来年はどんな予定がありますか？

来年はロンドンへ留学に行く予定です。あなたは来年どんな計画がありますか？

来年は仕事を変えたいです。

317

A：<ruby>日<rt>rì</rt></ruby> <ruby>本<rt>běn</rt></ruby> <ruby>有<rt>yǒu</rt></ruby> <ruby>四<rt>sì</rt></ruby> <ruby>季<rt>jì</rt></ruby> <ruby>吗<rt>ma</rt></ruby>?

日本には四季があります か？

B：<ruby>日<rt>rì</rt></ruby> <ruby>本<rt>běn</rt></ruby> <ruby>有<rt>yǒu</rt></ruby> <ruby>春<rt>chūn</rt></ruby> <ruby>夏<rt>xià</rt></ruby> <ruby>秋<rt>qiū</rt></ruby> <ruby>冬<rt>dōng</rt></ruby> <ruby>四<rt>sì</rt></ruby> <ruby>季<rt>jì</rt></ruby>。

春、夏、秋、冬の四季があ ります。

<ruby>春<rt>chūn</rt></ruby> <ruby>天<rt>tiān</rt></ruby> <ruby>很<rt>hěn</rt></ruby> <ruby>暖<rt>nuǎn</rt></ruby> <ruby>和<rt>huo</rt></ruby>。
<ruby>夏<rt>xià</rt></ruby> <ruby>天<rt>tiān</rt></ruby> <ruby>非<rt>fēi</rt></ruby> <ruby>常<rt>cháng</rt></ruby> <ruby>热<rt>rè</rt></ruby>。
<ruby>秋<rt>qiū</rt></ruby> <ruby>天<rt>tiān</rt></ruby> <ruby>很<rt>hěn</rt></ruby> <ruby>凉<rt>liáng</rt></ruby> <ruby>快<rt>kuài</rt></ruby>。 <ruby>冬<rt>dōng</rt></ruby> <ruby>天<rt>tiān</rt></ruby> <ruby>很<rt>hěn</rt></ruby> <ruby>冷<rt>lěng</rt></ruby>。

春は暖かくて、夏はとても 暑いです。秋は涼しくて、 冬はとても寒いです。

A：<ruby>你<rt>nǐ</rt></ruby> <ruby>喜<rt>xǐ</rt></ruby> <ruby>欢<rt>huan</rt></ruby> <ruby>什<rt>shén</rt></ruby> <ruby>么<rt>me</rt></ruby> <ruby>季<rt>jì</rt></ruby> <ruby>节<rt>jié</rt></ruby>?

あなたはどの季節が好きで すか？

B：<ruby>我<rt>wǒ</rt></ruby> <ruby>喜<rt>xǐ</rt></ruby> <ruby>欢<rt>huan</rt></ruby> <ruby>春<rt>chūn</rt></ruby> <ruby>天<rt>tiān</rt></ruby>。

私は春が好きです。

A：<ruby>为<rt>wèi</rt></ruby> <ruby>什<rt>shén</rt></ruby> <ruby>么<rt>me</rt></ruby>?

どうしてですか？

B：<ruby>因<rt>yīn</rt></ruby> <ruby>为<rt>wèi</rt></ruby> <ruby>春<rt>chūn</rt></ruby> <ruby>天<rt>tiān</rt></ruby> <ruby>鲜<rt>xiān</rt></ruby> <ruby>花<rt>huā</rt></ruby> <ruby>盛<rt>shèng</rt></ruby> <ruby>开<rt>kāi</rt></ruby> <ruby>让<rt>ràng</rt></ruby>
<ruby>人<rt>rén</rt></ruby> <ruby>感<rt>gǎn</rt></ruby> <ruby>到<rt>dào</rt></ruby> <ruby>生<rt>shēng</rt></ruby> <ruby>机<rt>jī</rt></ruby> <ruby>勃<rt>bó</rt></ruby> <ruby>勃<rt>bó</rt></ruby>。
<ruby>你<rt>nǐ</rt></ruby> <ruby>喜<rt>xǐ</rt></ruby> <ruby>欢<rt>huan</rt></ruby> <ruby>什<rt>shén</rt></ruby> <ruby>么<rt>me</rt></ruby> <ruby>季<rt>jì</rt></ruby> <ruby>节<rt>jié</rt></ruby>?

春には花が満開に咲いて、 生き生きと感じさせられる からです。あなたはどの季 節が好きですか？

A：<ruby>我<rt>wǒ</rt></ruby> <ruby>喜<rt>xǐ</rt></ruby> <ruby>欢<rt>huan</rt></ruby> <ruby>冬<rt>dōng</rt></ruby> <ruby>天<rt>tiān</rt></ruby>。
<ruby>我<rt>wǒ</rt></ruby> <ruby>喜<rt>xǐ</rt></ruby> <ruby>欢<rt>huan</rt></ruby> <ruby>滑<rt>huá</rt></ruby> <ruby>雪<rt>xuě</rt></ruby>。

私は冬が好きです。スキー が好きなので。

● 常用文型

文型 & 応用会話 38

a. 主＋期間詞＋述語 V・回数詞＋ 目的語

～はどのくらいのペースに何回… をする。

例： <ruby>你<rt>nǐ</rt></ruby> <ruby>一<rt>yí</rt></ruby> <ruby>个<rt>ge</rt></ruby> <ruby>月<rt>yuè</rt></ruby> <ruby>看<rt>kàn</rt></ruby> <ruby>几<rt>jǐ</rt></ruby> <ruby>次<rt>cì</rt></ruby> <ruby>电<rt>diàn</rt></ruby> <ruby>影<rt>yǐng</rt></ruby>?

あなたは1か月に何回映画を見ます か？

<ruby>你<rt>nǐ</rt></ruby> <ruby>一<rt>yì</rt></ruby> <ruby>天<rt>tiān</rt></ruby> <ruby>吃<rt>chī</rt></ruby> <ruby>几<rt>jǐ</rt></ruby> <ruby>顿<rt>dùn</rt></ruby> <ruby>饭<rt>fàn</rt></ruby>?

あなたは1日に何回ご飯を食べます か？

318

〈解説〉

　回数詞は常に述語動詞の後に置きます。文の中の動詞の後に名詞（目的語）がついている場合、その名詞（目的語）を回数詞の後に置きます。すなわち回数詞は常に動詞と名詞（目的語）の間に置かれます。

A：^{nǐ yí ge xīng qī xué jǐ cì zhōng wén} 你 一个 星 期 学几次 中 文?	あなたは1週間に何回中国語を習いますか？
B：^{wǒ yí ge xīng qī xué liǎng cì zhōng wén} 我 一个 星 期 学 两 次 中 文。	私は1週間に2回中国語を習います。
A：^{nǐ duō cháng shí jiān huí yí cì rì běn} 你 多 长 时 间 回一次 日本?	あなたはどのくらいに1回日本へ帰りますか？
B：^{wǒ bàn nián huí yí cì rì běn} 我 半 年 回一次 日本。	私は半年に1回日本へ帰ります。
A：^{nǐ yì tiān shàng jǐ cì wǎng} 你 一天 上 几次 网?	あなたは1日に何回インターネットを見ますか？
B：^{wǒ yǒu shí hou yí cì yǒu shí hou liǎng cì} 我 有 时 候 一次，有 时 候 两 次。	1回の日もあれば、2回の日もあります。
A：^{nǐ duō cháng shí jiān jiǎn yí cì tóu fa} 你 多 长 时 间 剪一次 头发?	あなたはどのくらいに1回髪を切りますか？
B：^{wǒ dà gài sān ge yuè jiǎn yí cì tóu fa} 我 大概 三个月 剪一次 头发。	私は大体3か月に1回髪を切ります。

文型 & 応用会話　39

b. 主＋期間詞＋述語Ｖ・回数詞	～はどのくらいのペースで何回…をする。
例：^{nǐ duō cháng shí jiān lǚ xíng yí cì} 　你 多 长 时 间 旅 行 一次? 　　^{wǒ bàn nián jìn xiū liǎng cì} 　　我 半 年 进 修 两 次。	あなたはどのくらいに1回旅行しますか？ 私は半年に2回研修します。

〈解説〉

　上記の文型の動詞は動詞・動詞構造です。動詞・動詞構造動詞の後には 名詞（目的語）がこないので、回数詞は動詞の後ろ／語尾に置かれます。「学习」も V・V 構造動詞です。

---

nǐ duō cháng shí jiān lǚ xíng yí cì
A：你多 长 时 间 旅行 一次?

あなたはどのくらいに１回旅行しますか？

wǒ bàn nián lǚ xíng yí cì
B：我 半 年 旅行 一次。

私は半年に１回旅行します。

nǐ yí ge xīng qī yùn dòng jǐ cì
A：你 一个 星 期 运 动 几次?

あなたは１週間に何回運動しますか？

wǒ yí ge xīng qī yùn dòng liǎng cì
B：我 一个 星 期 运 动 两次。

私は１週間に２回運動します。

nǐ duō cháng shí jiān jìn xiū yí cì
A：你 多 长 时 间 进修 一次?

あなたはどのくらいに１回研修しますか？

wǒ liǎng nián jìn xiū yí cì
B：我 两 年 进修 一次。

私は２年間に１回研修します。

🔊 2 － 080

役に立つ一言会話

màn zǒu lù shang xiǎo xīn wǒ bú sòng le
A：慢 走，路 上 小 心，我 不 送 了。

hǎo qǐng huí ba
B：好，请 回 吧。

A：足元に気をつけて、ゆっくりと歩きなさい。
　　見送りはここら辺までにします。

B：はい、どうぞお帰りください。

学習効果を上げるために、前の第４章実践応用編のところの学習ポイント（212ページ）を参照してください。

（1）次の時刻を中国語で言い、ピンインを書きなさい。

① 3:45 _____   ② 8:06 _____

③ 1:30 _____   ④ 5:15 _____

⑤ 10:20 _____ ⑥ ちょうど12時 _____

⑦ 3時2分前 _____ ⑧ 10時15分前 _____

（2）次の単語を正しい語順に並べ替え、日本語に訳しなさい。

① 多长时间・回・一次・你・家?

_____ 訳 _____

② 出版・多久・那个作家・书・一本・?　（出版：出版：chū bǎn）
　　　　　　　　　　　　　　　　　　　（作家：作家：zuò jiā）

_____ 訳 _____

③ 吃饭・出去・我们・星期天・全家。

_____ 訳 _____

④ 让・鲜花盛开・生机勃勃・人・春天・感到。

_____ 訳 _____

⑤ 什么时候・结婚・你们・纪念日・是・的?

_____ 訳 _____

（3）次の文中の間違いを訂正しなさい。

① 今后你有打算什么?　（今后 / 今後）
　　　jīn hòu

_____

② 他们 结婚 什么时候?

_____

③ 傍晚 九点 我 回家。

_____

④ 那儿 很远，我们 走了 两个 时间。

_____

⑤ 你 一年 旅行 几次 去?

_____

（4）次の文を中国語に訳しなさい。

① A：私はトラ（寅）年ですが、あなたはなに年ですか？

_____

② B：ウシ（丑）年です。私はあなたより1歳年上です。

_____

③ A：あなたの誕生日はいつですか？

_____

④ B：私の誕生日は6月6日です。

_____

⑤ A：週末は何をしますか？

_____

⑥ B：家族でピクニック（郊游）に行きます。

_____

⑦　A：あなたはどの季節が好きですか？

_____

⑧　B：私は春が好きです。花がいっぱい咲いて、とてもきれいです。

_____

⑨　A：私たちは何時に、どこで会いますか？

_____

⑩　B：5時にホテルのロビーで会います。

_____

(5)　作文「私の今年の計画（我今年的计划)」

_____

_____

_____

_____

_____

_____

_____

第22課 | duì huàn
兑 换
（両替する）

1. 会 話

🔊 2 − 081

wǒ xiǎng huàn měi yuán　jīn tiān de huì lǜ shì duō shao
A：我 想 换 美 元, 今 天 的 汇 率 是 多 少？

yì bǎi měi yuán duì huàn bā bǎi èr shí wǔ kuài rén mín bì
B：一 百 美 元 兑 换 八 百 二 十 五 块 人 民 币。

nà　rì yuán ne
A：那 日 元 呢。

yí wàn rì yuán　duì　huàn bā bǎi sì shí wǔ kuài
B：一 万 日 元（兑）换 八 百 四 十 五 块
rén mín bì
（人 民 币）。

nà wǒ huàn sān wàn　rì yuán
A：那 我 换 三 万 日 元。

qǐng nín xiān tián duì huàn dān
B：请 您 先 填 兑 换 单。

hǎo
A：好。

sān wàn rì yuán yí gòng huàn　　　kuài rén mín bì
B：三 万 日 元 一 共 换 2,535 块 人 民 币
liǎng qiān wǔ bǎi sān shí wǔ kuài　　qǐng nín shǔ hǎo
（两 千 五 百 三 十 五 块）。请 您 数 好。

zhèng hǎo　　méi cuò　xiè xiè
A：正 好。/ 没 错。谢 谢！

2. 訳 文

A：アメリカドルを両替したいのですが、今日のレートはいくらですか？
B：100 ドルが825 人民元になります。
A：じゃあ、日本円は？
B：1 万円が845 人民元になります。
A：では、3万円両替します。

B：まず両替申込書にご記入をお願いします。
A：はい。
B：3万円は合計 2,535 人民元になります。どうぞお確かめください。
A：ちょうどあります。／間違いありません。ありがとう！

3. 新しい単語

1.	xìn yòng kǎ 信 用 卡	（名詞）	クレジットカード
2.	xiàn jīn 現 金	（名詞）	現金
3.	rén mín bì 人 民 币	（名詞）	人民元
4.	duì huàn chù 兑 换 处	（名詞）	両替所
5.	duì huàn dān 兑 换 单	（名詞）	両替の申込書
6.	huàn qián 换 钱	（動詞）	両替する
7.	sān wàn rì yuán 3 万 日 元	（数量詞）	3万円
8.	huì lǜ 汇 率	（名詞）	為替レート
9.	tián xiě 填（写）	（動詞）	（決められた場所に）書き込む、 （空欄を）埋める
10.	yí gòng 一 共	（副詞）	合計で
11.	shǔ hǎo 数 好	（動詞・補語）	ちゃんと数える
12.	zhèng hǎo 正 好	（形容詞）	ちょうどいい
13.	méi cuò 没 错	（陳述文）	間違いない

4. キーポイント

◉量詞

　中国語では何かを数える際、数詞と中心名詞の間に量詞を入れなければなりません。中国語はこの量詞が非常に発達していて、特殊なものを除いても 50 個以上あります。また数える対象の形状や特徴によって使

う量詞も異なるため、その使い方はかなり難しいといえます。ここでは
生活の中でよく使われる量詞を 20 個ぐらい取り上げます。

(1) 生活用品や服など

①张　脚、枚：ベッドやテーブル、紙など、平たい面を持つものを数える

yì zhāng zhuō zi
一 张 桌子　（机 1 脚）

sān zhāng zhǐ
三 张 纸　　（紙 3 枚）

liǎng zhāng chuáng
两 张 床　（ベッド 2 つ）

wǔ zhāng yóu piào
五 张 邮 票　（切手 5 枚）

②套　組・セットで数えるものに使う

yí tào jiā jù
一 套 家具　（家具一揃い）

shí tào cān jù
十 套 餐具　（食器 10 組）

liǎng tào shā fā
两 套 沙发　（ソファー 2 セット）

sì tào fáng zi
四 套 房子　（家 4 軒）

③件　服や事柄を数える

yí jiàn yī fu
一 件 衣服　（服 1 枚）

liǎng jiàn shì
两 件 事　　（2 つの事柄）

sān jiàn chèn shān
三 件 衬 衫　（シャツ 3 枚）

④条　本、筋：細長いものを数える

yì tiáo lù
一 条 路　　（道 1 本）

wǔ tiáo yú
五 条 鱼　　（魚 5 匹）

wǔ tiáo xiāo xi
五 条 消息　（情報 5 つ）

sān tiáo huáng guā
三 条 黄 瓜　（キュウリ 3 本）

liǎng tiáo máo jīn
两 条 毛巾　（タオル 2 本）

wǔ tiáo lǐng dài
五 条 领 带　（ネクタイ 5 本）

yì tiáo xiàng liànr
一 条 项 链儿　（ネックレス 1 本）

⑤把　本、脚：柄や取っ手のついている器物を数える

yì bǎ yǐ zi
一 把 椅子　（イス 1 脚）

liǎng bǎ yǔ sǎn
两 把 雨 伞　（傘 2 本）

sān bǎ yào shi
三 把 钥匙　（鍵 3 本）

yì bǎ shū zi
一 把 梳子　（くし 1 つ）

⑥双　ペアのものを数える

yì shuāng xié
一 双 鞋　　（靴 1 足）

liǎng shuāng kuài zi
两 双 筷子　（箸 2 膳）

sān shuāng wà zi
三 双 袜子　（靴下 3 足）

yì shuāng dà yǎn jing
一 双 大眼睛　（1 対の大きな目）

⑦块　四角いハンカチや時計、ケーキや飴を数える

yí kuài shǒu juànr
一 块 手绢儿　（ハンカチ 1 枚）

yí kuài dàn gāo
一 块 蛋糕　（ケーキ 1 切れ）

yí kuài shǒu biǎo
一 块 手表　（腕時計 1 つ）

yí kuài táng
一 块 糖　　（飴 1 つ）

(2) 家電、乗り物など

⑧台　台：機械を数える（家電製品によく使われる）

yì tái diàn shì
一 台 电 视　　（テレビ1台）

sān tái zhào xiàng jī
三 台 照 相 机（カメラ3台）

liǎng tái bīng xiāng
两 台 冰 箱　　（冷蔵庫2台）

liù tái shè xiàng jī
六 台 摄 像 机（ビデオカメラ6台）

⑨架　支えや足がついた機械類などを数える

yí jià gāng qín
一 架 钢 琴　　（ピアノ1台）

liǎng jià fēi jī
两 架 飞 机　　（飛行機2機）

⑩辆　台：地上を走る乗り物を数える

sān liàng mó tuō chē
三 辆 摩 托 车（オートバイ3台）

liǎng liàng miàn bāo chē
两 辆 面 包 车（マイクロバス2台）

yí liàng chū zū chē
一 辆 出 租 车（タクシー1台）

(3) 食べ物や飲み物など

⑪杯　杯：器に入っている飲み物を数える

yì bēi chá
一 杯 茶　　　（お茶1杯）

sān bēi kě lè
三 杯 可 乐　　（コカ・コーラ3杯）

liǎng bēi shuǐ
两 杯 水　　　（水2杯）

sì bēi kā fēi
四 杯 咖 啡　　（コーヒー4杯）

⑫瓶　一本：瓶やボトル類に入っている液体類を数える

wǔ píng xiāng shuǐ
五 瓶 香 水　　（香水5本）

sān píng xǐ fà shuǐ
三 瓶 洗 发 水（シャンプー3本）

liǎng píng kuàng quán shuǐ
两 瓶 矿 泉 水（ミネラルウォーター2本）

sì píng niú nǎi
四 瓶 牛 奶　　（牛乳4本）

yì píng pí jiǔ
一 瓶 啤 酒　　（ビール1本）

⑬壶　急須やつぼなどに入っている飲み物を数える

yì hú chá
一 壶 茶　　　（お茶1つぼ）

sān hú shāo jiǔ
三 壶 烧 酒　　（焼酎3つぼ）

liǎng hú rè shuǐ
两 壶 热 水　　（ホットウォーター2つぼ）

⑭碗　茶碗に入っている食べ物・飲み物などを数える

yì wǎn miàn
一 碗 面　　　（麺1杯）

sān wǎn tāng
三 碗 汤　　　（スープ3杯）

liǎng wǎn fàn
两 碗 饭　　　（ご飯2杯）

sì wǎn zhōu
四 碗 粥　　　（お粥4杯）

⑮盘　皿にのったもの、皿状の事物を数える

yì pán cài
一 盘 菜　　　（野菜炒め1皿）

sān pán guāng dié
三 盘 光 碟　　（CD3枚）

liǎng pán chǎo fàn
两 盘 炒 饭　　（チャーハン2皿）

⑯罐　缶に入った飲み物を数える

yí guàn kě lè
一 罐 可 乐　（コカ・コーラ1缶）

yí guàn pí jiǔ
一 罐 啤 酒　（ビール1缶）

(4) 人や動物など

🔊 2－086

⑰个　個：最もよく使われており、使える対象も多い

yí ge rén
一 个 人　（1人の人）

sān ge wèn tí
三 个 问 题　（3つの問題）

liǎng ge péng you
两 个 朋 友　（友達2人）

jǐ ge lǐ xiǎng
几 个 理 想　（いくつかの理想）

⑱位　名：人を数える丁寧語

yí wèi kè rén
一 位 客 人　（お客様1名）

sān wèi fǎ guān
三 位 法 官　（裁判官3名）

liǎng wèi ēn shī
两 位 恩 师　（恩師2人）

⑲口　家族の人数や豚、水がめや鍋などを数える

sān kǒu rén
三 口 人　（3人）

sān kǒu dà guō
三 口 大 锅　（大鍋3つ）

liǎng kǒu zhū
两 口 猪　（2匹の豚）

sì kǒu shuǐ gāng
四 口 水 缸　（水がめ4つ）

⑳只　匹：ほとんどの動物を数える時に使える

yì zhī māo
一 只 猫　（猫1匹）

sān zhī lǎo hǔ
三 只 老 虎　（虎3匹）

liǎng zhī gǒu
两 只 狗　（犬2匹）

sì zhī xiǎo niǎo
四 只 小 鸟　（小鳥4羽）

liǎng zhī yáng
两 只 羊　（羊2匹）

㉑匹　頭：馬、ラバを数える

yì pǐ mǎ
一 匹 马　（馬1頭）

liǎng pǐ luó zi
两 匹 骡 子　（ラバ2頭）

㉒头　頭：牛やロバなどを数える

yì tóu niú
一 头 牛　（牛1頭）

sān tóu lǘ
三 头 驴　（ロバ3頭）

yì tóu dà xiàng
一 头 大 象　（象1頭）

(5) その他の常用量詞

🔊 2－087

sān zhī yān
三 支 烟　（タバコ3本）

yì běn zì diǎn
一 本 字 典　（辞書1冊）

sì hé yān
四 盒 烟　（タバコ4箱）

wǔ běn shū
五 本 书　（本5冊）

liǎng hé qiǎo kè lì
两 盒 巧 克 力　（チョコレート2箱）

yí tào yī fu
一 套 衣 服　（服一揃い）

yí miàn jìng zi
一 面 镜 子　（鏡1つ）

yì dǐng mào zi
一 顶 帽 子　（帽子1つ）

　　（ペン1つ）　　<ruby>一<rt>yì</rt></ruby> <ruby>股<rt>gǔ</rt></ruby> <ruby>香<rt>xiāng</rt></ruby> <ruby>味儿<rt>wèir</rt></ruby> （ひとしきりの良い香り）

<ruby>一<rt>yì</rt></ruby> <ruby>根<rt>gēn</rt></ruby> <ruby>蜡<rt>là</rt></ruby> <ruby>烛<rt>zhú</rt></ruby>　　（ロウソク1本）

5. 文法ポイント

(1) 数の数え方（億まで）　　🔊 2 − 088

200 ページでもすでに説明しましたが、中国語の数字のケタは日本語と同じです。

<ruby>一<rt>yī</rt></ruby> <ruby>二<rt>èr</rt></ruby> <ruby>三<rt>sān</rt></ruby> <ruby>四<rt>sì</rt></ruby> <ruby>五<rt>wǔ</rt></ruby> <ruby>六<rt>liù</rt></ruby> <ruby>七<rt>qī</rt></ruby> <ruby>八<rt>bā</rt></ruby> <ruby>九<rt>jiǔ</rt></ruby> <ruby>十<rt>shí</rt></ruby> <ruby>零<rt>líng</rt></ruby>

以上の数字の読み方を覚えた後は、さらに中国語のケタの言い方を覚え、以下の表を頭に入れておけば、それ以上の大きな数字も数えられるようになります。

亿 yì	千 qiān （万） wàn	百 bǎi （万） wàn	十 shí （万） wàn	万 wàn	千 qiān	百 bǎi	十 shí	（个） ge
							shí 9	9
					qiān 1	bǎi 2	shí 5	6
				wàn 6	qiān 4	bǎi 3	shí 8	7
			shí 5	wàn 8	qiān 9	bǎi 7	shí 3	4
		bǎi 9	shí 3	wàn 4	qiān 7	bǎi 6	shí 8	1
	qiān 8	bǎi 7	shí 6	wàn 5	qiān 4	bǎi 2	shí 6	2
yì 8	qiān 9	bǎi 5	shí 4	wàn 3	qiān 4	bǎi 7	shí 2	8

数字の特別な言い方								
						bǎi	(shí)	
						2	5	0
				wàn	líng			èr
				5	0	0	0	2
				liǎng wàn	liǎng qiān	èr bǎi	èr shí	èr
				2	2	2	2	2
liǎng yì	liǎng qiān	èr bǎi	èr shí	èr wàn	liǎng qiān	èr bǎi	èr shí	èr
2	2	2	2	2	2	2	2	2
＊「一」の声調変化				yí wàn	yì qiān	yì bǎi	yī shí	yī
				1	1	1	1	1

(2) 数字に関する注意事項　　　🔊 2－089

1）百と千

　　百と千を日本語ではそのまま「百」「千」といいますが、中国語は「一百」「一千」のように、百と千の前にそれぞれ「一」をつけます。

例：130　＝ 一百三十 (yì bǎi sān shí)　　　　194　＝ 一百九十四 (yì bǎi jiǔ shí sì)

　　1,300　＝ 一千三百 (yì qiān sān bǎi)　　　1,480　＝ 一千四百八十 (yì qiān sì bǎi bā shí)

2）ゼロで終わる数字

　a.　150や1800のようなゼロで終わる数字は、最後の位を省略していえます。

例：150　＝ 一百五(十) (yì bǎi wǔ shí)　　　　1,800　＝ 一千八(百) (yì qiān bā bǎi)

　b.　ただし後に量詞を伴う場合は、省略することはできません。

例：150　＝ 一百五十个人 (yì bǎi wǔ shí ge rén)　　　1,800　＝ 一千八百匹马 (yì qiān bā bǎi pǐ mǎ)

　c.　数字の間と最後の両方に「0」がある場合、最後の位を省略することはできません。

例：
$\begin{cases} 1,600 = \overset{\text{yì qiān liù bǎi}}{\text{一 千 六（百）}} \\ 1,060 = \overset{\text{yì qiān líng liù shí}}{\text{一 千 零 六 十}} \end{cases}$
$\begin{cases} 18,000 = \overset{\text{yí wàn bā qiān}}{\text{一 万 八（千）}} \\ 10,800 = \overset{\text{yí wàn líng bā bǎi}}{\text{一 万 零 八 百}} \end{cases}$

3)「零」の読み方

　ケタとケタの間に「0」が入る時は、たとえ2つ以上続いたとしても「零」は一度しか言いません。

例：106 ＝ $\overset{\text{yì bǎi líng liù}}{\text{一 百 零 六}}$　　　1,006 ＝ $\overset{\text{yì qiān líng liù}}{\text{一 千 零 六}}$

　　10,008 ＝ $\overset{\text{yí wàn líng bā}}{\text{一 万 零 八}}$　　100,009 ＝ $\overset{\text{shí wàn líng jiǔ}}{\text{十 万 零 九}}$

(3)「二」と「両」の使い分け　　　🔊 2－090

数字との関係	$\overset{\text{èr}}{\text{二}}$	$\overset{\text{liǎng}}{\text{両}}$
	1. 小数と分数に使える 0.2（$\overset{\text{líng diǎn èr}}{\text{零 点 二}}$） 2.6（$\overset{\text{èr diǎn liù}}{\text{二 点 六}}$） 1/2（$\overset{\text{èr fēn zhī yī}}{\text{二 分 之 一}}$） 2/3（$\overset{\text{sān fēn zhī èr}}{\text{三 分 之 二}}$）	1. 小数と分数には使えない 2.6（両点六）⊗ 2/3（三分之両）⊗
	2.「十」「百」の位に使える。 222（$\overset{\text{èr bǎi èr shí èr}}{\text{二 百 二 十 二}}$）	2.「十」の位には使えない；「百」の位には基本的には使わないが使う地域もある。 230（$\overset{\text{èr bǎi sān / liǎng bǎi sān}}{\text{二 百 三／両 百 三}}$） 20（両十）⊗
	3.「百万」「十万」「万」の位にある2は「二」を使う。 <small>(330ページの表222,222,222の言い方を参照)</small> 2,220,000 （$\overset{\text{èr bǎi èr shí èr wàn}}{\text{二 百 二 十 二 万}}$） 二千万⊗ 二亿⊗	3.「千」「万」「千万」「亿」の位にある2は「両」を使う。 <small>(330ページの表222,222,222の言い方を参照)</small> 20,000,000（$\overset{\text{liǎng qiān wàn}}{\text{両 千 万}}$） 200,000,000（$\overset{\text{liǎng yì}}{\text{両 亿}}$）
	4. 序数詞に使える。	4. 序数詞には使えない。

二 (èr)	两 (liǎng)
第二课 / 第2課 (dì èr kè) 第二天 /2日目 (dì èr tiān) 二十岁 /20歳 (èr shí suì) 大年初二 / 正月2日目 (dà nián chū 'èr) 二楼 / 2階 (èr lóu)	第两天⊗ 大年初两⊗
5. 「半」の前には使えない。 二点半⊗ 二半儿⊗	5. 「半」がある時には必ず「两」を使う。 两点半 (liǎng diǎn bàn) 两半儿（半分）(liǎng bànr)
6. 数字の拾い読み時は、「二」を使う。 一、二、三、四 (yī èr sān sì)	6. 数字の拾い読み時には「两」が使えない。 一、两⊗、三、四 (yī liǎng sān sì)

	二 (èr)	两 (liǎng)
量詞との関係	1. 「二」は伝統的な度量衡単位「尺」「斤」「里」「亩」の前に使える。 二尺 (0.67メートル) (èr chǐ) ※两尺（ともいう）(liǎng chǐ) 二斤 (1キロ) (èr jīn) ※两斤（ともいう）(liǎng jīn) 二里 (1キロメートル) (èr lǐ) ※两里（ともいう）(liǎng lǐ) 二亩 (13.33アール) (èr mǔ) ※两亩（ともいう）(liǎng mǔ)	1. 「两」は伝統的な度量衡単位「尺」「斤」「里」「亩」の前に使える。 两尺 (0.67メートル) (liǎng chǐ) ※二尺（ともいう）(èr chǐ) 两斤 (1キロ) (liǎng jīn) ※二斤（ともいう）(èr jīn) 两里 (1キロメートル) (liǎng lǐ) ※二里（ともいう）(èr lǐ) 两亩 (13.33アール) (liǎng mǔ) ※二亩（ともいう）(èr mǔ)
	2. 「二」は伝統的な度量衡単位「两」に使う。 二两（100グラム）(èr liǎng) 两两⊗	2. 「两」は伝統的な度量衡単位「寸」に使う。 两寸（0.067メートル）(liǎng cùn) 二寸⊗

		二	两
	3.	「二」は新しい度量衡単位「吨」「公斤」「克」「平方米」には使えない。 二吨⊗ 二公斤⊗ 二克⊗ 二平方米⊗	3. 「两」は新しい度量衡単位「吨」「公斤」「克」「平方米」に使える。 liǎng dūn **两 吨**（2トン） liǎng gōng jīn **两 公 斤**（2キログラム） liǎng kè **两 克**（2グラム） liǎng píng fāng mǐ **两 平 方 米**（2平方メートル）
	4.	「二」は量詞と共には使えない。 二口人⊗ 二所学校⊗	4. 「两」は量詞と共に使える。 liǎng kǒu rén **两 口 人**（2家族） liǎng liàng chē **两 辆 车**（車2台） liǎng kuài qián **两 块 钱**（2元） liǎng suǒ xué xiào **两 所 学 校**（学校2つ） liǎng zhī yǎn jing **两 只 眼 睛**（目2つ）

		èr 二	liǎng 两
名詞との関係	1.	直接名詞の前に置かれない。置かれた場合は、「二」の前の序数詞「第」が省略されている。 dì èr lóu **(第) 二楼** / 2階 dì èr zǔ **(第) 二组** / 2組 dì èr céng **(第) 二层** / 2階	1. 特定の名詞の前に置き、固有表現になる。 liǎng guó **两 国** / 2つの国 liǎng rén **两 人** / 2人 liǎng shǒu **两 手** / 両手 liǎng jiā **两 家** / 2家族 liǎng suì **两 岁** / 2歳 liǎng tiān **两 天** / 2日 liǎng diǎn **两 点** / 2時
	2.	固有表現に使う。	2. 量詞が省略された名詞の前に置く。

èr rén shì jiè 二 人 世 界 /2 人だけの世界		liǎng ge guó jiā 两（个）国（家） liǎng ge rén 两（个）人
yì fēn wéi èr 一 分 为 二 / 半分に分ける		liǎng ge jiā tíng 两（个）家（庭） liǎng zhī shǒu 两（只）手

(4) お金の数え方

　中国、香港、シンガポールなどチャイニーズが集まっている国と地域では、お金の数え方や単位はみな同じものを使っています。アメリカドルも中国の"**人民币**"と同じ単位で数えています。

1）中国及びアジアの国々のお金の単位：

---

　　　　rén mín bì
中国：**人 民 币**（RMB）

　　　　　　　kuài　　　máo　　　fēn　　　fēn　　máo　　máo　kuài
口語では　○**块**　○**毛**　○**分**　（10 分 = 1 毛 ; 10 毛 = 1 块 ）

　　　　　　　↕　　　↕　　　↕

　　　　　　　yuán　　jiǎo　　fēn
貨幣には　　**元**　　**角**　　**分**　　と書かれている。

　　　　　　　　　　èr bǎi sān shí wǔ kuài sì máo bā fēn
例：RMB 235.48 = **二百 三 十 五 块 四毛 八（分）**

　　　香港（香港ドル）：**港 币**（HK$）
　　　　　　　　　　　　găng bì

　　　kuài　　　máo　　　fēn　　　fēn　　máo　　máo　kuài
　○**块**　○**毛**　○**分**　（10 分 = 1 毛 ; 10 毛 = 1 块 ）

　　　　　　　　　jiǔ wàn bā qiān sì bǎi sān shí 'èr kuài wǔ máo qī fēn
例：HK ＄98,432.57 = **九万 八千 四百 三 十 二块 五 毛 七（分）**

シンガポール（シンガポールドル）：新币(xīn bì) (S$)

○块(kuài)　○毛(máo)　○分(fēn)　（10分= 1毛(máo fēn)；10毛= 1块(kuài máo)）

例：S$2,596.72 = 两千五百九十六块七毛二（分）(liǎng qiān wǔ bǎi jiǔ shí liù kuài qī máo èr fēn)

＊S$2.5 = 两块半(liǎng kuài bàn)　という言い方もある。

日本（日本円）：日元(rì yuán) (J¥)

例：¥10,000 = 一万日元(yí wàn rì yuán)

¥5,000 = 五千日元(wǔ qiān rì yuán)

¥230 = 二百三十日元(èr bǎi sān shí rì yuán)

2）ヨーロッパ、アメリカなどのお金の単位：

アメリカ（アメリカドル）：美元(měi yuán) (US$)

○块(kuài)　○毛(máo)　○分(fēn)

例：US$89,642.73 = 八万九千六百四十二块七毛三（分）(bā wàn jiǔ qiān liù bǎi sì shí 'èr kuài qī máo sān fēn)

イギリス（ポンド）：英镑(yīng bàng) (£)

例：十万英镑(shí wàn yīng bàng)　三百英镑(sān bǎi yīng bàng)

フランス（フランスフラン）：法郎(fǎ láng) (FF)

（今はユーロが使われている）

例：一百法郎(yì bǎi fǎ láng)　五千法郎(wǔ qiān fǎ láng)

ドイツ（ドイツマルク）：马克(mǎ kè) (DM)

（今はユーロが使われている）

例：四百马克(sì bǎi mǎ kè)　六万马克(liù wàn mǎ kè)

カナダ（カナダドル）：<ruby>加<rt>jiā</rt></ruby> <ruby>元<rt>yuán</rt></ruby> （C$）

例：<ruby>五<rt>wǔ</rt></ruby> <ruby>加<rt>jiā</rt></ruby> <ruby>元<rt>yuán</rt></ruby>　　<ruby>两<rt>liǎng</rt></ruby> <ruby>万<rt>wàn</rt></ruby> <ruby>加<rt>jiā</rt></ruby> <ruby>元<rt>yuán</rt></ruby>

欧州連合の一部（ユーロ）：<ruby>欧<rt>ōu</rt></ruby> <ruby>元<rt>yuán</rt></ruby> （€）

例：<ruby>五<rt>wǔ</rt></ruby> <ruby>欧<rt>ōu</rt></ruby> <ruby>元<rt>yuán</rt></ruby>　　<ruby>两<rt>liǎng</rt></ruby> <ruby>万<rt>wàn</rt></ruby> <ruby>欧<rt>ōu</rt></ruby> <ruby>元<rt>yuán</rt></ruby>

3) 関連表現

<ruby>百<rt>bǎi</rt></ruby> <ruby>万<rt>wàn</rt></ruby> <ruby>富<rt>fù</rt></ruby> <ruby>翁<rt>wēng</rt></ruby>／百万長者　　<ruby>亿<rt>yì</rt></ruby> <ruby>万<rt>wàn</rt></ruby> <ruby>富<rt>fù</rt></ruby> <ruby>翁<rt>wēng</rt></ruby>／億万長者

<ruby>暴<rt>bào</rt></ruby> <ruby>发<rt>fā</rt></ruby> <ruby>户<rt>hù</rt></ruby>／成金　　<ruby>有<rt>yǒu</rt></ruby> <ruby>钱<rt>qián</rt></ruby> <ruby>人<rt>rén</rt></ruby>／金持ち

<ruby>穷<rt>qióng</rt></ruby> <ruby>人<rt>rén</rt></ruby>／貧乏人　　<ruby>分<rt>fēn</rt></ruby> <ruby>期<rt>qī</rt></ruby> <ruby>付<rt>fù</rt></ruby> <ruby>款<rt>kuǎn</rt></ruby>／分割払い

<ruby>贷<rt>dài</rt></ruby> <ruby>款<rt>kuǎn</rt></ruby>／ローン　　AA <ruby>制<rt>zhì</rt></ruby>／<ruby>分<rt>fēn</rt></ruby> <ruby>摊<rt>tān</rt></ruby>／割り勘

＊今の中国では【<ruby>暴发户<rt>bào fā hù</rt></ruby>】の代わりに【<ruby>土豪<rt>tǔ háo</rt></ruby>】と言うことが多いです。
　【土豪】が好きな "きんきらきん" の色は「<ruby>土豪金<rt>tǔ háo jīn</rt></ruby>」と言います。

mǎi dōng xi
买东西

買い物

qǐng wèn nín yào diǎnr shén me
A：请 问 您 要 点儿 什 么?

何かお探しですか?

wǒ xiǎng mǎi yì tái diàn shì
B：我 想 买 一 台 电 视,
liǎng kuài shǒu biǎo hé yí jià gāng qín
　　两 块 手 表 和 一 架 钢 琴。

私はテレビを1台、腕時計を2個とピアノを1台買いたいです。

diàn shì nǐ yào duō shao yīng cùn de
A：电 视 你 要 多 少 英 寸 的?

テレビは何インチのものが欲しいですか?

wǒ xiǎng yào　　　　yīng cùn de
B：我 想 要 29 英 寸 的。

29インチのものが欲しいです。

nǐ xiǎng mǎi shén me pái zi de
A：你 想 买 什 么 牌 子 的?

どのブランドのものを買いたいですか?

diàn shì yào rì běn de　　gāng qín yào
B：电 视 要 日 本 的, 钢 琴 要
guó chǎn de　　shǒu biǎo yào ruì shì de
　　国 产 的, 手 表 要 瑞 士 的。

テレビは日本製、ピアノは国産、腕時計はスイス製のものが欲しいです。

nà nín kàn　zhè tái diàn shì hé zhè
A：那 您 看, 这 台 电 视 和 这
jià gāng qín zěn me yàng
　　架 钢 琴 怎 么 样?

では、こちらのテレビとピアノはいかがですか?

bú cuò　　yí gòng duō shao qián
B：不 错。一 共 多 少 钱?

悪くないですね。全部でいくらですか?

diàn shì liǎng qiān liù bǎi wǔ shí bā
A：电 视 两 千 六 百 五 十 八
kuài　　gāng qín yí wàn sān qiān
　　（块）, 钢 琴 一 万 三 千。

テレビは、2,658元で、ピアノは1万3,000元です。

néng bu néng dǎ zhé
B：能 不 能 打 折?
yǒu mei yǒu zhé kòu
　　（有 没 有 折 扣?）

安くなりますか?（値引きできますか?）

wǒ bāng nín wèn yí xià
A：我 帮 您 问 一 下。

ちょっと聞いてみます。

wǒ men lǎo bǎn shuō kě yǐ gěi nín dǎ
A：我 们 老 板 说 可 以 给 您 打
qī zhé　yí gòng yí wàn líng jiǔ bǎi
　　七折, 一 共 一 万 零 九 百
liù shí kuài liù máo
　　六 十 块 六 毛。

社長は3割なら引けると言っています、全部で1万960元6毛です。

B：零头儿就别算了。我交
现金。整一万，行吗?

端数は計算に入れないでいいで
しょう。現金で払いますから、ちょ
うど 1 万でどうですか?

A：好吧。我们给您特别优
惠。

いいでしょう。特別にお安くしましょ
う。

応用会話 41 & 42

2 - 093

付款

支払い

A：请问你们这儿可以用
信用卡吗?

ちょっとお伺いしますが、こ
こではクレジットカードが使
えますか?

B：对不起。我们不收卡,
只收现金。

すみません。私どもではカー
ドは扱っておりません、現金
だけです。

A：我没带那么多人民币
现金。

私はそんなに沢山の人民元の
現金を持っていません。

B：我们商店这儿有兑换
处。您可以在那儿换钱。

うちの店には両替所がありま
す。そこで両替ができますよ。

A：兑换处在哪儿?

両替所はどこにありますか?

B：您跟我走。我带您去。

ご一緒にいらしてください。
ご案内します。

＊今の中国ではキャッシュレス決済が普通です。買い物の支払いは現金
を使わず、すべて携帯電話に入れてある支払いアプリを使います。
人々の財布に現金が入っていないため、泥棒が大変困っているそうです。

338

<ruby>找<rt>zhǎo</rt></ruby> <ruby>钱<rt>qián</rt></ruby>

A：<ruby>欢<rt>huān</rt></ruby> <ruby>迎<rt>yíng</rt></ruby> <ruby>光<rt>guāng</rt></ruby> <ruby>临<rt>lín</rt></ruby>。<ruby>请<rt>qǐng</rt></ruby> <ruby>问<rt>wèn</rt></ruby> <ruby>您<rt>nín</rt></ruby> <ruby>要<rt>yào</rt></ruby> <ruby>点儿<rt>diǎnr</rt></ruby> <ruby>什<rt>shén</rt></ruby> <ruby>么<rt>me</rt></ruby>?

B：<ruby>我<rt>wǒ</rt></ruby> <ruby>要<rt>yào</rt></ruby> <ruby>买<rt>mǎi</rt></ruby> <ruby>一<rt>yí</rt></ruby> <ruby>个<rt>ge</rt></ruby> <ruby>西<rt>xī</rt></ruby> <ruby>瓜<rt>guā</rt></ruby>，<ruby>三<rt>sān</rt></ruby> <ruby>个<rt>ge</rt></ruby> <ruby>芒<rt>máng</rt></ruby> <ruby>果<rt>guǒ</rt></ruby>，<ruby>四<rt>sì</rt></ruby> <ruby>块<rt>kuài</rt></ruby> <ruby>蛋<rt>dàn</rt></ruby> <ruby>糕<rt>gāo</rt></ruby>，<ruby>还<rt>hái</rt></ruby> <ruby>有<rt>yǒu</rt></ruby> <ruby>两<rt>liǎng</rt></ruby> <ruby>瓶<rt>píng</rt></ruby> <ruby>啤<rt>pí</rt></ruby> <ruby>酒<rt>jiǔ</rt></ruby>。

A：<ruby>好<rt>hǎo</rt></ruby>。<ruby>一<rt>yí</rt></ruby> <ruby>个<rt>ge</rt></ruby> <ruby>西<rt>xī</rt></ruby> <ruby>瓜<rt>guā</rt></ruby> <ruby>五<rt>wǔ</rt></ruby> <ruby>块<rt>kuài</rt></ruby> <ruby>四<rt>sì</rt></ruby>、<ruby>三<rt>sān</rt></ruby> <ruby>个<rt>ge</rt></ruby> <ruby>芒<rt>máng</rt></ruby> <ruby>果<rt>guǒ</rt></ruby> <ruby>六<rt>liù</rt></ruby> <ruby>块<rt>kuài</rt></ruby>，<ruby>四<rt>sì</rt></ruby> <ruby>块<rt>kuài</rt></ruby> <ruby>蛋<rt>dàn</rt></ruby> <ruby>糕<rt>gāo</rt></ruby> <ruby>十<rt>shí</rt></ruby> <ruby>四<rt>sì</rt></ruby> <ruby>块<rt>kuài</rt></ruby> <ruby>四<rt>sì</rt></ruby>，<ruby>两<rt>liǎng</rt></ruby> <ruby>瓶<rt>píng</rt></ruby> <ruby>啤<rt>pí</rt></ruby> <ruby>酒<rt>jiǔ</rt></ruby> <ruby>六<rt>liù</rt></ruby> <ruby>块<rt>kuài</rt></ruby>，<ruby>一<rt>yí</rt></ruby> <ruby>共<rt>gòng</rt></ruby> <ruby>三<rt>sān</rt></ruby> <ruby>十<rt>shí</rt></ruby> <ruby>一<rt>yī</rt></ruby> <ruby>块<rt>kuài</rt></ruby> <ruby>八<rt>bā</rt></ruby> <ruby>毛<rt>máo</rt></ruby>。

B：<ruby>能<rt>néng</rt></ruby> <ruby>不<rt>bu</rt></ruby> <ruby>能<rt>néng</rt></ruby> <ruby>再<rt>zài</rt></ruby> <ruby>便<rt>pián</rt></ruby> <ruby>宜<rt>yi</rt></ruby> <ruby>点儿<rt>diǎnr</rt></ruby>?

A：<ruby>那<rt>nà</rt></ruby> <ruby>就<rt>jiù</rt></ruby> <ruby>三<rt>sān</rt></ruby> <ruby>十<rt>shí</rt></ruby> <ruby>块<rt>kuài</rt></ruby> <ruby>吧<rt>ba</rt></ruby>!

B：<ruby>给<rt>gěi</rt></ruby> <ruby>你<rt>nǐ</rt></ruby> <ruby>五<rt>wǔ</rt></ruby> <ruby>十<rt>shí</rt></ruby> <ruby>块<rt>kuài</rt></ruby>，<ruby>请<rt>qǐng</rt></ruby> <ruby>找<rt>zhǎo</rt></ruby> <ruby>我<rt>wǒ</rt></ruby> <ruby>钱<rt>qián</rt></ruby>。

A：<ruby>找<rt>zhǎo</rt></ruby> <ruby>您<rt>nín</rt></ruby> <ruby>二<rt>èr</rt></ruby> <ruby>十<rt>shí</rt></ruby> <ruby>块<rt>kuài</rt></ruby>。<ruby>谢<rt>xiè</rt></ruby> <ruby>谢<rt>xie</rt></ruby>。

おつり

いらっしゃいませ。何かお探しですか?

私はスイカを1つ、マンゴーを3つ、ケーキを4つ、あとビールを2本買いたいです。

かしこまりました。スイカは1つ5.4元、マンゴーは3つで6元、ケーキは4つで14.4元、ビールは2本で6元、全部で31元8毛です。

もう少し安くできませんか?

では30元にしましょう!

50元渡しますから、おつりをください。

おつりの20元です。ありがとうございました。

339

梦想
mèng xiǎng

夢

A：你的梦想是什么？
nǐ de mèng xiǎng shì shén me

あなたの夢は何ですか?

B：有一天发大财，当上
yǒu yì tiān fā dà cái dāng shàng
百万富翁或亿万富翁
bǎi wàn fù wēng huò yì wàn fù wēng
过逍遥自在的日子。
guò xiāo yáo zì zài de rì zi

ある日、大もうけをして、百万長者や億万長者になって、悠々自適の生活をしたいです。

A：这谁不想啊！你还是现
zhè shéi bù xiǎng a nǐ hái shì xiàn
实点儿吧。你有挣大钱
shí diǎnr ba nǐ yǒu zhèng dà qián
的可能吗？
de kě néng ma

それは誰しも同じですよ! もう少し現実的に考えましょうよ。大金がもうかる可能性はあるのですか?

B：我想自己做生意。
wǒ xiǎng zì jǐ zuò shēng yi

自分で商売がしたいのです。

A：你现在有多少本钱
nǐ xiàn zài yǒu duō shao běn qián
啊？
a

今資本金はどのくらいありますか?

B：每个月挣的钱刚够
měi ge yuè zhèng de qián gāng gòu
生活费。
shēng huó fèi

毎月の給料が生活費で終わってしまいます。

A：那你就别做梦了。
nà nǐ jiù bié zuò mèng le

じゃあ、夢を見るのはやめなさい。

B：有梦想的人生才有
yǒu mèng xiǎng de rén shēng cái yǒu
意义。
yì yì

夢のある人生こそ意味があるのですよ。

A：那我祝你梦想成真。
nà wǒ zhù nǐ mèng xiǎng chéng zhēn

では、あなたの夢がかなうように祈りましょう。

<table>
<tr><td>

mǎi fáng zi
买 房 子

xiǎo wáng zuì jìn shēng huó zěn
A：**小 王，最 近 生 活 怎**
me zhè me jié jiǎn ya a
么 这 么 节 俭 呀 / 啊?

wǒ kuài jié hūn le wǒ yào zǎn
B：**我 快 结 婚 了，我 要 攒**
qián mǎi fáng zi
钱 买 房 子。

mǎi fáng zi nǐ kě yǐ cóng yín
A：**买 房 子 你 可 以 从 银**
háng dài kuǎn ya a
行 贷 款 呀 / 啊。

dàn shì shǒu qī děi zì jǐ fù
B：**但 是 首 期 得 自 己 付,**
shǒu qī fù de yuè duō dài kuǎn
首 期 付 得 越 多,贷 款
jiù huán de yuè shǎo
就 还 得 越 少。

shuō de yě shì wǒ yě děi zǎn
A：**说 得 也 是。我 也 得 攒**
qián mǎi fáng zi le
钱 买 房 子 了。

</td><td>

家を買う

王さん、最近、どうしてそんなに倹
約しているのですか？

もうすぐ結婚しますので、お金を貯
めて家を買いたいのです。

家を買うなら、銀行からローンを借
りればいいのに。

でも頭金は自分で払わなければなり
ません。頭金を多く払えば払うほど、
ローンの返済額は少なくなります。

それはそうだ！ 私も家を買うため
にお金を貯めなければ。

</td></tr>
</table>

● 常用文型　　　　　　　　　　　　　　（◀)) 2－095)

文型 45

<table>
<tr><td>A：主＋**最喜欢** 述語動詞・目的語</td><td>～は…をするのが一番好きで
す。</td></tr>
<tr><td>

wǒ zuì xǐ huan tīng yīn yuè
例：**我 最 喜 欢 听 音 乐。**

tā zuì xǐ huan huá xuě
他 最 喜 欢 滑 雪。

</td><td>

私は音楽を聞くことが一番好きです。

彼はスキーが一番好きです。

</td></tr>
</table>

〈解説〉

　この文型の中には述語動詞があるので、「**喜欢**」は助動詞です。「**喜欢**」
の後ろの述語動詞が省略された場合は、「**喜欢**」が述語動詞の役割を果
たします。

wǒ zuì xǐ huan yīn yuè
　例：**我 最 喜 欢 音 乐。**/ 私は音楽が大好きです。

B：主＋最喜欢＋的 名① 是 名②

～が最も好きな…は…です。

wǒ zuì xǐ huan de dì fang shì
例：我 最 喜 欢 的 地 方 是
rì běn jīng dū
日 本 京 都。

私が最も好きな場所は日本の京都
です。

tā zuì xǐ huan de shí wù shì
他 最 喜 欢 的 食 物 是
shòu sī
寿 司。

彼が最も好きな食べ物は寿司です。

〈解説〉

この文型の中の「最」は副詞で、常に動詞の前に置かれます。

C：主＋最常 V ＋的 名① 是 名②

～が最もよく V するのは…で
す。

tā zuì cháng hē de jiǔ shì wēi shì jì
例：他 最 常 喝 的 酒 是 威 士 忌。

彼が最もよく飲む酒はウイスキー
です。

tā zuì cháng qù de dì fang shì wǎng bā
他 最 常 去的地 方 是 网 吧。

彼が最もよく行く場所はインター
ネットカフェです。

〈解説〉

この文型は主語が最も頻繁に行う動作行為を説明しています。

D：主＋最大的 名是 ＋動目フレーズ

～の最大の…は…です。

tā zuì dà de lè qù shì guàng jiē
例：他 最 大 的 乐 趣 是 逛 街。

彼の最大の楽しみは街をぶらつく
ことです。

wǒ zuì dà de xiǎng shòu shì àn mó
我 最 大 的 享 受 是 按摩。

私の最大の楽しみはマッサージで
す。

〈解説〉

この文型の中の「最大的」の後には名詞がきます。

文型 49　　　　　　　　　　🔊 2－099

E：这是 人 第 数字 次 述 V・目	〜が…するのは…回目です。

　　　　zhè shì wǒ dì yī cì lái xīn jiā pō
例：这 是 我 第 一 次 来 新 加 坡。

これは私の初めてのシンガポール訪問です。

　　　　nà shì tā dì èr cì jié hūn
那 是 他 第 二 次 结 婚。

あれは彼の2回目の結婚です。

〈解説〉

この文型の中の「人」と「数字」の位置に注意を払いましょう。

応用会話 45〜49　　　　　　🔊 2－100

　　nǐ zuì xǐ huan de diàn yǐng shì shén me
A：你 最 喜 欢 的 电 影 是 什 么?

あなたが一番好きな映画は何ですか?

　　wǒ zuì xǐ huan de diàn yǐng shì　tiě dá
B：我 最 喜 欢 的 电 影 是《铁 达
　　ní kè hào　　hā lì bō tè
尼 克 号》,《哈 利 波 特》。

私の一番好きな映画は『タイタニック』と『ハリー・ポッター』です。

　　xué shēng men zuì cháng qù de dì fang
A：学 生 们 最 常 去 的 地 方
　　shì nǎr
是 哪 儿?

学生たちが最もよく行く場所はどこですか?

　　xué shēng men zuì cháng qù de dì fang
B：学 生 们 最 常 去 的 地 方
　　shì diàn nǎo shì
是 电 脑 室。

学生たちが最もよく行く場所はパソコンルームです。

　　nǐ men jiā zuì cháng chī de dōng xi shì
A：你 们 家 最 常 吃 的 东 西 是
　　shén me
什 么?

お宅で最もよく食べる物は何ですか?

　　wǒ men jiā zuì cháng chī de dōng xi shì
B：我 们 家 最 常 吃 的 东 西 是
　　hǎi xiān
海 鲜。

我が家で最もよく食べる物はシーフードです。

343

A：<ruby>我<rt>wǒ</rt></ruby> <ruby>最<rt>zuì</rt></ruby> <ruby>喜<rt>xǐ</rt></ruby> <ruby>欢<rt>huan</rt></ruby> <ruby>的<rt>de</rt></ruby> <ruby>音<rt>yīn</rt></ruby> <ruby>乐<rt>yuè</rt></ruby> <ruby>是<rt>shì</rt></ruby> <ruby>古<rt>gǔ</rt></ruby> <ruby>典<rt>diǎn</rt></ruby> <ruby>音<rt>yīn</rt></ruby> <ruby>乐<rt>yuè</rt></ruby>，<ruby>你<rt>nǐ</rt></ruby> <ruby>呢<rt>ne</rt></ruby>?

私が一番好きな音楽はクラシック音楽です。あなたは?

B：<ruby>我<rt>wǒ</rt></ruby> <ruby>最<rt>zuì</rt></ruby> <ruby>喜<rt>xǐ</rt></ruby> <ruby>欢<rt>huan</rt></ruby> <ruby>流<rt>liú</rt></ruby> <ruby>行<rt>xíng</rt></ruby> <ruby>音<rt>yīn</rt></ruby> <ruby>乐<rt>yuè</rt></ruby>。

私はポピュラー音楽が一番好きです。

A：<ruby>这<rt>zhè</rt></ruby> <ruby>是<rt>shì</rt></ruby> <ruby>你<rt>nǐ</rt></ruby> <ruby>第<rt>dì</rt></ruby> <ruby>一<rt>yī</rt></ruby> <ruby>次<rt>cì</rt></ruby> <ruby>在<rt>zài</rt></ruby> <ruby>国<rt>guó</rt></ruby> <ruby>外<rt>wài</rt></ruby> <ruby>常<rt>cháng</rt></ruby> <ruby>驻<rt>zhù</rt></ruby> <ruby>吗<rt>ma</rt></ruby>?

今回はあなたの初めての海外駐在ですか?

B：<ruby>不<rt>bú</rt></ruby> <ruby>是<rt>shì</rt></ruby>，<ruby>这<rt>zhè</rt></ruby> <ruby>是<rt>shì</rt></ruby> <ruby>我<rt>wǒ</rt></ruby> <ruby>第<rt>dì</rt></ruby> <ruby>二<rt>èr</rt></ruby> <ruby>次<rt>cì</rt></ruby> <ruby>在<rt>zài</rt></ruby> <ruby>国<rt>guó</rt></ruby> <ruby>外<rt>wài</rt></ruby> <ruby>常<rt>cháng</rt></ruby> <ruby>驻<rt>zhù</rt></ruby>。

いいえ、今回は私の2回目の海外駐在です。

A：<ruby>你<rt>nǐ</rt></ruby> <ruby>最<rt>zuì</rt></ruby> <ruby>大<rt>dà</rt></ruby> <ruby>的<rt>de</rt></ruby> <ruby>享<rt>xiǎng</rt></ruby> <ruby>受<rt>shòu</rt></ruby> <ruby>是<rt>shì</rt></ruby> <ruby>什<rt>shén</rt></ruby> <ruby>么<rt>me</rt></ruby>?

あなたの最大の贅沢は何ですか?

B：<ruby>我<rt>wǒ</rt></ruby> <ruby>最<rt>zuì</rt></ruby> <ruby>大<rt>dà</rt></ruby> <ruby>的<rt>de</rt></ruby> <ruby>享<rt>xiǎng</rt></ruby> <ruby>受<rt>shòu</rt></ruby> <ruby>是<rt>shì</rt></ruby> <ruby>去<rt>qù</rt></ruby> <ruby>外<rt>wài</rt></ruby> <ruby>国<rt>guó</rt></ruby> <ruby>度<rt>dù</rt></ruby> <ruby>假<rt>jià</rt></ruby>。

私の最大の贅沢は外国へリゾートに行くことです。

A：<ruby>你<rt>nǐ</rt></ruby> <ruby>最<rt>zuì</rt></ruby> <ruby>大<rt>dà</rt></ruby> <ruby>的<rt>de</rt></ruby> <ruby>乐<rt>lè</rt></ruby> <ruby>趣<rt>qù</rt></ruby> <ruby>是<rt>shì</rt></ruby> <ruby>什<rt>shén</rt></ruby> <ruby>么<rt>me</rt></ruby>?

あなたの最大の楽しみは何ですか?

B：<ruby>我<rt>wǒ</rt></ruby> <ruby>最<rt>zuì</rt></ruby> <ruby>大<rt>dà</rt></ruby> <ruby>的<rt>de</rt></ruby> <ruby>乐<rt>lè</rt></ruby> <ruby>趣<rt>qù</rt></ruby> <ruby>是<rt>shì</rt></ruby> <ruby>打<rt>dǎ</rt></ruby> <ruby>麻<rt>má</rt></ruby> <ruby>将<rt>jiàng</rt></ruby>。

私の最大の楽しみは麻雀をやることです。

◀)) 2 − 101

役に立つ一言会話

A：<ruby>您<rt>nín</rt></ruby> <ruby>先<rt>xiān</rt></ruby> <ruby>请<rt>qǐng</rt></ruby>。 B：<ruby>谢<rt>xiè</rt></ruby> <ruby>谢<rt>xie</rt></ruby>。

B：<ruby>请<rt>qǐng</rt></ruby> <ruby>让<rt>ràng</rt></ruby> <ruby>一<rt>yí</rt></ruby> <ruby>下<rt>xiàr</rt></ruby> <ruby>儿<rt></rt></ruby>。/<ruby>劳<rt>láo</rt></ruby> <ruby>驾<rt>jià</rt></ruby> <ruby>劳<rt>láo</rt></ruby> <ruby>驾<rt>jià</rt></ruby>。/<ruby>借<rt>jiè</rt></ruby> <ruby>光<rt>guāngr</rt></ruby> <ruby>儿<rt></rt></ruby> <ruby>借<rt>jiè</rt></ruby> <ruby>光<rt>guāngr</rt></ruby> <ruby>儿<rt></rt></ruby>。

A：お先にどうぞ。B：どうも。

B：ちょっと失礼、通らせてください。

学習効果を上げるために、前の第4章実践応用編のところの学習ポイント（212ページ）を参照してください。

（1）次の数字を中国語で言った後、漢数字で書き、その上にピンイン
　　をつけなさい。

　　① 15 ＿＿＿＿＿＿＿　　② 1,800　　　＿＿＿＿＿＿＿

　　③ 23 ＿＿＿＿＿＿＿　　④ 18,000　　＿＿＿＿＿＿＿

　　⑤ 44 ＿＿＿＿＿＿＿　　⑥ 200,000　　＿＿＿＿＿＿＿

　　⑦ 99 ＿＿＿＿＿＿＿　　⑧ 6,555,324　　＿＿＿＿＿＿＿

　　⑨ 108 ＿＿＿＿＿＿＿　　⑩ 89,765,432　　＿＿＿＿＿＿＿

　　⑪ 1,080 ＿＿＿＿＿＿＿　　⑫ 100,000,000　　＿＿＿＿＿＿＿

（2）次の金額を中国語で言った後、漢字と数字を書き、その上にピン
　　インをつけなさい。

　　① 3万円 ＿＿＿＿＿＿＿　　② US$205　　＿＿＿＿＿＿＿

　　③ HK$748.54＿＿＿＿＿＿＿　　④ S$2,822.11　　＿＿＿＿＿＿＿

　　⑤ RMB32,540.88 ＿＿＿＿＿＿＿＿＿＿＿＿＿＿＿＿＿＿＿

（3）「二」と「両」のどちらかを下線部に入れなさい。

　　①零点＿＿＿　　②三分之＿＿＿　　③第＿＿＿年　　④＿＿＿张床

　　⑤＿＿＿两黄金　⑥＿＿＿万＿＿＿千＿＿＿百＿＿＿十＿＿＿

（4）次の文を中国語に訳しなさい。

　　①　A：何をお求めになりますか？

　　　＿＿＿＿＿＿＿＿＿＿＿＿＿＿＿＿＿＿＿＿＿＿＿＿＿＿＿＿＿

B：いいえ、見るだけです。

② A：現金で払いますから、もう少し安くしてくれませんか？

B：ボスに聞いてみます。

③ A：クレジットカードは使えますか？

B：カードは使えません、現金だけです。

④ A：高級マンションを買ったそうですが、お金持ちですね。

B：いいえ、親が頭金を出してくれて、後は全部ローンです。

⑤ A：自分で会社を作りたいのですが、資本金がなくて困っています。（会社を作りたい：<ruby>成<rt>chéng</rt></ruby> <ruby>立<rt>lì</rt></ruby> <ruby>公<rt>gōng</rt></ruby> <ruby>司<rt>sī</rt></ruby>）（困っている：<ruby>为<rt>wéi</rt></ruby> <ruby>难<rt>nán</rt></ruby>）

B：銀行でローンを借りたらどうですか？

A：ローンの金利が高すぎるので、友達から借りたいと思っています。（金利：<ruby>利<rt>lì</rt></ruby> <ruby>息<rt>xī</rt></ruby>）

(5) 買い物に関する会話を書き出し、会話の練習をしなさい。

第23課 | qiú hūn
求 婚
(プロポーズする)

1. 会 話

🔊 2 − 102

líng mù
铃 木：
lǐ xiǎo jie nǐ yòu wēn róu yòu piào liàng hái zhī
李 小姐，你 又 温 柔 又 漂 亮，还 知
shū dá lǐ wǒ duì nǐ yí jiàn zhōng qíng wǒ yào
书 达 礼，我 对 你 一 见 钟 情，我 要
xiàng nǐ qiú hūn nǐ yuàn yì jià gěi wǒ ma
向 你 求 婚。你 愿 意 嫁 给 我 吗?

lǐ xiǎo jie
李小姐：
zhè tài yì wài le shǒu xiān xiè xie nǐ duì wǒ de
这 太 意 外 了。首 先 谢 谢 你 对 我 的
kuā jiǎng dàn shì wǒ bù xǐ huan chōu yān de rén
夸 奖。但 是 我 不 喜 欢 抽 烟 的 人。

líng mù
铃 木：
wǒ kě yǐ wèi nǐ jiè yān nǐ néng bu néng kǎo
我 可 以 为 你 戒 烟。你 能 不 能 考
lù yí xiàr
虑 一 下儿?

lǐ xiǎo jie
李小姐：
kě shì nǐ shì rì běn rén nǐ zěn me gēn wǒ jiā
可 是 你 是 日 本 人。你 怎 么 跟 我 家
rén jiāo liú ne
人 交 流 呢?

líng mù
铃 木：
nǐ fàng xīn wǒ huì gèng jiā nǔ lì de xué zhōng
你 放 心，我 会 更 加 努 力（地）学 中
wén nǐ néng bu néng gěi wǒ yí ge jī huì
文。你 能 不 能 给 我 一 个 机 会?

lǐ xiǎo jie
李小姐：
nà wǒ bì xū gēn wǒ fù mǔ shāng liang shāng liang
那 我 必 须 跟 我 父 母 商 量 商 量。

líng mù
铃 木：
hǎo nà wǒ děng nǐ de huí yīn
好。那 我 等 你 的 回 音。

2. 訳 文

鈴　木： 李さん、優しくて、きれいな上、知識も教養もあるあなたに一目ぼ
れしました。あなたにプロポーズしたいのです。僕のお嫁さんに
なってくれませんか？

李さん： あら、驚いたわ。まずはお誉めをいただき、ありがとう。でも私は
タバコを吸う人は好きじゃないの。

鈴　木： あなたのためならタバコをやめられます。少し考えてみてくれませ
んか？

李さん： でも、あなたは日本人よ。どうやって私の家族とコミュニケーショ
ンをとるの？

鈴　木： 心配要りませんよ。僕は今よりもっと中国語の勉強に努めますか
ら。僕にチャンスをいただけませんか？

李さん： それなら両親と相談しなくては。

鈴　木： 分かりました。では返事を待っています。

3. 新しい単語

🔊 2 − 103

1. _{wēn róu}
温柔 （形容詞） 優しい

2. _{hái}
还 （副詞） そして、また

3. _{zhī shū dá lǐ}
知书达礼 （成語） 知識と教養があって物事を分かっている（女性に使う）

4. A _{duì} B
A 对 B （介詞） AはBに対して

5. _{yí jiàn zhōng qíng}
一见钟情 （成語） 一目ぼれ

6. A _{xiàng} B _{qiú hūn}
A 向 B 求婚 （フレーズ） AがBにプロポーズする

7. _{tā xiān xiàng tā qiú hūn de}
他先向她求婚的 （陳述文） 彼が先に彼女にプロポーズをしたのです

8. _{yuàn yì}
愿意 （助動詞） …したい、…するのを願っている

348

9. 嫁 给 （男）
jià gěi nán
（フレーズ）（女性が）（男性）に嫁ぐ

△她 嫁 给 外 国 人 了
tā jià gěi wài guó rén le
（陳述文）彼女は外国人に嫁ぎました

10. （男）娶（女）
nán qǔ nǚ
（動詞）男性が女性を娶る、
男性が女性と結婚する

△他 娶 了 张 小 姐
tā qǔ le zhāng xiǎo jie
（陳述文）彼は張さんを娶った

11. A 跟 B 结 婚
gēn jié hūn
（フレーズ）AはBと結婚する

△他 跟 我 朋 友 结 婚 了
tā gēn wǒ péng you jié hūn le
（陳述文）彼は私の友人と結婚した

12. 意 外
yì wài
（形容詞）意外である

△太 意 外 了
tài yì wài le
（感嘆文）すごく驚いた、思いもよらな
かった

13. 首 先
shǒu xiān
（接続詞）まず、先に

14. 然 后
rán hòu
（接続詞）その後

15. 夸 奖
kuā jiǎng
（動詞）誉める

16. 可 以
kě yǐ
（助動詞）…してもいい

△可 以 坐 吗
kě yǐ zuò ma
（疑問文）座ってもいいですか

17. 能
néng
（助動詞）…してもいい、…する能力が
ある

△他 能 看 懂 中 文 报 纸
tā néng kàn dǒng zhōng wén bào zhǐ
（陳述文）彼は中国語の新聞が読める

18. 会
huì
（助動詞）…ができる、…する可能性が
ある

△A： 你 会 说 几 国 话？
nǐ huì shuō jǐ guó huà
（疑問文）あなたは何か国語が話せます
か?

B： 我 会 说 三 国 话
wǒ huì shuō sān guó huà
（陳述文）私は３か国語が話せます

△明 天 会 下 雨
míng tiān huì xià yǔ
（陳述文）明日は雨が降るだろう

19. 为了…
　(介詞)　…のために

△为了来新加坡，我辞去了工作
　(陳述文)　シンガポールに来るために、私は仕事を辞めました

20. 戒烟
　(動詞)　タバコをやめる

21. 抽烟
　(動詞)　タバコを吸う

△会抽烟
　(フレーズ)　タバコが吸える

22. 考虑
　(動詞)　考える、考慮する

△考虑一下儿
　(フレーズ)　ちょっと考える

23. 可是
　(接続詞)　しかし

24. 跟…交流
　(フレーズ)　人とコミュニケーションをとる

25. 放心
　(動詞)　安心する

△放心吧！
　(陳述文)　ご安心ください

26. 更加
　(副詞)　さらに

△会更加努力
　(フレーズ)　きっとさらに努力するはずです

27. 给…机会
　(フレーズ)　人にチャンスを与える

△给他一个学习的机会
　(陳述文)　彼に1つ勉強のチャンスを与える

28. 必须
　(助動詞)　…をしなければならない

△你必须告诉你妈妈
　(陳述文)　あなたはお母さんに話さなければなりません

29. 得
　(助動詞)　…をしなければならない

30. 应该
　(助動詞)　…すべきである

rén men yīng gāi hù xiāng bāng zhù
△人们应该互相帮助 （陳述文） 人々は互いに助け合うべきだ

31. shāng liang
商 量 （動詞） 相談する

wǒ men yì qǐ shāng liang shāng
△我们一起商量商 （陳述文） 一緒に相談しましょう
liang ba
量 吧

32. děng
等 （動詞） 待つ

shāo děng yí xiàr
△稍 等 一下儿 （陳述文） 少々お待ちください

33. huí yīn
回音 （名詞） 返事、答え

děng tā de huí yīn
△等他的回音 （フレーズ） 彼の口頭返事を待つ

4. キーポイント

◀) 2－104

（1）助動詞

助動詞はメインの動詞の前に置いて、その動作を行うことの可能性、必要性、または願望などの意思を伝えます。

＊よく使われる助動詞は以下のとおりです。

xǐ huan 喜欢	xiǎng 想	yào 要	yuàn yì 愿意	néng 能	huì 会	kě yǐ 可以	yīng gāi 应该	bì xū 必须	dǎ suan 打算

（2）基本語順

◀) 2－105

肯定文： 主語 ＋ 助動詞 ＋ 述語動詞・目的語

wǒ xǐ huan hē chá
我 喜欢 喝茶。

私はお茶を飲むのが好きです。

nǐ yīng gāi gào su wǒ
你 应该 告诉我。

あなたは私に知らせるべきです。

＊上記に上げている助動詞は願望助動詞です。

否定文：　主語　＋　不・助動詞　＋　　述語動詞・目的語

xī fāng rén
西 方 人　　　　　bú huì
不 会　　　　　　　yòng kuài zi
用 筷 子。

西洋人は箸が使えない。

qīng shào nián
青 少 年　　　　　bù néng
不 能　　　　　　　chōu yān
抽 烟。

青少年はタバコを吸えない。

5. 文法ポイント

🔊 2 − 106

常用助動詞の意味・解釈

(1)　| yuàn yì
愿 意 |　「…することを心より願っている」「重要な行動をとりたい」

＊毎日行う動作行為には使いません。⊗我愿意去厕所

tā yuàn yì yí jū guó wài
例：她 愿 意 移 居 国 外。　　／彼女は外国に移住したがっている。

shàng le nián jì de rén bú yuàn
上 了 年 纪 的 人 不 愿
yì lí kāi zì jǐ de jiā
意 离 开 自 己 的 家。　　　／年配の人は自分の家から離れたがらない。

nǐ yuàn yì huàn gōng zuò ma
你 愿 意 换 工 作 吗?　　　／仕事を変えたいですか？
（意向を聞いている）

nǐ yuàn yì jià gěi wǒ ma
你 愿 意 嫁 给 我 吗?　　　／私と結婚してくれますか？

＊「愿意」は「非常想」（強く願っている）の代わりに使う時もある。

＊「愿意」は決意する必要のある動作行為に使う。

応用会話 50

🔊 2 − 107

nǐ yuàn yì shàng dà xué ma
A：你 愿 意 上 大 学 吗?　　あなたは大学に入りたいですか？

dāng rán yuàn yì le
B：当 然 愿 意 了。　　　　もちろんですよ。でも私は受からな
kě shì wǒ pà kǎo bu shàng
可 是 我 怕 考 不 上 。　　いことが心配です。

zhǐ yào nǔ lì jiù yí dìng néng
A：只 要 努 力 就 一 定 能　　努力さえすれば必ず目標を達成でき
dá dào mù biāo jiā yóu ba
达 到 目 标。加 油 吧。　　ますよ。がんばってください。

xiè xie nǐ de gǔ lì
B：谢 谢 你 的 鼓 励。　　　励ましてくれて、ありがとう。

A：tīng shuō zhōng guó nǚ xìng bú yuàn yì
听 说 中 国 女 性 不 愿 意
jià gěi wài guó rén　shì ma?
嫁 给 外 国 人，是 吗?

中国人女性は外国人に嫁ぎたくないそうですが、本当ですか?

B：bù wán quán duì　tā men zhǐ shì dān
不 完 全 对。她 们 只 是 担
xīn yǔ yán gōu tōng de wèn tí
心 语 言 沟 通 的 问 题。

そうとは限りませんよ。彼女たちはただ言葉のコミュニケーションが心配なんです。

A：nǐ yuàn yì jià gěi wài guó rén ma?
你 愿 意 嫁 给 外 国 人 吗?

あなたは外国人と結婚したいですか?

B：wǒ bú zài hu guó jí
我 不 在 乎 国 籍。
zhǐ yào hé de lái jiù xíng
只 要 合 得 来 就 行。

私は国籍を気にしません。気が合いさえすれば良いです。

A：nǐ xiān sheng zěn me xiàng nǐ qiú hūn de
你 先 生 怎 么 向 你 求 婚 的?

ご主人はどうやってあなたにプロポーズをしたのですか?

B：tā shǒu ná méi guī huā guì zhe xiàng wǒ
他 手 拿 玫 瑰 花 跪 着 向 我
qiú hūn de
求 婚 的。

彼は手にバラを持ち、ひざまずいて私にプロポーズをしたんです。

A：zhè me làng màn a　zhēn xiàn mù nǐ
这 么 浪 漫 啊，真 羡 慕 你。
nǐ xiān sheng zěn me xiàng nǐ qiú hūn de
你 先 生 怎 么 向 你 求 婚 的?

なんてロマンティックなんでしょう、羨ましいですね!
ご主人はどのようにあなたにプロポーズをしたのですか?

B：tā méi yǒu tè bié shuō shén me　suǒ yǐ
他 没 有 特 别 说 什 么。所 以,
yì kāi shǐ　wǒ bú yuàn yì jià gěi tā
一 开 始，我 不 愿 意 嫁 给 他。

彼は特に何も言いませんでした。だから最初、私は彼と結婚したくなかったんです。

A：hòu lái ne
后 来 呢?

その後は?

B：hòu lái tā yì zhí duì wǒ hěn hǎo　yòu
后 来 他 一 直 对 我 很 好，又
shuō yuàn yì gēn wǒ fù mǔ yì qǐ zhù
说 愿 意 跟 我 父 母 一 起 住,
suǒ yǐ wǒ jiù gēn tā jié hūn le
所 以 我 就 跟 他 结 婚 了。

その後、彼は常に私に優しいし、その上、私の両親と一緒に住みたいと言ったから、私は彼と結婚したんです。

(2) | 助動詞の「想^{xiǎng}」と「要^{yào}」 | 「…したい」「…しようとする」

a) 「想^{xiǎng}」は、まだ考えている段階で「…したいなあ」という気持ち
を表します。

b) 「要^{yào}」は、すでに行動することに決めた「…しよう」と言う強い
意志を表します。

　＊「要^{yào}」は、これからの動作行為に使います。

c) 主語＋想^{xiǎng} 要^{yào}＋述語動詞・目的語「ぜひとも…したい」

動作主のその動作を行おうという強い意志を表します。

　例：我 想 学 习 中 文。 / 私は中国語を勉強したい。
　　　wǒ xiǎng xué xí zhōng wén

　　　　　　　　　　　　　　　　（考えているだけ）

　　　我 要 学 习 中 文。 / 私は中国語を勉強するつもりです。
　　　wǒ yào xué xí zhōng wén

　　　　　　　　　　　　　　　　（すでに決めた）

　　　他 想 要 考 取 博 士 学 位。
　　　tā xiǎng yào kǎo qǔ bó shì xué wèi

　　　　　　　　　　　　　　 / 彼はぜひとも博士号を取りたいと望んでいる。

d) 「要^{yào}」は助動詞として使う場合「…しなければならない」、あるい
は「…する必要がある」の意味もあります。どちらであるかは前
後の流れから判断しましょう。

　例：你 要 做 作 业。 / あなたは宿題をやらなければならない。
　　　nǐ yào zuò zuò yè
　　　　　　　　　　　　（この時の「要^{yào}」は「必须^{bì xū}」の意味です）

　　　你 要 多 做 调 查。 / あなたは多く調査を行う必要がある。
　　　nǐ yào duō zuò diào chá
　　　　　　　　　　　　（この時の「要^{yào}」は「需要^{xū yào}」の意味です）

e) 「想^{xiǎng}」と「要^{yào}」は述語動詞として使う場合には、全く違う意味になります。

　例：我 要 水。 / 水が欲しいです。
　　　wǒ yào shuǐ

　　　孩 子 要 钱。 / 子供はお金が要ります。
　　　hái zi yào qián

　　　我 想 家。 / 私はホームシックです。
　　　wǒ xiǎng jiā

hái zi xiǎng mā ma
孩子 想 妈妈。 ／子供はお母さんに会いたいです。

wǒ xiǎng tā de zhōng wén jìn bù le
我 想 他 的 中 文 进 步 了。 ／彼の中国語が進歩したと

（推測しながら）思います。

zhōng yě tài tai nǐ xiǎng xué
A：中 野 太 太 你 想 学
zhōng wén ma
中 文 吗?

中野さんは中国語を習いたいですか？

wǒ xiǎng xué zhōng wén dàn shì
B：我 想 学 中 文。但 是
wǒ xiǎng xiān xué hǎo yīng yǔ
我 想 先 学 好 英 语。

中国語は習いたいですが、先に英語をマスターしたいです。

nǐ xiān sheng ne
A：你 先 生 呢?

ご主人は？

tā yào xué zhōng wén
B：他 要 学 中 文。
tā yǐ jīng bào míng le
他 已 经 报 名 了。
xià ge yuè kāi shǐ xué
下 个 月 开 始 学。

彼は中国語を習うつもりです。すでに申し込みを済ませ、来月から習い始めます。

wǒ yào yù dìng zuò wèi
A：我 要 预 定 座 位。

席を予約したいのですが。

shén me shí hou jǐ shí
B：什 么 时 候? （几 时?）

いつですか（何時ですか）？

míng tiān wǎn shang qī diǎn bàn
A：明 天 晚 上 七 点 半。

明日の夜7時半です。

jǐ ge rén qǐng wèn jǐ wèi
B：几 个 人? （请 问 几 位?）

何人ですか？（何名様ですか？）

liù ge wǒ xiǎng yào yí ge
A：六 个。我 想 要 一 个
dān jiān
单 间。

6人です。個室をとりたいです。

hǎo méi wèn tí nín guì xìng
B：好，没 问 题。您 贵 姓?
lián luò diàn huà shì duō shao
联 络 电 话 是 多 少?

承知しました、問題ありません。お名前は？ ご連絡先の電話番号は何番ですか？

xìng zhào wǒ de shǒu jī shì
A：姓 赵。我 的 手 机 是
jiǔ èr sān sì wǔ yāo qī bā
9 2 3 4-5 1 7 8。

趙です。私の携帯電話は9234－5178です。

355

(3) 「néng 能」「huì 会」「kě yǐ 可以」

🔊 2 - 112

1) 可以①　環境・条件が許すので「…してもいい」「…するのが可能
である」⇒「néng 能」と置き換えられます。

例：shì wài kě yǐ chōu yān ma
室外可以抽烟吗?　　/室外ではタバコを吸ってもいいですか？

zhè lǐ kě yǐ tíng chē
这里可以停车。　　/ここは車が停められます。

②　相手の許可をもらう「kě yǐ 可以⇒néng 能」

例：wǒ kě yǐ jìn lái ma
我可以进来吗?　　/入ってもいいですか？

kě yǐ yòng yí xiàr cè suǒ ma
可以用一下儿厕所吗?　/ちょっとトイレを使ってもいいですか？

wǒ kě yǐ dǎ kāi kàn kan ma
我可以打开看看吗?　/開けて見てもいいですか？

2) 能　①　環境、条件が許すので「…してもいい」「…するのが可
能である」⇒「kě yǐ 可以」と置き換えて使えます。

例：fēi jī shang néng kàn diàn shì
飞机上能看电视。　/飛行機の中でテレビが見られます。

②　相手の許可をもらう「néng 能⇒kě yǐ 可以」

例：nǐ néng gěi wǒ kàn yí xiàr ma
你能给我看一下儿吗?　/ちょっと見せていただけませんか？

nǐ néng lái yí xiàr ma
你能来一下儿吗?　　/ちょっと来ていただけますか？

③　能力があるので「…ができる」

例：tā néng jiě jué zhè ge wèn tí
他能解决这个问题。　/彼はこの問題を解決できます。

tā néng lǐng dǎo wǔ bǎi ge rén
他能领导五百个人。　/彼は500人のリーダーシップがとれる。

④　「できる」だけではなく、あるレベルまで達していることを
表します。

例：tā huì shuō zhōng wén　tā néng yòng zhōng wén gēn zhōng guó rén liáo tiānr
他会说中文,他能用中文跟中国人聊天儿。

/彼は中国語が話せ、中国語を使って中国人と世間話ができる。

他会说外语，他能说三国话。

/ 彼は外国語が話せ、3か国語を話すことができる。

他会游泳，他能一口气游一千米。

/ 彼は泳げ、一気に 1,000 メートル泳ぐことができる。

⑤ 機械や道具などがその機能を備えているので「…ができる」。

この場合「可以」と置き換えて使うことができます。

例：这台电话能发传真，能留言录音。

/ この電話はファックスも送れて、メッセージ録音もできます。

这台打印机能复印，也能扫描。

/ このプリンターはコピーもできるし、スキャンもできます。

这把椅子能折叠。　/ このイスは折りたためる。

⑥ 本能的に「…ができる / できない」

例：他不能打麻药。　　　/ 彼は体質的に麻酔を受け付けない。

人能走路。　　/ 人間は歩けます。

动物不能说话。 / 動物は話せません。

⑦ 「不能…了」「…できなくなった」以前あった機能が失われた

（以前できたことができなくなった）。動作主が人間及び動物

の場合「不会…了」と置き換えて使えます。

例：这个电视不能看了。　/ このテレビは見られなくなった。

出车祸以后他不能走路了。

/ 交通事故の後、彼は歩けなくなった。

中风以后他不会/不能说话了。

/ 脳卒中の後、彼は話せなくなった。

nà zhī niǎo shòu shāng le bù néng fēi le bú huì fēi le
那 只 鸟 受 伤 了，不 能 飞 了。(不 会 飞 了。)

/ あの鳥はけがをして、飛べなくなった。

⑧ 体調が許されて「…ができる」⇒「**能**」

許されずに「…できない」⇒「**不能**」

jīn tiān wǒ bù néng kāi chē
例：今 天 我 不 能 开 车。/ 今日私は運転できません。（体調が悪いから）
wǒ bú huì kāi chē
我 不 会 开 车。　　　/ 私は運転できません。（免許を取ってないから）
jīn tiān wǒ bù kě yǐ kāi chē
今 天 我 不 可 以 开 车。

/ 今日私は運転できません。（今日は免許を持ってないから）
tā jīn tiān fā shāo le bù néng yóu yǒng
她 今 天 发 烧 了，不 能 游 泳。

/ 今日彼女は熱があるので泳げない
tā bìng hǎo le néng shàng bān le
他 病 好 了，能 上 班 了。

/ 彼は病気がよくなり、出勤できるようになった。

3) 会 huì　① 学習や訓練を経て、技能・技術などを習得した結果「…が

できる」

tā huì shuō sān guó huà
例：他 会 说 三 国 话。　　　/ 彼は3か国語が話せます。
wǒ bú huì kāi chē
我 不 会 开 车。　　　　　/ 私は車の運転ができません。
tā cái yí suì hái bú huì zǒu lù
他 才 一 岁，还 不 会 走 路。/ 彼は1歳だし、まだ歩けません。
wǒ huì kāi chē dàn shì wǒ méi yǒu guó jì jià zhào suǒ yǐ zài wài guó
我 会 开 车，但 是 我 没 有 国 际 驾 照，所 以 在 外 国
bù néng kāi chē
不 能 开 车。

/ 私は車の運転ができますが、国際免許がないので外国では運転できません。

② 誰でもできる行為の前に“**很会**”“**真会**”を置くと、誰より

もその行為が得意である（うまい）ことを表します。

例：
<ruby>她<rt>tā</rt></ruby> <ruby>很<rt>hěn</rt></ruby> <ruby>会<rt>huì</rt></ruby> <ruby>买<rt>mǎi</rt></ruby> <ruby>东<rt>dōng</rt></ruby> <ruby>西<rt>xi</rt></ruby>。　　/ 彼女は買い物がうまい。

<ruby>他<rt>tā</rt></ruby> <ruby>真<rt>zhēn</rt></ruby> <ruby>会<rt>huì</rt></ruby> <ruby>穿<rt>chuān</rt></ruby> <ruby>衣<rt>yī</rt></ruby> <ruby>服<rt>fu</rt></ruby>。　　/ 彼はファッションセンスがいい。

③ 「一定会」「きっと…する」「必ず…する」

例：
<ruby>他<rt>tā</rt></ruby> <ruby>一<rt>yí</rt></ruby> <ruby>定<rt>dìng</rt></ruby> <ruby>会<rt>huì</rt></ruby> <ruby>来<rt>lái</rt></ruby>。　　/ 彼は必ず来ます。

<ruby>我<rt>wǒ</rt></ruby> <ruby>一<rt>yí</rt></ruby> <ruby>定<rt>dìng</rt></ruby> <ruby>会<rt>huì</rt></ruby> <ruby>学<rt>xué</rt></ruby> <ruby>好<rt>hǎo</rt></ruby> <ruby>中<rt>zhōng</rt></ruby> <ruby>文<rt>wén</rt></ruby>。　/ 私は必ず中国語をマスターします。

④ 「…するはずだ」「…がありうる」物事が発生する必然性や可

　能性を表します。

例：
<ruby>明<rt>míng</rt></ruby> <ruby>天<rt>tiān</rt></ruby> <ruby>会<rt>huì</rt></ruby> <ruby>下<rt>xià</rt></ruby> <ruby>雨<rt>yǔ</rt></ruby>。　　/ 明日は雨が降るだろう。

<ruby>不<rt>bú</rt></ruby> <ruby>会<rt>huì</rt></ruby> <ruby>有<rt>yǒu</rt></ruby> <ruby>这<rt>zhè</rt></ruby> <ruby>种<rt>zhǒng</rt></ruby> <ruby>事<rt>shì</rt></ruby>　　/ そんなことはありえない。

<ruby>他<rt>tā</rt></ruby> <ruby>会<rt>huì</rt></ruby> <ruby>解<rt>jiě</rt></ruby> <ruby>决<rt>jué</rt></ruby> <ruby>这<rt>zhè</rt></ruby> <ruby>个<rt>ge</rt></ruby> <ruby>问<rt>wèn</rt></ruby> <ruby>题<rt>tí</rt></ruby>。　/ 彼はこの問題を解決するだろう。

<ruby>我<rt>wǒ</rt></ruby> <ruby>觉<rt>jué</rt></ruby> <ruby>得<rt>de</rt></ruby> <ruby>他<rt>tā</rt></ruby> <ruby>会<rt>huì</rt></ruby> <ruby>来<rt>lái</rt></ruby>。　　/ 彼は来ると思う。

応用会話　54　　　　　　　　　　　　　◀) 2 － 113

A：
<ruby>我<rt>wǒ</rt></ruby> <ruby>的<rt>de</rt></ruby> <ruby>电<rt>diàn</rt></ruby> <ruby>脑<rt>nǎo</rt></ruby> <ruby>坏<rt>huài</rt></ruby> <ruby>了<rt>le</rt></ruby>。

<ruby>你<rt>nǐ</rt></ruby> <ruby>会<rt>huì</rt></ruby> <ruby>修<rt>xiū</rt></ruby> <ruby>电<rt>diàn</rt></ruby> <ruby>脑<rt>nǎo</rt></ruby> <ruby>吗<rt>ma</rt></ruby>?

B：
<ruby>我<rt>wǒ</rt></ruby> <ruby>不<rt>bú</rt></ruby> <ruby>会<rt>huì</rt></ruby>。<ruby>但<rt>dàn</rt></ruby> <ruby>我<rt>wǒ</rt></ruby> <ruby>可<rt>kě</rt></ruby> <ruby>以<rt>yǐ</rt></ruby> <ruby>借<rt>jiè</rt></ruby>

<ruby>给<rt>gěi</rt></ruby> <ruby>你<rt>nǐ</rt></ruby> <ruby>我<rt>wǒ</rt></ruby> <ruby>的<rt>de</rt></ruby> <ruby>电<rt>diàn</rt></ruby> <ruby>脑<rt>nǎo</rt></ruby>。

私のパソコンが壊れました。あなた
はパソコンの修理ができますか？

できません。でも、あなたにパソコ
ンを貸してあげられます。

A：你 能 帮 我 一 个 忙 吗？
（你 能 不 能 帮 我 一 个 忙？）

ちょっと助けていただけませんか？

B：什 么 忙？（什 么 事 儿？）
你 说 吧！

何ですか？言ってください！

A：你 可 以 帮 我 搬 家 吗？

引っ越しを手伝ってくれませんか？

B：可 以。什 么 时 候？

いいですよ。いつですか？

A：明 天。

明日です。

B：明 天 不 行。
明 天 我 要 去 出 差。

明日はダメです。明日は出張に行きます。

A：我 可 以 用 一 下 儿 电 话 吗？

ちょっと電話を貸してくれませんか？

B：可 以。请 用 吧！

いいですよ。どうぞ使ってください！

A：你 能 给 我 一 张 纸 吗？
（你 能 不 能 给 我 一 张 纸？）

紙を1枚くれませんか？

B：没 问 题，给 你。

はい、どうぞ。

(4) 「<ruby>应该<rt>yīng gāi</rt></ruby>」と「<ruby>必须<rt>bì xū</rt></ruby>」　　　　　🔊 2 − 115

1) <ruby>应该<rt>yīng gāi</rt></ruby>「…すべきである」「应」が省略されて、「该」だけで使うケー

スもあります。

　　例：<ruby>你们应该互相帮助<rt>nǐ men yīng gāi hù xiāng bāng zhù</rt></ruby>。　／あなたたちは助け合うべきです。

　　　　<ruby>学外语应该有字典<rt>xué wài yǔ yīng gāi yǒu zì diǎn</rt></ruby>。　／外国語を学ぶには辞書を持つべきです。

　　　　<ruby>我该走了<rt>wǒ gāi zǒu le</rt></ruby>。　／もう行かなくては。

　　　　<ruby>我们该睡觉了<rt>wǒ men gāi shuì jiào le</rt></ruby>。　／我々はもう寝なくては。

2) 「<ruby>必须<rt>bì xū</rt></ruby>」と「<ruby>得<rt>děi</rt></ruby>」「…しなければならない」「…しないと困ります」

　　「得」は「必须」の口語表現です。

　　例：<ruby>贵公司必须先交定金<rt>guì gōng sī bì xū xiān jiāo dìng jīn</rt></ruby>。

　　／貴社は先に手付金を払わなければなりません。

　　<ruby>出国必须先办护照<rt>chū guó bì xū xiān bàn hù zhào</rt></ruby>。

　　／出国にはまずパスポートを取らねばなりません。

　　<ruby>去中国工作<rt>qù zhōng guó gōng zuò</rt></ruby>,<ruby>你得会说中文<rt>nǐ děi huì shuō zhōng wén</rt></ruby>。

　　／中国へ働きに行くには中国語ができなくてはならない。

　　<ruby>我得走了<rt>wǒ děi zǒu le</rt></ruby>。　　／もう行かなくては。

361

A：^{dōu liù diǎn le} 都 六 点 了。^{wǒ gāi zǒu le}我 该 走 了。

もう6時です。そろそろ帰らなくては。

B：^{zháo shén me jí ya} 着 什 么 急 呀!(^{bié zháo jí}别 着 急。)
^{zài zuò yì huǐr ba} 再 坐 一 会儿 吧。

何を慌てているんですか！（急がなくてもいいでしょう。）もう少しいなさいよ。

A：^{wǒ děi qù jiē hái zi le} 我 得 去 接 孩 子 了。
^{gǎi tiān zài liáo} 改 天 再 聊。^{zài jiàn}再 见。

子供を迎えに行かなくてはならないんです。また日を改めておしゃべりしましょう。さようなら。

B：^{hǎo} 好。^{zài jiàn}再 见。^{màn zǒu}慢 走。

分かりました、さようなら。お気をつけて。

～　～　～　～

A：^{wǒ bù xiǎng kǎo dà xué le wǒ} 我 不 想 考 大 学 了。 我
^{xiǎng cān jiā gōng zuò} 想 参 加 工 作。

私は大学を受験せず、就職したいです。

B：^{nǐ yīng gāi xiān shàng dà xué rán} 你 应 该 先 上 大 学,然
^{hòu zài gōng zuò fǒu zé méi yǒu} 后 再 工 作。 否 则 没 有
^{qián tú} 前 途。

まず大学に入るべきです。その後就職しなさい。そうでないと前途がありませんよ。

A：^{kě shì kǎo dà xué tài nán le} 可 是 考 大 学 太 难 了。

でも大学受験は難しすぎます。

B：^{suǒ yǐ nǐ bì xū nǔ lì xué xí} 所 以 你 必 须 努 力 学 习。

だからあなたは努力して勉強しなければならないのです。

～　～　～　～　～　～

A：^{tā men yīng gāi wǔ diǎn dào zěn} 他 们 应 该 五 点 到。怎
^{me hái méi lái} 么 还 没 来?

彼らは5時に着くはずです。どうしてまだ来ていないのですか?

B：^{kě néng shì fēi jī wǎn diǎn le} 可 能 是 飞 机 晚 点 了。
^{zài děng yi děng} 再 等 一 等。

飛行機が遅れたのかもしれません。もう少し待ちましょう。

(5) 「<ruby>打算<rt>dǎ suan</rt></ruby>」

助動詞として使う時は「…するつもり」「…する予定」の意味になり、名詞として使う時は「計画」という意味になります。

例：今年 我 打 算 参 加 中 文 检 定 二 级 的 考 试。
（jīn nián wǒ dǎ suan cān jiā zhōng wén jiǎn dìng èr jí de kǎo shì）
　　　　助動詞
/ 今年私は中国語検定試験2級を受けるつもりです。

新 的 一 年 里 你 有 什 么 打 算？
（xīn de yì nián lǐ nǐ yǒu shén me dǎ suan）
　　　　　　　　　　　　　　　　　名詞
/ 新しい一年にどのような計画がありますか？

応用会話 57　　🔊 2 - 118

A：今年夏天你打算去哪里旅行？ （jīn nián xià tiān nǐ dǎ suan qù nǎ lǐ lǚ xíng）	今年の夏はどこへ旅行するつもりですか？
B：我打算去埃及旅行，我打算去参观金字塔。 （wǒ dǎ suan qù āi jí lǚ xíng, wǒ dǎ suan qù cān guān jīn zì tǎ）	私はエジプト旅行に行く予定で、ピラミッドを見に行くつもりです。
A：你打算去哪儿度假？ （nǐ dǎ suan qù nǎr dù jià）	どこで休暇を過ごす予定ですか？
B：我打算去马尔代夫潜水。 （wǒ dǎ suan qù mǎ ěr dài fū qián shuǐ）	私はモルジブへダイビングに行く予定です。
A：今年你有什么打算？ （jīn nián nǐ yǒu shén me dǎ suan）	今年はどんな計画がありますか？
B：我想换一份工作，你呢？ （wǒ xiǎng huàn yí fèn gōng zuò, nǐ ne）	私は転職したいです。あなたは？
A：我打算结婚。 （wǒ dǎ suan jié hūn）	私は結婚する予定です。

● 常用文型

🔊 2－119

文型 58

A：主＋述語動詞・了………（的）＋目的語
〔期間詞〕

～はどのくらい…をしました。

例：你（以前）学了多长时间（的）中文？
nǐ yǐ qián xué le duō cháng shí jiān de zhōng wén

あなたは（昔）どのくらい中国語を習っていたのですか？

他（刚才）等了三个小时（的）车。
tā gāng cái děng le sān ge xiǎo shí de chē

彼は（さっきまで）車を3時間待っていました。

〈解説〉

　過去の動作行為の開始から終了までの継続期間を聞いたり、述べたりする時に使う文型です。述語動詞の後の「了」は時態助詞で動作が発生済みであることを表します。発話する時に、文中に過去時間詞「以前」「刚才」がなくても、その動作行為が過去に発生し、今現在はもう続いていないことを、聞き手と話し手の両方が知っています。文中の「的」はよく省略されます。その文型では目的語になるのが人ではなく、物です。

我等了三个小时的他。
　　　　　　　　⊗

㊣我等了他三个小时。／ 私は彼を3時間待っていました。

　目的語が人である場合、その「人」を「動詞・了」の後に置きます。

文型 59

🔊 2－120

B：主＋述語動詞・了………（的）＋目的語・了
〔期間詞〕

～はどのくらい…をしているのですか？

例：你学了多长时间（的）中文了？
nǐ xué le duō cháng shí jiān de zhōng wén le

あなたはもうどのくらい中国語を習っているのですか？

他等了三个小时（的）车了。
tā děng le sān ge xiǎo shí de chē le

彼は車を3時間待っています。

364

〈解説〉

　過去のある時点から開始した動作行為が今でも継続しています。その継続している期間を聞いたり、述べたりする時に使う文型です。述語動詞の後の「了」は時態助詞で動作が発生済みであることを表し、語尾に置く「了」は語気助詞で動作の継続を表します。つまり2つの「了」を併用する場合には、前に開始した動作行為が今でも続いていることを表します。文の中の「的」は省略することができます。この文型では目的語になるのが人ではなく、物です。**我等了三个小时的他了。**
⊗

㊣**我等了他三个小时了。** ／私は彼を3時間待っています。

比較	nǐ xué le duō cháng shí jiān de zhōng wén **你 学 了 多 长 时 间 的 中 文?**　　／あなたは（以前） どのくらい中国語を習っていたのですか？（今はもう習っていない） nǐ xué le duō cháng shí jiān de zhōng wén le **你 学 了 多 长 时 间 的 中 文 了?** あなたはもうどのくらい中国語を習っていますか？（今も習っている）

比較	nǐ zài lún dūn zhù le duō cháng shí jiān **你 在 伦 敦 住 了 多 长 时 间?**　　／あなたは（昔） ロンドンにどのくらい住んでいましたか？（今はもう住んでいない） nǐ zài lún dūn zhù le duō cháng shí jiān le **你 在 伦 敦 住 了 多 长 时 间 了?** ／あなたは ロンドンにどのくらい住んでいるのですか?（今もロンドンに住んでいる）

比較	wǒ děng le tā sān ge xiǎo shí **我 等 了 他 三 个 小 时。**　　／私は彼を3時間待っていました。 （今はもう待っていない） wǒ děng le tā sān ge xiǎo shí le **我 等 了 他 三 个 小 时 了。** ／私は彼を3時間待っています。 （今も待っています）

A：nǐ xué le duō cháng shí jiān zhōng wén le
你学了多长时间中文了?

B：wǒ xué le sān nián le
我学了三年了。

A：nán guài nǐ de zhōng wén zhè me hǎo
难怪你的中文这么好!

B：nǎ li nǎ li hái chà de yuǎn ne
哪里哪里,还差得远呢。

A：tīng shuō nǐ mèi mei yě xué guo zhōng
听说你妹妹也学过中
wén tā xué le duō cháng shí jiān de
文,她学了多长时间的
zhōng wén
中文?

B：tā zhǐ xué le bàn nián jiù bù xué le
她只学了半年就不学了。

A：zhōng wén dí què shì tài nán le
中文的确是太难了,
néng jiān chí xué xià qù de rén bì
能坚持学下去的人毕
jìng shì shǎo shù
竟是少数。

あなたはどのくらい中国語を習っていますか?

3年間習っています。

どうりで中国語がお上手です!

とんでもありません。まだまだです。

妹さんも中国語を習ったことがあると聞いていますが、彼女はどのくらい習いましたか?

彼女は半年習っただけで、やめてしまいました。

中国語は確かにとても難しいので、継続して学んでいけるのは、やはり少数です。

366

A：前田先生，你在巴黎
　　　住了多长时间了?

前田さん、あなたはパリにどのくらい住んでいますか?

B：我在巴黎住了五年了。

私はパリに5年間住んでいます。

A：那已经成了一个法国
　　　通了吧!

では、もうすっかりフランス通ですよね!

B：法国通还说不上，
　　　不过去过很多地方。

フランス通とは言えませんが、たくさんの場所を訪れました。

A：除了法国以外，
　　　你还在哪儿长住过?

フランス以外にどこに長期滞在したことがありますか?

B：我在伦敦住过三年。
　　　在柏林也住过两年。

私はロンドンに3年間、ベルリンにも2年間住んだことがあります。

A：那你最喜欢哪个
　　　城市?

では、あなたはどの都市が一番好きですか?

B：我还是比较喜欢伦敦。

私はやはりロンドンが好きです。

🔊 2 − 122

㊥に立つ一言会話

A：你多大了? 　　　　B：我三十四岁了。
A：你跟我一样大(你跟我同岁),但是你看起来很年轻。
B：是吗?你看起来也很年轻啊。

A：おいくつですか? 　　　　B：私は34歳です。

A：あなたは私と同じ年ですね。でも、あなたはとても若く見えます。

B：そうですか? あなたも若く見えますよ。

学習効果を上げるために、前の第4章実践応用編のところの学習ポイント（212ページ）を参照してください。

367

(1) （　）内から下線部にふさわしい助動詞を選び、文章を完成させ
　　た後、文章全体にピンインをつけ、日本語に訳しなさい。

　① 他 ＿＿＿＿＿＿＿＿ 学 开车。(想・愿意・要)

　② 我 ＿＿＿＿＿＿＿＿ 用 一下儿 厕所 吗? (应该・想・可以)

　③ 他们 不 ＿＿＿＿＿＿＿＿ 来了。(会・喜欢・想)

　④ 你 ＿＿＿＿＿＿＿＿ 跟 你 父母 商量商量。(想・能・应该)

　⑤ 我朋友 ＿＿＿＿＿＿＿＿ 说 三国话。(会・必须・要)

(2) 次の単語を正しい語順に並べ替え、ピンインをつけた後、日本語
　　に訳しなさい。

　① 帮助・互相・应该・你们 。

　　＿＿＿＿＿＿＿＿＿＿＿＿＿＿＿＿＿＿＿＿＿＿＿＿＿＿＿＿＿＿

　② 愿意・不・离开・弟弟・家。

　　＿＿＿＿＿＿＿＿＿＿＿＿＿＿＿＿＿＿＿＿＿＿＿＿＿＿＿＿＿＿

　③ 要・下个月・我・搬家。

　　＿＿＿＿＿＿＿＿＿＿＿＿＿＿＿＿＿＿＿＿＿＿＿＿＿＿＿＿＿＿

　④ 能不能・我・一起・跟・学・中文・你。

　　＿＿＿＿＿＿＿＿＿＿＿＿＿＿＿＿＿＿＿＿＿＿＿＿＿＿＿＿＿＿

　⑤ 学会・必须・你・用电脑。

　　＿＿＿＿＿＿＿＿＿＿＿＿＿＿＿＿＿＿＿＿＿＿＿＿＿＿＿＿＿＿

　⑥ 一门・外语・多学・要・他。 （门：外国語・技術を数える量詞）
　　　　　　　　　　　　　　　　（上に mén）

　　＿＿＿＿＿＿＿＿＿＿＿＿＿＿＿＿＿＿＿＿＿＿＿＿＿＿＿＿＿＿

(3) 次の文章を中国語に訳し、会話の練習をしなさい。

① A：私は予約をキャンセルしたいです。（キャンセルする：取消^{qǔ xiāo}）

A：_____

B：分かりました。お名前を教えてください。

B：_____

② A：私は甘い物が好きではありません。あなたは？

A：_____

B：私は甘い物が大好きです。

B：_____

③ A：あなたと一緒に行ってもいいですか？　B：いいですよ。

A：_____　B：_____

④ A：写真を1枚撮ってもらえませんか？　B：いいですよ。
（写真：照片^{zhào piàn}）

A：_____　B：_____

⑤ A：ここでタバコを吸ってもいいですか？

A：_____

B：ここはダメです。あそこはいいです。

B：_____

⑥ A：西洋人は箸が使えますか？

A：_____

B：使える人もいれば、使えない人もいます。

B：_____

⑦　A：あなたは泳げますか？

　　A：＿＿＿＿＿＿＿＿＿＿＿＿＿＿＿＿＿＿＿＿＿＿

　　B：泳げます。私は一気に 500 メートル泳げます。

　　B：＿＿＿＿＿＿＿＿＿＿＿＿＿＿＿＿＿＿＿＿＿＿

⑧　A：このプリンターはコピーもできるし、スキャンもできます。

　　A：＿＿＿＿＿＿＿＿＿＿＿＿＿＿＿＿＿＿＿＿＿＿

　　B：ファックスが送れますか？

　　B：＿＿＿＿＿＿＿＿＿＿＿＿＿＿＿＿＿＿＿＿＿＿

⑨　A：日本に来てから、もうどのくらいたちましたか？

　　A：＿＿＿＿＿＿＿＿＿＿＿＿＿＿＿＿＿＿＿＿＿＿

　　B：もう３年半たちました。

　　B：＿＿＿＿＿＿＿＿＿＿＿＿＿＿＿＿＿＿＿＿＿＿

⑩　A：アメリカに移住してから、何年になりますか？

　　A：＿＿＿＿＿＿＿＿＿＿＿＿＿＿＿＿＿＿＿＿＿＿

　　B：もう５年になります。

　　B：＿＿＿＿＿＿＿＿＿＿＿＿＿＿＿＿＿＿＿＿＿＿

⑪　A：もうアメリカ通になったでしょう？

　　A：＿＿＿＿＿＿＿＿＿＿＿＿＿＿＿＿＿＿＿＿＿＿

　　B：いいえ、アメリカは大きいので、行っていない場所がまだ沢
　　　　山あります。

　　B：＿＿＿＿＿＿＿＿＿＿＿＿＿＿＿＿＿＿＿＿＿＿

⑫　A：以前、イランに何年住みましたか？（**伊朗**^{yī láng}／イラン）

A：＿＿＿＿＿＿＿＿＿＿＿＿＿＿＿＿＿＿＿＿＿

B：2年だけです。日本料理がないから、もう二度と行きたくありません。

B：＿＿＿＿＿＿＿＿＿＿＿＿＿＿＿＿＿＿＿＿＿

(4)「求婚」の場面の会話を作りなさい。

＿＿＿＿＿＿＿＿＿＿＿＿＿＿＿＿＿＿＿＿＿＿＿＿＿

＿＿＿＿＿＿＿＿＿＿＿＿＿＿＿＿＿＿＿＿＿＿＿＿＿

＿＿＿＿＿＿＿＿＿＿＿＿＿＿＿＿＿＿＿＿＿＿＿＿＿

＿＿＿＿＿＿＿＿＿＿＿＿＿＿＿＿＿＿＿＿＿＿＿＿＿

＿＿＿＿＿＿＿＿＿＿＿＿＿＿＿＿＿＿＿＿＿＿＿＿＿

＿＿＿＿＿＿＿＿＿＿＿＿＿＿＿＿＿＿＿＿＿＿＿＿＿

＿＿＿＿＿＿＿＿＿＿＿＿＿＿＿＿＿＿＿＿＿＿＿＿＿

＿＿＿＿＿＿＿＿＿＿＿＿＿＿＿＿＿＿＿＿＿＿＿＿＿

＿＿＿＿＿＿＿＿＿＿＿＿＿＿＿＿＿＿＿＿＿＿＿＿＿

1. 会 話

🔊 2 — 123

líng mù xiān sheng hé lǐ xiǎo jie jīng guò bàn nián duō de
铃 木 先 生 和 李 小 姐 经 过 半 年 多 的
jiāo wǎng hòu qíng tóu yì hé xiāng qīn xiāng 'ài tā men
交 往 后，情 投 意 和，相 亲 相 爱。他 们
yǐ jīng jué dìng jié hūn le xiàn zài tā men lái dào jiā jù
已 经 决 定 结 婚 了。现 在 他 们 来 到 家 具
diàn xuǎn gòu jiā tíng shēng huó yòng pǐn
店 选 购 家 庭 生 活 用 品。

fú wù yuán huān yíng guāng lín qǐng wèn nín yào diǎnr shén
服 务 员：欢 迎 光 临。请 问 您 要 点 儿 什
me
么?

lǐ xiǎo jie qǐng wèn zhè zhāng cān zhuō duō shao qián
李 小 姐：请 问 这 张 餐 桌 多 少 钱?

fú wù yuán zhè zhāng cān zhuō wǔ bǎi èr shí kuài
服 务 员：这 张 餐 桌 五 百 二 十 块。

lǐ xiǎo jie nà nà zhāng shuāng rén chuáng duō shao qián
李 小 姐：那，那 张 双 人 床 多 少 钱?

fú wù yuán bā bǎi zhěng
服 务 员：八 百 整 。

líng mù wǒ men yào jié hūn wǒ men xiǎng xuǎn gòu yí tào
铃 木： 我 们 要 结 婚。我 们 想 选 购 一 套
jiā jù néng bu néng pián yi diǎnr
家 具。 能 不 能 便 宜 点 儿?

fú wù yuán kě yǐ wǒ men xiàn zài yǒu cù xiāo huó dòng rú
服 务 员：可 以。我 们 现 在 有 促 销 活 动。如
guǒ nín mǎi zhěng tào jiā jù wǒ men kě yǐ gěi
果 您 买 整 套 家 具，我 们 可 以 给
nín pián yi bǎi fēn zhī sān shí gěi nín dǎ qī zhé
您 便 宜 百 分 之 三 十（给 您 打 七 折）。

líng mù　　zhěng tào jiā jù bāo kuò shén me

铃 木： 整 套家具包括 什 么?

fú wù yuán　yì zhāng zhuō zi　liù bǎ yǐ zi　yì zhāng

服 务 员：一 张 桌 子、六 把 椅 子、一 张

shuāng rén chuáng　yí ge dà yī guì　yí tào shā

双 人 床 、一 个 大 衣 柜、一 套 沙

fā　yí gòng liǎng qiān wǔ bǎi kuài

发、一 共 两 千 五 百 块。

líng mù　　nà wǒ men děi shāng liang yí　xiàr

铃 木： 那 我 们 得 商 量 一 下 儿。

fú wù yuán méi wèn tí　huān yíng nín suí shí lái xuǎn gòu

服 务 员：没 问 题。欢 迎 您 随 时 来 选 购。

2. 訳 文

　鈴木さんと小李さんは半年あまりの交際後、意気投合して、相思相愛になりました。彼らは結婚を決めました。今、2人は家具屋さんに来て家庭生活用品を選んでいます。

店　員：	いらっしゃいませ。何をお探しでしょうか?
李さん：	このダイニングテーブルはいくらですか?
店　員：	このダイニングテーブルは520元です。
李さん：	じゃあ、あのダブルベッドはいくらですか?
店　員：	800ちょうどです。
鈴　木：	僕らは結婚するんだ。一揃い家具を買うつもりだから安くしてくれないかな?
店　員：	結構ですよ。今はプロモーション中でして、もし家具セットをお求めになられましたら30%の割引をいたします。
鈴　木：	家具セットには何が含まれているの?
店　員：	ダイニングテーブルにイスが6脚、ダブルベッド1つ、洋服ダンス1棹(さお)、ソファーセットで2,500元です。
鈴　木：	じゃあ、ちょっと考えてみます。
店　員：	結構ですよ。いつでもご来店くださいませ。

3. 新しい単語

1. 交往 jiāo wǎng （動詞・名詞）付き合う、付き合い

2. 经过 jīng guò （動詞） …を通じて、経る

△经过半年多的交往 jīng guò bàn nián duō de jiāo wǎng （フレーズ）半年あまりの交際を経て

3. …多 duō （数詞） …あまり

4. 情投意合 qíng tóu yì hé （成語） （男女の）気が合う、相性がいい、一目ぼれ

5. 相亲相爱 xiāng qīn xiāng 'ài （成語） 愛し合っている

6. 已经 yǐ jīng （副詞） すでに

7. 决定 jué dìng （名詞・動詞）決定（する）

8. 结婚 jié hūn （動詞） 結婚する

9. 男 nán （名詞） 男

10. 来到 lái dào （動詞） …に来て、…に来た

11. 家具 jiā jù （名詞） 家具

△家具店 jiā jù diàn （名詞） 家具屋

12. 套 tào （量詞） 組やセットになっている物を数える量詞

△一套沙发 yí tào shā fā （フレーズ） ソファー1セット

△整套家具 zhěng tào jiā jù （フレーズ） 家具フルセット

13. 选购 xuǎn gòu （動詞） （家具、車、家など）選んで買う

14. 家庭 jiā tíng （名詞） 家庭

△家庭生活 jiā tíng shēng huó （名詞） 家庭生活

15.	_{yòng pǐn} 用品	（名詞）	用品
△	_{shēng huó yòng pǐn} 生活用品	（名詞）	生活用品
16.	_{huān yíng} 欢迎	（動詞）	歓迎する
17.	_{guāng lín} 光临	（動詞）	ご光臨を賜る、ご来店いただく
△	_{huān yíng guāng lín} 欢迎光临	（あいさつ文）	いらっしゃいませ
18.	_{cān zhuō} 餐桌	（名詞）	ダイニングテーブル、食卓
19.	_{zhuō zi} 桌子	（名詞）	テーブル類の総称
20.	_{zhāng} 张	（量詞）	テーブルやベッドを数える量詞
△	_{yì zhāng zhuō zi} 一张桌子	（フレーズ）	テーブル１つ
△	_{liǎng zhāng chuáng} 两张床	（フレーズ）	ベッド２つ
21.	_{kuài} 块	（量詞）	…元
22.	_{zhěng} 整	（形容詞）	…ぴったりの、ちょうど
23.	_{shuāng rén chuáng} 双人床	（名詞）	ダブルベッド
24.	_{cù xiāo} 促销	（動詞）	販売促進活動する
△	_{cù xiāo huó dòng} 促销活动	（名詞）	プロモーション
25.	_{bǎi fēn zhī sān shí} 百分之三十	（数）	30%
△	_{pián yi bǎi fēn zhī sān shí} 便宜百分之三十	（フレーズ）	30%安くする
26.	_{dǎ qī zhé} 打七折	（フレーズ）	３割引きにする
27.	_{bāo kuò} 包括	（動詞）	…を含む
28.	_{yǔ sǎn} 雨伞	（名詞）	傘
△	_{dǎ yǔ sǎn} 打雨伞	（フレーズ）	傘をさす

29. <ruby>把<rt>bǎ</rt></ruby>　（量詞）　イスや傘を数える量詞

　△<ruby>一<rt>yì</rt></ruby> <ruby>把<rt>bǎ</rt></ruby> <ruby>椅<rt>yǐ</rt></ruby> <ruby>子<rt>zi</rt></ruby>　（フレーズ）　イス1つ

　△<ruby>两<rt>liǎng</rt></ruby> <ruby>把<rt>bǎ</rt></ruby> <ruby>雨<rt>yǔ</rt></ruby> <ruby>伞<rt>sǎn</rt></ruby>　（フレーズ）　傘2本

30. <ruby>沙<rt>shā</rt></ruby> <ruby>发<rt>fā</rt></ruby>　（名詞）　ソファー

31. <ruby>大<rt>dà</rt></ruby> <ruby>衣<rt>yī</rt></ruby> <ruby>柜<rt>guì</rt></ruby>　（名詞）　タンス

32. <ruby>随<rt>suí</rt></ruby> <ruby>时<rt>shí</rt></ruby>　（副詞）　いつでも

　△<ruby>你<rt>nǐ</rt></ruby> <ruby>随<rt>suí</rt></ruby> <ruby>时<rt>shí</rt></ruby> <ruby>可<rt>kě</rt></ruby> <ruby>以<rt>yǐ</rt></ruby> <ruby>来<rt>lái</rt></ruby> <ruby>找<rt>zhǎo</rt></ruby> <ruby>我<rt>wǒ</rt></ruby>　（陳述文）　いつ私の所に来てもかまわない

　△<ruby>你<rt>nǐ</rt></ruby> <ruby>有<rt>yǒu</rt></ruby> <ruby>问<rt>wèn</rt></ruby> <ruby>题<rt>tí</rt></ruby> <ruby>可<rt>kě</rt></ruby> <ruby>以<rt>yǐ</rt></ruby> <ruby>随<rt>suí</rt></ruby> <ruby>时<rt>shí</rt></ruby> <ruby>问<rt>wèn</rt></ruby>　（陳述文）　質問があればいつ聞いてもかまわない

33. <ruby>如<rt>rú</rt></ruby> <ruby>果<rt>guǒ</rt></ruby>　（接続詞）　もしも…ならば

　△<ruby>如<rt>rú</rt></ruby> <ruby>果<rt>guǒ</rt></ruby> <ruby>有<rt>yǒu</rt></ruby> <ruby>机<rt>jī</rt></ruby> <ruby>会<rt>huì</rt></ruby>，<ruby>我<rt>wǒ</rt></ruby> <ruby>想<rt>xiǎng</rt></ruby> <ruby>去<rt>qù</rt></ruby> <ruby>中<rt>zhōng</rt></ruby> <ruby>国<rt>guó</rt></ruby> <ruby>工<rt>gōng</rt></ruby> <ruby>作<rt>zuò</rt></ruby>　（陳述文）　もし機会があれば中国へ仕事に行きたい

4. キーポイント　　🔊 2 - 125

● 「不」と「没」の違い

不	没
① 意志上の否定（…しない、…する気がない）	① 事実に対する否定（…していない）
<ruby>她<rt>tā</rt></ruby> <ruby>不<rt>bù</rt></ruby> <ruby>结<rt>jié</rt></ruby> <ruby>婚<rt>hūn</rt></ruby>。 彼女は結婚しない。	<ruby>她<rt>tā</rt></ruby> <ruby>没<rt>méi</rt></ruby> <ruby>结<rt>jié</rt></ruby> <ruby>婚<rt>hūn</rt></ruby>。 彼女はまだ結婚していない。
<ruby>她<rt>tā</rt></ruby> <ruby>不<rt>bú</rt></ruby> <ruby>要<rt>yào</rt></ruby> <ruby>孩<rt>hái</rt></ruby> <ruby>子<rt>zi</rt></ruby>。 彼女は子供を作る気がない。	<ruby>她<rt>tā</rt></ruby> <ruby>没<rt>méi</rt></ruby> <ruby>有<rt>yǒu</rt></ruby> <ruby>孩<rt>hái</rt></ruby> <ruby>子<rt>zi</rt></ruby>。 彼女はまだ子供がいない。
<ruby>他<rt>tā</rt></ruby> <ruby>不<rt>bù</rt></ruby> <ruby>学<rt>xué</rt></ruby> <ruby>中<rt>zhōng</rt></ruby> <ruby>文<rt>wén</rt></ruby>。	<ruby>他<rt>tā</rt></ruby> <ruby>没<rt>méi</rt></ruby> <ruby>学<rt>xué</rt></ruby> <ruby>中<rt>zhōng</rt></ruby> <ruby>文<rt>wén</rt></ruby>。

彼は中国語を習わない。	彼は中国語を習っていない。
② 習慣上の否定 （…する習慣がない）	② 動作行為の未完成 （まだ…していない）
tā bú fù xí 他 不 复 习。 彼は復習しない。	tā hái méi fù xí 他（还）没 复 习。 彼は（まだ）復習をしていない。
tā bù hē kā fēi 他 不 喝 咖 啡。 彼はコーヒーを飲まない。	tā hái méi hē kā fēi 他（还）没 喝 咖 啡。 彼は（まだ）コーヒーを飲んでいない。
xī yáng rén bú yòng kuài zi 西 洋 人 不 用 筷 子。 西洋人は箸を使わない。	zī jīn hái méi zhǔn bèi hǎo 资 金 还 没 准 备 好。 資金はまだ用意していません。
wǒ bù chī zǎo fàn 我 不 吃 早 饭。 私は朝ごはんを食べない。	wǒ méi chī zǎo fàn hěn è 我 没 吃 早 饭，很 饿。 私は朝ごはんを食べていないので、 おなかがすいた。
③ これからの動作に対する 否定（…しない）	③ 過去の動作に対する否定 （…しなかった）
tā míng tiān bú qù 她 明 天 不 去。 彼女は明日行かない。	tā zuó tiān méi qù 她 昨 天 没 去。 彼女は昨日行かなかった。
tā bù cān jiā xià ge yuè de kǎo shì 他 不 参 加 下 个 月 的 考 试。 彼は来月の試験を受けない。	tā méi cān jiā shàng ge yuè de kǎo shì 她 没 参 加 上 个 月 的 考 试。 彼女は先月の試験を受けなかった。
④ 主＋不・形容詞 （～は…ではない）	④ 主＋没・述Ｖ・过＋目 （～は…したことがない）
zhè ge bú guì 这 个 不 贵。 これは高くない。	tā méi qù guo rì běn 他 没 去 过 日 本。 彼は日本へ行ったことがない。
jīn tiān bú rè 今 天 不 热。 今日は暑くない。	wǒ méi xué guo hán yǔ 我 没 学 过 韩 语。 私は韓国語を習ったことがない。
⑤ 以下の習慣用語に使う	⑤ 以下の習慣用語に使う
bú kè qi 不 客 气。 どういたしまして	méi guān xi 没 关 系。 大丈夫です。
bú yào jǐn 不 要 紧。	méi shén me 没 什 么。

大したことはない。	何でもない。
bú yòng xiè **不 用 谢。**	méi shìr **没 事儿。**
どういたしまして。 （ありがとうという必要がない）	用事がない。大丈夫です。
bù hǎo yì si **不 好 意 思。**	méi bàn fǎ **没 办 法。**
恐縮いたします。	仕方がない。
bù zhī dào **不 知 道。**	méi fǎ zi **没 法 子。**
知りません。	仕方がない。
bù kě néng **不 可 能。**	méi miàn zi **没 面 子。**
そんなはずがない。	メンツを失った。

＊ （ ）のうちから下線部にふさわしい単語を選び、文章を完成させた後、日本語に訳しなさい。（解答は p445）

① 昨天我＿＿＿＿上网。（不・没）　／ ＿＿＿＿＿＿＿＿＿＿＿＿

＿＿＿＿＿＿＿＿＿＿＿＿＿＿＿＿＿＿＿＿＿＿

② 回教徒＿＿＿＿吃猪肉。（不・没）／ ＿＿＿＿＿＿＿＿＿＿＿＿

③ 他还＿＿＿＿吃早饭。（没・不）　／ ＿＿＿＿＿＿＿＿＿＿＿＿

④ 我＿＿＿＿去过巴西。（不・没）　／ ＿＿＿＿＿＿＿＿＿＿＿＿

⑤ 他早上＿＿＿＿吃早饭。（没・不）／ ＿＿＿＿＿＿＿＿＿＿＿＿

5. 文法ポイント

(1) 過去形構造「是…的」と時態助詞「了」の使い分け

　「是…的」と「了」は共に過去形表現に使いますが、その使い分けは以下のとおりです。

1) 「了」を使う前提 2 − 126

a. 動作が発生済みで、聞き手は動作が発生したことをまだ知らず、話し手が聞き手に動作が発生したことを伝える前提で使われます。

例：（話し手）A：<ruby>他<rt>tā</rt></ruby><ruby>去<rt>qù</rt></ruby><ruby>年<rt>nián</rt></ruby><ruby>结<rt>jié</rt></ruby><ruby>婚<rt>hūn</rt></ruby><ruby>了<rt>le</rt></ruby>。 ／彼は去年結婚しました。
　（聞き手）B：<ruby>是<rt>shì</rt></ruby><ruby>吗<rt>ma</rt></ruby>? ／そうですか？

＊彼が結婚したことを（聞き手）Bは知らず、（話し手）Aが（聞き手）Bに「彼が結婚した」という情報を伝えます。

b. 話し手は動作が発生したかどうかが分からないため、聞き手に確認の質問をする時、「了」を使って質問をします。

例：（話し手）A：<ruby>他<rt>tā</rt></ruby><ruby>来<rt>lái</rt></ruby><ruby>了<rt>le</rt></ruby><ruby>吗<rt>ma</rt></ruby>? ／彼は来ましたか？
　（聞き手）B：<ruby>他<rt>tā</rt></ruby><ruby>来<rt>lái</rt></ruby><ruby>了<rt>le</rt></ruby>。 ／彼は来ました。

＊話し手Aは「彼が来たかどうか」が不明のため、「了」を使って、聞き手Bに確認の質問を出します。

2) 「是…的」を使う前提 2 − 127

a. 動作はすでに発生しており、話している双方は、その動作がすでに発生したことを知っています。

b. その前提のもとに聞き手と話し手は、その動作が発生した時間、場所、動作主、動作の対象、動作の方式などを取り立てて聞いたり、説明したりする時に、「是…的」文型を使います。

c. 「是」は強調する部分の前に置き、「的」を文末に置きます。この場合の「是」は省略することもできます。

以下の例を比べてみましょう。

例：

tā bì yè le
他 毕 业 了。　　　　　　　　／彼は卒業しました。

＊（話し手は「彼が卒業した」ことを聞き手に伝えた。
　つまり聞き手は「彼が卒業したこと」をまだ知らない）

tā shì qù nián bì yè de
他 (是) 去 年 毕 业 的。　　　／彼は去年卒業しました。

＊（彼が卒業したことを双方が知っている。
　話し手は彼の卒業した時期を特に強調して聞き手に伝えた）

tā zuó tiān lái le
他 昨 天 来 了。　　　　　　　／彼は昨日来ました。

（聞き手は彼が来たことを知らない。話し手が聞き手に伝える）

tā shì zuó tiān lái de
他 (是) 昨 天 来 的。　　　　／彼は昨日来たのです。

（彼が来たことを聞き手と話し手の双方が知っている。話し手は聞き手に
いつ彼が来たかを伝える。つまり聞き手は彼の来た日を知らない）

3) 動作が発生済みで＋双方が既知という前提では、以下の四角い枠の
　中の**濃い部分**を「**是…的**」で表現することになります。

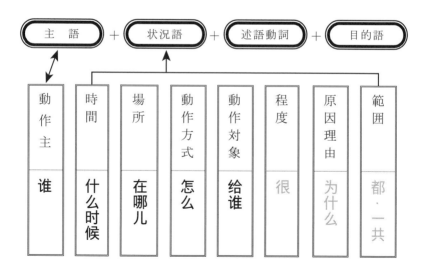

次の実例を見てみましょう。

380

a. 聞き手が動作が発生したかどうかが分からない時には「了」で
質問します。

例：A：你买书了吗？ / あなたは本を買いましたか？
_{nǐ mǎi shū le ma}

（動作が発生したかどうかを確認するための質問）

B：我买了。 / （私は）買いました。
_{wǒ mǎi le}

b. 聞き手が動作が発生したことが分かった上に、さらに買った「時間」
「場所」「方式」「対象」について聞く場合、「是…的」で質問します。

例：A：你（是）什么时候买的？ / いつ買ったのですか？
_{nǐ shì shén me shí hou mǎi de}
　　　　　　時間

B：我（是）昨天买的。 / 昨日買ったのです。
_{wǒ shì zuó tiān mǎi de}

A：你（是）在哪儿买的？ / どこで買ったのですか？
_{nǐ shì zài nǎr mǎi de}
　　　　　　場所

B：我（是）在书店买的。 / 本屋で買ったのです。
_{wǒ shì zài shū diàn mǎi de}

A：你（是）用什么买的？ / 何で買ったのですか？
_{nǐ shì yòng shén me mǎi de}
　　　　　　方式

B：我（是）用现金买的。 / 現金で買ったのです。
_{wǒ shì yòng xiàn jīn mǎi de}

A：你（是）给谁买的？ / 誰に買ってあげたのですか？
_{nǐ shì gěi shéi mǎi de}
　　　　　　対象

B：我（是）给朋友买的。 / 友達に買ってあげたのです。
_{wǒ shì gěi péng you mǎi de}

c. 動作が発生済みで、かつ双方既知の前提で動作主（主語）を取
り上げ、聞いたり、説明したりする時にも「是…的」で表現し
ます。その場合、「是」は主語の前に置かれたり、省略されるこ
とがあります。

例：（是）谁给你买的？ / 誰が買ってあげたの？→⊗ 谁是给你买的？
_{shì shéi gěi nǐ mǎi de}　　　　　　　　　　　　　　_{shéi shì gěi nǐ mǎi de}

（是）谁拿走的？ / 誰が持って行ったの？→⊗ 谁是拿走的？
_{shì shéi ná zǒu de}　　　　　　　　　　　　_{shéi shì ná zǒu de}

d. 「目的語」に関しては、動作が発生済み、かつ、双方既知の前提

であっても、「**是…的**」表現を使わずに、全て「**了**」で表現します。

例を見てみましょう。

例：A：你 买 书 了 吗?　　　　／あなたは本を買いましたか？
nǐ mǎi shū le ma
目　　　　（動作の発生を聞き手Aは知らない）

B：我 买 了。　　　　　　　／買いました。
wǒ mǎi le　　　　　　（この時点で動作の発生を双方が既知）

A：你 买 了 什 么 书?　　　　／どんな本を買いましたか？
nǐ mǎi le shén me shū
目　　　　（さらに本の名前や種類を聞く）

B：我 买 了 侦 探 小 说。　／探偵小説を買いました。
wǒ mǎi le zhēn tàn xiǎo shuō
目

A：你 买 了 几 本 侦 探 小 说?　／何冊買いましたか？
nǐ mǎi le jǐ běn zhēn tàn xiǎo shuō
目　　　　（さらに買った数を聞く）

B：我 买 了 三 本 侦 探 小 说。／3 冊買いました。
wǒ mǎi le sān běn zhēn tàn xiǎo shuō
目

4)「是…的」の使用例　　　　　　　　　🔊 2 − 129

センテンス中に「**是…的**」がある場合は必ず過去形を表し、ない場合

は将来形を表します。

a. 動作の発生時間に関して

主＋**什么时候**＋述 V 目	〜はいつ…をしますか？ （これから発生する動作の時間を聞く）
主＋（**是**）**什么时候**＋述 V 目＋**的**	〜はいつ…をしたのですか？ （過去に発生した動作の時間を聞く）

例：**比　较**

① A：你（是）什 么 时 候 来 新 加 坡 的?　／あなたはいつシンガ
nǐ shì shén me shí hou lái xīn jiā pō de　　ポールに来たのですか？

（Bはすでにシンガポールに来た。AはBがいつ来たかを聞いている）

B：我（是）1999 年 来 的。　／私は 1999 年に来まし
wǒ shì yī jiǔ jiǔ jiǔ nián lái de　　た。

②
A：<ruby>你<rt>nǐ</rt></ruby> <ruby>什<rt>shén</rt></ruby> <ruby>么<rt>me</rt></ruby> <ruby>时<rt>shí</rt></ruby> <ruby>候<rt>hou</rt></ruby> <ruby>来<rt>lái</rt></ruby> <ruby>新<rt>xīn</rt></ruby> <ruby>加<rt>jiā</rt></ruby> <ruby>坡<rt>pō</rt></ruby>? ／あなたはいつシンガポールに来ますか？

（Bはまだシンガポールに来ていない。これから来る。AはBがいつ来るかを聞いている）

B：<ruby>我<rt>wǒ</rt></ruby> <ruby>下<rt>xià</rt></ruby> <ruby>个<rt>ge</rt></ruby> <ruby>月<rt>yuè</rt></ruby> <ruby>去<rt>qù</rt></ruby> <ruby>新<rt>xīn</rt></ruby> <ruby>加<rt>jiā</rt></ruby> <ruby>坡<rt>pō</rt></ruby>。 ／私は来月シンガポールへ行きます。

（②の会話はAとBの電話口での会話。）

③
A：<ruby>你<rt>nǐ</rt></ruby> <ruby>什<rt>shén</rt></ruby> <ruby>么<rt>me</rt></ruby> <ruby>时<rt>shí</rt></ruby> <ruby>候<rt>hou</rt></ruby> <ruby>开<rt>kāi</rt></ruby> <ruby>始<rt>shǐ</rt></ruby> <ruby>学<rt>xué</rt></ruby> <ruby>中<rt>zhōng</rt></ruby> <ruby>文<rt>wén</rt></ruby>? ／あなたはいつ中国語の勉強を始めるの？

B：<ruby>我<rt>wǒ</rt></ruby> <ruby>下<rt>xià</rt></ruby> <ruby>个<rt>ge</rt></ruby> <ruby>月<rt>yuè</rt></ruby> <ruby>开<rt>kāi</rt></ruby> <ruby>始<rt>shǐ</rt></ruby> <ruby>学<rt>xué</rt></ruby> <ruby>中<rt>zhōng</rt></ruby> <ruby>文<rt>wén</rt></ruby>。 ／来月から中国語の勉強を始めます。

④
A：<ruby>你<rt>nǐ</rt></ruby> （<ruby>是<rt>shì</rt></ruby>）<ruby>什<rt>shén</rt></ruby> <ruby>么<rt>me</rt></ruby> <ruby>时<rt>shí</rt></ruby> <ruby>候<rt>hou</rt></ruby> <ruby>开<rt>kāi</rt></ruby> <ruby>始<rt>shǐ</rt></ruby> <ruby>学<rt>xué</rt></ruby> <ruby>中<rt>zhōng</rt></ruby> <ruby>文<rt>wén</rt></ruby> <ruby>的<rt>de</rt></ruby>? ／いつ中国語の勉強を始めたの？

B：<ruby>我<rt>wǒ</rt></ruby> （<ruby>是<rt>shì</rt></ruby>）<ruby>三<rt>sān</rt></ruby> <ruby>年<rt>nián</rt></ruby> <ruby>前<rt>qián</rt></ruby> <ruby>开<rt>kāi</rt></ruby> <ruby>始<rt>shǐ</rt></ruby> <ruby>学<rt>xué</rt></ruby> <ruby>中<rt>zhōng</rt></ruby> <ruby>文<rt>wén</rt></ruby> <ruby>的<rt>de</rt></ruby>。 ／3年前に中国語の勉強を始めました。

b. 動作の場所に関して

主＋在哪儿＋述 V 目	〜はどこで…をしますか？ （これから発生する動作の場所を聞く）
主＋（是）在哪儿＋述 V 目＋的	〜はどこで…をしたのですか？ （過去に発生した動作の場所を聞く）

例：比　較

①
A：<ruby>你<rt>nǐ</rt></ruby> <ruby>们<rt>men</rt></ruby> <ruby>今<rt>jīn</rt></ruby> <ruby>年<rt>nián</rt></ruby> <ruby>在<rt>zài</rt></ruby> <ruby>哪<rt>nǎr</rt></ruby> <ruby>儿<rt></rt></ruby> <ruby>过<rt>guò</rt></ruby> <ruby>新<rt>xīn</rt></ruby> <ruby>年<rt>nián</rt></ruby>? ／今年はどこで新年を過ごしますか？

B：<ruby>我<rt>wǒ</rt></ruby> <ruby>们<rt>men</rt></ruby> <ruby>回<rt>huí</rt></ruby> <ruby>老<rt>lǎo</rt></ruby> <ruby>家<rt>jiā</rt></ruby> <ruby>过<rt>guò</rt></ruby> <ruby>新<rt>xīn</rt></ruby> <ruby>年<rt>nián</rt></ruby>。 ／実家に帰って過ごします。

②
A：<ruby>你<rt>nǐ</rt></ruby> <ruby>们<rt>men</rt></ruby> <ruby>去<rt>qù</rt></ruby> <ruby>年<rt>nián</rt></ruby> <ruby>是<rt>shì</rt></ruby> <ruby>在<rt>zài</rt></ruby> <ruby>哪<rt>nǎr</rt></ruby> <ruby>儿<rt></rt></ruby> <ruby>过<rt>guò</rt></ruby> <ruby>新<rt>xīn</rt></ruby> <ruby>年<rt>nián</rt></ruby> <ruby>的<rt>de</rt></ruby>? ／去年の新年はどこで過ごしたのですか？

B：<ruby>我<rt>wǒ</rt></ruby> <ruby>们<rt>men</rt></ruby> <ruby>去<rt>qù</rt></ruby> <ruby>年<rt>nián</rt></ruby> <ruby>是<rt>shì</rt></ruby> <ruby>在<rt>zài</rt></ruby> <ruby>悉<rt>xī</rt></ruby> <ruby>尼<rt>ní</rt></ruby> <ruby>的<rt>de</rt></ruby> <ruby>亲<rt>qīn</rt></ruby> <ruby>戚<rt>qi</rt></ruby> <ruby>家<rt>jiā</rt></ruby> <ruby>过<rt>guò</rt></ruby> <ruby>的<rt>de</rt></ruby>。 ／去年はシドニーの親戚の家で過ごしました。

c. 動作の方式に関して

主＋**怎么**＋述 V 目	…はどのように〜をしますか？ （これから発生する動作の方式を聞く）
主＋(**是**)**怎么**＋述 V 目＋**的**	…はどのように〜をしたのですか？ （過去に発生した動作の方式を聞く）

例：比　較

①
- A：<ruby>你<rt>nǐ</rt></ruby> <ruby>怎<rt>zěn</rt></ruby> <ruby>么<rt>me</rt></ruby> <ruby>去<rt>qù</rt></ruby>? ／どうやって行きますか？ ＊（これからの動作方式を聞く）
- B：<ruby>我<rt>wǒ</rt></ruby> <ruby>坐<rt>zuò</rt></ruby> <ruby>巴<rt>bā</rt></ruby> <ruby>士<rt>shì</rt></ruby> <ruby>去<rt>qù</rt></ruby>。 ／バスで行きます。

②
- A：<ruby>你<rt>nǐ</rt></ruby> <ruby>怎<rt>zěn</rt></ruby> <ruby>么<rt>me</rt></ruby> <ruby>去<rt>qù</rt></ruby> <ruby>的<rt>de</rt></ruby>? ／どうやって行きましたか？ ＊（過去に発生した動作の方式を聞く）
- B：<ruby>我<rt>wǒ</rt></ruby> <ruby>走<rt>zǒu</rt></ruby> <ruby>着<rt>zhe</rt></ruby> / <ruby>走<rt>zǒu</rt></ruby> <ruby>路<rt>lù</rt></ruby> <ruby>去的<rt>qù de</rt></ruby>。 ／歩いて行きました。

d-1. 動作の対象に関して

主＋**给**……人＋述 V・目	〜は…に…をしてあげる／くれる
主＋(**是**)**给**……人＋述 V・**的**・(目)	〜は…に…をしてあげた／くれた

例：比　較

①
- A：<ruby>你<rt>nǐ</rt></ruby> <ruby>给<rt>gěi</rt></ruby> <ruby>谁<rt>shéi</rt></ruby> <ruby>买<rt>mǎi</rt></ruby> <ruby>礼<rt>lǐ</rt></ruby> <ruby>物<rt>wù</rt></ruby>? ／誰にプレゼントを買ってあげるの？ ＊（買う動作はまだ発生していない、未発生の動作対象を聞く）
- B：<ruby>我<rt>wǒ</rt></ruby> <ruby>给<rt>gěi</rt></ruby> <ruby>我<rt>wǒ</rt></ruby> <ruby>男<rt>nán</rt></ruby> <ruby>朋<rt>péng</rt></ruby> <ruby>友<rt>you</rt></ruby> <ruby>买<rt>mǎi</rt></ruby> <ruby>礼<rt>lǐ</rt></ruby> <ruby>物<rt>wù</rt></ruby>。 ／彼氏にプレゼントを買ってあげるの。

②
- A：<ruby>你<rt>nǐ</rt></ruby> <ruby>给<rt>gěi</rt></ruby> <ruby>谁<rt>shéi</rt></ruby> <ruby>买<rt>mǎi</rt></ruby> <ruby>的<rt>de</rt></ruby> <ruby>礼<rt>lǐ</rt></ruby> <ruby>物<rt>wù</rt></ruby>? ／誰に買ってあげたの？ ＊（買う動作がすでに発生した。発生済みの動作対象を聞く）
- B：<ruby>我<rt>wǒ</rt></ruby> <ruby>给<rt>gěi</rt></ruby> <ruby>我<rt>wǒ</rt></ruby> <ruby>男<rt>nán</rt></ruby> <ruby>朋<rt>péng</rt></ruby> <ruby>友<rt>you</rt></ruby> <ruby>买<rt>mǎi</rt></ruby> <ruby>的<rt>de</rt></ruby> <ruby>礼<rt>lǐ</rt></ruby> <ruby>物<rt>wù</rt></ruby>。 ／彼氏にプレゼントを買ってあげたの。

d-2. 動作の共同対象に関して

主＋**跟谁一起**＋述 V・目	〜は…と一緒に…をしますか? （これから発生する動作の対象を聞く）
主＋(**是**)**跟谁一起**＋述 V 目・**的**	〜は…と一緒に…をしたのですか? （過去に発生した動作の対象を聞く）

例：比　較

①
A：^{nǐ gēn shéi yì qǐ chī fàn}
你 跟 谁 一 起 吃 饭?

/ あなたは誰と一緒にご飯を食べますか?
＊（これからの動作対象を聞く）

B：^{wǒ gēn tóng shì yì qǐ chī fàn}
我 跟 同 事 一 起 吃 饭。

/ 同僚と一緒にご飯を食べます。

②
A：^{nǐ shì gēn shéi yì qǐ chī fàn de}
你 (是) 跟 谁 一 起 吃 饭 的?

/ あなたは誰と一緒にご飯を食べましたか?
＊（過去に発生した動作の対象を聞く）

B：^{wǒ shì hé jiā rén yì qǐ chī fàn de}
我 (是) 和 家 人 一 起 吃 饭 的。

/ 私は家族と一緒にご飯を食べました。

e．動作主に関して

谁＋给……＋述 V 目 （人）	誰が…に～をしてあげる / くれるのですか?
(是) 谁给……＋述 V・的・(目) （人）	誰が…に～をしてあげた / くれたのですか?

例：比　較

^{shéi gěi nǐ zuò yī fu}
谁 给 你 做 衣 服?
/ 誰があなたに服を作ってくれるの?

^{shéi gěi nǐ zuò de yī fu}
谁 给 你 做 的 衣 服?
/ 誰があなたに服を作ってくれたの?

^{shéi bāng nǐ guǎn lǐ gōng sī}
谁 帮 你 管 理 公 司?
/ 誰があなたの会社の管理を手伝っていますか?

^{shì shéi bāng nǐ guǎn lǐ gōng sī de}
(是) 谁 帮 你 管 理 公 司 的?
/ 誰があなたの会社の管理を手伝ったのですか?

＊「给」の代わりに「帮」を使う時もある。「谁给你做的衣服?」は口語でよく使われ、正式な表現「谁给你做衣服的?」はあまり使われていません。

nǐ men shén me shí hou jié hūn
A：你们 什么 时候 结婚?

あなたたちはいつ結婚しますか?

wǒ men jì huà jīn nián nián dǐ
B：我们 计划 今年 年底
dēng jì   míng nián chūn tiān jǔ
登记, 明年 春天 举
xíng hūn lǐ
行 婚礼。

私たちは今年の年末に登録し、来年
の春結婚式を行う予定です。

nà tài hǎo le   dào shí hou wǒ
A：那太好了。到时候我
qù cān jiā nǐ men de hūn lǐ
去参加你们的婚礼。

それは良かったですね。その日が来た
らお2人の結婚式に出席しますよ。

wǒ men yí dìng yāo qǐng nǐ
B：我们 一 定 邀 请 你。

必ずご招待します。

nǐ men shén me shí hou jié hūn de
A：你们 什么 时候 结婚 的?

あなたたちはいつ結婚したのですか?

wǒ men yī jiǔ jiǔ bā nián jié hūn
B：我们 一 九 九 八 年 结 婚
de   wǒ men yǐ jīng jié hūn wǔ nián
的。我 们 已 经 结 婚 五 年
le
了。

私たちは 1998 年に結婚しました。
結婚してからもう5年になります。

nǐ men zěn me rèn shi de
A：你们 怎 么 认 识 的?

お2人はどのようにして知り合った
のですか?

shì péng you gěi wǒ men jiè shào de
B：(是) 朋 友 给 我 们 介 绍 的。

友だちが紹介してくれました。

nǐ men zài nǎr jǔ xíng de hūn lǐ
A：你们 在 哪儿 举 行 的 婚 礼?

お2人はどこで結婚式を挙げたの
ですか?

wǒ men zài jiào táng jǔ xíng de
B：我 们 在 教 堂 举 行 的。

私たちは教会で挙げました。

shéi gěi nǐ men zhǔ chí de hūn lǐ
A：谁 给 你 们 主 持 的 婚 礼?

誰がお2人の結婚式を執り行った
のですか?

shén fù gěi wǒ men zhǔ chí de hūn lǐ
B：神 父 给 我 们 主 持 的 婚 礼。

神父さんが結婚式を執り行ってくれ
ました。

A：你先生什么时候开始学中文？

ご主人はいつ中国語の勉強を始めるのですか?

B：听说中文很难，他还没决定。

中国語は難しいと聞いていますので、彼はまだ決めていません。

A：你什么时候开始学中文的？

あなたはいつ中国語の勉強を始めたのですか?

B：我五年前开始学中文的。中文很难，但越学越有意思。

私は5年前に中国語の勉強を始めました。中国語は難しいですが、勉強すればするほど面白いです。

A：你刚开始在哪儿学的？

習い始めはどこで勉強したのですか?

B：刚开始我在本国学的，后来去北京留学了。我是从语言文化大学毕业的。

最初は自分の国で勉強しましたが、その後北京へ留学し、言語文化大学を卒業しました。

A：谁教你们中文的？

誰があなたたちに中国語を教えたのですか?

B：一开始是会日语的中文老师，后来换成了只会说中文的汉语老师。

最初は日本語ができる中国語の先生が教えてくれて、その後中国語しか話せない中国語の先生に代わりました。

A：老师们教得怎么样？

先生たちの教え方はいかがですか?

B：他们都教得很好。

彼らはとても上手に教えてくれました。

387

(2) 中国語の比較文

中国語の比較文は前置詞「比」を用いて、以下のように表現します。

1) 比較文の肯定表現

A

A 比 B 形容詞		A は B より…

例：
gē ge bǐ dì di gāo
哥 哥 比 弟 弟 高。　　／兄は弟より背が高い。

zhè zhǒng chē bǐ nà zhǒng chē pián yi
这 种 车 比 那 种 车 便 宜。　　／このタイプの車はあのタイプの
車より安い。

B

A 比 B 形容詞・数量補語		A は B より…数量補語

例：
gē ge bǐ dì di dà sān suì
哥 哥 比 弟 弟 大 三 岁。　　／兄は弟より3歳年上です。

zuò dì tiě bǐ zuò gōng gòng qì chē
坐 地 铁 比 坐 公 共 汽 车
kuài bàn ge xiǎo shí
快 半 个 小 时。　　／地下鉄はバスより30分早い。

tā bǐ wǒ gāo shí gōng fēn
他 比 我 高 十 公 分。　　／彼は私より10センチ背が高い。

tā bǐ wǒ zǎo lái yí ge xiǎo shí
他 比 我 早 来 一 个 小 时。　　／彼は私より1時間早く来ます。

tài tai bǐ xiān sheng wǎn shuì yí
太 太 比 先 生 晚 睡 一
ge xiǎo shí
个 小 时。　　／奥さんはご主人より1時間遅く寝
ます。

〈解説〉

上記の例文の4つ目と5つ目の「**早来**」「**晚睡**」は、形容詞・動詞構造の単語で、文中では述語の役割を果たしており、その多くは比較文に使われます。

wǒ zǎo lái le
例：我 早 来 了。　　／私はだいぶ前から来ていましたよ。

（他の人より早く来たということを暗示している）

| C： | A 比 B V得・形容詞 | | A は B より <u>〜く…をする</u>
<u>〜に…をする</u> |

例：
lǎo shī bǐ xué sheng lái de zǎo
老师 比 学 生 来 得 早。 / 先生は生徒より早く来ている。

tā měi tiān bǐ tài tai shuì de wǎn
他 每 天 比 太 太 睡 得 晚。 / 彼は毎日妻より遅く寝る。

xiǎo liú de yīng yǔ bǐ xiǎo zhāng
小 刘 的 英 语 比 小 张
shuō de liú lì
说 得 流 利。 / 劉さんの英語は張さんより話すのが流暢です。

〈解説〉

以上の文型は「A V得比B形」の形に変えてもよいです。

lǎo shī lái de bǐ xué sheng zǎo xiǎo liú de yīng yǔ shuō de bǐ xiǎo zhāng liú lì
例：老师来得比学 生 早。小 刘的英语说得比小 张流利。

2) 比較文の否定表現 🔊 2 − 133

| A 没有 B 形容詞 | A は B ほど…ではない |

例：
gē ge méi yǒu dì di gāo
哥 哥 没 有 弟 弟 高。 / お兄さんは弟さんほど背が高くない。

tā de zhōng wén méi yǒu xiǎo wáng
他 的 中 文 没 有 小 王
hǎo
好。 / 彼の中国語は王さんほどうまくない。

〈解説〉

比較文の否定形はほとんど「**不比**」を使わないことに注意しましょう！「A**不比**B…」は「AはBほど…ではない」、あるいは「AはBと同じである」のどちらかの意味になります。

例：**去年不比今年热。**／去年は今年ほど暑くない。／去年は今年と同じぐらい暑い。

3) 比較文の程度強調表現

A：| A 比 B 还／更 形容詞 | A は B よりもっと／さらに…である |

例：
mèi mei bǐ jiě jie hái piào liang
妹 妹 比 姐 姐 还 漂 亮。 ／妹は姉よりもっと美人です。

zhè tào yī fu bǐ nà tào gèng pián yi
这 套 衣 服 比 那 套 更 便 宜。 ／このセットの服はあのセットよりさらに安い。

dì di de fáng jiān bǐ gē ge de
弟 弟 的 房 间 比 哥 哥 的
gèng gān jìng
更 干 净。 ／弟の部屋は兄の部屋よりさらにきれいです。

〈解説〉

a. 比較文の程度表現には、程度副詞「**很**」「**非常**」「**太**」などを使わないことに注意しましょう。⊗**妹妹比姐姐很漂亮。**

b. 比較文の中の副詞「**还**」には「意外にもさらに」というニュアンスが含まれ、「**更**」には「さらにもっと」というニュアンスが含まれています。

B：| A 比 B 形容詞・多了／得多 | A は B よりずっと…である |

例：
tā de zhōng wén bǐ wǒ hǎo duō le
他 的 中 文 比 我 好 多 了。 彼の中国語は私よりずっとうまい。

xué zhōng wén bǐ xué xī bān yá yǔ
学 中 文 比 学 西 班 牙 语
nán de duō
难 得 多。 ／中国語の勉強はスペイン語の勉強よりずっと難しい。

qí chē qù bǐ zuò chē qù kuài duō le
骑 车 去 比 坐 车 去 快 多 了。 ／自転車で行くほうが車で行くよりずっと早い。

〈解説〉

AとBに入るのは人称代名詞、名詞、動目フレーズです。「**多了**」「**得多**」は程度補語です。

390

A：<ruby>山<rt>shān</rt></ruby> <ruby>本<rt>běn</rt></ruby> <ruby>同<rt>tóng</rt></ruby> <ruby>学<rt>xué</rt></ruby>，<ruby>这<rt>zhè</rt></ruby> <ruby>次<rt>cì</rt></ruby> <ruby>考<rt>kǎo</rt></ruby> <ruby>得<rt>de</rt></ruby> <ruby>怎<rt>zěn</rt></ruby> <ruby>么<rt>me</rt></ruby> <ruby>样<rt>yàng</rt></ruby>？

山本さん、今回の試験はどうでしたか？

B：<ruby>我<rt>wǒ</rt></ruby> <ruby>觉<rt>jué</rt></ruby> <ruby>得<rt>de</rt></ruby> <ruby>这<rt>zhè</rt></ruby> <ruby>次<rt>cì</rt></ruby> <ruby>比<rt>bǐ</rt></ruby> <ruby>上<rt>shàng</rt></ruby> <ruby>次<rt>cì</rt></ruby> <ruby>难<rt>nán</rt></ruby> <ruby>得<rt>de</rt></ruby> <ruby>多<rt>duō</rt></ruby>。<ruby>完<rt>wán</rt></ruby> <ruby>全<rt>quán</rt></ruby> <ruby>没<rt>méi</rt></ruby> <ruby>有<rt>yǒu</rt></ruby> <ruby>自<rt>zì</rt></ruby> <ruby>信<rt>xìn</rt></ruby>。

今回は前回よりずっと難しく感じます。全く自信がありません。

A：<ruby>是<rt>shì</rt></ruby> <ruby>吗<rt>ma</rt></ruby>？<ruby>我<rt>wǒ</rt></ruby> <ruby>觉<rt>jué</rt></ruby> <ruby>得<rt>de</rt></ruby> <ruby>这<rt>zhè</rt></ruby> <ruby>次<rt>cì</rt></ruby> <ruby>没<rt>méi</rt></ruby> <ruby>有<rt>yǒu</rt></ruby> <ruby>上<rt>shàng</rt></ruby> <ruby>次<rt>cì</rt></ruby> <ruby>难<rt>nán</rt></ruby> <ruby>呀<rt>ya</rt></ruby>。

そうですか？　今回は前回ほど難しくないと思いましたよ。

B：<ruby>那<rt>nà</rt></ruby> <ruby>是<rt>shì</rt></ruby> <ruby>因<rt>yīn</rt></ruby> <ruby>为<rt>wèi</rt></ruby> <ruby>你<rt>nǐ</rt></ruby> <ruby>平<rt>píng</rt></ruby> <ruby>时<rt>shí</rt></ruby> <ruby>学<rt>xué</rt></ruby> <ruby>习<rt>xí</rt></ruby> <ruby>好<rt>hǎo</rt></ruby>。

それはあなたが日頃よく勉強しているからです。

A：<ruby>也<rt>yě</rt></ruby> <ruby>不<rt>bú</rt></ruby> <ruby>是<rt>shì</rt></ruby>。<ruby>可<rt>kě</rt></ruby> <ruby>能<rt>néng</rt></ruby> <ruby>是<rt>shì</rt></ruby> <ruby>我<rt>wǒ</rt></ruby> <ruby>这<rt>zhè</rt></ruby> <ruby>次<rt>cì</rt></ruby> <ruby>比<rt>bǐ</rt></ruby> <ruby>以<rt>yǐ</rt></ruby> <ruby>前<rt>qián</rt></ruby> <ruby>复<rt>fù</rt></ruby> <ruby>习<rt>xí</rt></ruby> <ruby>得<rt>de</rt></ruby> <ruby>更<rt>gèng</rt></ruby> <ruby>充<rt>chōng</rt></ruby> <ruby>分<rt>fèn</rt></ruby> <ruby>吧<rt>ba</rt></ruby>。

そうでもないですよ。今回は前回より十分に復習したからかもしれません。

B：<ruby>那<rt>nà</rt></ruby> <ruby>下<rt>xià</rt></ruby> <ruby>次<rt>cì</rt></ruby> <ruby>我<rt>wǒ</rt></ruby> <ruby>们<rt>men</rt></ruby> <ruby>一<rt>yì</rt></ruby> <ruby>起<rt>qǐ</rt></ruby> <ruby>复<rt>fù</rt></ruby> <ruby>习<rt>xí</rt></ruby> <ruby>吧<rt>ba</rt></ruby>！<ruby>你<rt>nǐ</rt></ruby> <ruby>比<rt>bǐ</rt></ruby> <ruby>我<rt>wǒ</rt></ruby> <ruby>会<rt>huì</rt></ruby> <ruby>学<rt>xué</rt></ruby> <ruby>习<rt>xí</rt></ruby>。

じゃあ、次回は一緒に復習しましょう！あなたは私より勉強ができますからね。

A：<ruby>哪<rt>nǎ</rt></ruby> <ruby>里<rt>li</rt></ruby> <ruby>哪<rt>nǎ</rt></ruby> <ruby>里<rt>li</rt></ruby>，<ruby>你<rt>nǐ</rt></ruby> <ruby>过<rt>guò</rt></ruby> <ruby>奖<rt>jiǎng</rt></ruby> <ruby>了<rt>le</rt></ruby>。

とんでもないです、誉めすぎですよ。

A：xiǎo zhāng hǎo jiǔ bú jiàn le
小 张 好 久 不 见 了。
nǐ qù nǎr le?
你 去 哪儿 了?

B：wǒ huí zhōng guó xiū jià
我 回 中 国 休 假，
zhù le yí ge yuè
住 了 一 个 月。

A：zěn me yàng
怎 么 样?
zhōng guó de biàn huà dà ma?
中 国 的 变 化 大 吗?

B：dà jí le yóu qí shì rén men de shēng
大 极 了。尤 其 是 人 们 的 生
huó shuǐ píng bǐ yǐ qián gāo duō le
活 水 平 比 以 前 高 多 了。

A：jù tǐ shuō shuo
具 体 说 说。

B：bǐ rú shuō hěn duō rén mǎi le xīn fáng
比 如 说 很 多 人 买 了 新 房
zi fáng zi de zhì liàng bǐ yǐ qián
子。房 子 的 质 量 比 以 前
hǎo duō le rén jūn zhù fáng miàn jī
好 多 了。人 均 住 房 面 积
yě bǐ yǐ qián dà duō le hái yǒu hěn
也 比 以 前 大 多 了。还 有 很
duō rén yǒu le sī jiā chē dào chù kàn
多 人 有 了 私 家 车。到 处 看
de jiàn xiàn dài huà de gāo lóu shāng
得 见 现 代 化 的 高 楼，商
pǐn yě yīng yǒu jìn yǒu
品 也 应 有 尽 有。

A：nà yǒu shén me bù hǎo de biàn huà ma
那 有 什 么 不 好 的 变 化 吗?

B：bù hǎo de jiù shì sī jiā chē bǐ yǐ
不 好 的 就 是 私 家 车 比 以
qián duō le kōng qì sù zhì xià jiàng
前 多 了，空 气 素 质 下 降，
dào lù jiāo tōng yě bǐ yǐ qián gèng jiā
道 路 交 通 也 比 以 前 更 加
yōng jǐ le
拥 挤 了。

A：kě yǐ shuō zhè jiù shì fā zhǎn de
可 以 说 这 就 是 发 展 的
dài jià
代 价。

張さん、お久しぶりです。どこへ行っていたのですか?

休暇で中国へ1か月帰りました。

どうでしたか?　中国はすごく変わっていましたか?

すごく変わっていました。特に人々の生活水準が以前よりずっと高くなっていました。

具体的には?

例えばたくさんの人が新しい住宅を買い、住宅の質も前よりずっとよくなっています。1人当たりの居住面積も以前よりずっと広くなりました。そして多くの人がマイカーを購入するようになりました。至る所で、近代的な高層ビルが見られ、商品も何でも揃っています。

では、何かよくない変化はありましたか?

よくないことといえば、マイカーが昔よりずっと増えて、空気も悪くなり、道路も以前と比べてさらに混雑していることです。

いわゆる発展の代価ですね。

A : <ruby>小<rt>xiǎo</rt></ruby> <ruby>王<rt>wáng</rt></ruby>，<ruby>你<rt>nǐ</rt></ruby> <ruby>比<rt>bǐ</rt></ruby> <ruby>以<rt>yǐ</rt></ruby> <ruby>前<rt>qián</rt></ruby> <ruby>瘦<rt>shòu</rt></ruby>
<ruby>多<rt>duō</rt></ruby> <ruby>了<rt>le</rt></ruby>。<ruby>在<rt>zài</rt></ruby> <ruby>减<rt>jiǎn</rt></ruby> <ruby>肥<rt>féi</rt></ruby> <ruby>吗<rt>ma</rt></ruby>?

王さん、以前よりずっとやせました ね。ダイエットしているのですか？

B : <ruby>不<rt>bú</rt></ruby> <ruby>是<rt>shì</rt></ruby>，<ruby>我<rt>wǒ</rt></ruby> <ruby>生<rt>shēng</rt></ruby> <ruby>了<rt>le</rt></ruby> <ruby>一<rt>yì</rt></ruby> <ruby>场<rt>chǎng</rt></ruby>
<ruby>大<rt>dà</rt></ruby> <ruby>病<rt>bìng</rt></ruby> <ruby>做<rt>zuò</rt></ruby> <ruby>了<rt>le</rt></ruby> <ruby>一<rt>yí</rt></ruby> <ruby>次<rt>cì</rt></ruby> <ruby>手<rt>shǒu</rt></ruby> <ruby>术<rt>shù</rt></ruby>。

いいえ、重病にかかり、手術を受け たんです。

A : <ruby>真<rt>zhēn</rt></ruby> <ruby>的<rt>de</rt></ruby>?<ruby>我<rt>wǒ</rt></ruby> <ruby>一<rt>yì</rt></ruby> <ruby>点<rt>diǎnr</rt></ruby> <ruby>儿<rt></rt></ruby> <ruby>也<rt>yě</rt></ruby> <ruby>不<rt>bù</rt></ruby>
<ruby>知<rt>zhī</rt></ruby> <ruby>道<rt>dào</rt></ruby>。<ruby>现<rt>xiàn</rt></ruby> <ruby>在<rt>zài</rt></ruby> <ruby>身<rt>shēn</rt></ruby> <ruby>体<rt>tǐ</rt></ruby> <ruby>怎<rt>zěn</rt></ruby>
<ruby>么<rt>me</rt></ruby> <ruby>样<rt>yàng</rt></ruby> <ruby>了<rt>le</rt></ruby>?

本当ですか？　全く知りませんでし た。今、体調はいかがですか？

B : <ruby>现<rt>xiàn</rt></ruby> <ruby>在<rt>zài</rt></ruby> <ruby>开<rt>kāi</rt></ruby> <ruby>始<rt>shǐ</rt></ruby> <ruby>一<rt>yì</rt></ruby> <ruby>点<rt>diǎnr</rt></ruby> <ruby>儿<rt></rt></ruby>
<ruby>一<rt>yì</rt></ruby> <ruby>点<rt>diǎnr</rt></ruby> <ruby>儿<rt></rt></ruby> <ruby>恢<rt>huī</rt></ruby> <ruby>复<rt>fù</rt></ruby> <ruby>了<rt>le</rt></ruby>。

今は少しずつよくなってきました。

A : <ruby>你<rt>nǐ</rt></ruby> <ruby>千<rt>qiān</rt></ruby> <ruby>万<rt>wàn</rt></ruby> <ruby>要<rt>yào</rt></ruby> <ruby>注<rt>zhù</rt></ruby> <ruby>意<rt>yì</rt></ruby> <ruby>身<rt>shēn</rt></ruby> <ruby>体<rt>tǐ</rt></ruby>。
<ruby>不<rt>bú</rt></ruby> <ruby>要<rt>yào</rt></ruby> <ruby>太<rt>tài</rt></ruby> <ruby>累<rt>lèi</rt></ruby> <ruby>了<rt>le</rt></ruby>。

くれぐれもお体に気をつけてくださ い。あまり疲れすぎないようにして くださいね。

B : <ruby>谢<rt>xiè</rt></ruby> <ruby>谢<rt>xie</rt></ruby> <ruby>你<rt>nǐ</rt></ruby> <ruby>的<rt>de</rt></ruby> <ruby>关<rt>guān</rt></ruby> <ruby>心<rt>xīn</rt></ruby>。

温かいお言葉ありがとうございま す。

●常用文型

文型 66　　　◀)) 2-138

A 让 B 述V目	A は Bに … をやらせる

例：<ruby>太<rt>tài</rt></ruby> <ruby>太<rt>tai</rt></ruby> <ruby>让<rt>ràng</rt></ruby> <ruby>他<rt>tā</rt></ruby> <ruby>做<rt>zuò</rt></ruby> <ruby>晚<rt>wǎn</rt></ruby> <ruby>饭<rt>fàn</rt></ruby>。 ／奥さんは彼に晩ごはんを作らせる。

　　<ruby>妈<rt>mā</rt></ruby> <ruby>妈<rt>ma</rt></ruby> <ruby>让<rt>ràng</rt></ruby> <ruby>女<rt>nǚ</rt></ruby> <ruby>儿<rt>ér</rt></ruby> <ruby>洗<rt>xǐ</rt></ruby> <ruby>碗<rt>wǎn</rt></ruby>。 ／お母さんは娘に茶碗を洗わせる。

　　<ruby>老<rt>lǎo</rt></ruby> <ruby>板<rt>bǎn</rt></ruby> <ruby>不<rt>bú</rt></ruby> <ruby>让<rt>ràng</rt></ruby> <ruby>女<rt>nǚ</rt></ruby> <ruby>职<rt>zhí</rt></ruby> <ruby>员<rt>yuán</rt></ruby> <ruby>化<rt>huà</rt></ruby> <ruby>妆<rt>zhuāng</rt></ruby>。 ／社長は女性社員に化粧をさせない。

〈解説〉

「让」は使役動詞です。否定文は「让」の前に「不」を入れます。

応用会話　67

A：新年联欢会的时候，
xīn nián lián huān huì de shí hou
让 谁 唱 歌儿 呀?
ràng shéi chàng gēr ya

新年会では、誰に歌を歌わせますか?

B：小 王 唱 得 好，
xiǎo wáng chàng de hǎo
让 他 唱 吧。
ràng tā chàng ba

王さんは歌がうまいから彼に歌わせましょう。

A：小 刘 唱 得 也 很 好，让
xiǎo liú chàng de yě hěn hǎo ràng
他们 两 个 先 比 一 比 吧。
tā men liǎng ge xiān bǐ yi bǐ ba

劉さんもうまいですよ、まず2人に競わせてみましょう。

～　～　～

A：现 在 是 工 作 时 间，
xiàn zài shì gōng zuò shí jiān
你们 怎 么 不 干 活儿?
nǐ men zěn me bú gàn huór

今は勤務時間なのに、どうして仕事をしないのですか?

B：老板，电脑坏了，
lǎo bǎn diàn nǎo huài le
没 法 干 活儿。
méi fǎ gàn huór

社長、パソコンが壊れたので、仕事のしようがありません。

A：那赶快让维修的人来
nà gǎn kuài ràng wéi xiū de rén lái
修 理 吧。
xiū lǐ ba

それなら急いでメンテナンスの人に修理に来てもらいなさい。

～　～　～

A：你不是出差了吗?
nǐ bú shì chū chāi le ma
怎 么 还 在 这儿?
zěn me hái zài zhèr

出張に行ったはずでしょう?
なぜ、まだここにいるの?

B：公 司 没 让 我 去，让 销
gōng sī méi ràng wǒ qù ràng xiāo
售 部 的 小 王 去 了。
shòu bù de xiǎo wáng qù le

会社が私ではなく、セールス部門の王さんに行かせたんだ。

A：别 伤 心，下 次 还 会 有
bié shāng xīn xià cì hái huì yǒu
机 会 的。
jī huì de

気を落とさないで、次回またチャンスがあるわよ。

394

A 让 B（去・<u>場所名詞</u>）述 V 目	A は B を〜へ…をしに行かせる

例：
gōng sī ràng tā qù dōng jīng chū chāi
公 司 让 他 去 东 京 出 差。 ／会社は彼を東京へ出張させる。

mā ma ràng ér zi qù shāng diàn
妈 妈 让 儿 子 去 商 店 ／お母さんは息子を店へ買い物に行
mǎi dōng xi
买 东 西。 かせる。

bà ba bú ràng nǚ ér qù guó wài
爸 爸 不 让 女 儿 去 国 外 ／お父さんは娘が外国へ移住するこ
dìng jū
定 居。 とを許さない。

〈解説〉

　「让」の後には「人」を置き、「去」の後には場所名詞を置くことに注意しましょう。

主語（A）＋述語動詞 B…人 目的語…物	A は B に…をしてあげる／くれる

例：
wáng lǎo shī jiāo wǒ men zhōng wén
王 老 师 教 我 们 中 文。 ／王先生は私たちに中国語を教えて
くれる

wǒ gào su nǐ yí jiàn shì qing
我 告 诉 你 一 件 事 情。 ／私はあなたに１つのことを話して
あげる。

〈解説〉

　この文型の中の述語動詞は２つの目的語（二重目的語）を持っています。B（人）を間接目的語、物を直接目的語といいます。中国語の中では２つの目的語を持てる動詞はそれほど多くありません。

A：<ruby>谁<rt>shéi</rt></ruby> <ruby>教<rt>jiāo</rt></ruby> <ruby>你<rt>nǐ</rt></ruby> <ruby>们<rt>men</rt></ruby> <ruby>英<rt>yīng</rt></ruby> <ruby>语<rt>yǔ</rt></ruby>? / 誰があなたたちに英語を教えていますか?

B：<ruby>一<rt>yí</rt></ruby> <ruby>个<rt>ge</rt></ruby> <ruby>瑞<rt>ruì</rt></ruby> <ruby>士<rt>shì</rt></ruby> <ruby>老<rt>lǎo</rt></ruby> <ruby>师<rt>shī</rt></ruby> <ruby>教<rt>jiāo</rt></ruby> <ruby>我<rt>wǒ</rt></ruby> <ruby>们<rt>men</rt></ruby> <ruby>英<rt>yīng</rt></ruby> <ruby>语<rt>yǔ</rt></ruby>。 / スイス人の先生が私たちに英語を教えています。

A：<ruby>他<rt>tā</rt></ruby> <ruby>教<rt>jiāo</rt></ruby> <ruby>得<rt>de</rt></ruby> <ruby>好<rt>hǎo</rt></ruby> <ruby>吗<rt>ma</rt></ruby>? / 彼は上手に教えますか?

B：<ruby>他<rt>tā</rt></ruby> <ruby>是<rt>shì</rt></ruby> <ruby>语<rt>yǔ</rt></ruby> <ruby>言<rt>yán</rt></ruby> <ruby>专<rt>zhuān</rt></ruby> <ruby>家<rt>jiā</rt></ruby>，<ruby>会<rt>huì</rt></ruby> <ruby>说<rt>shuō</rt></ruby> <ruby>好<rt>hǎo</rt></ruby> <ruby>几<rt>jǐ</rt></ruby> <ruby>国<rt>guó</rt></ruby> <ruby>语<rt>yǔ</rt></ruby> <ruby>言<rt>yán</rt></ruby>，<ruby>教<rt>jiāo</rt></ruby> <ruby>得<rt>de</rt></ruby> <ruby>很<rt>hěn</rt></ruby> <ruby>好<rt>hǎo</rt></ruby>。 / 彼は言語の専門家です。何か国語も話せ、上手に教えてくれます。

~ ~ ~ ~ ~ ~ ~ ~

A：<ruby>谁<rt>shéi</rt></ruby> <ruby>告<rt>gào</rt></ruby> <ruby>诉<rt>su</rt></ruby> <ruby>你<rt>nǐ</rt></ruby> <ruby>他<rt>tā</rt></ruby> <ruby>要<rt>yào</rt></ruby> <ruby>出<rt>chū</rt></ruby> <ruby>国<rt>guó</rt></ruby> <ruby>了<rt>le</rt></ruby>? / 彼が出国することを誰があなたに話したのですか?

B：<ruby>同<rt>tóng</rt></ruby> <ruby>事<rt>shì</rt></ruby> <ruby>告<rt>gào</rt></ruby> <ruby>诉<rt>su</rt></ruby> <ruby>我<rt>wǒ</rt></ruby> <ruby>的<rt>de</rt></ruby>。 / 同僚が話してくれました。

A：<ruby>那<rt>nà</rt></ruby> <ruby>我<rt>wǒ</rt></ruby> <ruby>们<rt>men</rt></ruby> <ruby>送<rt>sòng</rt></ruby> <ruby>他<rt>tā</rt></ruby> <ruby>什<rt>shén</rt></ruby> <ruby>么<rt>me</rt></ruby> <ruby>好<rt>hǎo</rt></ruby> <ruby>呢<rt>ne</rt></ruby>? / では、我々は彼に何をプレゼントしたらいいですかね?

B：<ruby>送<rt>sòng</rt></ruby> <ruby>他<rt>tā</rt></ruby> <ruby>一<rt>yì</rt></ruby> <ruby>本<rt>běn</rt></ruby> <ruby>英<rt>yīng</rt></ruby> <ruby>汉<rt>hàn</rt></ruby> <ruby>词<rt>cí</rt></ruby> <ruby>典<rt>diǎn</rt></ruby> <ruby>吧<rt>ba</rt></ruby>。 <ruby>他<rt>tā</rt></ruby> <ruby>学<rt>xué</rt></ruby> <ruby>英<rt>yīng</rt></ruby> <ruby>语<rt>yǔ</rt></ruby> <ruby>用<rt>yòng</rt></ruby> <ruby>得<rt>de</rt></ruby> <ruby>上<rt>shàng</rt></ruby>。 / 彼に英漢辞典を1冊プレゼントしましょう。英語の勉強に役立ちます。

★最新情報：WeChat（<ruby>微信<rt>wēixìn</rt></ruby>）

　中国で広く使用されていて、スマートフォンを持っている中国人はほぼ全員がウーチャット（<ruby>微信<rt>wēixìn</rt></ruby>）のユーザーです。ウーチャット（<ruby>微信<rt>wēixìn</rt></ruby>）は Line のような SNS です。

　中国人は初対面の方と今後も付き合いを続けていきたい時、下記のような会話を交わします。

A．<ruby>王<rt>wáng</rt></ruby> <ruby>教<rt>jiào</rt></ruby> <ruby>授<rt>shòu</rt></ruby>，<ruby>很<rt>hěn</rt></ruby> <ruby>高<rt>gāo</rt></ruby> <ruby>兴<rt>xìng</rt></ruby> <ruby>认<rt>rèn</rt></ruby> <ruby>识<rt>shi</rt></ruby> <ruby>您<rt>nín</rt></ruby>。/ 王教授、お会いできてうれしいです。

B．<ruby>认<rt>rèn</rt></ruby> <ruby>识<rt>shi</rt></ruby> <ruby>你<rt>nǐ</rt></ruby> <ruby>我<rt>wǒ</rt></ruby> <ruby>也<rt>yě</rt></ruby> <ruby>很<rt>hěn</rt></ruby> <ruby>高<rt>gāo</rt></ruby> <ruby>兴<rt>xìng</rt></ruby>。/ 私も会えてうれしいです。

A．<ruby>加<rt>jiā</rt></ruby> <ruby>一<rt>yī</rt></ruby> <ruby>个<rt>ge</rt></ruby> <ruby>微<rt>wēi</rt></ruby> <ruby>信<rt>xin</rt></ruby> <ruby>好<rt>hǎo</rt></ruby> <ruby>友<rt>yǒu</rt></ruby> <ruby>吧<rt>ba</rt></ruby>！/WeChat の友人に追加していただけますか?

B. <ruby>好<rt>hǎo</rt></ruby> <ruby>啊<rt>a</rt></ruby>。／いいですよ。

A. <ruby>我<rt>wǒ</rt></ruby> <ruby>扫<rt>sǎo</rt></ruby> <ruby>您<rt>nín</rt></ruby> <ruby>还<rt>hái</rt></ruby> <ruby>是<rt>shì</rt></ruby> <ruby>您<rt>nín</rt></ruby> <ruby>扫<rt>sǎo</rt></ruby> <ruby>我<rt>wǒ</rt></ruby>?

／先生の方から私のコードをスキャンされますか？ それとも私の方から先生の
コードをスキャンしましょうか？

B. <ruby>我<rt>wǒ</rt></ruby> <ruby>扫<rt>sǎo</rt></ruby> <ruby>你<rt>nǐ</rt></ruby> <ruby>吧<rt>ba</rt></ruby>!／僕の方からやります。

A. <ruby>谢<rt>xiè</rt></ruby> <ruby>谢<rt>xie</rt></ruby> <ruby>您<rt>nín</rt></ruby>,<ruby>加<rt>jiā</rt></ruby> <ruby>上<rt>shang</rt></ruby> <ruby>了<rt>le</rt></ruby>。<ruby>我<rt>wǒ</rt></ruby> <ruby>再<rt>zài</rt></ruby> <ruby>给<rt>gěi</rt></ruby> <ruby>您<rt>nín</rt></ruby> <ruby>发<rt>fā</rt></ruby> <ruby>信<rt>xìn</rt></ruby> <ruby>息<rt>xī</rt></ruby> <ruby>联<rt>lián</rt></ruby> <ruby>络<rt>luò</rt></ruby> <ruby>您<rt>nín</rt></ruby>。

／ありがとうございます。追加されました。後ほどまたメッセージを送って連
絡致します。

🔊 2－142

役に立つ一言会話

A : <ruby>我<rt>wǒ</rt></ruby> <ruby>没<rt>méi</rt></ruby> <ruby>有<rt>yǒu</rt></ruby> <ruby>时<rt>shí</rt></ruby> <ruby>间<rt>jiān</rt></ruby> <ruby>出<rt>chū</rt></ruby> <ruby>去<rt>qu</rt></ruby> <ruby>吃<rt>chī</rt></ruby> <ruby>午<rt>wǔ</rt></ruby> <ruby>饭<rt>fàn</rt></ruby>,<ruby>你<rt>nǐ</rt></ruby> <ruby>帮<rt>bāng</rt></ruby> <ruby>我<rt>wǒ</rt></ruby> <ruby>买<rt>mǎi</rt></ruby> <ruby>麦<rt>mài</rt></ruby> <ruby>当<rt>dāng</rt></ruby> <ruby>劳<rt>láo</rt></ruby>,<ruby>好<rt>hǎo</rt></ruby> <ruby>吗<rt>ma</rt></ruby>?

B : <ruby>好<rt>hǎo</rt></ruby>,<ruby>你<rt>nǐ</rt></ruby> <ruby>要<rt>yào</rt></ruby> <ruby>什<rt>shén</rt></ruby> <ruby>么<rt>me</rt></ruby> <ruby>套<rt>tào</rt></ruby> <ruby>餐<rt>cān</rt></ruby>?

A : <ruby>我<rt>wǒ</rt></ruby> <ruby>要<rt>yào</rt></ruby> <ruby>牛<rt>niú</rt></ruby> <ruby>肉<rt>ròu</rt></ruby> <ruby>汉<rt>hàn</rt></ruby> <ruby>堡<rt>bǎo</rt></ruby> <ruby>包<rt>bāo</rt></ruby> <ruby>套<rt>tào</rt></ruby> <ruby>餐<rt>cān</rt></ruby>。<ruby>麻<rt>má</rt></ruby> <ruby>烦<rt>fan</rt></ruby> <ruby>你<rt>nǐ</rt></ruby> <ruby>了<rt>le</rt></ruby>。

B : <ruby>没<rt>méi</rt></ruby> <ruby>关<rt>guān</rt></ruby> <ruby>系<rt>xi</rt></ruby>。

⋯⋯⋯⋯⋯⋯⋯⋯⋯⋯⋯⋯⋯⋯⋯⋯⋯⋯⋯⋯⋯⋯⋯⋯⋯⋯⋯⋯⋯⋯⋯⋯⋯⋯⋯⋯

A : お昼を食べに行く時間がないので、マクドナルドで買って来てくれ
ませんか？

B : いいですよ、どのセットにしますか？

A : ビーフハンバーガーセットがいいです。悪いけどお願いしますね。

B : どういたしまして。

学習効果を上げるために、前の第4章実践応用編のところの学習ポイント（212
ページ）を参照してください。

（1）（　）の中から下線部にふさわしい単語を選び、文章を完成させた後、
　　文章全体にピンインをつけ、日本語に訳しなさい。

① 山田先生的英语 ＿＿＿＿＿＿ 川西先生的流利。（没有・更・不）

_____

② 父母 ＿＿＿＿＿＿ 女儿做家务。（被・让・给）

_____

③ 小王 ＿＿＿＿＿＿ 同事他要结婚了。（笑・说・告诉）

_____

④ 你比以前瘦 ＿＿＿＿＿＿ 。（太多・多了・不多）

_____

⑤ 这本书真 ＿＿＿＿＿＿ 意思。（没・好・不）

_____

（2）次の単語を正しい語順に並べ替え、日本語に訳しなさい。

① 让・老板・不・部下・进修・去。

_____

② 孩子・父母・让・留学・海外・去。

_____

③ 中国・多了・新加坡・小・比。

_____

④ 英语・小王・没有・得・说・小张・流利・说。

_____

⑤　化妆品・这个牌子・的・更・比・的・质量・那个牌子・好・的。

_____

⑥　得多・去・坐飞机・比・去・快・坐船。

_____

⑦　比・十多岁・弟弟・大・姐姐。

_____

⑧　考试・上次・难・比・多了・这次・的。

_____

⑨　更・他・会・我・学习・比。

_____

⑩　工作・做家务・比・多了・麻烦。

_____

(3) 以下の文を中国語に訳しなさい。

①　彼は独身主義で、結婚したくありません。(独身主義:独 身 主 义)
　　　　　　　　　　　　　　　　　　　　　　　　　dú shēn zhǔ yì

_____

②　回教徒は豚肉を食べません。

_____

③　私は夕べ残業で、会社の忘年会に行けませんでした。

_____

④　A：あなたは何年生まれですか？

_____

　　B：1962 年です。

_____

⑤　A：あなたたちはどのようにして知り合ったのですか？

　　　A：＿＿＿＿＿＿＿＿＿＿＿＿＿＿＿＿＿＿＿＿＿＿

　　　B：私たちは同じ会社で働いています。

　　　B：＿＿＿＿＿＿＿＿＿＿＿＿＿＿＿＿＿＿＿＿＿＿

⑥　A：彼女は赤ちゃんを産みましたか？

　　　A：＿＿＿＿＿＿＿＿＿＿＿＿＿＿＿＿＿＿＿＿＿＿

　　　B：産みました。

　　　B：＿＿＿＿＿＿＿＿＿＿＿＿＿＿＿＿＿＿＿＿＿＿

⑦　A：いつ産んだのですか？

　　　A：＿＿＿＿＿＿＿＿＿＿＿＿＿＿＿＿＿＿＿＿＿＿

　　　B：夜中の３時くらいです。

　　　B：＿＿＿＿＿＿＿＿＿＿＿＿＿＿＿＿＿＿＿＿＿＿

⑧　A：あなたとご主人はどうやって知り合ったのですか？

　　　A：＿＿＿＿＿＿＿＿＿＿＿＿＿＿＿＿＿＿＿＿＿＿

　　　B：友達が紹介してくれたのです。

　　　B：＿＿＿＿＿＿＿＿＿＿＿＿＿＿＿＿＿＿＿＿＿＿

(4) 会話文「**再给我多便宜点儿!**」(もっと安くしてください。)を作
　　りなさい。

＿＿＿＿＿＿＿＿＿＿＿＿＿＿＿＿＿＿＿＿＿＿＿＿＿＿＿＿

＿＿＿＿＿＿＿＿＿＿＿＿＿＿＿＿＿＿＿＿＿＿＿＿＿＿＿＿

＿＿＿＿＿＿＿＿＿＿＿＿＿＿＿＿＿＿＿＿＿＿＿＿＿＿＿＿

第**25**課 | nǚ shēng sù shè
女 生 宿 舍
（女子寮）

1. 本 文

🔊 2 – 143

zài zhōng guó de mǒu suǒ dà xué wèi le
在 中 国 的 某 所 大 学，为 了
bǎo zhèng nǚ shēng sù shè de ān quán xué
保 证 女 生 宿 舍 的 安 全，学
xiào bān fā le yí xiàng xīn guī dìng nǚ shēng
校 颁 发 了 一 项 新 规 定「女 生
sù shè nán shēng bù dé rù nèi
宿 舍，男 生 不 得 入 内」。

nǚ shēng sù shè de mén wèi ā yí zài sù
女 生 宿 舍 的 门 卫 阿 姨 在 宿
shè qián de hēi bǎn shang yòng fěn bǐ xiě shang
舍 前 的 黑 板 上 用 粉 笔 写 上
le nǚ shēng sù shè nán shēng qǐng wù jìn
了「女 生 宿 舍，男 生 请 勿 进!」
de zì yàng
的 字 样。

jǐ tiān hòu dà jiā fā xiàn wù zì bèi cā
几 天 后 大 家 发 现 "勿" 字 被 擦
qù yuán lái de zì yàng biàn chéng le nǚ
去，原 来 的 字 样 变 成 了 "女
shēng sù shè nán shēng qǐng jìn
生 宿 舍 男 生 请 进!"。

yú shì ā yí jiāng qí gǎi wéi nǚ shēng
于 是 阿 姨 将 其 改 为 "女 生
sù shè nán shēng zhǐ bù méi xiǎng dào liǎng
宿 舍 男 生 止 步!"。没 想 到 两
tiān hòu yǒu rén fā xiàn bù zì bèi cā diào
天 后 有 人 发 现 "步" 字 被 擦 掉，
zhǐ yòu bèi jiǎn le yì bǐ biàn chéng le
"止" 又 被 减 了 一 笔，变 成 了
nǚ shēng sù shè nán shēng shàng zhòng nǚ
"女 生 宿 舍 男 生 上!" 众 女
shēng huá rán ā yí gèng shì kū xiào bù dé
生 哗 然。阿 姨 更 是 哭 笑 不 得，
tí bǐ chóng xīn xiě dào cǐ nǎi nǚ shēng sù
提 笔 重 新 写 道 "此 乃 女 生 宿

女生宿舍

女生宿舍
男生请勿进!

女生宿舍
男生请 进!

女生宿舍
男生止步!

女生宿舍
男生上!

此乃女生宿舍
男生一律免进!

此乃女生宿舍
男生一律免票!

⁇

舍，男生一律免进！"阿姨对自己的杰作颇为得意，女生们也说"这回肯定没问题了"。

然而当日下午黑板上的一行字异常醒目"此乃女生宿舍，男生一律免票！"。

看来阿姨与捣乱分子要打一场持久战啦！

（本文摘自网页）

2. 訳　文

　　中国にある某大学では女子寮の安全を守るために、「男子学生は女子寮へ立ち入ってはならない」との新しい規定を出しました。

　　女子寮の門番のおばさんは寮の前にある黒板にチョークで「男子学生は女子寮に立ち入らないでください。」との文字を書きました。

　　数日後、「ない」の文字が消され、元の文が「男子学生は女子寮にお立ち入りください！」に変わっているのをみんなが発見しました。そこでおばさんは、それを「男子学生は女子寮への進入禁止！」と変えました。なんと2日後には「進入」の字が消され、「止」の字の1画が消され、「男子学生は女子寮へ上がれ！」と変わっているのをある人が発見し、女子学生たちを騒然とさせました。おばさんは何とも言えない気持ちでチョークをとり、改めて「ここは女子寮である、男子学生の立ち入りは一切禁止！」と書きました。

　　おばさんは自分の傑作に得意満面になり、女子学生たちも「今回はきっと大丈夫だ」と口にしていました。

　　しかし、その日の午後、黒板に書かれた文字は特別にみんなの注目を集めました。「ここは女子寮である、男子学生の立ち入りは一切無料！」

　　どうやら、おばさんと騒動を犯す者との戦いは持久戦となるもようです。

（インターネットより）

3. 新しい単語

1. 所 <small>suǒ</small> 　（量詞）　建築物（家・学校・病院など）を数える量詞

△ 一所大学 <small>yì suǒ dà xué</small> 　（フレーズ）　大学 1 校

△ 一所医院 <small>yì suǒ yī yuàn</small> 　（フレーズ）　病院 1 軒

2. 宿舍 <small>sù shè</small> 　（名詞）　寮

3. 女生宿舍 <small>nǚ shēng sù shè</small> 　（名詞）　（学生の）女子寮

4. 女宿舍 <small>nǚ sù shè</small> 　（名詞）　（社会人の）女子寮

5. 颁发 <small>bān fā</small> 　（動詞）　（政策・法令などを）発布する、公布する

△ 颁发了新的规定 <small>bān fā le xīn de guī dìng</small> 　（フレーズ）　新しい規定を発布した

6. 不得… <small>bù dé</small> 　（文型）　…できない

7. 不能… <small>bù néng</small> 　（文型）　…できない

8. 无关人员不得入内 <small>wú guān rén yuán bù dé rù nèi</small> 　（陳述文）　関係者以外は立ち入り禁止

9. 门卫 <small>mén wèi</small> 　（名詞）　門番、門衛

△ 警卫 <small>jǐng wèi</small> 　（名詞）　警備する人、警備に当たる人、ボディーガード

10. 粉笔 <small>fěn bǐ</small> 　（名詞）　チョーク

△ 白板笔 <small>bái bǎn bǐ</small> 　（名詞）　ホワイトボード用マーカー

11. 请勿… <small>qǐng wù</small> 　（文型）　…しないでください

△ 请勿吸烟 <small>qǐng wù xī yān</small> 　（禁止句）　喫煙禁止

12. 字样 <small>zì yàng</small> 　（名詞）　（短く書かれたりプリントされたりした）字句、文句、文字

13. 被… <small>bèi</small> 　（介詞）　…される

△ 黑板上的字被擦掉了 <small>hēi bǎn shàng de zì bèi cā diào le</small> 　（陳述文）　黒板の文字が消された

14. 将其改为…＝把它改成… 　（文型）　これ（ここ）を…に変える

△ 将其改为停车场 <small>jiāng qí gǎi wéi tíng chē chǎng</small> 　（陳述文）　ここを駐車場に変える

15. 于是 <small>yú shì</small> 　（接続詞）　そこで、それで、そして

16. jiāng bǎ 将 →把	（介詞）	…を
17. zhǐ bù 止步	（動詞）	立ち止まる、歩みを止める
18. huá rán 哗然	（形容詞）	大勢の人がびっくりしながら騒ぎ立てるさま
19. kū xiào bù dé 哭笑不得	（成語）	どうしようもない（泣くに泣けず笑うに笑えず）
20. chóng xīn 重新	（副詞）	もう一度、改めて
chóng xīn tàng yí biàn yī fu △重新烫一遍衣服	（陳述文）	もう一度服にアイロンをかける
21. yí lǜ 一律	（副詞）	同一である、一様である、一律である
yì mǐ yǐ shàng ér tóng yí lǜ yào piào △一米以上儿童一律要票	（陳述文）	身長1メートル以上の子供は全員チケットが必要です
yí lǜ miǎn fèi △一律免费	（フレーズ）	全て無料
22. jié zuò 杰作	（名詞）	傑作
23. pō wéi dé yì 颇为得意	（成語）	とても得意そうである
24. xiāng dāng mǎn yì 相当满意	（フレーズ）	相当満足している
25. kěn dìng 肯定	（副詞）	きっと、間違いなく
tā kěn dìng huì lái △他肯定会来	（陳述文）	彼はきっと来る
26. rán 'ér 然而	（接続詞）	しかし
27. xǐng mù 醒目	（形容詞）	目立つ
tā de hóng qún zi yì cháng xǐng mù △她的红裙子异常醒目	（陳述文）	彼女の赤いスカートはとても目立っていた
28. dǎo luàn fèn zǐ 捣乱分子	（名詞）	騒乱を起こす者、邪魔する人
29. chǎng 场	（量詞）	映画、劇、戦争などを数える量詞
kàn le yì chǎng diàn yǐng △看了一场电影	（フレーズ）	映画を1本見た
ná pò lún fā dòng le yì chǎng △拿破仑发动了一场 zhàn zhēng 战争	（陳述文）	ナポレオンは一度の戦争を引き起こした
30. chí jiǔ zhàn 持久战	（名詞）	持久戦

404

4. キーポイント

◉ 「Yes」と「No」の答え方

中国語の「Yes」「No」（はい、いいえ）の答え方は複雑で日本語や英語のように統一されていません。

> A：「No(いいえ)」は「不」「不是」「不对」「不・動詞 / 形容詞」で答えます。

> B：「Yes（はい）」は変化が多く、基本ルールとしては以下のとおりになります。

1)「主語＋是＋名詞・吗？」疑問文に対して：

| はい | と肯定する場合は | shì 是 | で答えます。 |

| いいえ | と否定する場合は | bú shì 不 是 | で答えます。 |

例：A：你 是 日 本 人 吗? （nǐ shì rì běn rén ma） ／あなたは日本人ですか？
  B：是。／ 不 是。（shì ／ bú shì） ／はい、そうです。
   ／いいえ、違います。

  A：这 是 你 的 书 吗? （zhè shì nǐ de shū ma） ／これはあなたの本ですか？
  B：是 (我 的)。／ 不 是 (我 的)。（shì wǒ de ／ bú shì wǒ de） ／はい（私のです）。
   ／いいえ（私のではありません）。

2)「主語＋述語動詞 / 形容詞＋(目的語)吗？」疑問文に対して：

| はい | と肯定する場合は | 述語動詞か形容詞をそのまま繰り返し | て答えます。 |

| いいえ | と否定する場合は | 不・述語動詞 / 形容詞（きっぱりと否定する） | で答えます。 |

405

念を押して｜否定する場合は｜不，主語・不・述語動詞｜不，主語・不・形容詞｜で答えます。

例：A：你 去 银 座 吗？ ／あなたは銀座へ行きますか？
　　　nǐ qù yín zuò ma

　　B：去。 ／行きます。
　　　qù

　　　不 去。／不，我 不 去。 ／行きません／いいえ、私は行きません。
　　　bú qù　　 bù wǒ bú qù

　　A：你 唱 歌 吗？ ／あなたは歌を歌いますか？
　　　nǐ chàng gē ma

　　B： 唱，我 唱 歌。 ／はい、私は歌を歌います。
　　　chàng wǒ chàng gē

　　　不 唱。／不,我 不 唱。 ／歌いません／いいえ、私は歌いません。
　　　bú chàng　　 bù wǒ bú chàng

　　A：今 天 热 吗？ ／今日は暑いですか？
　　　jīn tiān rè ma

　　B：热,今 天 很 热。 ／はい、今日はとても暑いです。
　　　rè jīn tiān hěn rè

　　　不 热,今 天 不 热。 ／いいえ、今日は暑くありません。
　　　bú rè　 jīn tiān bú rè

3）「主語＋助動詞⇒｜能｜｜会｜｜可以｜｜喜欢｜｜想｜｜要｜｜愿意｜＋述語 V・目的語・
　　吗？」疑問文に対して：

　　｜はい｜と肯定する場合は｜助動詞をそのまま繰り返し｜て答えます。

　　｜いいえ｜と否定する場合は｜不・助動詞｜で答えます。

例：A：你 想 去 中 国 旅 行 吗？／君は中国へ旅行に行きたいですか?
　　　nǐ xiǎng qù zhōng guó lǚ xíng ma

　　B： 想。／不 想。 ／行きたいです。
　　　xiǎng　 bù xiǎng

　　　　　　　　　　　　　　　／行きたくないです。

　　A：这儿 可 以 坐 吗? ／ここに座ってもいいですか？
　　　zhèr kě yǐ zuò ma

　　B：可 以。／不 可 以。 ／いいです。／ダメです。
　　　kě yǐ　 bù kě yǐ

　　A：你 愿 意 学 气 功 吗? ／あなたは気功を習いたいですか?
　　　nǐ yuàn yì xué qì gōng ma

　　B： 愿 意。／不 愿 意。 ／習いたいです。
　　　yuàn yì　 bú yuàn yì

　　　　　　　　　　　　　　　／習いたくないです。

4) 助動詞⇒ 応该 / 必须 がつく文は疑問文の型ではあまり使われないため、「はい」と「いいえ」の答え方も決まっていませんが、基本的には：

はい と肯定する場合は 助動詞＋動詞 で答えます。

いいえ と否定する場合は 不・助動詞＋動詞 で答えます。

例：A：**我 应 该 去 吗？** _{wǒ yīng gāi qù ma} / 私は行くべきですか？

B：**当 然 应 该 去 了。** _{dāng rán yīng gāi qù le} / もちろん行くべきです。

你 不 应 该 去。 _{nǐ bù yīng gāi qù} / 行くべきではありません。

A：**我 必 须 学 柔 道 吗？** _{wǒ bì xū xué róu dào ma} / 私は柔道を習わなければならないの？

B：**你 必 须 学。** _{nǐ bì xū xué} / 習わなければなりません。

你 不 用 学。 _{nǐ bú yòng xué} / 習う必要はありません。

＊「**不必须**」が使われないことに注意しましょう。

5)「(限定語・的)主語＋述語動詞／形容詞**得**＋補語」の文型 で質問される場合：

※**得**の使い方は
本書 p.412 参照

肯定 の答えは 補語 で答えます。

否定 の答えは 不・補語 で答えます。

例：A：**她 的 中 文 说 得 好 吗？** _{tā de zhōng wén shuō de hǎo ma} / 彼女の中国語は上手ですか？

B：**好。／ 不 好。／ 还 可 以。** _{hǎo bù hǎo hái kě yǐ} / 上手です。

/ 上手ではありません。

(まあまあです。)

A：**你 的 肚 子 疼 得 厉 害 吗？** _{nǐ de dù zi téng de lì hai ma} / おなかはひどく痛みますか？

B：**厉 害。／ 不 厉 害。** _{lì hai bú lì hai} / ひどく痛みます。

/ ひどくはありません。

tā pǎo de kuài ma
A：他 跑 得 快 吗?　　　　　／彼は速く走れますか？

kuài　　bú kuài
B：快。/ 不 快。　　　　　　／速く走れます。

　　　　　　　　　　　　　　　／速く走れません。

C：「Yes（はい）」のもう１つの答え「对」

　相手から出された質問文を肯定文に変えた場合（主語の「你」を「我」
に変え、疑問詞「吗」を取る）、その肯定文が述べている内容が自分の
状況に合っている場合、または相手の言っていることが正しい場合、日
本語で「そうです」「おっしゃるとおりです」と答えてもおかしくない
場合には「对」を使って「Yes／はい」の答えをします。

　例：A：　　nǐ yǒu sān ge hái zi ma
　　　　　　你 有 三 个 孩 子 吗?　　／あなたは子供が３人いますか？
　　　　　　↓　　　　　　　　↓
　　　duì wǒ yǒu sān ge hái zi
　　　B：对, 我 有 三 个 孩 子。吗　／そうです。私は子供が３人います。
　　　　　　　　　　　　　　　　　　（自分の状況に合っている）

　　　　A：　　nǐ shì jì zhě ma
　　　　　　　你 是 记 者 吗?　　　　／あなたは記者ですか？
　　　　　　　↓　　　　↓
　　　duì wǒ shì jì zhě
　　　B：对, 我 是 记 者。吗　　　　／そうです。私は記者です。
　　　　　　　　　　　　　　　　　　（自分の状況に合っている）

　　zhè shì nǐ mǎi de shuǐ guǒ ma
　　A：这　是 你 买 的 水 果 吗?　／これはあなたが買った果物ですか？
　　　　　　　↓　　　　　　　　↓
　　　duì shì wǒ mǎi de
　　B：对, 是 我 买 的。　　吗　／そうです。私が買った果物です。
　　　　　　　　　　　　　　　　　　（事実に合っている）

1) 事実に基づいて答える

例：A：你 不 是 中 国 人 吧?   / あなたは中国人ではないですね？
<small>nǐ bú shì zhōng guó rén ba</small>

    B：不 是，我 不 是 中 国 人。/ そうです、私は中国人ではありません。
<small>bú shì wǒ bú shì zhōng guó rén</small>

    / 是，我 是 中 国 人。   / いいえ、私は中国人です。
<small>shì wǒ shì zhōng guó rén</small>

2) 相手が言っている否定疑問文が自分の状況に合っている場合、相手
の言っていることを正しいと認めてから事実どおりに答える「**对,…**」

例：
A：你 不 是 中 国 人 吧?   / あなたは中国人ではないですね？
<small>nǐ bú shì zhōng guó rén ba</small>
B：对，我 不 是 中 国 人。/ ええ、私は中国人ではありません。
<small>duì wǒ bú shì zhōng guó rén</small>

A：你 不 会 做 气 功 吧?   / 君は気功ができないでしょう？
<small>nǐ bú huì zuò qì gōng ba</small>
B：对，我 不 会 做 气 功。   / はい、気功はできません。
<small>duì wǒ bú huì zuò qì gōng</small>

3) 相手が言っている否定疑問文が自分の状況に合っている場合、相手
の言っている否定述語をもう一度繰り返してから事実どおりに答え
る（不V、…）

例：
A：你 不 吃 甜 品 吗?   / デザートは食べませんね？
<small>nǐ bù chī tián pǐn ma</small>
B：不 吃，我 不 吃。   / ええ、食べません。
<small>bù chī wǒ bù chī</small>

A：你 不 想 看 电 影 吧? / あなたは映画を見たくありませんよね?
<small>nǐ bù xiǎng kàn diàn yǐng ba</small>
B：不 想，我 想 看 光 碟。/ ええ、DVD を見たいです。
<small>bù xiǎng wǒ xiǎng kàn guāng dié</small>

4) 相手が言っている否定疑問文が自分の状況に合っていない場合、相手の言った否定述語を否定してから、事実どおりに答える「不，…」「不対，…」

例：

A：<ruby>你<rt>nǐ</rt></ruby> <ruby>不<rt>bú</rt></ruby> <ruby>去<rt>qù</rt></ruby> <ruby>上<rt>shàng</rt></ruby> <ruby>海<rt>hǎi</rt></ruby> <ruby>吧<rt>ba</rt></ruby>? ／君は上海へ行きませんよね？

B：<ruby>不<rt>bù</rt></ruby>，<ruby>我<rt>wǒ</rt></ruby> <ruby>去<rt>qù</rt></ruby> <ruby>上<rt>shàng</rt></ruby> <ruby>海<rt>hǎi</rt></ruby>。 ／いいえ、私は上海へ行きます。

A：<ruby>你<rt>nǐ</rt></ruby> <ruby>不<rt>bú</rt></ruby> <ruby>是<rt>shì</rt></ruby> <ruby>大<rt>dà</rt></ruby> <ruby>学<rt>xué</rt></ruby> <ruby>生<rt>shēng</rt></ruby> <ruby>吧<rt>ba</rt></ruby>? ／あなたは大学生ではないですよね？

B：<ruby>不<rt>bú</rt></ruby> <ruby>对<rt>duì</rt></ruby>，<ruby>我<rt>wǒ</rt></ruby> <ruby>是<rt>shì</rt></ruby> <ruby>大<rt>dà</rt></ruby> <ruby>学<rt>xué</rt></ruby> <ruby>生<rt>shēng</rt></ruby>。 ／違います。私は大学生です。

応用会話 70　　　🔊 2 - 146

①A：<ruby>你<rt>nǐ</rt></ruby> <ruby>是<rt>shì</rt></ruby> <ruby>新<rt>xīn</rt></ruby> <ruby>加<rt>jiā</rt></ruby> <ruby>坡<rt>pō</rt></ruby> <ruby>人<rt>rén</rt></ruby> <ruby>吗<rt>ma</rt></ruby>?	あなたはシンガポール人ですか？
B：<ruby>对<rt>duì</rt></ruby>／<ruby>是<rt>shì</rt></ruby>，<ruby>我<rt>wǒ</rt></ruby> <ruby>是<rt>shì</rt></ruby> <ruby>新<rt>xīn</rt></ruby> <ruby>加<rt>jiā</rt></ruby> <ruby>坡<rt>pō</rt></ruby> <ruby>人<rt>rén</rt></ruby> ／<ruby>不<rt>bú</rt></ruby> <ruby>是<rt>shì</rt></ruby>，<ruby>我<rt>wǒ</rt></ruby> <ruby>不<rt>bú</rt></ruby> <ruby>是<rt>shì</rt></ruby> <ruby>新<rt>xīn</rt></ruby> <ruby>加<rt>jiā</rt></ruby> <ruby>坡<rt>pō</rt></ruby> <ruby>人<rt>rén</rt></ruby>。	そうです。私はシンガポール人です。（いいえ、私はシンガポール人ではありません。）
②A：<ruby>中<rt>zhōng</rt></ruby> <ruby>文<rt>wén</rt></ruby> <ruby>发<rt>fā</rt></ruby> <ruby>音<rt>yīn</rt></ruby> <ruby>难<rt>nán</rt></ruby> <ruby>吗<rt>ma</rt></ruby>?	中国語の発音は難しいですか？
B：<ruby>难<rt>nán</rt></ruby>，<ruby>中<rt>zhōng</rt></ruby> <ruby>文<rt>wén</rt></ruby> <ruby>发<rt>fā</rt></ruby> <ruby>音<rt>yīn</rt></ruby> <ruby>很<rt>hěn</rt></ruby> <ruby>难<rt>nán</rt></ruby>。 ／<ruby>不<rt>bù</rt></ruby> <ruby>难<rt>nán</rt></ruby>，<ruby>对<rt>duì</rt></ruby> <ruby>我<rt>wǒ</rt></ruby> <ruby>来<rt>lái</rt></ruby> <ruby>说<rt>shuō</rt></ruby> <ruby>很<rt>hěn</rt></ruby> <ruby>容<rt>róng</rt></ruby> <ruby>易<rt>yì</rt></ruby>。	はい、中国語の発音は難しいです。（いいえ、私にはとても簡単です。）

③A：<ruby>你<rt>nǐ</rt></ruby> <ruby>要<rt>yào</rt></ruby> <ruby>啤<rt>pí</rt></ruby> <ruby>酒<rt>jiǔ</rt></ruby> <ruby>吗<rt>ma</rt></ruby>？

　B：<ruby>要<rt>yào</rt></ruby>，<ruby>我<rt>wǒ</rt></ruby> <ruby>要<rt>yào</rt></ruby> <ruby>啤<rt>pí</rt></ruby> <ruby>酒<rt>jiǔ</rt></ruby>。
　　 /<ruby>不<rt>bú</rt></ruby> <ruby>要<rt>yào</rt></ruby>，<ruby>我<rt>wǒ</rt></ruby> <ruby>要<rt>yào</rt></ruby> <ruby>茶<rt>chá</rt></ruby>。

あなたはビールが欲しいですか?

はい、私はビールが欲しいです。
/ いいえ、私はお茶が欲しいです。

④A：<ruby>你<rt>nǐ</rt></ruby> <ruby>喜<rt>xǐ</rt></ruby> <ruby>欢<rt>huan</rt></ruby> <ruby>吃<rt>chī</rt></ruby> <ruby>泰<rt>tài</rt></ruby> <ruby>国<rt>guó</rt></ruby> <ruby>菜<rt>cài</rt></ruby> <ruby>吗<rt>ma</rt></ruby>？

　B：<ruby>喜<rt>xǐ</rt></ruby> <ruby>欢<rt>huan</rt></ruby>，<ruby>我<rt>wǒ</rt></ruby> <ruby>喜<rt>xǐ</rt></ruby> <ruby>欢<rt>huan</rt></ruby> <ruby>吃<rt>chī</rt></ruby> <ruby>泰<rt>tài</rt></ruby> <ruby>国<rt>guó</rt></ruby>
　　 <ruby>菜<rt>cài</rt></ruby>。/<ruby>不<rt>bù</rt></ruby> <ruby>喜<rt>xǐ</rt></ruby> <ruby>欢<rt>huan</rt></ruby>，
　　 <ruby>我<rt>wǒ</rt></ruby> <ruby>喜<rt>xǐ</rt></ruby> <ruby>欢<rt>huan</rt></ruby> <ruby>吃<rt>chī</rt></ruby> <ruby>日<rt>rì</rt></ruby> <ruby>本<rt>běn</rt></ruby> <ruby>菜<rt>cài</rt></ruby>。

あなたはタイ料理が好きですか?

はい、私はタイ料理が好きです。
/ いいえ、私は日本料理が好きです。

⑤A：<ruby>她<rt>tā</rt></ruby> <ruby>的<rt>de</rt></ruby> <ruby>中<rt>zhōng</rt></ruby> <ruby>文<rt>wén</rt></ruby> <ruby>进<rt>jìn</rt></ruby> <ruby>步<rt>bù</rt></ruby> <ruby>得<rt>de</rt></ruby> <ruby>快<rt>kuài</rt></ruby> <ruby>吗<rt>ma</rt></ruby>？

　B：<ruby>很<rt>hěn</rt></ruby> <ruby>快<rt>kuài</rt></ruby>，<ruby>她<rt>tā</rt></ruby> <ruby>进<rt>jìn</rt></ruby> <ruby>步<rt>bù</rt></ruby> <ruby>得<rt>de</rt></ruby> <ruby>很<rt>hěn</rt></ruby> <ruby>快<rt>kuài</rt></ruby>。
　　 /<ruby>一<rt>yì</rt></ruby> <ruby>般<rt>bān</rt></ruby>，<ruby>她<rt>tā</rt></ruby> <ruby>不<rt>bú</rt></ruby> <ruby>太<rt>tài</rt></ruby> <ruby>爱<rt>ài</rt></ruby> <ruby>学<rt>xué</rt></ruby> <ruby>中<rt>zhōng</rt></ruby> <ruby>文<rt>wén</rt></ruby>。

彼女の中国語の進歩は速いですか?

はい、彼女は進歩が速いです。
/ 普通です。彼女は中国語の勉
　強があまり好きではありません。

⑥A：<ruby>你<rt>nǐ</rt></ruby> <ruby>累<rt>lèi</rt></ruby> <ruby>吗<rt>ma</rt></ruby>？

　B：<ruby>累<rt>lèi</rt></ruby>，<ruby>我<rt>wǒ</rt></ruby> <ruby>很<rt>hěn</rt></ruby> <ruby>累<rt>lèi</rt></ruby>。/<ruby>不<rt>bú</rt></ruby> <ruby>累<rt>lèi</rt></ruby>。

疲れましたか?

はい、とても疲れました。/ 疲れて
いません。

⑦A：<ruby>你<rt>nǐ</rt></ruby> <ruby>不<rt>bú</rt></ruby> <ruby>是<rt>shì</rt></ruby> <ruby>中<rt>zhōng</rt></ruby> <ruby>国<rt>guó</rt></ruby> <ruby>人<rt>rén</rt></ruby> <ruby>吗<rt>ma</rt></ruby>？

　B：<ruby>不<rt>bú</rt></ruby> <ruby>是<rt>shì</rt></ruby>，<ruby>我<rt>wǒ</rt></ruby> <ruby>不<rt>bú</rt></ruby> <ruby>是<rt>shì</rt></ruby> <ruby>中<rt>zhōng</rt></ruby> <ruby>国<rt>guó</rt></ruby> <ruby>人<rt>rén</rt></ruby>。
　　 <ruby>我<rt>wǒ</rt></ruby> <ruby>是<rt>shì</rt></ruby> <ruby>泰<rt>tài</rt></ruby> <ruby>国<rt>guó</rt></ruby> <ruby>人<rt>rén</rt></ruby>。

あなたは中国人ではありませんね?

はい、私は中国人ではありません。
私はタイ人です。

⑧A：<ruby>你<rt>nǐ</rt></ruby> <ruby>不<rt>bú</rt></ruby> <ruby>是<rt>shì</rt></ruby> <ruby>中<rt>zhōng</rt></ruby> <ruby>国<rt>guó</rt></ruby> <ruby>人<rt>rén</rt></ruby> <ruby>吧<rt>ba</rt></ruby>？

　B：<ruby>对<rt>duì</rt></ruby>，<ruby>我<rt>wǒ</rt></ruby> <ruby>不<rt>bú</rt></ruby> <ruby>是<rt>shì</rt></ruby> <ruby>中<rt>zhōng</rt></ruby> <ruby>国<rt>guó</rt></ruby> <ruby>人<rt>rén</rt></ruby>。
　　 <ruby>我<rt>wǒ</rt></ruby> <ruby>是<rt>shì</rt></ruby> <ruby>日<rt>rì</rt></ruby> <ruby>本<rt>běn</rt></ruby> <ruby>人<rt>rén</rt></ruby>。

あなたは中国人ではないですね?

ええ、私は中国人ではありません。
私は日本人です。

5. 文法ポイント

● 中国語の程度補語

　中国語では「ある動作行為を上手にやれる、あるいはあるレベルに達している」という表現を以下のような「**得**」を使う補語センテンスで表します。文中の「**得**」には実際の意味はなく、文法上の役割だけを果たしています。日本語の連用修飾成分の「く」や「に」に相当します。

(1) 陳述文 　　　　　　　　　　　　　　　🔊 2 − 148
① 基本形：

```
A：主語 ＋  動詞    ＋ 得 ・  程度補語
          形容詞          (很・形容詞)
```

例：
tā	pǎo	de	hěn kuài	
他	跑	得	很 快。	／彼は走るのが速いです。

lǎo rén	zǒu	de	hěn màn	
老人	走	得	很 慢。	／年寄りは歩くのが遅いです。

tóu	téng	de	lì hai	
头	疼	得	厉害。	／頭はすごく痛いです。

fáng jiān	xiǎo	de	kě lián	
房间	小	得	可怜。	／部屋はかわいそうなぐらいに小さいです。

〈解説〉

　例文の述語動詞と述語形容詞の後には目的語がついていません。

```
B：主語 ＋ 述語V・目 ＋ V・得  程度補語
                          (很・形容詞)
```

例：
tā	chàng gē	chàng de	hěn hǎo	
他	唱 歌	唱 得	很 好。	／彼は歌を上手に歌います。

tā shuō zhōng wén shuō de fēi cháng liú lì	
她 说 中 文 说 得 非 常 流 利。	／彼女は中国語をとても流暢に話します。

〈解説〉

　上記の例文の述語の後には目的語がついています。程度に合わせ、「**很**」の代わりに「**非常**」「**特別**」を使うこともあります。

412

②常用形：

$$主語 + \frac{的}{(V)} 目 + V \cdot 得 \frac{程度補語}{(很 \cdot 形容詞)}$$

例：

$\begin{cases} \underset{他}{tā} \ \underset{唱}{chàng} \ \underset{中}{zhōng} \ \underset{文}{wén} \ \underset{歌}{gē} \ \underset{唱}{chàng} \ \underset{得}{de} \ \underset{很}{hěn} \ \underset{好}{hǎo}。 \\ \underset{他}{tā} \ \underset{的}{de} \ \underset{中}{zhōng} \ \underset{文}{wén} \ \underset{歌}{gē} \ \underset{唱}{chàng} \ \underset{得}{de} \ \underset{很}{hěn} \ \underset{好}{hǎo}。 \end{cases}$ ／彼は中国語の歌を上手に歌います。

／彼の中国語の歌はとても上手です。

$\begin{cases} \underset{她}{tā} \ \underset{说}{shuō} \ \underset{德}{dé} \ \underset{语}{yǔ} \ \underset{说}{shuō} \ \underset{得}{de} \ \underset{非}{fēi} \ \underset{常}{cháng} \ \underset{流}{liú} \ \underset{利}{lì}。 \\ \underset{她}{tā} \ \underset{的}{de} \ \underset{德}{dé} \ \underset{语}{yǔ} \ \underset{说}{shuō} \ \underset{得}{de} \ \underset{非}{fēi} \underset{常}{cháng} \ \underset{流}{liú} \ \underset{利}{lì}。 \end{cases}$ ／彼女はドイツ語をたいへん流暢に話せます。

／彼女のドイツ語はたいへん流暢です。

〈解説〉

　常用形では例文の述語Vの代わりに「**的**」がよく使われます。「**的**」が省略されることもあります。

(2) 疑問文　2 − 149

①「吗」疑問文：

$$A：主語 + \frac{動詞}{形容詞} + 得 \cdot \frac{程度補語}{(形容詞)} 吗?$$

例：A：$\underset{他}{tā} \ \underset{起}{qǐ} \underset{得}{de} \ \underset{早}{zǎo} \ \underset{吗}{ma}?$ ／彼は起きるのが早いですか？

B：$\underset{他}{tā} \ \underset{起}{qǐ} \underset{得}{de} \ \underset{很}{hěn} \ \underset{早}{zǎo}。$ ／彼は起きるのが早いです。

A：$\underset{肚}{dù} \underset{子}{zi} \ \underset{疼}{téng} \ \underset{得}{de} \ \underset{厉}{lì} \ \underset{害}{hai} \ \underset{吗}{ma}?$ ／おなかはすごく痛いですか？

B：$\underset{肚}{dù} \underset{子}{zi} \ \underset{疼}{téng} \ \underset{得}{de} \ \underset{不}{bú} \ \underset{厉}{lì} \ \underset{害}{hai}。$ ／おなかはそんなに痛くないです。

〈解説〉

　程度補語疑問文は述語について聞いているのではなく、程度補語について聞いています。

413

$$\boxed{\text{B：主語＋述語Ｖ・目＋Ｖ・得} \overset{\text{程度補語}}{\underset{\text{（形容詞）}}{\cdots\cdots}} \text{吗?}}$$

例：A：
^{nǐ mā ma zuò cài} ^{zuò de} ^{hǎo chī} ^{ma}
你 妈 妈 做 菜　做 得　好 吃　吗? ／お母さんは料理を おいしく作れます か？

B：
^{wǒ mā ma zuò cài} ^{zuò de} ^{hěn hǎo chī}
我 妈 妈 做 菜　　做 得　很 好 吃。 ／お母さんは料理を おいしく作れます。

A：
^{tā} ^{dǎ pīng pāng qiú} ^{dǎ de} ^{hǎo} ^{ma}
他　打 乒 乓 球　打 得　　好　吗? ／彼は卓球がうまい ですか？

B：
^{tā} ^{dǎ pīng pāng qiú} ^{dǎ de} ^{hěn hǎo}
他　打 乒 乓 球　打 得　很 好。 ／彼は卓球がうまい です。

〈解説〉

　疑問文の補語・形容詞の前には普通は「很」「非常」「特別」を使いま せん。

$$\boxed{\text{C：主語} \overset{\text{的}}{\underset{\text{（Ｖ）}}{\cdots\cdots}} \text{目＋Ｖ・得} \overset{\text{程度補語}}{\underset{\text{（形容詞）}}{\cdots\cdots}} \text{吗?}}$$

例：A：
^{tā} 的^{wǎng qiú} ^{dǎ de} ^{hǎo} ^{ma}
他　的　网 球　打 得　好　　吗? ／彼はテニスが上手ですか？
　　　（打）

B：
^{tā} ^{de} ^{wǎng qiú} ^{dǎ de} ^{bú cuò}
他　的　网 球　打 得　不 错。 ／彼はテニスが上手です。

A：
^{tā} 的^{zhuāng} ^{huà de} ^{piào liang} ^{ma}
她　妆　化 得　漂 亮　吗? ／彼女の化粧はきれいで すか？
　　（化）

B：
^{tā} ^{de} ^{zhuāng} ^{huà de} ^{bú piào liang}
她　的　妆　化 得　不 漂 亮。 ／彼女の化粧はきれいでは ありません。

〈解説〉

　程度補語疑問文は述語について聞いているのではなく、程度補語につ いて聞いています。程度補語の否定回答をする場合には、「不」を程度 補語・形容詞の前に置きます。

②反復疑問文:

A:

主語	動詞 / 形容詞	+得	形・不・形 / 程度補語 ？

例:A: nǐ wánr de gāo xìng bu gāo xìng
　　你　玩儿　得　　高兴　不　高兴？
　　/あなたは楽しく遊びましたか？

　　B: wǒ wánr de hěn gāo xìng
　　我　玩儿　得　　很高兴。
　　/私は楽しく遊びました。

　　A: gōng zuò jìn xíng de shùn lì bu shùn lì
　　工作　进行　得　　顺利不　顺利?
　　/仕事は順調に進んでいますか？

　　B: gōng zuò jìn xíng de hái kě yǐ
　　(工作　进行　得)　还　可　以。
　　/（仕事の進み具合は）まあまあです。

〈解説〉

　反復疑問文では程度補語・形容詞を繰り返すことに注意しましょう！
反復疑問文には「吗」がつきません。

B:

主語＋述語V・目＋V・得	形・不・形 / 程度補語 ？

例:A: tā huá bīng huá de kuài bu kuai
　　她　滑　冰　滑得　快不快？
　　/彼女のスケートの速度は速いですか？

　　B: tā huá bīng huá de hěn kuài
　　她　滑　冰　滑得　很　快。
　　/彼女のスケートの速度は速いです。

　　A: tā xiě zì xiě de zhěng qí bu zhěng qí
　　他　写字　写得　整齐不　整齐?
　　/彼の字はきれいに書けていますか？

　　B: tā xiě zì xiě de bù zhěng qí
　　他　写字　写得　不　整齐。
　　/彼の字は汚いです。

〈解説〉

　反復疑問文への答えは事実に基づいて、肯定か否定かの答えになります。

C：主語 的(V) 目 ＋　V・得 形・不・形 / 程度補語？

例：A：他 的(打扫) _{tā de fáng jiān dǎ sǎo de gān jing bu gān jing} 房间 打扫得 干净不干净？

/ 彼は部屋をきれいに掃除していますか？

B：他 的 房间 打扫得 很干净。 _{tā de fáng jiān dǎ sǎo de hěn gān jing}

/ 彼は部屋をきれいに掃除しています。

〈解説〉

　形容詞の反復される部分「不・1文字形容詞」は軽声として発音します。「干净」の「净」は習慣上軽声として発音します。

③特殊疑問詞疑問文「…得怎么样？」：

A：主語＋動詞・得・怎么样？

例：A：我女儿 学 得 怎 么 样？ _{wǒ nǚ'ér xué de zěn me yàng} / 娘の勉強ぶりはどうですか？

B：她 学 得 还可以。 _{tā xué de hái kě yǐ} / 彼女の勉強ぶりはまあまあです。

A：事 情 调 查 得 怎 么 样 _{shì qíng diào chá de zěn me yàng} / 事情調査はどうですか？

B：事 情 调 查 得 不太顺利。 _{shì qíng diào chá de bú tài shùn lì} / 事情調査はあまり順調ではありません。

〈解説〉

　「…得怎么样?」に回答する時は、上記のような具体的な形容詞で答えるのが普通です。「还可以」「不太・形容詞」「不・形容詞」などがよく使われます。

B：主語＋述語V・目＋V・得・怎么样？

例：A：她弹 钢琴弹得 怎 么 样？ _{tā tán gāng qín tán de zěn me yàng} / 彼女はピアノを上手に弾けますか？

B：她（弹钢琴）弹得 还不行。 _{tā tán gāng qín tán de hái bù xíng} / まだダメです。

A：他 拉 小提琴 拉得 怎 么 样？ _{tā lā xiǎo tí qín lā de zěn me yàng} / 彼のヴァイオリンはどうですか？

hěn bàng　　tā kě yǐ shàng tái dú zòu
B：很 棒，他可以 上 台独奏。　／すばらしいです、彼は舞台で
　　　　　　　　　　　　　　　　独奏できます。

〈解説〉

「…得怎么样？」疑問文に対して、事実に基づいて答えます。

C：主語……$\binom{的}{(V)}$目＋V・得・怎么样？

nǐ de yīng yǔ shuō de　zěn me yàng
例：A：你的英语 说得 怎么样？　／あなたの英語のレベルはどうで
　　　　　　　　　　　　　　　　すか？

wǒ kě yǐ zuò yīng yǔ fān yì
　　B：我可以做 英语翻译。　／私は英語の通訳ができます。

nǐ de wéi qí xià de　zěn me yàng
例：A：你的围棋下得 怎么样？　／あなたの囲碁のレベルはどうで
　　　　　　　　　　　　　　　　すか？

wǒ yǐ jīng shì yè yú liù duàn le
　　B：我已经是业余六段了。　／私はすでにアマチュア6段で
　　　　　　　　　　　　　　　　す。

〈解説〉

上記例文の「下」は動詞で、将棋を指すや囲碁を打つという時に使います。

A：shān xià xiǎo jie de zhōng wén shuō de
山下小姐的中文说得
zěn me yàng
怎么样?

山下さんの中国語はどうですか?

B：tā de zhōng wén shuō de hěn liú lì
她的中文说得很流利。

彼女の中国語はとても流暢です。

A：tā de yīng yǔ shuō de liú lì ma
她的英语说得流利吗?

彼女の英語は流暢ですか?

B：tā de yīng yǔ shuō de bù liú lì
她的英语说得不流利。

英語は流暢ではありません。

A：tīng shuō nǐ mǔ qin zuò shǒu shù le
听说你母亲做手术了,
tā de shēn tǐ huī fù de zěn me yàng le
她的身体恢复得怎么样了?

お母さんが手術を受けたそうですが、お体の回復はいかがでしょうか?

B：huī fù de bú cuò yǐ jīng néng xià dì
恢复得不错,已经能下地
zǒu lù le
走路了。

回復はとても順調で、もう歩けるようになりました。

A：nà tài hǎo le nǐ yào hǎo hāor zhào gù
那太好了!你要好好儿照顾
tā duō gěi tā mǎi diǎnr yíng yǎng pǐn
她,多给她买点儿营养品。

それは良かったですね!ちゃんと世話をしてあげて、栄養のあるものを多く買ってあげてください。

B：xiè xie nǐ de guān xīn wǒ huì de
谢谢你的关心。我会的。

気にかけてくださり、ありがとう。必ずそうします。

418

A：<ruby>你<rt>nǐ</rt></ruby> <ruby>的<rt>de</rt></ruby> <ruby>考<rt>kǎo</rt></ruby> <ruby>试<rt>shì</rt></ruby> <ruby>准<rt>zhǔn</rt></ruby> <ruby>备<rt>bèi</rt></ruby> <ruby>得<rt>de</rt></ruby> <ruby>怎<rt>zěn</rt></ruby>
<ruby>么<rt>me</rt></ruby> <ruby>样<rt>yàng</rt></ruby> <ruby>了<rt>le</rt></ruby>?

試験の準備はどうですか？

B：<ruby>准<rt>zhǔn</rt></ruby> <ruby>备<rt>bèi</rt></ruby> <ruby>得<rt>de</rt></ruby> <ruby>不<rt>bù</rt></ruby> <ruby>充<rt>chōng</rt></ruby> <ruby>分<rt>fèn</rt></ruby>,
<ruby>我<rt>wǒ</rt></ruby> <ruby>担<rt>dān</rt></ruby> <ruby>心<rt>xīn</rt></ruby> <ruby>不<rt>bù</rt></ruby> <ruby>及<rt>jí</rt></ruby> <ruby>格<rt>gé</rt></ruby>。

あまりできていないので、不合格に
なることを心配しています。

A：<ruby>那<rt>nà</rt></ruby> <ruby>你<rt>nǐ</rt></ruby> <ruby>要<rt>yào</rt></ruby> <ruby>加<rt>jiā</rt></ruby> <ruby>紧<rt>jǐn</rt></ruby> <ruby>复<rt>fù</rt></ruby> <ruby>习<rt>xí</rt></ruby> <ruby>了<rt>le</rt></ruby>。

それなら、急いで復習をしないと。

B：<ruby>明<rt>míng</rt></ruby> <ruby>天<rt>tiān</rt></ruby> <ruby>就<rt>jiù</rt></ruby> <ruby>要<rt>yào</rt></ruby> <ruby>考<rt>kǎo</rt></ruby> <ruby>了<rt>le</rt></ruby>,
<ruby>我<rt>wǒ</rt></ruby> <ruby>今<rt>jīn</rt></ruby> <ruby>晚<rt>wǎn</rt></ruby> <ruby>得<rt>děi</rt></ruby> <ruby>开<rt>kāi</rt></ruby> <ruby>夜<rt>yè</rt></ruby> <ruby>车<rt>chē</rt></ruby> <ruby>了<rt>le</rt></ruby>。

明日は試験ですので、今晩は徹夜で
やらなければなりません。

A：<ruby>晴<rt>qíng</rt></ruby> <ruby>子<rt>zǐ</rt></ruby>, <ruby>你<rt>nǐ</rt></ruby> <ruby>老<rt>lǎo</rt></ruby> <ruby>公<rt>gōng</rt></ruby> <ruby>是<rt>shì</rt></ruby> <ruby>印<rt>yìn</rt></ruby> <ruby>度<rt>dù</rt></ruby>
<ruby>人<rt>rén</rt></ruby>, <ruby>你<rt>nǐ</rt></ruby> <ruby>会<rt>huì</rt></ruby> <ruby>做<rt>zuò</rt></ruby> <ruby>印<rt>yìn</rt></ruby> <ruby>度<rt>dù</rt></ruby> <ruby>菜<rt>cài</rt></ruby> <ruby>吗<rt>ma</rt></ruby>?

晴子さん、ご主人はインド人で
すよね。あなたはインド料理が
作れますか？

B：<ruby>会<rt>huì</rt></ruby> <ruby>做<rt>zuò</rt></ruby> <ruby>几<rt>jǐ</rt></ruby> <ruby>样<rt>yàng</rt></ruby> <ruby>简<rt>jiǎn</rt></ruby> <ruby>单<rt>dān</rt></ruby> <ruby>的<rt>de</rt></ruby>,
<ruby>但<rt>dàn</rt></ruby> <ruby>是<rt>shì</rt></ruby> <ruby>做<rt>zuò</rt></ruby> <ruby>得<rt>de</rt></ruby> <ruby>不<rt>bú</rt></ruby> <ruby>地<rt>dì</rt></ruby> <ruby>道<rt>dao</rt></ruby>。

簡単なものを何品か作れます
が、本場の味ではないです。

A：<ruby>你<rt>nǐ</rt></ruby> <ruby>老<rt>lǎo</rt></ruby> <ruby>公<rt>gōng</rt></ruby> <ruby>喜<rt>xǐ</rt></ruby> <ruby>欢<rt>huan</rt></ruby> <ruby>吃<rt>chī</rt></ruby> <ruby>吗<rt>ma</rt></ruby>?

ご主人は喜んで食べますか？

B：<ruby>不<rt>bù</rt></ruby> <ruby>喜<rt>xǐ</rt></ruby> <ruby>欢<rt>huan</rt></ruby> <ruby>也<rt>yě</rt></ruby> <ruby>不<rt>bù</rt></ruby> <ruby>敢<rt>gǎn</rt></ruby> <ruby>说<rt>shuō</rt></ruby>。
<ruby>要<rt>yào</rt></ruby> <ruby>不<rt>bu</rt></ruby> <ruby>然<rt>rán</rt></ruby> <ruby>我<rt>wǒ</rt></ruby> <ruby>就<rt>jiù</rt></ruby> <ruby>不<rt>bú</rt></ruby> <ruby>做<rt>zuò</rt></ruby> <ruby>了<rt>le</rt></ruby>。

嫌でも、そうは言えません。さ
もなければ私は作りませんか
ら。

A：<ruby>他<rt>tā</rt></ruby> <ruby>能<rt>néng</rt></ruby> <ruby>吃<rt>chī</rt></ruby> <ruby>日<rt>rì</rt></ruby> <ruby>本<rt>běn</rt></ruby> <ruby>菜<rt>cài</rt></ruby> <ruby>吗<rt>ma</rt></ruby>?

彼は日本料理が食べられます
か？

B：<ruby>他<rt>tā</rt></ruby> <ruby>喜<rt>xǐ</rt></ruby> <ruby>欢<rt>huan</rt></ruby> <ruby>吃<rt>chī</rt></ruby> <ruby>我<rt>wǒ</rt></ruby> <ruby>做<rt>zuò</rt></ruby> <ruby>的<rt>de</rt></ruby> <ruby>日<rt>rì</rt></ruby> <ruby>本<rt>běn</rt></ruby>
<ruby>菜<rt>cài</rt></ruby>。 <ruby>他<rt>tā</rt></ruby> <ruby>说<rt>shuō</rt></ruby> <ruby>我<rt>wǒ</rt></ruby> <ruby>做<rt>zuò</rt></ruby> <ruby>得<rt>de</rt></ruby> <ruby>很<rt>hěn</rt></ruby> <ruby>好<rt>hǎo</rt></ruby>。

彼は私が作った日本料理が好き
です。上手に作っていると言っ
ています。

一 V₁目₁就 V₂目₂ | V₁目₁をしたらすぐ V₂目₂をする

例：他 一 回 家 就 上 网 。

tā yì huí jiā jiù shàng wǎng
/ 彼は家に帰ったらすぐにインターネットをする。

我 一 躺 下 就 睡 着 了 。

wǒ yì tǎng xià jiù shuì zháo le
/ 私は横になったらすぐに眠りにつく。

他 一 有 钱 就 买 房 子 。

tā yì yǒu qián jiù mǎi fáng zi
/ 彼はお金があったらすぐ家を買う。

〈解説〉

「一…就…」には 2 つの意味があります。1 つは「1 つ目の動作を終えてからすぐに 2 つ目の動作を行う」、もう 1 つは「…の条件が整ったらすぐに次の行動をする」です。

A：你 怎 么 一 回 家 就 躺 下 了?

nǐ zěn me yì huí jiā jiù tǎng xià le
どうして、帰ってすぐ横になったのですか?

B：我 今 天 有 点 儿 不 舒 服 。

wǒ jīn tiān yǒu diǎnr bù shū fu
今日はちょっと具合が悪いです。

A：那 你 去 看 医 生 吧!

nà nǐ qù kàn yī shēng ba
それなら、お医者さんに見てもらいなさいよ!

B：没 关 系，我 躺 一 会 儿 就 好 了 。

méi guān xi wǒ tǎng yì huǐr jiù hǎo le
大丈夫です、少し横になったらよくなります。

～ ～ ～ ～ ～ ～ ～ ～

A：我 朋 友 一 有 钱 就 买 名 牌，你 呢?

wǒ péng you yì yǒu qián jiù mǎi míng pái nǐ ne
友達はお金があったらすぐブランド品を買いますが、あなたは?

B：我 不 喜 欢 名 牌 。我 一 有 钱 就 去 旅 游 增 广 见 闻 。前 田 先 生 呢?

wǒ bù xǐ huan míng pái wǒ yì yǒu qián jiù qù lǚ you zēng guǎng jiàn wén qián tián xiān sheng ne
私はブランド品は好きではありません。お金があったら旅行へ行き、見聞を広めます。前田さんは?

B：我 想 以 后 自 己 开 公 司，所 以 一 有 钱 就 存 起 来 。

wǒ xiǎng yǐ hòu zì jǐ kāi gōng sī suǒ yǐ yì yǒu qián jiù cún qǐ lai
私は将来会社を作りたいので、お金があったらすぐ貯金しておきます。

除了…以外	…以外に、…の他に

例：
chú le yīng yǔ yǐ wài tā hái huì shuō
除 了 英 语 以 外 他 还 会 说
fǎ yǔ hé dé yǔ
法 语 和 德 语。

／英語以外に彼はフランス語とドイツ語も話せます。

chú le huá xuě yǐ wài tā hái qián shuǐ
除 了 滑 雪 以 外 他 还 潜 水。

／スキー以外に彼はダイビングもやります。

〈解説〉

「除了」の後には名詞や動目フレーズを置くことができます。

gǔ běn xiān sheng　chú le gōng zuò yǐ
A：**古 本 先 生，除 了 工 作 以**
wài nǐ hái yǒu shén me ài hào
外 你 还 有 什 么 爱 好。

古本さんは仕事以外に何か趣味がありますか?

chú le gōng zuò yǐ wài wǒ hái xǐ huan
B：**除 了 工 作 以 外 我 还 喜 欢**
dǎ gāo ěr fū hé shàng wǎng　nǐ ne
打 高 尔 夫 和 上 网。你 呢?

仕事以外だと私はゴルフとインターネットが好きです。あなたは?

chú le gōng zuò yǐ wài wǒ méi yǒu shén me
A：**除 了 工 作 以 外 我 没 有 什 么**
ài hào　suǒ yǐ yǒu shí hou jué de hěn wú liáo
爱 好，所 以 有 时 候 觉 得 很 无 聊。

私は仕事以外に何の趣味もないので、時々退屈です。

nà nǐ kě yǐ xué chàng kǎ lā
B：**那 你 可 以 学 唱 卡 拉 OK**
shén me de
什 么 的?

ではカラオケでも習ったらどうですか?

wǒ wǔ yīn bù quán　bù xiǎng xué
A：**我 五 音 不 全，不 想 学。**
tīng shuō yú jiā duì shēn tǐ hěn hǎo
听 说 瑜 伽 对 身 体 很 好。
zán men yì qǐ qù xué ba
咱 们 一 起 去 学 吧!

私は音痴だから嫌ですね、ヨガが体にいいそうなので、一緒に習いましょうよ!

nà wǒ děi hǎo hāor ān pái yí xiàr
B：**那 我 得 好 好 儿 安 排 一 下 儿**
shí jiān
时 间。

では、私はきちんとスケジュールを調整してみます。

役に立つ一言会話

A：你 有 女 朋 友 吗?
nǐ yǒu nǚ péng you ma

B：没 有，你 帮 我 介 绍 一 个。
méi yǒu nǐ bāng wǒ jiè shào yí ge

A：你 想 找 什 么 样 的?
nǐ xiǎng zhǎo shén me yàng de

B：温 柔，漂 亮，善 解 人 意 的 女 孩 子。
wēn róu piào liang shàn jiě rén yì de nǚ hái zi

A：这 不 太 好 找。
zhè bú tài hǎo zhǎo

A：ガールフレンドはいますか?
B：いないので、紹介してくださいよ。
A：どんな人がいいですか?
B：優しくて、きれいで、人の気持ちをよく理解する人。
A：そんな人は、なかなかいませんよ。

学習効果を上げるために、前の第4章実践応用編のところの学習ポイント（212
ページ）を参照してください。

(1) 次の質問を日本語に訳し、選択肢の中から正しい単語を選んでB
　　の下線部に入れなさい。

① A：你会开车吗？　　　　　訳：_____

　　 B：_____，我会开车。（是・不・会）

② A：你们是住在新加坡的日本人吗？　　訳：_____

　　 B：_____，我们_____住在新加坡的日本人。（是・住・对）

③ A：你们全家是去年来新加坡的吗？

　　 B：_____，我们全家___前年来的。（来・是・不）

④ 你不喜欢吃苹果吗？　　　　　訳：_____

　　 B：_____，我 ____ 吃苹果。（不・对・喜欢・不喜欢）

⑤ A：他的中文说得好吗？　　　　訳：_____

　　 B：_____，他的中文说得很_____。（好・不好・一般）

(2) 次の単語を正しい語順に並べ替え、日本語に訳しなさい。

① 菜・得・你・好吃・做・真・的 。

　　 _____

② 过・最近・得・你・怎么样 ？

　　 _____

③ 中文・的・说・流利・得・不・流利・他 ？

　　 _____

④ 小提琴・他・得・拉・好・拉・吗 ？

　　 _____

⑤ 疼・我・得・不・的・头・厉害・了 。

_____

⑥ 身上・得・痒・(难 受^{nán shòu}：気分が悪い)。

_____

⑦ 最近・瘦・很・得・他・厉害 。

_____

⑧ 考试・上次・难・比・多・这次・得 。

_____

⑨ 歌・不・唱・他・得・的・好 。

_____

⑩ 两个・合作・不・公司・得・愉快 。

_____

(3) 以下の文を中国語に訳しなさい。

① 彼は家に帰ると、すぐパソコンを開きます。

_____

② 主人は仕事が終わったら、すぐにバーへ飲みに行きます。
(酒 吧：バー)

_____

③ 宝くじが当たったら、すぐ仕事を辞める。(宝くじが当たる：
中 奖、仕事を辞める：辞 职 / 辞掉 工 作)

_____

④ あなた以外に誰が中国語検定試験を受けますか？

_____

⑤　アメリカの他にどの国へ行ったことがありますか?

_____

⑥　釣り以外にダイビングも好きです。(釣り: 钓鱼 _diào yú_)

_____

⑦　中国の大学では男子は女子寮への立ち入りが禁止です。

_____

⑧　彼の話は、私を泣くに泣けない、笑うに笑えない何とも言えない
　気持ちにさせた。

_____

⑨　政府は新しい福祉政策を出した。
　(福祉政策を出す: 出台福利政策 _chū tái fú lì zhèng cè_)

_____

⑩　私は自分の実績に相当満足しています。

_____

(4)　作文①「有趣的汉字」(面白い漢字)

　②「日语汉字和中文汉字的不同」(日本の漢字と中国語の漢字の違い)

_____

_____

_____

_____

_____

_____

（練習問題解答集）

第1課 你好！(P. 44)

(1) ①a ②o ③i ④b(o) ⑤p(o) ⑥m(o) ⑦u ⑧f(o)

(2) ①你好！ (nǐ hǎo) ②早上好！ (zǎo shang hǎo) ③晚上好！ (wǎn shang hǎo)
④晚安！ (wǎn 'ān) ⑤再见！ (zài jiàn) ⑥明天见！ (míng tiān jiàn)

情景会話1 你叫什么名字？(P. 47)

(1) ①贵姓 (guì xìng) /お名前(姓) ②叫 (jiào) /呼ぶ ③名字 (míng zi) /名前 ④什么 (shén me) /何
⑤唱歌 (chàng gē) ⑥学中文 (xué zhōng wén) ⑦再见 (zài jiàn) ⑧谢谢 (xiè xie)

(2) ①你好！ (nǐ hǎo) ②你好！ (nǐ hǎo) ③你贵姓？ (nǐ guì xìng) ④我姓池田。 (wǒ xìng chí tián)
⑤你叫什么名字？ (nǐ jiào shén me míng zi) ⑥我叫池田麻美。 (wǒ jiào chí tián má měi)

第2課 请进！(P. 52)

(1) ①j(i) ②q(i) ③x(i) ④ai ⑤ao ⑥an ⑦ei ⑧en

(2) ①请进！ (qǐng jìn) ②打搅了。 (dǎ jiǎo le) ③请坐！ (qǐng zuò) ④谢谢。 (xiè xie) ⑤请喝水！ (qǐng hē shuǐ)

情景会話2 早安！(P. 55)

(1) ①iao/yao ②ua/wa ③o

(2) ①早上好/早安 (zǎo shang hǎo zǎo'ān) ②上网 (shàng wǎng) ③公司 (gōng sī) ④电影院 (diàn yǐng yuàn)
⑤看电影 (kàn diàn yǐng) /映画を見る ⑥去公司 (qù gōng sī) /会社へ行く ⑦干什么 (gàn shén me) /何をする
⑧去哪里 (qù nǎ li) /どこへ行く

(3) A：早上好！/早安！ (zǎo shang hǎo zǎo 'ān)　　B：早上好！/早安！ (zǎo shang hǎo zǎo 'ān)
A：你去哪儿？ (nǐ qù nǎr)　　B：我去学校。你去哪里？ (wǒ qù xué xiào nǐ qù nǎ li)
A：我去电影院看电影。 (wǒ qù diàn yǐng yuàn kàn diàn yǐng)

(4) A：你现在在哪儿？ (nǐ xiàn zài zài nǎr)　　B：我在公司。 (wǒ zài gōng sī)
A：你在干什么？ (nǐ zài gàn shén me)　　B：我在上网。 (wǒ zài shàng wǎng)

426

(1) ①z(i)　　②c(i)　　③s(i)　　④ie/ye　　⑤iou/you　　⑥in/yin

　　⑦ing/ying　⑧iang/yang

(2) ①对 不 起！　②没 关 系！　③真 抱 歉！　④不 要 紧！
     duì bu qǐ   méi guān xi   zhēn bào qiàn   bú yào jǐn

　　⑤麻 烦 你 了。　⑥不 客 气。
     má fan nǐ le   bú kè qi

情景会話 3 你几岁了？(P. 65)

(1) ①ie/ye　　②uei/wei　　③uo/wo

(2) 一 二 三 四 五 六 七 八 九 十
    yī èr sān sì wǔ liù qī bā jiǔ shí

(3) ①西 瓜 /スイカ　②草 莓 /イチゴ　③猫 /猫　④多 大 年纪 /おいくつですか
    xī guā   cǎo méi   māo   duō dà nián jì

　　⑤爷 爷 /(父方の)祖父　⑥奶奶 /(父方の)祖母　⑦猴 子 /サル
     yé ye   nǎinai   hóu zi

　　⑧多 大 岁 数 /おいくつですか　⑨苹 果 /リンゴ　⑩水 果 /果物
     duō dà suì shu   píng guǒ   shuǐ guǒ

　　⑪胡 萝 卜 /にんじん　⑫香 蕉　⑬狗　⑭苹 果
     hú luó bo   xiāng jiāo gǒu píng guǒ

　　⑮白 兔 /兔 子　⑯冰 淇 淋
     bái tù tù zi   bīng qí lín

(4) A：你 几 岁 了？　　　　B：我 八 岁 了。
     nǐ jǐ suì le   wǒ bā suì le

　　A：你 姐姐 多 大 了？　　B：她 十 五 岁 了。
     nǐ jiě jie duō dà le   tā shí wǔ suì le

　　A：你 (是) 属 什 么 的？　B：我 (是) 属 猴 的。
     nǐ shì shǔ shén me de   wǒ shì shǔ hóu de

　　A：你 喜 欢 什 么 水 果？　B：我 喜 欢 草 莓。
     nǐ xǐ huan shén me shuǐ guǒ   wǒ xǐ huan cǎo méi

(5) A：你 父 母 多 大 年 纪 了？　B：他 们 五 十 五 岁 了。
     nǐ fù mǔ duō dà nián jì le   tā men wǔ shí wǔ suì le

　　A：你 爷 爷 奶 奶 多 大 岁 数 了？
     nǐ yé ye nǎi nai duō dà suì shu le

　　B：我 爷 爷 八 十 二 岁,我 奶 奶 七 十 六 岁 了。
     wǒ yé ye bā shí 'èr suì wǒ nǎi nai qī shí liù suì le

第 4 課 你忙吗？(P. 74)

(1) ①ua/wa ②uo/wo/o ③uai/wai ④uei/wei ⑤uen/wen ⑥ueng/weng

(2) ①A：好 久 不 见 了。　　B：好 久 不 见 了。
     hǎo jiǔ bú jiàn le   hǎo jiǔ bú jiàn le

　　②A：你 好 吗？　　B：很 好。
     nǐ hǎo ma   hěn hǎo

③A：<ruby>你<rt>nǐ</rt></ruby> <ruby>忙<rt>máng</rt></ruby> <ruby>吗<rt>ma</rt></ruby>？　　　　　　　B：<ruby>我<rt>wǒ</rt></ruby> <ruby>很<rt>hěn</rt></ruby> <ruby>忙<rt>máng</rt></ruby>。

④A：<ruby>你<rt>nǐ</rt></ruby> <ruby>父<rt>fù</rt></ruby> <ruby>母<rt>mǔ</rt></ruby> <ruby>身<rt>shēn</rt></ruby> <ruby>体<rt>tǐ</rt></ruby> <ruby>好<rt>hǎo</rt></ruby> <ruby>吗<rt>ma</rt></ruby>？　B：<ruby>他<rt>tā</rt></ruby> <ruby>们<rt>men</rt></ruby> <ruby>都<rt>dōu</rt></ruby> <ruby>很<rt>hěn</rt></ruby> <ruby>好<rt>hǎo</rt></ruby>。

情景会話 4 这是谁的照片？(P. 77)

(1) ①a　②en　③ong　④ei

(2) ①<ruby>爸<rt>bà</rt></ruby><ruby>爸<rt>ba</rt></ruby>/お父さん　②<ruby>妈<rt>mā</rt></ruby><ruby>妈<rt>ma</rt></ruby>/お母さん　③<ruby>弟<rt>dì</rt></ruby> <ruby>弟<rt>di</rt></ruby>/弟

④<ruby>全<rt>quán</rt></ruby> <ruby>家<rt>jiā</rt></ruby> <ruby>福<rt>fú</rt></ruby>/家族写真　⑤<ruby>别<rt>bié</rt></ruby> <ruby>在<rt>zài</rt></ruby> <ruby>意<rt>yi</rt></ruby>/気にしないで　⑥<ruby>什<rt>shén</rt></ruby> <ruby>么<rt>me</rt></ruby> <ruby>时<rt>shí</rt></ruby> <ruby>候<rt>hou</rt></ruby>/いつ

⑦<ruby>什<rt>shén</rt></ruby> <ruby>么<rt>me</rt></ruby> <ruby>时<rt>shí</rt></ruby> <ruby>候<rt>hou</rt></ruby>　⑧<ruby>照<rt>zhào</rt></ruby> <ruby>片<rt>piàn</rt></ruby>　⑨<ruby>姐<rt>jiě</rt></ruby> <ruby>姐<rt>jie</rt></ruby>

⑩<ruby>不<rt>bù</rt></ruby> <ruby>好<rt>hǎo</rt></ruby> <ruby>意<rt>yi</rt></ruby> <ruby>思<rt>si</rt></ruby>　⑪<ruby>哪<rt>nǎr</rt></ruby> <ruby>儿<rt></rt></ruby> <ruby>的<rt>de</rt></ruby> <ruby>人<rt>rén</rt></ruby>　⑫<ruby>添<rt>tiān</rt></ruby> <ruby>麻<rt>má</rt></ruby> <ruby>烦<rt>fan</rt></ruby>

(3) A：<ruby>这<rt>zhè</rt></ruby> <ruby>是<rt>shì</rt></ruby> <ruby>你<rt>nǐ</rt></ruby> <ruby>的<rt>de</rt></ruby> <ruby>照<rt>zhào</rt></ruby> <ruby>片<rt>piàn</rt></ruby> <ruby>吗<rt>ma</rt></ruby>？

　　B：<ruby>这<rt>zhè</rt></ruby> <ruby>是<rt>shì</rt></ruby> <ruby>我<rt>wǒ</rt></ruby> <ruby>们<rt>men</rt></ruby> <ruby>家<rt>jiā</rt></ruby> <ruby>的<rt>de</rt></ruby> <ruby>全<rt>quán</rt></ruby> <ruby>家<rt>jiā</rt></ruby> <ruby>福<rt>fú</rt></ruby>。

　　A：<ruby>你<rt>nǐ</rt></ruby> <ruby>爸<rt>bà</rt></ruby> <ruby>爸<rt>ba</rt></ruby> <ruby>妈<rt>mā</rt></ruby> <ruby>妈<rt>ma</rt></ruby> <ruby>是<rt>shì</rt></ruby> <ruby>哪<rt>nǎ</rt></ruby> <ruby>国<rt>guó</rt></ruby> <ruby>人<rt>rén</rt></ruby>？

　　B：<ruby>他<rt>tā</rt></ruby> <ruby>们<rt>men</rt></ruby> <ruby>是<rt>shì</rt></ruby> <ruby>中<rt>zhōng</rt></ruby> <ruby>国<rt>guó</rt></ruby> <ruby>人<rt>rén</rt></ruby>。

　　A：<ruby>你<rt>nǐ</rt></ruby> <ruby>哥<rt>gē</rt></ruby> <ruby>哥<rt>ge</rt></ruby> <ruby>姐<rt>jiě</rt></ruby> <ruby>姐<rt>jie</rt></ruby>（<ruby>是<rt>shì</rt></ruby>）<ruby>从<rt>cóng</rt></ruby> <ruby>哪<rt>nǎr</rt></ruby> <ruby>儿<rt></rt></ruby> <ruby>来<rt>lái</rt></ruby> <ruby>的<rt>de</rt></ruby>？

　　B：<ruby>他<rt>tā</rt></ruby> <ruby>们<rt>men</rt></ruby>（<ruby>是<rt>shì</rt></ruby>）<ruby>从<rt>cóng</rt></ruby> <ruby>日<rt>ri</rt></ruby> <ruby>本<rt>běn</rt></ruby> <ruby>东<rt>dōng</rt></ruby> <ruby>京<rt>jīng</rt></ruby> <ruby>来<rt>lái</rt></ruby> <ruby>的<rt>de</rt></ruby>。

　　A：<ruby>你<rt>nǐ</rt></ruby> <ruby>弟<rt>dì</rt></ruby> <ruby>弟<rt>di</rt></ruby> <ruby>妹<rt>mèi</rt></ruby> <ruby>妹<rt>mei</rt></ruby>（<ruby>是<rt>shì</rt></ruby>）<ruby>什<rt>shén</rt></ruby> <ruby>么<rt>me</rt></ruby> <ruby>时<rt>shí</rt></ruby> <ruby>候<rt>hou</rt></ruby> <ruby>来<rt>lái</rt></ruby> <ruby>上<rt>shàng</rt></ruby> <ruby>海<rt>hǎi</rt></ruby> <ruby>的<rt>de</rt></ruby>？

　　B：<ruby>他<rt>tā</rt></ruby> <ruby>们<rt>men</rt></ruby> <ruby>是<rt>shì</rt></ruby> <ruby>二<rt>èr</rt></ruby> <ruby>零<rt>líng</rt></ruby> <ruby>零<rt>líng</rt></ruby> <ruby>八<rt>bā</rt></ruby> <ruby>年<rt>nián</rt></ruby> <ruby>来<rt>lái</rt></ruby> <ruby>上<rt>shàng</rt></ruby> <ruby>海<rt>hǎi</rt></ruby> <ruby>的<rt>de</rt></ruby>。

(4) A：<ruby>不<rt>bù</rt></ruby> <ruby>好<rt>hǎo</rt></ruby> <ruby>意<rt>yi</rt></ruby> <ruby>思<rt>si</rt></ruby>,<ruby>给<rt>gěi</rt></ruby> <ruby>你<rt>nǐ</rt></ruby> <ruby>添<rt>tiān</rt></ruby> <ruby>麻<rt>má</rt></ruby> <ruby>烦<rt>fan</rt></ruby> <ruby>了<rt>le</rt></ruby>。　B：<ruby>没<rt>méi</rt></ruby> <ruby>什<rt>shén</rt></ruby> <ruby>么<rt>me</rt></ruby>。<ruby>你<rt>nǐ</rt></ruby> <ruby>别<rt>bié</rt></ruby> <ruby>在<rt>zài</rt></ruby> <ruby>意<rt>yi</rt></ruby>。

　　A：<ruby>多<rt>duō</rt></ruby> <ruby>谢<rt>xiè</rt></ruby> <ruby>多<rt>duō</rt></ruby> <ruby>谢<rt>xiè</rt></ruby>！　　　　　　B：<ruby>不<rt>bú</rt></ruby> <ruby>用<rt>yòng</rt></ruby> <ruby>谢<rt>xiè</rt></ruby>。

第 5 課 你是哪国人？(P. 86)

(1) ①A：<ruby>您<rt>nín</rt></ruby> <ruby>贵<rt>guì</rt></ruby> <ruby>姓<rt>xìng</rt></ruby>？　　　　　　B：<ruby>我<rt>wǒ</rt></ruby> <ruby>姓<rt>xìng</rt></ruby> <ruby>池<rt>chí</rt></ruby> <ruby>田<rt>tián</rt></ruby>。

②A：<ruby>你<rt>nǐ</rt></ruby> <ruby>叫<rt>jiào</rt></ruby> <ruby>什<rt>shén</rt></ruby> <ruby>么<rt>me</rt></ruby> <ruby>名<rt>míng</rt></ruby> <ruby>字<rt>zi</rt></ruby>？　B：<ruby>我<rt>wǒ</rt></ruby> <ruby>叫<rt>jiào</rt></ruby> <ruby>翁<rt>wēng</rt></ruby> <ruby>雄<rt>xióng</rt></ruby>。

③A：<ruby>你<rt>nǐ</rt></ruby> <ruby>是<rt>shì</rt></ruby> <ruby>哪<rt>nǎ</rt></ruby> <ruby>国<rt>guó</rt></ruby> <ruby>人<rt>rén</rt></ruby>？　　B：<ruby>我<rt>wǒ</rt></ruby> <ruby>是<rt>shì</rt></ruby> <ruby>日<rt>ri</rt></ruby> <ruby>本<rt>běn</rt></ruby> <ruby>人<rt>rén</rt></ruby>。

④A：<ruby>我<rt>wǒ</rt></ruby> <ruby>怎<rt>zěn</rt></ruby> <ruby>么<rt>me</rt></ruby> <ruby>称<rt>chēng</rt></ruby> <ruby>呼<rt>hu</rt></ruby> <ruby>您<rt>nín</rt></ruby>？　B：<ruby>你<rt>nǐ</rt></ruby> <ruby>可<rt>kě</rt></ruby> <ruby>以<rt>yǐ</rt></ruby> <ruby>叫<rt>jiào</rt></ruby> <ruby>我<rt>wǒ</rt></ruby> <ruby>池<rt>chí</rt></ruby> <ruby>田<rt>tián</rt></ruby> <ruby>宏<rt>hóng</rt></ruby>。

(2) ①ü/yu　　②üe/yue　　③üan/yuan　　④ün/yun

情景会話5 你喜欢吃什么？(P. 89)

(1) ①uo/wo   ②ing/ying

(2) ① <ruby>水果<rt>shuǐ guǒ</rt></ruby>/果物   ② <ruby>蔬菜<rt>shū cài</rt></ruby>/野菜   ③ <ruby>啤酒<rt>pí jiǔ</rt></ruby>/ビール

     ④ <ruby>喜欢<rt>xǐ huan</rt></ruby>/好き   ⑤ <ruby>糖<rt>táng</rt></ruby>/飴   ⑥ <ruby>别的<rt>bié de</rt></ruby>/他の

     ⑦ <ruby>啤酒<rt>pí jiǔ</rt></ruby>   ⑧ <ruby>菜单<rt>cài dān</rt></ruby>   ⑨ <ruby>水果<rt>shuǐ guǒ</rt></ruby>

     ⑩ <ruby>不要了<rt>bú yào le</rt></ruby>   ⑪ <ruby>好吃<rt>hǎo chī</rt></ruby>   ⑫ <ruby>好喝<rt>hǎo hē</rt></ruby>

(3) A：<ruby>你们想喝什么？<rt>nǐ men xiǎng hē shén me</rt></ruby>   B：<ruby>我喝咖啡。他喝啤酒。<rt>wǒ hē kā fēi　tā hē pí jiǔ</rt></ruby>

     A：<ruby>你们两位想吃什么？<rt>nǐ men liǎng wèi xiǎng chī shén me</rt></ruby>

     B：<ruby>我想吃鸡饭。他想吃炒饭。<rt>wǒ xiǎng chī jī fàn　tā xiǎng chī chǎo fàn</rt></ruby>

     A：<ruby>还要别的吗？<rt>hái yào bié de ma</rt></ruby>   B：<ruby>不要了。<rt>bú yào le</rt></ruby>

(4) A：<ruby>请给我一杯可口可乐。<rt>qǐng gěi wǒ yì bēi kě kǒu kě lè</rt></ruby>   B：<ruby>好，请你等一下儿。<rt>hǎo qǐng nǐ děng yí xiàr</rt></ruby>

     A：<ruby>请给我看一下儿菜单，好吗？<rt>qǐng gěi wǒ kàn yí xiàr cài dān hǎo ma</rt></ruby>   B：<ruby>好的。<rt>hǎo de</rt></ruby>

第6課 你干什么呢？(P. 97)

(1) ① <ruby>朋友<rt>péng you</rt></ruby>/友だち   ② <ruby>玩儿<rt>wánr</rt></ruby>/遊ぶ   ③ <ruby>孩子<rt>hái zi</rt></ruby>/子供   ④ <ruby>中文/汉语<rt>zhōng wén hàn yǔ</rt></ruby>

     ⑤ <ruby>买东西<rt>mǎi dōng xi</rt></ruby>   ⑥ <ruby>电脑<rt>diàn nǎo</rt></ruby>

(2) A：<ruby>你平时喜欢做什么？<rt>nǐ píng shí xǐ huan zuò shén me</rt></ruby>/あなたはふだん何をするのが好きですか？

     B：<ruby>我平时喜欢看电视。<rt>wǒ píng shí xǐ huan kàn diàn shì</rt></ruby>/私はふだんテレビを見るのが好きです。

     A：<ruby>你孩子做什么呢？<rt>nǐ hái zi zuò shén me ne</rt></ruby>/お子さんは何をしていますか？

     B：<ruby>他们玩儿电脑呢。<rt>tā men wánr diàn nǎo ne</rt></ruby>/彼ら（子供たち）はパソコンで遊んでいます。

(3) A：<ruby>你先生做什么呢？<rt>nǐ xiān sheng zuò shén me ne</rt></ruby>   B：<ruby>他工作呢。<rt>tā gōng zuò ne</rt></ruby>

     A：<ruby>你(的)朋友干什么呢？<rt>nǐ de péng you gàn shén me ne</rt></ruby>   B：<ruby>他上网呢。<rt>tā shàng wǎng ne</rt></ruby>

情景会話6 你今天真漂亮！(P. 100)

(1) ①uan/wan   ②u/wu   ③ao

(2) ① <ruby>裤子<rt>kù zi</rt></ruby>/ズボン   ② <ruby>袜子<rt>wà zi</rt></ruby>/靴下   ③ <ruby>项链儿<rt>xiàng liànr</rt></ruby>/ネックレス

④说 shuō /話す ⑤戴 dài /かぶる/つける ⑥哪里哪里 nǎ li nǎ li /とんでもありません

⑦裙子 qún zi ⑧穿衣服 chuān yī fu ⑨可爱 kě ài

⑩真的吗 zhēn de ma ⑪穿鞋 chuān xié ⑫戴眼镜儿 dài yǎn jìngr

(3) A：你今天真漂亮!你(穿)的裙子真漂亮！
nǐ jīn tiān zhēn piào liang nǐ chuān de qún zi zhēn piào liang

B：是吗? 你戴的帽子也很可爱。
shì ma nǐ dài de mào zi yě hěn kě ài

A：真的吗? 谢谢! B：你的中文说得真好。
zhēn de ma xiè xie nǐ de zhōng wén shuō de zhēn hǎo

A：哪里哪里。
nǎ li nǎ li

(4) A：这双鞋多少钱? B：十五块(钱)。
zhè shuāng xié duō shao qián shí wǔ kuài qián

A：那件衣服多少钱? B：五十块(钱)。
nà jiàn yī fu duō shao qián wǔ shí kuài qián

A：那条裙子和裤子多少钱? B：一百块(钱)。
nà tiáo qún zi hé kù zi duō shao qián yì bǎi kuài qián

第 7 課 你家有几口人？(P. 107)

(1) ①几口人 jǐ kǒu rén /何人家族 ②多大了 duō dà le /いくつ、何歳

③电脑工程师 diàn nǎo gōng chéng shī /ITエンジニア ④女儿 nǚ ér ⑤儿子 ér zi ⑥退休 tuì xiū

(2) A：你女儿多大了?/お嬢さんはおいくつですか?
nǐ nǚ ér duō dà le

B：她十岁了。/彼女(娘)は10歳です。
tā shí suì le

A：我用一下儿厕所,好吗?/ちょっとトイレをお借りしてもいいですか?
wǒ yòng yí xiàr cè suǒ hǎo ma

B：好,请用吧。/どうぞ使ってください。
hǎo qǐng yòng ba

(3) A：你先生做什么工作? B：他是电脑工程师。
nǐ xiān sheng zuò shén me gōng zuò tā shì diàn nǎo gōng chéng shī

A：你工作吗? B：我不工作。我是家庭主妇。
nǐ gōng zuò ma wǒ bù gōng zuò wǒ shì jiā tíng zhǔ fù

情景会話 7 你有宠物吗？(P. 110)

(1) ①iou/you ②iong/yong ③ai

(2) ①熊猫 xióng māo /パンダ ②长颈鹿 cháng jǐng lù /キリン ③鳄鱼 è yú /ワニ

④仓鼠 cāng shǔ /ハムスター ⑤车站 chē zhàn /駅 ⑥邮局 yóu jú /郵便局

⑦狗 gǒu ⑧老虎 lǎo hǔ ⑨邮票 yóu piào

⓾<ruby>大<rt>dà</rt></ruby><ruby>象<rt>xiàng</rt></ruby>　　　⑪<ruby>邮<rt>yóu</rt></ruby><ruby>局<rt>jú</rt></ruby>　　　⑫<ruby>企<rt>qǐ</rt></ruby><ruby>鹅<rt>'é</rt></ruby>

(3) A：<ruby>你<rt>nǐ</rt></ruby><ruby>有<rt>yǒu</rt></ruby><ruby>宠<rt>chǒng</rt></ruby><ruby>物<rt>wù</rt></ruby><ruby>吗<rt>ma</rt></ruby>？　　　B：<ruby>没<rt>méi</rt></ruby><ruby>有<rt>yǒu</rt></ruby>,<ruby>你<rt>nǐ</rt></ruby><ruby>呢<rt>ne</rt></ruby>？

A：<ruby>我<rt>wǒ</rt></ruby><ruby>也<rt>yě</rt></ruby><ruby>没<rt>méi</rt></ruby><ruby>有<rt>yǒu</rt></ruby><ruby>养<rt>yǎng</rt></ruby><ruby>宠<rt>chǒng</rt></ruby><ruby>物<rt>wù</rt></ruby>。　　B：<ruby>你<rt>nǐ</rt></ruby><ruby>喜<rt>xǐ</rt></ruby><ruby>欢<rt>huan</rt></ruby><ruby>什<rt>shén</rt></ruby><ruby>么<rt>me</rt></ruby><ruby>动<rt>dòng</rt></ruby><ruby>物<rt>wù</rt></ruby>？

A：<ruby>我<rt>wǒ</rt></ruby><ruby>喜<rt>xǐ</rt></ruby><ruby>欢<rt>huan</rt></ruby><ruby>狗<rt>gǒu</rt></ruby>。　　　B：<ruby>为<rt>wèi</rt></ruby><ruby>什<rt>shén</rt></ruby><ruby>么<rt>me</rt></ruby>？

A：<ruby>因<rt>yīn</rt></ruby><ruby>为<rt>wèi</rt></ruby><ruby>狗<rt>gǒu</rt></ruby><ruby>能<rt>néng</rt></ruby><ruby>成<rt>chéng</rt></ruby><ruby>为<rt>wéi</rt></ruby><ruby>人<rt>rén</rt></ruby><ruby>类<rt>lèi</rt></ruby><ruby>的<rt>de</rt></ruby><ruby>朋<rt>péng</rt></ruby><ruby>友<rt>you</rt></ruby>。

(4) A：<ruby>这<rt>zhè</rt></ruby><ruby>个<rt>ge</rt></ruby><ruby>字<rt>zì</rt></ruby><ruby>怎<rt>zěn</rt></ruby><ruby>么<rt>me</rt></ruby><ruby>读<rt>dú</rt></ruby>？　　　B：<ruby>这<rt>zhè</rt></ruby><ruby>个<rt>ge</rt></ruby><ruby>字<rt>zì</rt></ruby><ruby>读<rt>dú</rt></ruby>[<ruby>邮<rt>yóu</rt></ruby>]。<ruby>邮<rt>yóu</rt></ruby><ruby>局<rt>jú</rt></ruby><ruby>的<rt>de</rt></ruby><ruby>邮<rt>yóu</rt></ruby>。

A：<ruby>你<rt>nǐ</rt></ruby><ruby>去<rt>qù</rt></ruby><ruby>邮<rt>yóu</rt></ruby><ruby>局<rt>jú</rt></ruby><ruby>干<rt>gàn</rt></ruby><ruby>什<rt>shén</rt></ruby><ruby>么<rt>me</rt></ruby>？　　B：<ruby>我<rt>wǒ</rt></ruby><ruby>去<rt>qù</rt></ruby><ruby>邮<rt>yóu</rt></ruby><ruby>局<rt>jú</rt></ruby><ruby>寄<rt>jì</rt></ruby><ruby>信<rt>xìn</rt></ruby><ruby>和<rt>hé</rt></ruby><ruby>买<rt>mǎi</rt></ruby><ruby>邮<rt>yóu</rt></ruby><ruby>票<rt>piào</rt></ruby>。

第 8 課 你喜欢什么运动？(P. 117)

(1) ①<ruby>高<rt>gāo</rt></ruby><ruby>尔<rt>'ěr</rt></ruby><ruby>夫<rt>fū</rt></ruby>/ゴルフ　②<ruby>总<rt>zǒng</rt></ruby><ruby>是<rt>shì</rt></ruby>/いつも　③<ruby>马<rt>mǎ</rt></ruby><ruby>来<rt>lái</rt></ruby><ruby>西<rt>xī</rt></ruby><ruby>亚<rt>yà</rt></ruby>/マレーシア

④<ruby>运<rt>yùn</rt></ruby><ruby>动<rt>dòng</rt></ruby>　　　⑤<ruby>一<rt>yí</rt></ruby><ruby>个<rt>ge</rt></ruby><ruby>星<rt>xīng</rt></ruby><ruby>期<rt>qī</rt></ruby>　　⑥<ruby>游<rt>yóu</rt></ruby><ruby>泳<rt>yǒng</rt></ruby>

(2) A：<ruby>你<rt>nǐ</rt></ruby><ruby>喜<rt>xǐ</rt></ruby><ruby>欢<rt>huan</rt></ruby><ruby>做<rt>zuò</rt></ruby><ruby>什<rt>shén</rt></ruby><ruby>么<rt>me</rt></ruby><ruby>运<rt>yùn</rt></ruby><ruby>动<rt>dòng</rt></ruby>?/あなたはどんなスポーツが好きですか?

B：<ruby>我<rt>wǒ</rt></ruby><ruby>喜<rt>xǐ</rt></ruby><ruby>欢<rt>huan</rt></ruby><ruby>游<rt>yóu</rt></ruby><ruby>泳<rt>yǒng</rt></ruby>。/私は水泳をするのが好きです。

A：<ruby>你<rt>nǐ</rt></ruby><ruby>一<rt>yí</rt></ruby><ruby>个<rt>ge</rt></ruby><ruby>星<rt>xīng</rt></ruby><ruby>期<rt>qī</rt></ruby><ruby>游<rt>yóu</rt></ruby><ruby>几<rt>jǐ</rt></ruby><ruby>次<rt>cì</rt></ruby><ruby>泳<rt>yǒng</rt></ruby>？/あなたは1週間に何回泳ぎますか?

B：<ruby>我<rt>wǒ</rt></ruby><ruby>一<rt>yí</rt></ruby><ruby>个<rt>ge</rt></ruby><ruby>星<rt>xīng</rt></ruby><ruby>期<rt>qī</rt></ruby><ruby>游<rt>yóu</rt></ruby><ruby>三<rt>sān</rt></ruby><ruby>次<rt>cì</rt></ruby><ruby>泳<rt>yǒng</rt></ruby>。/私は1週間に3回泳ぎます。

(3) A：<ruby>你<rt>nǐ</rt></ruby><ruby>一<rt>yí</rt></ruby><ruby>个<rt>ge</rt></ruby><ruby>星<rt>xīng</rt></ruby><ruby>期<rt>qī</rt></ruby><ruby>打<rt>dǎ</rt></ruby><ruby>几<rt>jǐ</rt></ruby><ruby>次<rt>cì</rt></ruby><ruby>高<rt>gāo</rt></ruby><ruby>尔<rt>'ěr</rt></ruby><ruby>夫<rt>fū</rt></ruby>？

B：<ruby>我<rt>wǒ</rt></ruby><ruby>一<rt>yí</rt></ruby><ruby>个<rt>ge</rt></ruby><ruby>星<rt>xīng</rt></ruby><ruby>期<rt>qī</rt></ruby><ruby>只<rt>zhǐ</rt></ruby><ruby>打<rt>dǎ</rt></ruby><ruby>一<rt>yí</rt></ruby><ruby>次<rt>cì</rt></ruby><ruby>高<rt>gāo</rt></ruby><ruby>尔<rt>'ěr</rt></ruby><ruby>夫<rt>fū</rt></ruby>。

A：<ruby>你<rt>nǐ</rt></ruby><ruby>经<rt>jīng</rt></ruby><ruby>常<rt>cháng</rt></ruby><ruby>去<rt>qù</rt></ruby><ruby>哪<rt>nǎr</rt></ruby><ruby>儿<rt></rt></ruby><ruby>打<rt>dǎ</rt></ruby><ruby>高<rt>gāo</rt></ruby><ruby>尔<rt>'ěr</rt></ruby><ruby>夫<rt>fū</rt></ruby>？

B：<ruby>我<rt>wǒ</rt></ruby><ruby>经<rt>jīng</rt></ruby><ruby>常<rt>cháng</rt></ruby><ruby>去<rt>qù</rt></ruby><ruby>马<rt>mǎ</rt></ruby><ruby>来<rt>lái</rt></ruby><ruby>西<rt>xī</rt></ruby><ruby>亚<rt>yà</rt></ruby><ruby>打<rt>dǎ</rt></ruby><ruby>高<rt>gāo</rt></ruby><ruby>尔<rt>'ěr</rt></ruby><ruby>夫<rt>fū</rt></ruby>。

情景会話 8 今天我请客。(P. 122)

(1) ①eng　②ia/ya　③uei/wei　④iang/yang

(2) ①<ruby>好<rt>hǎo</rt></ruby><ruby>推<rt>tuī</rt></ruby><ruby>荐<rt>jiàn</rt></ruby>/お勧め　②<ruby>点<rt>diǎn</rt></ruby><ruby>菜<rt>cài</rt></ruby>/料理を注文する　③<ruby>招<rt>zhāo</rt></ruby><ruby>牌<rt>pái</rt></ruby><ruby>菜<rt>cài</rt></ruby>/看板料理

④<ruby>不<rt>bú</rt></ruby><ruby>错<rt>cuò</rt></ruby>/悪くない　⑤<ruby>意<rt>yì</rt></ruby><ruby>大<rt>dà</rt></ruby><ruby>利<rt>lì</rt></ruby><ruby>面<rt>miàn</rt></ruby>/スパゲティ　⑥<ruby>饮<rt>yǐn</rt></ruby><ruby>料<rt>liào</rt></ruby>/飲み物

⑦<ruby>电<rt>diàn</rt></ruby><ruby>话<rt>huà</rt></ruby><ruby>号<rt>hào</rt></ruby><ruby>码<rt>mǎ</rt></ruby>　　⑧<ruby>手<rt>shǒu</rt></ruby><ruby>机<rt>jī</rt></ruby>　　⑨<ruby>不<rt>bú</rt></ruby><ruby>用<rt>yòng</rt></ruby><ruby>谢<rt>xiè</rt></ruby>

⑩<ruby>牛<rt>niú</rt></ruby><ruby>排<rt>pái</rt></ruby>　　　⑪<ruby>请<rt>qǐng</rt></ruby><ruby>客<rt>kè</rt></ruby>　　⑫<ruby>自<rt>zì</rt></ruby><ruby>己<rt>jǐ</rt></ruby>

(3) ①A：妈妈,我会说汉语了。今天我要自己点菜。我还可以帮
你点菜。

B：好,我要吃意大利面,你想吃什么就点什么吧。

②A：小姐,我要一份牛排和薯条,我妈妈要一盘意大利面。

C：请问喝什么饮料吗?

③A：我要柠檬茶,我妈妈要茉莉花茶。

④A：今天我请客,你想吃什么? 请你点菜吧。

B：我随便(我什么都可以),还是你点(菜)吧。

⑤A：小姐,请问你们的招牌菜是什么?

C：我们的招牌菜是辣椒螃蟹。

⑥A：还有别的好推荐吗?

C：我们的醉虾也不错。

⑦A：那我们试试醉虾吧。

⑧A：小姐,买单。

C：一共一百二十五块。

(4) ①A：今天谢谢你请我吃饭。 B：不用谢。

②A：下次我请你。 B：别客气。

③A：我有点儿事儿,我先走了。 B：好,那再联络!

④A：对了,我换了(新的)手机。我的新的电话号码是
9 8 2 2 - 3 9 7 0 。

(5) ①我想吃意大利面。 ②爸爸要一罐啤酒。

③妹妹吃牛排。 ④我不要饮料,请给我冰水。

第9課 新加坡怎么样? (P.131)

(1) ①干净/きれいである、清潔である ②凉快/涼しい

③暖和/暖かい ④热 ⑤冷 ⑥夏天

(2) A： nǐ qù guo wú gē kū ma
你 去 过 吴 哥 窟 吗?/あなたはアンコールワットへ行ったことがありますか?

B： méi yǒu qù guo
没 有 去 过。/行ったことはありません。

A： xīn jiā pō de qì hòu zěn me yàng
新 加 坡 的 气 候 怎 么 样 ?/シンガポールの気候はいかがですか?

B： méi yǒu sì jì yì nián dōu shì xià tiān
没 有 四 季,一 年 都 是 夏 天。/四季がなくて、1年中夏です。

(3) A： nǐ lái xīn jiā pō duō cháng shí jiān le
你 来 新 加 坡 多 长 时 间 了?　　B： sān nián bàn le
三 年 半 了。

A： nǐ qù guo pǔ jí dǎo ma
你 去 过 普 吉 岛 吗?　　　　　B： wǒ méi yǒu qù guo
我 没 有 去 过。

情景会話 9 我的一天 (P.136)

(1) ①ian/yan　　②iou/you　　③uei/wei　　④iang/yang

(2) ① qǐng yuán liàng
请 原 谅 /許してください　　② shuì jiào
睡 觉 /寝る　　③ xǐ zǎo
洗 澡 /お風呂に入る

④ shàng bān
上 班 /出社する　　⑤ wàng le
忘 了 /忘れた　　⑥ shuā yá
刷 牙 /歯を磨く　　⑦ xǐ liǎn
洗 脸

⑧ zuò zuò yè
做 作 业　　⑨ huí jiā
回 家　　⑩ bā diǎn yí kè
八 点 一 刻

(3) A： nǐ měi tiān jǐ diǎn qǐ chuáng
你 每 天 几 点 起 床 ?　　B： wǒ měi tiān dōu qī diǎn qǐ chuáng
我 每 天 都 七 点 起 床。

A： qǐ chuáng yǐ hòu nǐ gàn shén me
起 床 以 后,你 干 什 么?　　B： wǒ xǐ liǎn shuā yá chī zǎo fàn
我 洗 脸,刷 牙,吃 早 饭。

A： nǐ zǎo fàn chī shén me
你 早 饭 吃 什 么?

B： wǒ hē niú nǎi chī miàn bāo hái chī jǐ dàn hé shā lā
我 喝 牛 奶,吃 面 包,(还 吃)鸡 蛋 和 沙 拉。

A： nǐ jǐ diǎn qù xué xiào
你 几 点 去 学 校?　　B： wǒ bā diǎn qù xué xiào
我 八 点 去 学 校。

A： nǐ jǐ diǎn huí jiā
你 几 点 回 家?　　　B： wǒ sì diǎn huí jiā
我 四 点 回 家。

A： nǐ jǐ diǎn shuì jiào
你 几 点 睡 觉?

B： wǒ wǎn shang shí diǎn shàng chuáng shuì jiào
我 晚 上 十 点 (上 床) 睡 觉。

(4) A： xiàn zài jǐ diǎn le
现 在 几 点 了?　　　　B： xiàn zài shí 'èr diǎn le
现 在 十 二 点 了。

A： nǐ jǐ diǎn qù shàng bān
你 几 点 去 上 班?　　B： wǒ bā diǎn bàn qù shàng bān
我 八 点 半 去 上 班。

A： nǐ zěn me yòu méi zuò zuò yè
你 怎 么 又 没 做 作 业?　　B： lǎo shī qǐng yuán liàng wǒ wàng le
老 师,请 原 谅。我 忘 了。

A： zhè yǐ jīng shì dì sān cì le jīn tiān nǐ yào zuò wán zuò yè cái néng huí jiā
这 已 经 是 第 三 次 了。今 天 你 要 做 完 作 业 才 能 回 家。

jīn tiān nǐ bú zuò wán zuò yè bù néng huí jiā
あるいは(今 天 你 不 做 完 作 业、不 能 回 家。)

(1) ① <ruby>高<rt>gāo</rt></ruby> <ruby>兴<rt>xìng</rt></ruby> / うれしい   ② <ruby>大<rt>dà</rt></ruby> <ruby>家<rt>jiā</rt></ruby> / 皆さん、みんな   ③ <ruby>关<rt>guān</rt></ruby> <ruby>照<rt>zhào</rt></ruby> / 面倒を見る、世話をする

④ <ruby>认<rt>rèn</rt></ruby> <ruby>识<rt>shi</rt></ruby>   ⑤ <ruby>中<rt>zhōng</rt></ruby> <ruby>国<rt>guó</rt></ruby> <ruby>菜<rt>cài</rt></ruby>   ⑥ <ruby>一<rt>yì</rt></ruby> <ruby>起<rt>qǐ</rt></ruby>

(2) A：你 去 哪儿? / あなたはどこへ行きますか?

B：我 去 飞 机 场 接 朋 友。 / 私は空港へ友だちを迎えに行きます。

A：今 天 谁 去 参 加 你 的 生 日 会? / 今日は誰があなたの誕生会に行きますか?

B：我 的 上 司, 同 事 还 有 朋 友。 / 私の上司、同僚、そして友だちが来ます。

(3) A：认 识 你 们 我 很 高 兴。

B：我 也 很 高 兴 认 识 你 们。あるいは（认 识 你 们 我 也 很 高 兴。）

A：从 现 在 起, 我 和 大 家 一 起 学 中 文。请 多 多 关 照。
（今天）

B：我 也 请 你 多 多 关 照。

(1) ① ao   ② ai   ③ uen/wen   ④ iang/yang

(2) ① <ruby>橡<rt>xiàng</rt></ruby> <ruby>皮<rt>pí</rt></ruby> / 消しゴム   ② <ruby>铅<rt>qiān</rt></ruby> <ruby>笔<rt>bǐ</rt></ruby> / 鉛筆   ③ <ruby>桌<rt>zhuō</rt></ruby> <ruby>子<rt>zi</rt></ruby> / 机   ④ <ruby>椅<rt>yǐ</rt></ruby> <ruby>子<rt>zi</rt></ruby> / イス

⑤ <ruby>教<rt>jiào</rt></ruby> <ruby>室<rt>shì</rt></ruby>   ⑥ <ruby>老<rt>lǎo</rt></ruby> <ruby>师<rt>shī</rt></ruby>   ⑦ <ruby>书<rt>shū</rt></ruby>   ⑧ <ruby>同<rt>tóng</rt></ruby> <ruby>学<rt>xué</rt></ruby>

(3) ① 我 每 天 去 学 校。我 喜 欢 学 习。我 喜 欢 上 算 术, 体 育 和
英 语 课。我 也 喜 欢 做 运 动 和 玩儿 游 戏。
我 在 学 校 很 愉 快。我 特 别 喜 欢 运 动 会。

② A：下 课 以 后 你 经 常 去 哪儿?

B：我 经 常 去 图 书 馆 和 电 脑 室。

A：你 去 那儿 干 什 么?

B：我 在 图 书 馆 看 报 纸 和 杂 志, 在 电 脑 室 上 网 聊
天儿。有 时 候 还 和 同 学 一 起 做 作 业。

(4) A：你 们 公 司 有 多 少 职 员?   B：我 们 公 司 有 100 个 职 员。

A：他 们 都 是 日 本 人 吗?   B：不, 有 日 本 人, 也 有 新 加 坡 人。

A：<ruby>你<rt>nǐ</rt></ruby> <ruby>工<rt>gōng</rt></ruby> <ruby>作<rt>zuò</rt></ruby> <ruby>忙<rt>máng</rt></ruby> <ruby>吗<rt>ma</rt></ruby>？　　B：<ruby>很<rt>hěn</rt></ruby> <ruby>忙<rt>máng</rt></ruby>，<ruby>我<rt>wǒ</rt></ruby> <ruby>经<rt>jīng</rt></ruby> <ruby>常<rt>cháng</rt></ruby> <ruby>在<rt>zài</rt></ruby> <ruby>公<rt>gōng</rt></ruby> <ruby>司<rt>sī</rt></ruby> <ruby>加<rt>jiā</rt></ruby> <ruby>班<rt>bān</rt></ruby>。

A：<ruby>你<rt>nǐ</rt></ruby> <ruby>觉<rt>júe</rt></ruby> <ruby>得<rt>de</rt></ruby> <ruby>累<rt>lèi</rt></ruby> <ruby>不<rt>bu</rt></ruby> <ruby>累<rt>lèi</rt></ruby>？　　B：<ruby>有<rt>yǒu</rt></ruby> <ruby>点<rt>diǎnr</rt></ruby> <ruby>儿<rt></rt></ruby> <ruby>累<rt>lèi</rt></ruby>。

(5) B：我每天去<u>学校</u>。　　B：我每天学习，上英语课，做游戏。　　B：<u>快乐</u>。

第11課 你去哪儿？（P.164）

(1) ①<ruby>回<rt>huí</rt></ruby> <ruby>家<rt>jiā</rt></ruby>/家に帰る　②<ruby>孩<rt>hái</rt></ruby> <ruby>子<rt>zi</rt></ruby>/子供　③<ruby>儿<rt>ér</rt></ruby> <ruby>子<rt>zi</rt></ruby>/息子　④<ruby>哪<rt>nǎr</rt></ruby> <ruby>儿<rt></rt></ruby>　⑤<ruby>去<rt>qù</rt></ruby>　⑥<ruby>结<rt>jié</rt></ruby> <ruby>婚<rt>hūn</rt></ruby>

(2) A：<ruby>你<rt>nǐ</rt></ruby> <ruby>吃<rt>chī</rt></ruby> <ruby>饭<rt>fàn</rt></ruby> <ruby>了<rt>le</rt></ruby> <ruby>吗<rt>ma</rt></ruby>？/あなたはご飯を食べましたか？　B：<ruby>还<rt>hái</rt></ruby> <ruby>没<rt>méi</rt></ruby> <ruby>有<rt>yǒu</rt></ruby>。/まだです。

A：<ruby>你<rt>nǐ</rt></ruby> <ruby>家<rt>jiā</rt></ruby> <ruby>有<rt>yǒu</rt></ruby> <ruby>几<rt>jǐ</rt></ruby> <ruby>口<rt>kǒu</rt></ruby> <ruby>人<rt>rén</rt></ruby>？/お宅は何人家族ですか？

B：<ruby>我<rt>wǒ</rt></ruby> <ruby>家<rt>jiā</rt></ruby> <ruby>有<rt>yǒu</rt></ruby> <ruby>五<rt>wǔ</rt></ruby> <ruby>口<rt>kǒu</rt></ruby> <ruby>人<rt>rén</rt></ruby>。/うちは5人家族です。

(3) A：<ruby>你<rt>nǐ</rt></ruby> <ruby>家<rt>jiā</rt></ruby> <ruby>在<rt>zài</rt></ruby> <ruby>哪<rt>nǎr</rt></ruby> <ruby>儿<rt></rt></ruby>？　　B：<ruby>我<rt>wǒ</rt></ruby> <ruby>家<rt>jiā</rt></ruby> <ruby>在<rt>zài</rt></ruby> <ruby>横<rt>héng</rt></ruby> <ruby>滨<rt>bīn</rt></ruby>。

A：<ruby>你<rt>nǐ</rt></ruby> <ruby>喝<rt>hē</rt></ruby> <ruby>什<rt>shén</rt></ruby> <ruby>么<rt>me</rt></ruby> <ruby>茶<rt>chá</rt></ruby>？　　B：<ruby>我<rt>wǒ</rt></ruby> <ruby>喝<rt>hē</rt></ruby> <ruby>乌<rt>wū</rt></ruby> <ruby>龙<rt>lóng</rt></ruby> <ruby>茶<rt>chá</rt></ruby>。

A：<ruby>宿<rt>sù</rt></ruby> <ruby>舍<rt>shè</rt></ruby> <ruby>离<rt>lí</rt></ruby> <ruby>公<rt>gōng</rt></ruby> <ruby>司<rt>sī</rt></ruby> <ruby>远<rt>yuǎn</rt></ruby> <ruby>吗<rt>ma</rt></ruby>？　　B：<ruby>不<rt>bù</rt></ruby> <ruby>远<rt>yuǎn</rt></ruby>。

A：<ruby>你<rt>nǐ</rt></ruby> <ruby>去<rt>qù</rt></ruby> <ruby>中<rt>zhōng</rt></ruby> <ruby>国<rt>guó</rt></ruby> <ruby>干<rt>gàn</rt></ruby> <ruby>什<rt>shén</rt></ruby> <ruby>么<rt>me</rt></ruby>？　　B：<ruby>我<rt>wǒ</rt></ruby> <ruby>去<rt>qù</rt></ruby> <ruby>中<rt>zhōng</rt></ruby> <ruby>国<rt>guó</rt></ruby> <ruby>出<rt>chū</rt></ruby> <ruby>差<rt>chāi</rt></ruby>。

A：<ruby>从<rt>cóng</rt></ruby> <ruby>成<rt>chéng</rt></ruby> <ruby>田<rt>tián</rt></ruby> <ruby>机<rt>jī</rt></ruby> <ruby>场<rt>chǎng</rt></ruby> <ruby>到<rt>dào</rt></ruby> <ruby>你<rt>nǐ</rt></ruby> <ruby>家<rt>jiā</rt></ruby> <ruby>远<rt>yuǎn</rt></ruby> <ruby>吗<rt>ma</rt></ruby>？　B：<ruby>很<rt>hěn</rt></ruby> <ruby>远<rt>yuǎn</rt></ruby>，<ruby>坐<rt>zuò</rt></ruby> <ruby>巴<rt>bā</rt></ruby> <ruby>士<rt>shì</rt></ruby> <ruby>一<rt>yí</rt></ruby> <ruby>个<rt>ge</rt></ruby> <ruby>半<rt>bàn</rt></ruby> <ruby>小<rt>xiǎo</rt></ruby> <ruby>时<rt>shí</rt></ruby>。

第12課 你在哪儿工作？（P.173）

(1) ①<ruby>因<rt>yīn</rt></ruby> <ruby>为<rt>wèi</rt></ruby>/…ので、…から　②<ruby>小<rt>xiǎo</rt></ruby> <ruby>姐<rt>jie</rt></ruby>　③<ruby>太<rt>tài</rt></ruby> <ruby>热<rt>rè</rt></ruby> <ruby>了<rt>le</rt></ruby>/暑すぎる

④<ruby>先<rt>xiān</rt></ruby> <ruby>生<rt>sheng</rt></ruby>　⑤<ruby>工<rt>gōng</rt></ruby> <ruby>作<rt>zuò</rt></ruby>/仕事、働く　⑥<ruby>为<rt>wèi</rt></ruby> <ruby>什<rt>shén</rt></ruby> <ruby>么<rt>me</rt></ruby>

(2) A：<ruby>我<rt>wǒ</rt></ruby> <ruby>吃<rt>chī</rt></ruby> <ruby>炒<rt>chǎo</rt></ruby> <ruby>饭<rt>fàn</rt></ruby>，<ruby>你<rt>nǐ</rt></ruby> <ruby>呢<rt>ne</rt></ruby>？/私はチャーハンを食べます。あなたは？

B：<ruby>我<rt>wǒ</rt></ruby> <ruby>吃<rt>chī</rt></ruby> <ruby>饺<rt>jiǎo</rt></ruby> <ruby>子<rt>zi</rt></ruby>。/私はギョーザを食べます。

A：<ruby>你<rt>nǐ</rt></ruby> <ruby>为<rt>wèi</rt></ruby> <ruby>什<rt>shén</rt></ruby> <ruby>么<rt>me</rt></ruby> <ruby>会<rt>huì</rt></ruby> <ruby>说<rt>shuō</rt></ruby> <ruby>中<rt>zhōng</rt></ruby> <ruby>文<rt>wén</rt></ruby>？/あなたはなぜ中国語が話せるのですか？

B：<ruby>因<rt>yīn</rt></ruby> <ruby>为<rt>wèi</rt></ruby> <ruby>我<rt>wǒ</rt></ruby> <ruby>妈<rt>mā</rt></ruby> <ruby>妈<rt>ma</rt></ruby> <ruby>是<rt>shì</rt></ruby> <ruby>中<rt>zhōng</rt></ruby> <ruby>国<rt>guó</rt></ruby> <ruby>人<rt>rén</rt></ruby>。/私のお母さんが中国人ですから。

(3) A：<ruby>你<rt>nǐ</rt></ruby> <ruby>在<rt>zài</rt></ruby> <ruby>哪<rt>nǎr</rt></ruby> <ruby>儿<rt></rt></ruby> <ruby>学<rt>xué</rt></ruby> <ruby>中<rt>zhōng</rt></ruby> <ruby>文<rt>wén</rt></ruby>？　　B：<ruby>我<rt>wǒ</rt></ruby> <ruby>在<rt>zài</rt></ruby> <ruby>语<rt>yǔ</rt></ruby> <ruby>言<rt>yán</rt></ruby> <ruby>学<rt>xué</rt></ruby> <ruby>校<rt>xiào</rt></ruby> <ruby>学<rt>xué</rt></ruby> <ruby>中<rt>zhōng</rt></ruby> <ruby>文<rt>wén</rt></ruby>。

A：<ruby>你<rt>nǐ</rt></ruby> <ruby>为<rt>wèi</rt></ruby> <ruby>什<rt>shén</rt></ruby> <ruby>么<rt>me</rt></ruby> <ruby>学<rt>xué</rt></ruby> <ruby>中<rt>zhōng</rt></ruby> <ruby>文<rt>wén</rt></ruby>？　　B：<ruby>因<rt>yīn</rt></ruby> <ruby>为<rt>wèi</rt></ruby> <ruby>我<rt>wǒ</rt></ruby> <ruby>喜<rt>xǐ</rt></ruby> <ruby>欢<rt>huan</rt></ruby> <ruby>中<rt>zhōng</rt></ruby> <ruby>国<rt>guó</rt></ruby> <ruby>文<rt>wén</rt></ruby> <ruby>化<rt>huà</rt></ruby>。

A：<ruby>我<rt>wǒ</rt></ruby> <ruby>的<rt>de</rt></ruby> <ruby>词<rt>cí</rt></ruby> <ruby>典<rt>diǎn</rt></ruby> <ruby>在<rt>zài</rt></ruby> <ruby>哪<rt>nǎr</rt></ruby> <ruby>儿<rt></rt></ruby>？　　B：<ruby>你<rt>nǐ</rt></ruby> <ruby>的<rt>de</rt></ruby> <ruby>词<rt>cí</rt></ruby> <ruby>典<rt>diǎn</rt></ruby> <ruby>在<rt>zài</rt></ruby> <ruby>桌<rt>zhuō</rt></ruby> <ruby>子<rt>zi</rt></ruby> <ruby>上<rt>shang</rt></ruby>。

A：<ruby>你<rt>nǐ</rt></ruby> <ruby>们<rt>men</rt></ruby> <ruby>在<rt>zài</rt></ruby> <ruby>哪<rt>nǎr</rt></ruby> <ruby>儿<rt></rt></ruby> <ruby>吃<rt>chī</rt></ruby> <ruby>晚<rt>wǎn</rt></ruby> <ruby>饭<rt>fàn</rt></ruby>？　　B：<ruby>我<rt>wǒ</rt></ruby> <ruby>们<rt>men</rt></ruby> <ruby>在<rt>zài</rt></ruby> <ruby>麦<rt>mài</rt></ruby> <ruby>当<rt>dāng</rt></ruby> <ruby>劳<rt>láo</rt></ruby> <ruby>吃<rt>chī</rt></ruby> <ruby>快<rt>kuài</rt></ruby> <ruby>餐<rt>cān</rt></ruby>。

A：<ruby>你<rt>nǐ</rt></ruby> <ruby>在<rt>zài</rt></ruby> <ruby>干<rt>gàn</rt></ruby> <ruby>什<rt>shén</rt></ruby> <ruby>么<rt>me</rt></ruby> <ruby>呢<rt>ne</rt></ruby>？　　B：<ruby>我<rt>wǒ</rt></ruby> <ruby>在<rt>zài</rt></ruby> <ruby>听<rt>tīng</rt></ruby> <ruby>音<rt>yīn</rt></ruby> <ruby>乐<rt>yuè</rt></ruby> <ruby>呢<rt>ne</rt></ruby>。

第13課 现在几点了？(P. 182)

(1) ①加班/残業する　②上班/出社する　③什么时候/いつ
　　 ④星期三　　⑤几点　　⑥下班

(2) 一 二 三 四 五 六 七 八 九 十

(3) A:你什么时候去中国?/あなたはいつ中国へ行きますか?

　　 B:我下个月去中国。/私は来月中国へ行きます。

　　 A:他什么时候结婚?/彼はいつ結婚しますか?

　　 B:他明年三月结婚。/彼は来年3月に結婚します。

(4) A:现在几点(了)?　　　　　B:现在六点(了)。

　　 A:你几点(去)上班?　　　B:我八点(去)上班。

　　 A:今天星期几?　　　　　B:今天星期四。

　　 A:他想去留学吗?　　　　B:他想去留学。

　　 A:你每天几点睡觉?　　　B:我每天十点半睡觉。

(5) 六点一刻(六点十五分)　两点二十分　　九点半
　　 十二点　　　　十一点零五分　　十点三刻(十点四十五分)

第14課 你为什么学中文？(P. 195)

(1) ①会说/話せる　　②为什么/どうして　　③一点儿/少し
　　 ④难　　　⑤多长时间　　　⑥有兴趣

(2) A:今天热吗?/今日は暑いですか?　B:今天很热。/今日はとても暑いです。

　　 A:他们离开中国多长时间了?/彼らは中国を離れてどれくらいになりましたか?

　　 B:他们离开中国三年了。/彼らは中国を離れて3年になりました。

(3) A:你学中文多长时间了?　B:我学中文半年了。

　　 A:你为什么学中文?

　　 B:因为我对中国文化有兴趣。

　　 A:他的中文好吗?　　　　B:他的中文比我好多了。

　　 A:你看过那本杂志吗?　　B:没(有)看过。

436

第 15 課 这个多少钱？(P. 209)

(1) ① dǎ zhé 打折／値引きする ② huān yíng guāng lín 欢迎光临 ③ kǎo lǜ kǎo lǜ 考虑考虑／ちょっと考えます

④ duō shǎo qián 多少钱 ⑤ pián yi 便宜／安い ⑥ nín màn mānr kàn 您慢慢儿看

⑦ guì 贵／(値段が)高い

(2) ① wǒ tài pàng le wǒ yào jiǎn féi 我太胖了。我要减肥。／私は太りすぎですね。ダイエットが必要です。

② nǐ zài chī yì diǎnr ba 你再吃一点儿吧。／もう少し食べなさいよ。

③ wǒ bù néng zài zǒu le 我不能再走了。／もうこれ以上歩けません。

④ néng bu néng zài pián yi yì diǎnr 能不能再便宜一点儿？／もう少し安くできませんか？

(3) ① ràng wǒ kǎo lǜ kǎo lǜ 让我考虑考虑。 ② wǒ men xiū xi yí huìr ba 我们休息一会儿吧。

③ wǒ chī bǎo le 我吃饱了。 ④ ràng wǒ kàn kan 让我看看。

⑤ wǒ mǔ qin gěi wǒ zhào gù hái zi 我母亲给我照顾孩子。 ⑥ wǒ xiǎng gěi péng you mǎi lǐ wù 我想给朋友买礼物。

(4) ① jiǔ shí sì kuài liǎng máo liù fēn 九十四块两毛六分 ② yì bǎi èr shí kuài líng wǔ fēn 一百二十块零五分

③ sān bǎi líng wǔ kuài 三百零五块 ④ liǎng qiān kuài 两千块

⑤ wǔ wàn kuài 五万块 ⑥ bā shí bā 八十八

⑦ qī bǎi sān shí 七百三十 ⑧ yì qiān líng yì shí 一千零一十

⑨ sì qiān líng èr 四千零二 ⑩ liǎng wàn liǎng qiān èr bǎi èr shí 'èr 两万两千二百二十二

第 16 課 你平时喜欢做什么？(P. 224)

(1) ① nǐ yào shuǐ ma A：你要水吗？ wǒ yào shuǐ B：我要水。

② wǒ hē chá nǐ ne A：我喝茶。你呢？ wǒ hē pí jiǔ B：我喝啤酒。

③ tā men chōu yān ma A：他们抽烟吗？ tā men bù chōu yān tā men chī píng guǒ B：他们不抽烟,他们吃苹果。

④ nǐ xiān sheng tài tai dǎ gāo ěr fū ma A：你先生(太太)打高尔夫吗？

tā tā bù dǎ gāo'ěr fū tā tā dǎ wǎng qiú B：他(她)不打高尔夫,他(她)打网球。

⑤ nǐ péng you mǎi chē ma A：你朋友买车吗？ tā bù mǎi chē tā zū chē B：他不买车,他租车。

(2) ①我不看电视。／私はテレビを見ません。

②你喜欢哪个国家？／あなたはどの国が好きですか？

③你平时喜欢做什么？/あなたはふだん何をするのが好きですか？

④小孩儿喜欢吃麦当劳。/子供はマクドナルドを食べるのが好きです。

⑤因为法国很浪漫。/フランスはとてもロマンティックですから。

(3) ①他 唱 卡拉 OK 吗? tā chàng kǎ lā ma ➡ 他 唱。 tā chàng ➡ 他 不 唱。 tā bú chàng

②你 吃 炒 饭 吗? nǐ chī chǎo fàn ma ➡ 我 吃。 wǒ chī ➡ 我 不 吃。 wǒ bù chī

③你 妈 妈 包 饺 子 吗? nǐ mā ma bāo jiǎo zi ma ➡ 我 妈 妈 包。 wǒ mā ma bāo ➡ 我 妈 妈 不 包。 wǒ mā ma bù bāo

④你 们 听 广 播 吗? nǐ men tīng guǎng bō ma ➡ 我 们 听。 wǒ men tīng ➡ 我 们 不 听。 wǒ men bù tīng

⑤你 朋 友 学 中 文 吗? nǐ péng you xué zhōng wén ma ➡ 他 学。 tā xué ➡ 他 不 学。 tā bù xué

⑥你 先 生 抽 烟/吸 烟 吗? nǐ xiān sheng chōu yān xī yān ma ➡ 他 抽 烟。 tā chōu yān ➡ 他 不 抽 烟。 tā bù chōu yān

⑦年 轻 人 上 网 吗? nián qīng rén shàng wǎng ma ➡ 他 们 上 网。 tā men shàng wǎng ➡他 们 不 上 网。 tā men bú shàng wǎng

⑧你 太 太 喜 欢 咖 喱 饭 吗? nǐ tài tai xǐ huan gā li fàn ma ➡ 她 喜 欢 。 tā xǐ huan ➡ 她 不 喜 欢。 tā bù xǐ huan

第 17 課 请来我家喝下午茶 (P. 238)

(1) ①A：你 喝 不 喝 可 口 可 乐? nǐ hē bu hē kě kǒu kě lè　　B：我 不 喝 可 口 可 乐。我 喝 咖啡。 wǒ bù hē kě kǒu kě lè　wǒ hē kā fēi

②A：日 本 人 喜 欢 吃 什 么? rì běn rén xǐ huan chī shén me　　B：日 本 人 喜 欢 吃 寿 司。 rì běn rén xǐ huan chī shòu sī

③A：小 孩儿 喜 欢 吃 什 么? xiǎo háir xǐ huan chī shén me　　B：小 孩儿 喜 欢 吃 汉 堡 包。 xiǎo háir xǐ huan chī hàn bǎo bāo

④A：你 父 亲 抽 烟 还是 喝 酒? nǐ fù qīn chōu yān hái shì hē jiǔ

　　B：他 不 抽 烟 也 不 喝 酒,他 打 麻 将 。 tā bù chōu yān yě bù hē jiǔ tā dǎ má jiàng

⑤A：你 为 什 么 喜 欢 香 港? nǐ wèi shén me xǐ huan xiāng gǎng　B：因 为 香 港 食 物 很 好 吃。 yīn wèi xiāng gǎng shí wù hěn hǎo chī

(2) ①我哪儿也不去。/私はどこへも行かない。

②他去商店买东西。/彼は店へ買い物に行きます。

③你们是日本人还是美国人?/あなたたちは日本人ですか、それともアメリカ人ですか?

④中国人喜欢吃饺子。/中国人はギョーザを食べるのが好きです。

⑤中国人说华语,不说法语。/中国人は中国語を話します、フランス語は話しません。

⑥他什么也不要。/彼は何も要りません。

⑦他胃口好,什么都想吃。/彼は食欲が旺盛で、何でも食べたい。

⑧鱼一点儿也不贵。/魚は全然高くありません。

(3) ① A：nǐ men chī shén me
你们吃什么？　　B：wǒ chī chǎo miàn
我吃炒面。

② A：nǐ qù nǎr
你去哪儿？　　B：wǒ qù wū jié lù
我去乌节路。

③ A：nǐ xué shén me
你学什么？　　B：wǒ xué zhōng wén
我学中文。

④ A：tā hē shén me
他喝什么？　　B：tā hē lǜ chá
他喝绿茶。

⑤ A：tā xǐ huan shén me
她喜欢什么？　　B：tā xǐ huan chī jiǎo zi
她喜欢（吃）饺子。

⑥ A：nǐ xiān sheng hē bu hē hóng chá
你先生喝不喝红茶？　　B：tā bù hē hóng chá tā hē hēi kā fēi
他不喝红茶，他喝黑咖啡。

⑦ A：nǐ tài tai kàn bu kàn diàn yǐng
你太太看不看电影？　　B：tā bú kàn diàn yǐng tā kàn diàn shì
她不看电影，她看电视。

⑧ A：nǐ péng you huí bu huí rì běn
你朋友回不回日本？　　B：tā huí rì běn
他回日本。

⑨ A：nǐ qù tài guó hái shì qù yìn dù ní xī yà
你去泰国还是去印度尼西亚？

B：wǒ qù tài guó bú qù yìn dù ní xī yà
我去泰国，不去印度尼西亚。

⑩ A：wáng lǎo shī hē wū lóng chá hái shì hē huā chá
王老师喝乌龙茶还是喝花茶？

B：wǒ hē wū lóng chá bù hē huā chá
我喝乌龙茶，不喝花茶。

⑪ A：nǐ fù mǔ lái xīn jiā pō hái shì nǐ qù rì běn
你父母来新加坡还是你去日本？

B：wǒ qù rì běn
我去日本。

第 18 課 我是公务员（P. 261）

(1) 1) jiā téng xiǎo jie shì kōng zhōng xiǎo jie
加藤小姐是空中小姐。

① Q：jiā téng xiǎo jie shì kōng zhōng xiǎo jie ma
加藤小姐是空中小姐吗？

A：jiā téng xiǎo jie shì kōng zhōng xiǎo jie
加藤小姐是空中小姐。

② Q：jiā téng xiǎo jie shì bu shì kōng zhōng xiǎo jie
加藤小姐是不是空中小姐？

A：jiā téng xiǎo jie bú shì kōng zhōng xiǎo jie shì hù shi
加藤小姐不是空中小姐，是护士。

③ Q：jiā téng xiǎo jie zuò shén me gōng zuò
加藤小姐做什么工作？

A：jiā téng xiǎo jie shì kōng zhōng xiǎo jie
加藤小姐是空中小姐。

2) zhè li shì wǒ jiā
这里是我家。

① Q：zhè li shì nǐ jiā ma
这里是你家吗？　　A：zhè li shì wǒ jiā
这里是我家。

② Q：zhè li shì bu shì nǐ jiā
这里是不是你家？　　A：zhè li bú shì wǒ jiā shì yī yuàn
这里不是我家，是医院。

zhè li shì shén me dì fang nǎr　　zhè li shì wǒ jiā
③Q：这 里 是 什 么 地 方 / 哪儿？　A：这 里 是 我 家。

wǒ fù qin shì chú shī
3) 我 父 亲 是 厨 师。

nǐ fù qin shì chú shī ma　　　　　　　wǒ fù qin shì chú shī
　①Q：你 父 亲 是 厨 师 吗？　　　　　A：我 父 亲 是 厨 师。

nǐ fù qin shì bu shì chú shī　　　　　wǒ fù qin bú shì chú shī shì sī jǐ
　②Q：你 父 亲 是 不 是 厨 师？　　　A：我 父 亲 不 是 厨 师，是 司机。

nǐ fù qin zuò shén me gōng zuò　　　wǒ fù qin shì chú shī
　③Q：你 父 亲 做 什 么 工 作？　　A：我 父 亲 是 厨 师。

wǒ mǔ qin shì gōng wù yuán
4) 我 母 亲 是 公 务 员。

nǐ mǔ qin shì gōng wù yuán ma
　①Q：你 母 亲 是 公 务 员 吗？

wǒ mǔ qin shì gōng wù yuán
　　A：我 母 亲 是 公 务 员。

nǐ mǔ qin shì bu shì gōng wù yuán
　②Q：你 母 亲 是 不 是 公 务 员？

wǒ mǔ qin bú shì gōng wù yuán shì fān yì
　　A：我 母 亲 不 是 公 务 员，是 翻 译。

nǐ mǔ qin zuò shén me gōng zuò
　③Q：你 母 亲 做 什 么 工 作？

wǒ mǔ qin shì gōng wù yuán
　　A：我 母 亲 是 公 务 员。

tā gē ge shì dǎo yóu
5) 她 哥 哥 是 导 游。

tā gē ge shì dǎo yóu ma　　　　　　tā gē ge shì dǎo yóu
　①Q：她 哥 哥 是 导 游 吗？　　A：她 哥 哥 是 导 游。

tā gē ge shì bu shì dǎo yóu　　　　tā gē ge bú shì dǎo yóu shì yóu dì yuán
　②Q：她 哥 哥 是 不 是 导 游？　A：她 哥 哥 不 是 导 游，是 邮 递 员。

tā gē ge zuò shén me gōng zuò　　　tā gē ge shì dǎo yóu
　③Q：她 哥 哥 做 什 么 工 作？　A：她 哥 哥 是 导 游。

(2) ①她是不是空中小姐（她是空中小姐不是）?/ 彼女はキャビンアテンダントですか？

②哪位是您太太？/ どなたが奥様ですか？

③这里是电影院还是购物中心？

　　　　　　　　　　　/ ここは映画館ですか、それともショッピングセンターですか？

④这个是最便宜的。/ これが一番安いです。

⑤他们也去邮局吗？/ 彼らも郵便局へ行きますか？

⑥你是意大利哪儿的人？/ あなたはイタリアのどこの人ですか？

⑦你在哪儿工作？/ あなたはどこで働いていますか？

⑧学生们星期天也学习。/ 学生たちは日曜日も勉強します。

⑨他弟弟个子也很高。/ 彼の弟さんも背が高いです。

⑩我在金融机关做事务性的工作。／私は金融機関で事務の仕事をしています。

(3) ①A：<ruby>池<rt>chí</rt></ruby><ruby>田<rt>tián</rt></ruby><ruby>先<rt>xiān</rt></ruby><ruby>生<rt>sheng</rt></ruby><ruby>做<rt>zuò</rt></ruby><ruby>什<rt>shén</rt></ruby><ruby>么<rt>me</rt></ruby><ruby>工<rt>gōng</rt></ruby><ruby>作<rt>zuò</rt></ruby>？　B：<ruby>我<rt>wǒ</rt></ruby><ruby>是<rt>shì</rt></ruby><ruby>银<rt>yín</rt></ruby><ruby>行<rt>háng</rt></ruby><ruby>职<rt>zhí</rt></ruby><ruby>员<rt>yuán</rt></ruby>。

②A：<ruby>这<rt>zhè</rt></ruby><ruby>是<rt>shì</rt></ruby><ruby>可<rt>kě</rt></ruby><ruby>口<rt>kǒu</rt></ruby><ruby>可<rt>kě</rt></ruby><ruby>乐<rt>lè</rt></ruby><ruby>还<rt>hái</rt></ruby><ruby>是<rt>shì</rt></ruby><ruby>汤<rt>tāng</rt></ruby>？　B：<ruby>这<rt>zhè</rt></ruby><ruby>是<rt>shì</rt></ruby><ruby>汤<rt>tāng</rt></ruby>，<ruby>不<rt>bú</rt></ruby><ruby>是<rt>shì</rt></ruby><ruby>可<rt>kě</rt></ruby><ruby>口<rt>kǒu</rt></ruby><ruby>可<rt>kě</rt></ruby><ruby>乐<rt>lè</rt></ruby>。

③A：<ruby>谁<rt>shéi</rt></ruby><ruby>是<rt>shì</rt></ruby><ruby>社<rt>shè</rt></ruby><ruby>长<rt>zhǎng</rt></ruby>？

　　B：<ruby>王<rt>wáng</rt></ruby><ruby>先<rt>xiān</rt></ruby><ruby>生<rt>sheng</rt></ruby><ruby>是<rt>shì</rt></ruby><ruby>社<rt>shè</rt></ruby><ruby>长<rt>zhǎng</rt></ruby>，<ruby>刘<rt>liú</rt></ruby><ruby>先<rt>xiān</rt></ruby><ruby>生<rt>sheng</rt></ruby><ruby>是<rt>shì</rt></ruby><ruby>工<rt>gōng</rt></ruby><ruby>作<rt>zuò</rt></ruby><ruby>人<rt>rén</rt></ruby><ruby>员<rt>yuán</rt></ruby>。

④A：<ruby>您<rt>nín</rt></ruby><ruby>是<rt>shì</rt></ruby><ruby>哪<rt>nǎ</rt></ruby><ruby>位<rt>wèi</rt></ruby>？　　B：<ruby>我<rt>wǒ</rt></ruby><ruby>是<rt>shì</rt></ruby><ruby>翻<rt>fān</rt></ruby><ruby>译<rt>yì</rt></ruby><ruby>加<rt>jiā</rt></ruby><ruby>藤<rt>téng</rt></ruby>。

⑤A：<ruby>那<rt>nà</rt></ruby><ruby>是<rt>shì</rt></ruby><ruby>什<rt>shén</rt></ruby><ruby>么<rt>me</rt></ruby><ruby>茶<rt>chá</rt></ruby>？　B：<ruby>那<rt>nà</rt></ruby><ruby>是<rt>shì</rt></ruby><ruby>乌<rt>wū</rt></ruby><ruby>龙<rt>lóng</rt></ruby><ruby>茶<rt>chá</rt></ruby>。<ruby>我<rt>wǒ</rt></ruby><ruby>喜<rt>xǐ</rt></ruby><ruby>欢<rt>huan</rt></ruby>（<ruby>喝<rt>hē</rt></ruby>）<ruby>乌<rt>wū</rt></ruby><ruby>龙<rt>lóng</rt></ruby><ruby>茶<rt>chá</rt></ruby>。

第 19 課 新加坡好吗？(P. 282)

(1) ①<ruby>咖<rt>kā</rt></ruby><ruby>啡<rt>fēi</rt></ruby><ruby>好<rt>hǎo</rt></ruby><ruby>喝<rt>hē</rt></ruby>　②<ruby>东<rt>dōng</rt></ruby><ruby>西<rt>xi</rt></ruby><ruby>便<rt>pián</rt></ruby><ruby>宜<rt>yi</rt></ruby>　③<ruby>日<rt>rì</rt></ruby><ruby>本<rt>běn</rt></ruby><ruby>人<rt>rén</rt></ruby><ruby>勤<rt>qín</rt></ruby><ruby>劳<rt>láo</rt></ruby>

　　④<ruby>个<rt>gè</rt></ruby><ruby>子<rt>zi</rt></ruby><ruby>矮<rt>ǎi</rt></ruby>　⑤<ruby>新<rt>xīn</rt></ruby><ruby>加<rt>jiā</rt></ruby><ruby>坡<rt>pō</rt></ruby><ruby>漂<rt>piào</rt></ruby><ruby>亮<rt>liang</rt></ruby>　⑥<ruby>香<rt>xiāng</rt></ruby><ruby>港<rt>gǎng</rt></ruby><ruby>物<rt>wù</rt></ruby><ruby>价<rt>jià</rt></ruby><ruby>贵<rt>guì</rt></ruby>

(2) ①他喜欢苹果，也喜欢梨。／彼はリンゴが好きです、梨も好きです。

②我们都是中国人，他们也都是中国人。

／私たちはみんな中国人です、彼らもみんな中国人です。

③我也很高兴见到你。／见到你我也很高兴。／お会いできて私もうれしいです。

④从新加坡到东京坐飞机六个小时。／シンガポールから東京まで飛行機で6時間です。

⑤夏威夷的气候非常宜人。／ハワイの気候はとても良いです。

⑥中国有的地方很安全。／中国の一部はとても安全です。

(3) ①中国很大。　　　　②万里长城很壮观。　　③这个星期特别热吗？

④飞机场离这儿远吗？　⑤那部电影有意思吗？

⑥A：你家亲戚多吗？　　B：我家亲戚不多，但是朋友很多。

第 20 課 我家在 UE 广场 (P. 304)

(1) ①<ruby>冰<rt>bīng</rt></ruby><ruby>箱<rt>xiāng</rt></ruby><ruby>在<rt>zài</rt></ruby><ruby>厨<rt>chú</rt></ruby><ruby>房<rt>fáng</rt></ruby><ruby>里<rt>li</rt></ruby>。　②<ruby>屋<rt>wū</rt></ruby><ruby>里<rt>li</rt></ruby><ruby>有<rt>yǒu</rt></ruby><ruby>人<rt>rén</rt></ruby><ruby>吗<rt>ma</rt></ruby>？

　　③<ruby>杯<rt>bēi</rt></ruby><ruby>子<rt>zi</rt></ruby><ruby>在<rt>zài</rt></ruby><ruby>桌<rt>zhuō</rt></ruby><ruby>子<rt>zi</rt></ruby><ruby>上<rt>shang</rt></ruby>。　④<ruby>墙<rt>qiáng</rt></ruby><ruby>上<rt>shang</rt></ruby><ruby>有<rt>yǒu</rt></ruby><ruby>一<rt>yì</rt></ruby><ruby>幅<rt>fú</rt></ruby><ruby>画<rt>huà</rt></ruby><ruby>儿<rt>r</rt></ruby>。

　　⑤<ruby>小<rt>xiǎo</rt></ruby><ruby>鸟<rt>niǎo</rt></ruby><ruby>在<rt>zài</rt></ruby><ruby>森<rt>sēn</rt></ruby><ruby>林<rt>lín</rt></ruby><ruby>里<rt>li</rt></ruby>。

(2) ①她在家里。　　　　（○）　②你画的画儿在墙上。　　（○）

③那些水果在冰箱里。　（〇）　④你的十块钱在钱包里。　（〇）

⑤那些学生们在教室里。　（〇）　⑥那几千只鸟在森林里。　（〇）

(3) ①餐厅里有很多客人。　②中餐厅在几楼？　③学校有多少学生？

④洗手间在哪儿？　⑤院子里有几棵树？　⑥院子里有两棵树。

⑦A：你家有什么？　B：我家有家具,家电产品,穿的东西和吃的东西等。

第 21 課 现在几点了？(P. 321)

(1) ①三 点 四 十 五 分 / 三 点 三 刻　②八 点 零 六 分
sān diǎn sì shí wǔ fēn sān diǎn sān kè bā diǎn líng liù fēn

③一 点 半 / 一 点 三 十 分　④五 点 十 五 分 / 五 点 一 刻
yì diǎn bàn yì diǎn sān shí fēn wǔ diǎn shí wǔ fēn wǔ diǎn yí kè

⑤十 点 二 十 分　⑥十 二 点 整
shí diǎn èr shí fēn shí 'èr diǎn zhěng

⑦差 两 分 三 点 / 三 点 差 两 分　⑧差 一 刻 十 点 / 十 点 差 一 刻
chà liǎng fēn sān diǎn sān diǎn chà liǎng fēn chà yí kè shí diǎn shí diǎn chà yí kè

(2) ①你多长时间回一次家？/你多长时间回家一次？

/あなたはどのくらいのペースで(1回)家に帰りますか？

②那个作家多久出版一本书？

/あの作家はどのくらいのペースで本を(1冊)出しますか？

③星期天我们全家出去吃饭。/日曜日に私たち家族全員は外へご飯を食べに行きます。

④春天鲜花盛开让人感到生机勃勃。/春は花が満開で、人々に生き生きと感じさせます。

⑤你们的结婚纪念日是什么时候？/あなたたちの結婚記念日はいつですか？

(3) ①今后你有什么打算？　②他们什么时候结婚？

③我晚上九点回家。/晚上九点我回家。

④那儿很远,我们走了两个小时。　⑤你一年去旅行几次？

(4) ①A：我(是)属虎的。你属什么的？　②B：我(是)属牛的。我比你大一岁。

③A：你的生日是什么时候？　④B：我的生日是六月六号。

⑤A：周末你们开什么？　⑥B：我们全家去郊游。

⑦A：你喜欢什么季节？　⑧B：我喜欢春天。鲜花盛开,非常漂亮。

⑨A：咱们几点在哪儿见面？　⑩B：五点在酒店大厅见面。

(1)
① shí wǔ 十五　　　② yì qiān bā bǎi 一千八百

③ èr shí sān 二十三　　④ yí wàn bā qiān 一万八千

⑤ sì shí sì 四十四　　⑥ èr shí wàn 二十万

⑦ jiǔ shí jiǔ 九十九　　⑧ liù bǎi wǔ shí wǔ wàn wǔ qiān sān bǎi èr shí sì 六百五十五万五千三百二十四

⑨ yì bǎi líng bā 一百零八　⑩ bā qiān jiǔ bǎi qī shí liù wàn wǔ qiān sì bǎi sān shí èr 八千九百七十六万五千四百三十二

⑪ yì qiān líng bā shí 一千零八十　⑫ yí yì 一亿

(2)
① sān wàn rì yuán 三万日元　　② měi yuán liǎng bǎi líng wǔ kuài 美元两百零五块

③ gǎng bì qī bǎi sì shí bā kuài wǔ máo sì fēn 港币七百四十八块五毛四分

④ xīn bì liǎng qiān bā bǎi èr shí 'èr kuài yì máo yì fēn 新币两千八百二十二块一毛一分

⑤ rén mín bì sān wàn liǎng qiān wǔ bǎi sì shí kuài bā máo bā fēn 人民币三万两千五百四十块八毛八分

(3) ①零点二　　②三分之二　　③第二年　　④两张床

　　⑤二两黄金　⑥两万两千二百二十二

(4) ①A：请问您买点儿什么？　B：不买(什么)，我只是看看。

　　②A：我交现金，能不能再便宜一点儿？B：我问一下儿上司。

　　③A：收信用卡吗?/可以用信用卡吗？

　　　B：我们不收信用卡，只收现金。/不能用信用卡，只能用现金。

　　④A：听说你买了高级公寓，真有钱啊！

　　　B：哪儿啊。我父母帮我付的首期，其它的都是贷款。

　　⑤A：我想成立自己的公司，但是没有本钱，正为难呢。(正不知道怎么办呢。)

　　　B：从银行贷款，怎么样？

　　　A：银行贷款的利息太高了，我想跟朋友借(钱)。

(1) ① tā xiǎng xué kāi chē 他想学开车。/彼は運転を習いたいです。

　　② wǒ kě yǐ yòng yí xiàr cè suǒ ma 我可以用一下儿厕所吗?/トイレを使っても良いですか？ トイレを貸してください。

　　　　　　tā men bú huì lái le
③他 们 不 会 来 了。/彼らは来ないはずです。

　　　　　　nǐ yīng gāi gēn nǐ fù mǔ shāng liang shāng liang
④你 应 该 跟 你 父 母 商 量 商 量。/あなたはご両親と相談すべきです。

　　　　　　wǒ péng you huì shuō sān guó huà
⑤我 朋 友 会 说 三 国 话。/私の友達は3か国語が話せます。

（2）　　　nǐ men yīng gāi hù xiāng bāng zhù
①你 们 应 该 互 相 帮 助。/君たちはお互いに助け合うべきです。

　　　　　　dì di bú yuàn yì lí kāi jiā
②弟 弟 不 愿 意 离 开 家。/弟は家から離れたくないです。

　　　　　　xià ge yuè wǒ yào bān jiā
③下 个 月 我 要 搬 家。/来月私は引っ越しをしようと思います。

　　　　　　wǒ néng bu néng gēn nǐ yì qǐ xué zhōng wén
④我 能 不 能 跟 你 一 起 学 中 文。

　　　　　　　　　　　　　　　　　　/私はあなたと一緒に中国語を勉強してもいいですか？

　　　　　　nǐ bì xū xué huì yòng diàn nǎo
⑤你 必 须 学 会 用 电 脑。

　　　　　　　　　　　　　　　　　　/あなたはパソコンの使い方をマスターしなければなりません。

　　　　　　tā yào duō xué yì mén wài yǔ
⑥他 要 多 学 一 门 外 语。/彼はもう1か国語を勉強したいです。

（3）①A：我想取消预定。

　　　 B：好，没问题。您贵姓?/可以，请告诉我您的姓名。

　　 ②A：我不喜欢吃甜的东西,你呢？　　 B：我很喜欢吃甜的东西。

　　 ③A：我能不能跟你一起去？　　　　 B：可以。

　　 ④A：你能帮我照一张相吗？　　　　 B：没问题。

　　 ⑤A：这儿可以抽烟吗？　　　　　　 B：不可以,那儿可以。

　　 ⑥A：西方人会用筷子吗？　　　　　 B：有的人会用,有的人不会用。

　　 ⑦A：你会游泳吗？　　　　　　　　 B：会游。我一口气能游五百米。

　　 ⑧A：这台打印机能复印,也能扫描。　 B：能发传真吗？

　　 ⑨A：你来日本多长时间了？　　　　 B：已经三年半了。

　　 ⑩A：你移居美国几年了？　　　　　 B：已经五年了。

　　 ⑪A：你已经成了一个美国通了吧？

　　　 B：没有。美国太大了,还有很多地方没有去。(还有很多没有去的地方。)

　　 ⑫A：你以前在伊朗住了几年？

　　　 B：只住了两年。因为没有日本菜,所以再也不想去了。

P.378「不」と「没」

　①昨天我没上网。/昨日私はインターネットをしなかった。

　②回教徒不吃猪肉。/回教徒は豚肉を食べない。

　③他还没吃早饭。/彼はまだ朝ごはんを食べていない。

　④我没去过巴西。/私はブラジルへ行ったことがない。

　⑤他早上不吃早饭。/彼は朝ごはんを食べない。

(1) ①　shān tián xiān sheng de yīng yǔ méi yǒu chuān xī xiān sheng de liú lì
　　　山　田　先　生　的英语　没　有　川　西　先　生　的流利。

　　　　　　　　　　　　　　　　/山田さんの英語は川西さんほど流暢ではありません。

　　fù mǔ ràng nǚ 'ér zuò jiā wù
　　②父　母　让　女　儿　做　家　务。/両親は娘に家事をやらせます。

　　xiǎo wáng gào su tóng shì tā yào jié hūn le
　　③小　王　告诉　同事他要结婚了。

　　　　　　　　　　　　　　/王さんは同僚に自分がもうすぐ結婚することを話しました。

　　nǐ bǐ yǐ qián shòu duō le
　　④你比以前　瘦　多了。/あなたは以前より随分やせました。

　　zhè běn shū zhēn méi yi si
　　⑤这本书真　没　意思。/この本は本当に面白くないです。

(2) ①老板不让部下去进修。/社長は部下を研修に行かせません。

　　②父母让孩子去海外留学。/両親は子供を海外へ留学に行かせます。

　　③新加坡比中国小多了。/シンガポールは中国よりずっと小さいです。

　　④小王说英语没有小张说得流利。/王さんは英語を張さんほど流暢に話せません。

　　⑤这个牌子的化妆品的质量比那个牌子的更好。

　　　　　　　　　　　/このブランドの化粧品の品質はあのブランドのより良いです。

　　⑥坐飞机去比坐船去快得多。/飛行機に乗って行くのは船で行くよりずっと早いです。

　　⑦姐姐比弟弟大十多岁。/姉は弟より10数歳より年上です。

　　⑧这次的考试比上次难多了。/今回の試験は前回のよりずっと難しい。

　　⑨他比我更会学习。/彼は私よりもっと勉強の仕方が上手です。

　　⑩做家务比工作麻烦多了。/家事をやるのは仕事よりずっと面倒臭いです。

(3) ①他是独身主义者,他不想结婚。　②回教徒不吃猪肉。

③我昨天晚上加班,没能去参加公司的忘年会。

④A：你(是)哪(一)年(出)生的？　　　　　B：1962年。

⑤A：你们是怎么认识的？　　　　　　　B：我们在同一个公司工作。

⑥A：她生孩子了吗？　　　　　　　　　B：生了。

⑦A：什么时候生的？　　　　　　　　　B：夜里三点左右。

⑧A：你跟你先生(是)怎么认识的？　　　　B：(是)朋友给我们介绍的。

第 25 課 女生宿舎 (P. 423)

(1) ①A：你会开车吗？　　／あなたは 運転ができますか?

　　　B：会 ,我会开车。／はい、できます。

②A：你们是住在新加坡的日本人吗？

　　　　　　　　　　　　　／あなたたちはシンガポールに住んでいる日本人ですか?

　　　B：对／是 ,我们 是 住在新加坡的日本人。

　　　　　　　　　　　　　／そうです。私たちはシンガポールに住んでいる日本人です。

③A：你们全家是去年来新加坡的吗？

　　　　　　　　　　　　　／あなたたちご一家は去年シンガポールに来たのですか?

　　　B：不 ,我们全家 是 前年来的。／いいえ、私たち家族は一昨年に来ました。

④A：你不喜欢吃苹果吗?／あなたはリンゴを食べるのが好きではないのですか?

　　　B：不 ,我喜欢吃苹果。／いいえ、私はリンゴを食べるのが好きです。

　　　　　对 ,我不喜欢吃苹果。／そうです。私はリンゴを食べるのが好きではありません。

⑤A：他的中文说得好吗?／彼の中国語は上手ですか?

　　　B：好 ,他的中文说得很好。／上手です。彼の中国語はとても上手です。

(2) ①你的菜做得真好吃。／あなたの料理はとてもおいしいです。

②你最近过得怎么样?／最近はいかがお過ごしでしょうか?

③他的中文说得流利不流利?／彼の中国語は流暢ですか?

④他拉小提琴拉得好吗?／彼はヴァイオリンを上手に弾けますか?

446

⑤我的头疼得不厉害了。/私の頭はもうそんなに痛くないです。

⑥身上痒得难受。/体がかゆくてたまりません。

⑦他最近瘦得很厉害。/彼は最近すごくやせました。

⑧这次考试比上次难得多。/今回の試験は前回よりずっと難しいです。

⑨他的歌唱得不好。/彼は歌を上手に歌えません。

⑩两个公司合作得不愉快。/両社の提携は愉快ではありません。

（3）①他一回家就打开电脑。　②我先生一下班就去酒吧喝酒。

③我一中大奖就辞掉工作。　④除了你以外,还有谁参加中文检定考试?

⑤除了美国以外,你还去过哪些国家?

⑥我除了钓鱼以外,还喜欢潜水。

⑦在中国的大学里,男生不能进入女生宿舍。

⑧他的话让我哭笑不得。　⑨政府颁发(出台)了新的福利政策。

⑩我对自己的成绩相当满意。/我相当满意自己的成绩。

単語	訳	課
A		
A 比 B bǐ	比較、A は B より	L14
A 离 B lí	A から B まで	L11
阿 姨 ā yí	おばさん	L1
爱 好 ài hào	趣味	L4
爱 人 ài ren	配偶者	L6
安 全 ān quán	安全である	L9
傲 慢 ào màn	傲慢である	L13
B		
吧 bā	…ましょう	L5
八 bā	8	L3
八 点 bā diǎn	8時	L9
八 点 半 bā diǎn bàn	8時半	L10
八 点 一 刻 bā diǎn yí kè	8時15分	L9
八 岁 bā suì	8歳	L11
爸 爸 bà ba	お父さん	L4
白 面 bái miàn	小麦粉	L10
白 面 儿 bái miànr	ヘロイン	L10
白 兔 bái tù	白ウサギ	L3
白 袜 子 báiwà zi	白い靴下	L6
百 bǎi	100	L3
拜 托 了 bài tuō le	よろしく頼みます	L10

単語	訳	課
半 个 月 bàn ge yuè	半月	L14
半 年 bàn nián	半年	L11
半 天 bàn tiān	半日	L14
帮 bāng	助ける、ヘルプ	L8
棒 球 bàng qiú	野球	L8
饱 了 bǎo le	おなかがいっぱいだ	L14
抱 歉 bào qiàn	申し訳なく思う	L3
报 纸 bào zhǐ	新聞	L10
北 京 běi jīng	北京	L3
本 běn	冊（書籍類を数える）	L14
△那 本 nà běn	あの1冊	L14
毕 业 bì yè	卒業する	L13
辩 音 biàn yīn	音の区別	L1
别 人 bié rén	他の人	L8
别 在 意 bié zài yì	気にしないで	L4
冰 淇 淋 bīng qí lín	アイスクリーム	L3
不 bù	…ではない、…しない	L4
不 错 bú cuò	悪くない	L8
不 客 气 bú kè qi	どういたしまして	L3
不 累 bú lèi	疲れていない	L2
不 是 bú shì	…ではない	L2
不 太… bú tài	あまり…ではない	L12

単語	訳	課
bú tài hǎo 不太好	あまりよくない	L12
bú tài jìn 不太近	あまり近くない	L11
bú tài rè 不太热	あまり暑く（熱く）ない	L12
bú tài xǐ huan 不太喜欢	あまり好きではない	L12
bú yào 不要	要らない	L2
bú yào le 不要了	もう要らなくなった	L5
bú yào jǐn 不要紧	大したことはない	L3
bú yòng xiè 不用谢	どういたしまして	L4
bù gāo 不高	高くない	L2
bù hǎo 不好	よくない、下手	L2
bù hǎo yì si 不好意思	恐縮です	L4
bù lái 不来	来ない	L2
bù míng bai 不明白	分からない	L3
bù néng 不能	…できない	L15
bù néng zài 不能再	これ以上…できない	L15
bù xīn kǔ 不辛苦	つらくない	L1
bù yuǎn 不远	遠くない	L11

C

単語	訳	課
cài dān 菜单	メニュー	L4
cān jiā 参加	参加する	L10
cān tīng 餐厅	レストラン、食堂	L1
cāng shǔ 仓鼠	ハムスター	L7
cǎo méi 草莓	イチゴ	L3

単語	訳	課
cè suǒ 厕所	トイレ	L4
chá 茶	お茶	L2
chàshífēn shídiǎn 差十分 十点	10 時 10 分前	L13
chàshíwǔfēnshídiǎn 差十五分十点	10 時 15 分前	L13
chàwǔfēn liǎngdiǎn 差五分 两点	2 時 5 分前	L13
chàwǔfēn liùdiǎn 差五分六点	6 時 5 分前	L9
cháng 长	長い	L6
cháng cháng 常 常	しょっちゅう	L10
cháng zhù 常 驻	駐在する	L14
cháng jǐng lù 长 颈 鹿	キリン	L7
chàng gē 唱 歌	歌を歌う	L1
chāo shì 超 市	スーパーマーケット	L11
chǎo fàn 炒 饭	チャーハン	L5
chǎo fàn hěn pián yi 炒 饭 很 便 宜	チャーハンが安い	L5
chē zhàn 车 站	バス停、駅	L7
chēng hu 称 呼	…と呼ぶ	L5
chéng jì 成 绩	成績	L6
chéng jiā 成 家	結婚する	L11
chéng tián 成 田 jī chǎng 机 场	成田空港	L11
chéng wéi 成 为	…になる	L7
chī 吃	食べる	L5
chī bǎo le 吃 饱 了	満腹になった	L15
chī fàn 吃 饭	ご飯を食べる	L9

449

単語	訳	課	単語	訳	課
chí dào 迟到	遅刻する	L2	dǎ jiǎo le 打 搅 了	おじゃましました	L2
chōng fèn 充 分	十分	L6	dǎ lán qiú 打 篮 球	バスケットボールをする	L8
chōng liáng 冲 凉	シャワーを浴びる	L9	dǎ pái qiú 打 排 球	バレーボールをする	L8
chǒng wù 宠 物	ペット	L7	dǎ wǎng qiú 打 网 球	テニスをする	L6
chū chāi 出 差	出張する	L1	dǎ zhé 打 折	値引きする	L15
chū cì jiàn miàn 初 次 见 面	はじめまして	L10	dǎ jiǔ zhé 打 九 折	1割引き	L15
chú fáng 厨 房	台所	L2	dà 大	大きい	L6
chú shī 厨 师	料理人、シェフ	L12	dà bǎn 大 阪	大阪	L11
chuān 穿	着る	L6	dà jiā 大 家	みんな	L10
chuán tǒng 传 统	伝統	L2	dà xiàng 大 象	象	L7
chuán zhēn 传 真	ファックス	L2	dà xué 大 学	大学	L11
chūn tiān 春 天	春	L9	dài 戴	かぶる、つける	L6
cí diǎn 词 典	辞書	L12	dài shǔ 袋 鼠	カンガルー	L7
cì ji 刺 激	刺激（する）	L9	dào dǐ 到 底	いったい	L15
cóng lái bù… 从 来 不…	これまで…したことがない	L8	de 的	の	L5
cóng dào 从 … 到 …	…から…まで	L11	dé guó 德 国	ドイツ	L2
cóng nǎr lái de 从 哪儿来(的)	どこから来る（来た）	L4	dé yǔ 德 语	ドイツ語	L14
cóng qǐ 从 … 起	…から	L10	děng yi děng 等 一 等	ちょっと待ってください	L3
cūn zhǎng 村 长	村長	L9	děng yi xiàr 等 一 下 儿	ちょっと待ってください	L3
D			dì di 弟 弟	弟	L4
dǎ 打	打つ、球技をする	L6	dì shí yè 第 十 页	10ページ	L4
dǎ diàn huà 打 电 话	電話をする	L6	dì yī kè 第 一 课	第1課	L9
dǎ gāo ěr fū 打 高 尔 夫	ゴルフをする	L8	dì yī tiān 第 一 天	初日、1日目	L9
dǎ jiǎo 打 搅	じゃまする	L2	diǎn cài 点 菜	料理を注文する	L8

単語	訳	課
diàn huà 电 话	電話	L4
dǎ diàn huà △打 电 话	電話をかける	L6
diàn huà hào mǎ 电 话 号 码	電話番号	L4
diàn nǎo 电 脑	パソコン	L4
diàn nǎo shì 电 脑 室	パソコンルーム	L10
diàn shì 电 视	テレビ	L4
kàn diàn shì △看 电 视	テレビを見る	L6
diàn yǐng 电 影	映画	L4
diàn yǐng yuàn 电 影 院	映画館	L2
diàn yóu 电 邮	Eメールアドレス	L4
dōng jīng 东 京	東京	L1
dōng xi 东 西	品物	L5
dōng xī 东 西	東西	L5
dōng nán yà 东 南 亚	東南アジア	L9
dōng tiān 冬 天	冬	L9
dǒng 懂	分かる	L3
dǒng le 懂 了	分かった	L3
dōu 都	みんな、全部で、 トータル	L4
dōu shì 都 是	みな…である、 全部…である	L9
dú 读	読む	L7
dù zi 肚 子	おなか	L14
duǎn 短	短い	L6
duì 对	正しい、…について、対して	L3

単語	訳	課
duì bu qǐ 对 不 起	すみません	L3
duì fāng 对 方	相手	L4
duì…yǒuxìngqu 对…有兴趣	…に興味がある	L14
duōchángshíjiān 多 长 时 间	どのくらいの（時間）	L14
duōchángshíjiān le 多 长 时 间 了	どのくらいになりましたか	L14
duō dà le 多 大 了	いくつ、何歳	L3
duō dà nián jì 多 大 年 纪	おいくつですか	L3
duō dà suì shu 多 大 岁 数	おいくつですか	L3
duō duō 多 多	くれぐれも	L10
duō jiǔ le 多 久 了	どれくらいの（期間）	L14
duō shao 多 少	何番、いくら	L4
duō shao qián 多 少 钱	いくらですか	L6
duō shao rén 多 少 人	何人	L10
duō xiè 多 谢	大いに感謝します	L4
E		
è yú 鳄 鱼	鰐	L7
ér tóng 儿 童	児童	L2
ér zi 儿 子	息子	L7
ěr huán 耳 环	イヤリング	L6
èr 二	2	L2
èr bǎi 二 百	200	L15
èr bǎi kuài 二 百 块	200元	L15
èr bǎi èr shí èr 二 百 二 十 二	222	L15
èr líng líng qī nián ２００７年	2007年	L11

単語	訳	課
èr lóu 二 楼	2 階	L15
èr shí 'èr wàn 二 十 二 万	22 万	L15
èr shí suì 二 十 岁	20 歳	L15
F		
fā yīn 发 音	発音	L14
fǎ guó 法 国	フランス	L3
fān dào… 翻 到…	…ページまでめくる	L4
fāng xiàng 方 向	方向	L1
fàng xia 放 下	下ろす	L5
fàng xīn 放 心	安心する	L4
fēi cháng 非 常	非常に	L12
fēi jī 飞 机	飛行機	L13
fēi jī chǎng 飞 机 场	空港	L10
fēi lù bīn 菲 律 宾	フィリピン	L9
fēng jǐng 风 景	風景	L1
fēng mì 蜂 蜜	蜂蜜	L9
fú shǒu 扶 手	手すり	L2
fú zhuāng diàn 服 装 店	衣料品の店	L12
fù mǔ 父 母	両親、父母	L3
fù qin 父 亲	父親	L5
fù shì shān 富 士 山	富士山	L14
fù xí 复 习	復習する	L4
méi fù xí △没 复 习	復習していない	L5
fù zhài 负 债	負債（する）	L13

単語	訳	課
G		
gān jing 干 净	きれいである、清潔である	L9
gǎn dòng 感 动	感動する	L3
gàn shén me 干 什 么	（何を）する	L2
gāng cái 刚 才	さっき	L1
gāo 高	高い	L14
gāo xìng 高 兴	うれしい	L6
gāo 'ěr fū 高 尔 夫	ゴルフ	L8
dǎ gāo 'ěr fū △打 高 尔 夫	ゴルフをする	L8
gào su 告 诉	告げる	L5
ge 个	個	L3
gē ge 哥 哥	お兄さん	L4
gēn 跟	…の後について	L1
gōng 'ān jú 公 安 局	警察署	L1
gōng chéng shī 工 程 师	エンジニア	L7
gōng fēn 公 分	センチ	L14
gōng sī 公 司	会社	L1
gōng wù yuán 公 务 员	公務員	L12
gōng zī 工 资	給料	L14
gōng zuò 工 作	仕事、働く	L6
zàiyínháng △在 银 行 gōngzuò 工 作	銀行に勤める	L12
gǒu 狗	犬	L3
gòu le 够 了	十分だ	L15

452

単語	訳	課
gū niang 姑 娘	娘、お嬢さん	L7
guàng jiē 逛 街	街をぶらぶらする	L6
guān xīn 关 心	関心を持つ	L1
guān zhào 关 照	面倒を見る、世話をする	L10
guǎn lǐ 管 理	管理する	L11
guì 贵	尊敬語「ご」「お」	L5
guì xìng 贵 姓	お名前（姓）、姓	L1
guó lì 国 立	国立	L11
guò 过	…したことがある	L14
qù guo △去 过	行ったことある	L9
H		
hái yào bié de 还 要 别 的 ma 吗	他に何か欲しいですか	L5
hái zi 孩 子	子供	L5
hàn yǔ 汉 语	中国語	L4
hǎo 好	良い	L1
hǎo bu hao 好 不 好	～ですか?	L5
hǎo hāor de 好 好 儿 地	きちんと、ちゃんと	L10
hǎo jiǔ bú jiàn le 好 久 不 见 了	お久しぶりです	L4
hǎo kàn 好 看	きれいである	L12
hǎo ma 好 吗	いいですか	L6
hǎo péng you 好 朋 友	親友	L11
hǎo tuī jiàn 好 推 荐	お勧め	L8
hē 喝	飲む	L2

単語	訳	課
hē chá 喝 茶	お茶を飲む	L2
hē shuǐ 喝 水	水を飲む	L2
hé 和	と	L4
hēi xié 黑 鞋	黒い靴	L6
hěn 很	とても	L5
hěn hǎo 很 好	とてもよい	L4
hěn lèi 很 累	とても疲れた	L2
hěn shǎo 很 少	とても少ない	L7
hěn xiǎo 很 小	とても小さい	L7
hóng luó bo 红 萝 卜	人参	L3
hóng yī fu 红 衣 服	赤い服	L6
hóu 猴	サル、申年	L3
hóu zi 猴 子	サル	L3
hòu nián 后 年	再来年	L13
hù zhào 护 照	パスポート	L10
huā 花	かかる、使う	L10
huār 花 儿	花	L10
huá lì 华 丽	華麗（人の名前）	L4
huá yǔ 华 语	華人の言語、華語	L6
huá xuě 滑 雪	スキー	L8
huà 画	描く	L10
huàr 画 儿	絵	L10
huān yíng 欢 迎	歓迎する	L15
guāng lín 光 临	いらっしゃいませ	L15

単語	訳	課		単語	訳	課
huàn 换	換える	L9		jì zhě 记者	記者	L4
huáng mào zi 黄帽子	黄色い帽子	L6		jiā 家	うち、家	L7
huí 回	帰る	L9		jiā bān 加班	残業する	L10
huí guó 回国	国に帰る	L11		jiā rén 家人	家族	L9
huí jiā 回家	家に帰る	L4		jiā tíng 家庭	家庭	L7
huí lai 回来	戻ってくる	L5		jiā wù 家务	家事	L6
huí qu 回去	帰っていく	L5		zuò jiā wù △做家务	家事をする	L6
huì 会	できる	L8		jià qian 价钱	値段	L8
huì shuō 会说	話せる	L8		jiǎn dān 简单	簡単である	L8
huì huà 会话	会話	L1		jiǎn féi 减肥	ダイエット	L15
huì huà liàn xí 会话练习	会話練習	L2		jiǎn pǔ zhài 柬埔寨	カンボジア	L9
				jiàn 见	会う	L1
J				jiàn dào 见到	お目にかかる	L10
jī chǎng 机场	空港	L9		jiàn kāng 健康	健康である	L4
jī dàn 鸡蛋	卵	L8		jiāo wǎng 交往	交際	L11
jī fàn 鸡饭	チキンライス	L5		jiǎo zi 饺子	ギョーザ	L12
jī jí 积极	積極的である	L1		jiào 叫	呼ぶ、…と申します	L1
jí tián xiǎn sheng 吉田先生	吉田さん	L8		jiào shī 教师	教師	L11
jǐ 几	どのくらい	L7		jiào shì 教室	教室	L10
jǐ diǎn (le) 几点（了）	何時（になった）	L3		jiē 接	迎える	L10
jǐ kǒu rén 几口人	何人家族	L7		jié hūn 结婚	結婚する	L2
jǐ suì le 几岁了	何歳ですか	L3		jiě jie 姐姐	お姉さん	L3
jì jié 季节	季節	L4		jiě jué 解决	解決する	L3
jì zǎi 记载	記載（する)	L15		jiě mèi 姐妹	姉妹	L3
jì xìn 寄信	手紙を出す	L7				

単語	訳	課
jiè shào 介绍	紹介する	L10
jīn nián 今年	今年	L12
jīn tiān 今天	今日	L1
jǐn zhāng 紧张	緊張·する	L3
jìn 近	近い	L11
jìn 进	入る	L2
jīng cháng 经常	常に、いつも頻繁に	L8
jīng jì 经济	経済	L7
jīng jù 京剧	京劇	L7
jīng shén 精神	精神	L5
jīng shen 精神	元気である	L5
jiǔ 九	9	L3
jiǔ diǎn 九点	9時	L9
jiǔ diǎn shí wǔ fēn 九点十五分	9時15分	L13
jiǔ diǎn sì shí wǔ fēn 九点四十五分	9時45分	L13
jiǔ diǎn sān kè 九点三刻	9時45分	L13
jiǔ diàn 酒店	ホテル	L11
jiǔ liàng 酒量	酒量	L15
jù jué 拒绝	断る	L12
jué de 觉得	思う	L10
K		
kā fēi 咖啡	コーヒー	L5
kàn diàn shì 看电视	テレビを見る	L6
kàn diàn yǐng 看电影	映画を見る	L2

単語	訳	課
kǎo lǜ 考虑	考える	L15
kǎo shì 考试	試験	L12
kǎo yā 烤鸭	北京ダック	L10
kě ài 可爱	かわいい	L6
kě kǒu kě lè 可口可乐	コカ・コーラ	L5
kě néng 可能	可能である	L3
kě yǐ 可以	…ができる …してもよい	L5
kè rén 客人	お客さん	L10
kè tīng 客厅	リビング、客間	L4
kōng 空	空く	L10
kōng qì 空气	空気	L1
kōng tiáo 空调	エアコン	L1
kòngr 空儿	暇	L10
kù zi 裤子	ズボン	L6
kuài 块	人民元の単位（口語的）	L6
kuài máo fēn 块/毛/分	人民元の単位（口語的）	L15
kuài 快	早い（速い）	L9
kuài cān 快餐	ファーストフード	L12
kuài yì nián le 快一年了	まもなく1年になる	L14
kuài zǐ 筷子	箸	L14
L		
là jiāo 辣椒	唐辛子	L8
lái 来	来る	L9

単語	訳	課
lán kù zi 蓝 裤子	青いズボン	L6
lǎng dú 朗 读	朗読	L14
làng màn 浪 漫	ロマンチックである	L13
lǎo bǎn 老 板	社長	L3
lǎo gōng 老 公	だんな	L6
lǎo hǔ 老 虎	トラ	L7
lǎo lao 姥 姥	母方の祖母	L5
lǎo shī 老 师	先生	L3
lǎo ye 姥 爷	母方の祖父	L5
le 了	…した	L2
lèi le 累 了	疲れた	L2
lěng 冷	寒い	L9
lěng qì 冷 气	クーラー	L3
lí kāi 离 开	離れる	L14
lǐ bài jǐ 礼 拜 几	何曜日	L13
lǐ bài sì 礼 拜 四	木曜日	L13
lǐ jiě 理 解	理解する	L3
lǐ wù 礼 物	プレゼント	L15
yí fèn lǐ wù △一 份 礼 物	プレゼント1つ	L15
lì shǐ 历 史	歴史	L12
lián luò 联 络	連絡する	L8
lián xì 联 系	連絡する	L15
liàn 'ài 恋 爱	恋愛（する）	L1
liàn xí 练 习	練習（する）	L14

単語	訳	課
liáng kuài 凉 快	涼しい	L5
liǎng 两	2	L3
liǎng biàn 两 遍	2回	L1
liǎng bǎi kuài 两 百 块	200元	L15
liǎng diǎn 两 点	2時	L9
liǎng diǎn bàn 两 点 半	2時半	L13
liǎng diǎn chà wǔfēn 两 点 差 五分	2時5分前	L13
liǎng ge 两 个	2つ	L3
liǎng ge yuè 两 个 月	2か月	L14
liǎng ge xīng qī 两 个 星 期	2週間	L14
liǎng jiàn 两 件	2枚	L15
liǎng kǒu rén 两 口 人	2人家族	L15
liǎng kuài 两 块	2元	L15
liǎng kuài bàn 两 块 半	2.5元	L15
liǎng kuài qián 两 块 钱	2元	L15
liǎng kuài wǔ máo 两 块 五 毛	2元5毛（角）	L15
liǎng nián 两 年	2年間	L10
liǎng nián bàn 两 年 半	2年半	L9
liǎng niánlíng 两 年 零 liù ge yuè 六个月	2年6か月	L9
liǎng qiān 两 千	2,000	L3
liǎng suì 两 岁	2歳	L15
liǎng tiān 两 天	2日間	L14

単語	訳	課
liǎng wèi 两 位	2 名様	L5
liǎng yì 两 亿	2 億	L15
liàng 亮	光る、明るくなる	L10
liàngr 亮 儿	光	L10
liáo tiān 聊 天	おしゃべりする	L6
liáo tiānr 聊 天儿	おしゃべりする	L6
liǎo jiě 了 解	理解する	L12
lín jū 邻 居	隣近所（の人）	L5
líng 零	ゼロ	L15
lǐng dài 领 带	ネクタイ	L3
liú xiān sheng 刘 先 生	劉さん	L8
liú xíng 流 行	流行する	L2
liú xué 留 学	留学する	L13
liù 六	6	L3
liù diǎn 六 点	6時	L9
liù diǎn chà wǔ fēn 六点差五分	6時5分前	L9
liù diǎn shí fēn 六 点 十 分	6時10分	L9
liù suì le 六 岁 了	6歳になった	L7
lù yīn 录 音	録音（する)	L14
lǚ xíng 旅 行	旅行する	L9
M		
mā ma 妈 妈	お母さん	L4
má zi 麻 子	あばた	L5
mǎ shàng 马 上	もうすぐ	L3

単語	訳	課
ma 吗	…か?	L4
mǎi 买	買う	L7
mǎi dān 买 单	支払いをする	L3
mǎi dōng xi 买 东 西	買い物をする	L6
mài dōng xi 卖 东 西	物を売る	L6
mài dāng láo 麦 当 劳	マクドナルド	L12
màn mānr 慢 慢儿	ゆっくり	L15
màn mānr de 慢 慢儿 地	ゆっくりと、次第に	L10
màn mānr shuō 慢 慢儿 说	ゆっくり話す	L4
máng 忙	忙しい	L4
māo 猫	猫	L3
máo yī 毛 衣	セーター	L15
mào zi 帽 子	帽子	L6
méi 没	ない	L3
méi guān xi 没 关 系	かまいません	L1
méi shén me 没 什 么	何でもない	L4
méi yǒu 没 有	ない	L7
méi yǒu jié hūn 没 有 结 婚	結婚していない	L11
méi yǒu shí jiān 没 有 时 间	時間がない	L8
měi ge 每 个	各	L13
měi ge xīng qī sān 每 个星期三	毎週水曜日	L13
měi guó 美 国	アメリカ	L3
měi jí huá rén 美 籍 华 人	アメリカ国籍の華人	L12
měi lì 美 丽	きれいである	L3

457

単語	訳	課	単語	訳	課
měi tiān 每天	毎日	L3	nǎr 哪儿	どこ	L10
mèi mei 妹妹	妹	L4	nǎr de rén 哪儿的人	どこの人	L4
mén 门	ドア	L10	nà tiáo kù zi 那条裤子	あのズボン	L6
ménr 门儿	解決方法	L10	nǎi nai 奶奶	父方の祖母	L3
miàn 面	小麦粉	L10	nán 难	難しい	L12
miàn bāo 面包	パン	L9	nán nǚ 男女	男女	L2
miànr 面儿	粉末	L10	ne 呢	…は?	L4
míng bái 明白	分かる	L3	néng 能	できる、可能である	L15
míng bái le 明白了	分かった	L3	néng bu néng △能不能	できるかどうか	L15
míng nián 明年	来年	L13	néng lì 能力	能力	L8
míng tiān 明天	明日	L1	nǐ 你	あなた	L1
míng tiān jiàn 明天见	また明日	L1	nǐ de 你的	あなたの	L6
míng zi 名字	名前	L1	nǐ hǎo 你好	こんにちは	L1
mò lì huā chá 茉莉花茶	ジャスミンティー	L8	nǐ hǎo ma 你好吗	お元気ですか	L2
mǔ qīn 母亲	母親	L4	nǐ jiā 你家	ご家族、お宅	L7
mù tou 木头	木材	L5	nǐ men 你们	あなたたち	L2
mù ǒu xì 木偶戏	人形劇	L1	nǐ men jiā 你们家	お宅	L11
			nǐ xiān sheng 你先生	ご主人	L6
N			niàn 念	（声に出して）読む	L7
nǎ 哪	どれ	L10	nín 您	あなたの尊称	L5
nǎ guó 哪国	どこの国	L6	níng méng chá 柠檬茶	レモンティー	L8
nǎ guó rén 哪国人	どの国の人	L4	niú nǎi 牛奶	牛乳	L2
ná lái 拿来	持ってくる	L5	niú pái 牛排	ステーキ	L8
nǎ li 哪里	どこ	L10	niú zǎi kù 牛仔裤	ジーパン	L12
nǎ li nǎ li 哪里哪里	とんでもありせん	L6			

458

単語	訳	課
nóng cūn 农 村	農村	L2
nǚ ér 女 儿	娘	L7
nuǎn huo 暖 和	暖かい	L9
P		
páng biān 旁 边	そば	L2
pàng liǎnr 胖 脸 儿	ふっくらしてかわいい顔	L10
páng xiè 螃 蟹	蟹	L8
pǎo bù 跑 步	ジョギング	L8
pǎo le 跑 了	逃げた	L14
péng you 朋 友	友達	L5
pí jiǔ 啤 酒	ビール	L2
pí jiǔ tài guì le 啤 酒 太 贵 了	ビールは高すぎる	L5
pián yi 便 宜	安い	L5
piào liang 漂 亮	美しい、きれい	L6
pīn yīn 拼 音	ピンイン	L4
pīng pāng qiú 乒 乓 球	卓球	L8
píng guǒ 苹 果	リンゴ	L3
píng shí 平 时	日頃	L6
pǔ jí dǎo 普 吉 岛	プーケット	L9
Q		
qī 七	7	L3
qī diǎn 七 点	7時	L9
qī diǎn bàn 七 点 半	7時半	L9
qī xiàn 期 限	期限	L8

単語	訳	課
qǐ chuáng 起 床	起きる	L9
qǐ é 企 鹅	ペンギン	L7
qì hòu 气 候	気候	L9
qiān bǐ 铅 笔	鉛筆	L10
qiān zhèng 签 证	ビザ	L10
qiàn zhài 欠 债	負債	L13
qiáng shang 墙 上	壁の上に	L5
qīn qi 亲 戚	親戚	L10
qǐng 请	どうぞ～してください	L2
qǐng děng yi děng 请 等 一 等	少々お待ちください	L3
qǐng duō guān zhào 请 多 关 照	どうぞよろしく	L10
qǐng jìn 请 进	どうぞお入りください	L2
qǐng kè 请 客	ごちそうする	L8
qǐng wèn 请 问	お尋ねします	L7
qǐng wèn ba 请 问 吧	どうぞ聞いてください	L2
qǐng zuò 请 坐	どうぞお座りなさい	L2
qiū tiān 秋 天	秋	L9
qiú hūn 求 婚	プロポーズする	L11
qù 去	行く	L8
qù bu qù 去 不 去	行きますか	L5
qù nǎr 去 哪 儿	どこへ行く	L2
qù nǎ li 去 哪 里	どこへ行く	L2
quán jiā fú 全 家 福	家族写真	L4
qún zi 裙 子	スカート	L6

単語	訳	課
R		
ràng 让	…させる	L15
rè 热	暑い、熱い	L9
rén lèi 人 类	人類	L7
rèn shi 认 识	知り合う	L5
rì běn 日 本	日本	L4
rì běn rén 日 本 人	日本人	L4
rì cháng huì huà 日 常 会 话	日常会話	L4
rì lì 日 历	カレンダー	L7
rì yǔ 日 语	日本語	L6
ròu 肉	肉	L5
S		
sān 三	3	L3
sān diǎn 三 点	3時	L9
shā lā 沙 拉	サラダ	L9
shàng bān 上 班	出勤する	L6
shàng hǎi 上 海	上海	L4
shàng kè 上 课	授業をする、 授業を受ける	L6
shàng sī 上 司	上司	L10
shàng wǎng 上 网	インターネットをする	L2
shén me shí hou 什 么 时 候	いつ	L13
shēng cí 生 词	新しい単語	L1
shēng huó 生 活	生活	L1

単語	訳	課
shēng qì 生 气	怒る	L8
shēng mǔ 声 母	声母	L1
shēng diào liàn xí 声 调 练 习	声調の練習	L1
shèng lì 胜 利	勝利を収める	L8
shī zi 狮 子	ライオン	L7
shí jiān 时 间	時間	L2
méi yǒu shí jiān △没 有 时 间	時間がない	L8
shí shī 实 施	実施（する）	L15
shí tou 石 头	石	L5
shí wù 食 物	食物	L11
shí 十	10	L3
shí yī 十 一	11	L11
shí èr 十 二	12	L12
shí èr diǎn 十 二 点	12時	L9
shí èr diǎnlíng wǔfēn 十 二 点 零 五 分	12時5分	L13
shí sān 十 三	13	L13
shí sì 十 四	14	L14
shí wǔ 十 五	15	L15
shí diǎn 十 点	10時	L9
shí diǎnchàshífēn 十 点 差 十 分	10時10分前	L13
shí yī diǎn 十 一 点	11時	L9
shí fēn zhōng 十 分 钟	10分間	L11
shí wàn líng jiǔ 十 万 零 九	10万9	L15

460

単語	訳	課	単語	訳	課
shí wǔ fēn zhōng 十五分钟	15分間	L11	shǔ tiáo 薯条	フライドポテト	L8
shí kuài zhěng 十块整	ちょうど10元	L15	shǔ shén me 属什么	干支は何ですか	L3
shí suì 十岁	10歳	L7	shuā yá 刷牙	歯を磨く	L9
shì shí 事实	事実	L6	shuǐ 水	水	L2
shì shi 试试	…してみる	L8	shuǐr 水儿	知識	L10
shì 是	…である	L5	shuǐ guǒ 水果	フルーツ	L3
shì bu shi 是不是	…ですか	L5	shuǐ guǒhěn △水果很 hǎochī 好吃	果物がおいしい	L5
shì jì 世纪	世紀	L8
shì lì 视力	視力	L7	shuǐ jiǎo 水饺	水ギョーザ	L12
shì ma 是吗	そうですか	L6	shuì jiào 睡觉	寝る	L4
shōu huò 收获	収穫、取り入れる	L7	shuō 说	話す、言う	L6
shǒu biǎo 手表	腕時計	L3	huì shuō △会说	話せる	L8
shǒu jī 手机	携帯電話	L8	shuō guo △说过	言ったことがある	L7
shǒu tào 手套	手袋	L6	shuō de △说得 zhēn hǎo 真好	上手に話せる	L6
shòu 瘦	やせる	L15
shòu sī 寿司	寿司	L12	sī lǐ lán kǎ 斯里兰卡	スリランカ	L9
shū 书	本	L10	sì 四	4	L3
shū cài 蔬菜	野菜	L5	sì diǎn 四点	4時	L9
shūcàihěnxīnxiān △蔬菜很新鲜	野菜が新鮮です	L5	sì kǒu rén 四口人	4人家族	L11
shū fǎ 书法	書道	L14	sì jì 四季	四季	L8
shū fáng 书房	書斎	L7	sì shēng liàn xí 四声练习	4声の練習	L1
shū fu 舒服	気持ちいい	L5	sōng xià 松下	松下（人の名前）	L7
shū shu 叔叔	おじさん（父の弟）	L5	sòng xíng 送行	見送り、見送る	L15
shǔ jià 暑假	夏休み	L9	sù shè 宿舍	寮	L11

461

単語	訳	課
suàn shù 算术	算数	L10
suí biàn 随便	気ままである、自由である	L8
suǒ yǐ 所以	だから	L10
T		
tā men 他们	彼ら	L6
tài dà le 太大了	すごく大きい	L12
tài guì le 太贵了	高すぎる	L15
tài jí quán 太极拳	太極拳	L8
tài rè le 太热了	暑すぎる	L12
tài tai 太太	奥さん、ミセス	L4
tài guó 泰国	タイ	L4
tāng hǎo hē 汤好喝	スープがおいしい	L5
táng 糖	飴	L5
táng guǒ 糖果	飴	L2
táng hěn tián △糖很甜	飴が甘い	L5
tè bié shì 特别是	特に	L14
tī 踢	蹴る	L8
tī zú qiú 踢足球	サッカーをする	L8
tǐ huì 体会	体得（する）	L11
tǐ jiǎn 体检	健康診断	L13
tǐ yù 体育	体育	L10
tiān é 天鹅	白鳥	L1
tiān 'ān mén 天安门	天安門	L1

単語	訳	課
tiān má fan 添麻烦	迷惑をかける	L4
tīng 听	聞く	L14
tīng yīn yuè 听音乐	音楽を聞く	L6
tōng zhī 通知	通知する	L11
tóng shí 同时	同時に	L10
tóng shì 同事	同僚	L2
tóng xué 同学	クラスメート	L2
tóng xué men 同学们	クラスメートたち	L3
tóng xué men hǎo 同学们好	皆さん、こんにちは	L3
tú shū guǎn 图书馆	図書館	L10
tù zi 兔子	ウサギ	L14
tuì xiū 退休	定年退職する	L7
tuō 脱	脱ぐ	L6
tuō xié 拖鞋	スリッパ	L7
W		
wà zi 袜子	靴下	L6
wǎn fàn 晚饭	晩ごはん	L6
chī wǎn fàn △吃晚饭	晩ごはんを食べる	L6
wǎn shang 晚上	夜	L1
wǎn shang hǎo 晚上好	こんばんは	L1
wánr 玩儿	遊ぶ	L6
wánr yóu xì 玩儿游戏	ゲームをする	L10
wǎn'ān 晚安	ゲームをする	L10
wǎn'ān 晚安	おやすみなさい	L1

単語	訳	課
wáng xiān sheng 王 先 生	ミスター王	L7
wǎng qián zǒu 往 前 走	前へ歩く	L7
wǎng qiú 网 球	テニス	L3
dǎ wǎng qiú △打 网 球	テニス	L6
wàng le 忘 了	忘れた	L9
wèi shén me 为 什 么	なぜ、どうして	L12
wén huà 文 化	文化	L14
wén jù 文 具	文房具	L6
wèn tí 问 题	問題	L15
wēng xióng 翁 雄	翁雄（人の名前）	L5
wǒ 我	私	L1
wǒ jiā 我 家	うち、私の家	L7
wǒ lǎo po 我 老 婆	女房	L6
wǒ men 我 们	私たち	L5
wǒ qī zi 我 妻 子	妻	L6
wǒ xiān sheng 我 先 生	自分の夫	L6
wò shì 卧 室	ベッドルーム	L7
wū lóng chá 乌 龙 茶	ウーロン茶	L11
wú gē kū 吴 哥 窟	アンコールワット	L9
wǔ 五	5	L3
wǔ bǎi kuài 五 百 块	500元	L15
wǔ diǎn 五 点	5時	L9
wǔ diǎn èr shífēn 五 点 二十分	5時20分	L13
wǔ kuài qián 五 块 钱	5元	L15

単語	訳	課
wǔ huì 舞 会	ダンスパーティー	L14
wǔ shí 五 十	50	L15
wù huì 误 会	誤解（する）	L14
X		
xī guā 西 瓜	スイカ	L3
xǐ huan 喜 欢	好きである	L3
xǐ liǎn 洗 脸	顔を洗う	L9
xǐ zǎo 洗 澡	お風呂	L3
xià bān 下 班	退勤する	L9
xià gǎng 下 岗	リストラされる	L6
xià mian 下 面	次、以下	L10
xià tiān 夏 天	夏	L8
xiān sheng 先 生	主人、ミスター、…さん	L6
zhāngxiānsheng △张 先生	ミスター張	L11
yī téngxiānsheng △伊藤先生	伊藤さん	L12
zhōngcūn △ 中 村 xiānsheng 先 生	中村さん	L11
xiàn zài 现 在	今、現在	L2
xiāng jiāo 香 蕉	バナナ	L3
xiǎng 想	…したい	L5
xiǎng mǎi 想 买	買いたい	L15
xiang pū 相 扑	相撲	L8
xiàng liànr 项 链 儿	ネックレス	L6
xiàng pí 橡 皮	消しゴム	L10

単語	訳	課	単語	訳	課
xiǎo 小	小さい	L6	xīng qī sì 星 期 四	木曜日	L13
xiǎo gǒu 小 狗	子犬	L3	xīng qī wǔ 星 期 五	金曜日	L13
xiǎo gǒur 小 狗儿	ワンちゃん	L10	xīng qī liù 星 期 六	土曜日	L13
xiǎo háir 小 孩儿	子供	L10	xīng qī rì 星 期 日	日曜日	L13
xiǎo hái zi 小 孩 子	子供	L10	xīng qī tiān 星 期 天	日曜日	L13
xiǎo jie 小 姐	…嬢、ミス	L3	xīng qī jǐ 星 期 几	何曜日	L13
xiě 鞋	靴	L6	xìng 姓	姓、苗字	L5
xiě 写	書く	L6	xìng fú 幸 福	幸せ	L4
xiě xìn 写 信	手紙を書く	L6	xìng qu 兴 趣	興味	L14
xiě shang 写 上	書きつける	L4	xìng yùn 幸 运	幸運（である）	L14
xiè xie 谢 谢	ありがとう	L1	xiōng dì 兄 弟	兄弟	L1
xiè xie nǐ 谢 谢 你	ありがとうございました	L2	xióng māo 熊 猫	パンダ	L7
xīn jiā pō 新 加 坡	シンガポール	L9	xiū lǐ 修 理	修理する	L1
xīn jiā pō rén 新 加 坡 人	シンガポール人	L4	xiū xi 休 息	休憩する	L2
xīn kǔ le 辛 苦 了	お疲れさまです	L1	xiū xué 休 学	休学する	L12
xīn nián 新 年	新年	L7	xué 学	学ぶ、勉強する、習う	L1
xīn niáng 新 娘	花嫁さん	L7	xué zhōng wén 学 中 文	中国語を習う	L1
xīn xiān 新 鲜	新鮮である	L8	xué guo 学 过	学んだことがある	L14
xīn yì 心 意	気持ち	L9	xué sheng 学 生	学生	L7
xìn yù 信 誉	信用	L14	xué xí 学 习	勉強する	L10
xīng qī 星 期	曜日	L13	xué xiào 学 校	学校	L2
xīng qī yī 星 期 一	月曜日	L13	xué xiào li 学 校 里	学校の中に	L5
xīng qī 'èr 星 期 二	火曜日	L13	Y		
xīng qī sān 星 期 三	水曜日	L13	yā lì 压 力	プレッシャー	L12

単語	訳	課
yǎn jìngr 眼 镜儿	メガネ	L6
yǎng 养	飼う	L7
yào 要	必要とする、要る	L5
yào bu yào 要 不 要	要りますか	L5
yé ye 爷 爷	父方の祖父	L3
yě 也	…も	L4
yě shì 也 是	も…です	L4
yě dōu 也 都	みんなも	L4
yī fu 衣 服	衣服	L5
yī 一	1	L1
yījiǔjiǔjiǔnián 1999 年	1999 年	L11
yī yuàn 医 院	病院	L1
yī yuè 一 月	1 月	L9
yí biàn 一 遍	（最初から）1 回	L1
yí cì 一 次	1 回	L8
yí fèn 一 份	1 人分	L8
yí ge 一 个	1つ、1 人	L2
yí ge xīng qī 一 个 星 期	1 週間	L8
yí ge yuè 一 个 月	1か月	L14
yí gòng 一 共	合計で	L8
yí guàn 一 罐	1 缶	L8
yí wàn kuài 一 万 块	1 万元	L15
yí wàn líng bā 一 万 零 八	1 万 8	L15
yí xiàr 一 下儿	ちょっと	L2

単語	訳	課
yí yàng 一 样	同じ	L9
yǐ hòu 以 后	以後	L9
yǐ jīng 已 经	すでに	L9
yǐ qián 以 前	以前	L14
yǐ zi 椅 子	イス	L5
yì bǎi 一 百	100	L9
yì bǎi kuài 一 百 块	100 元	L15
yì bǎijiǔshí sì 一 百九十四	194	L15
yì bǎi líng liù 一 百 零 六	106	L15
yì bǎilíngwǔkuài 一 百 零 五块	105 元	L15
yì bǎisānshí 一 百三十	130	L15
yì bǎi wǔ shí 一 百 五 十	150	L15
yì bǎi yī shíjiǔ 一 百 一十九	119	L12
yì bǎi yī shíkuài 一 百 一十 块	110 元	L15
yì bǎi yī shí yī 一 百 一十 一	111	L12
yì bēi 一 杯	1 杯	L5
yì bēi shuǐ 一 杯 水	1 杯の水	L15
yì dà lì rén 意 大 利 人	イタリア人	L12
yì dà lì miàn 意 大 利 面	スパゲティ	L8
yì diǎn 一 点	1 時	L9
yì diǎnr 一 点儿	少し	L10
yì dié 一 碟	小皿 1 つ	L8
yì huír 一 会儿	ちょっとの間	L15
yì míng 一 名	1 人	L11

単語	訳	課
yì nián 一 年	1年	L9
yì nián bàn 一 年 半	1年半	L14
yì nián duō le 一 年 多 了	1年以上	L14
yì pán 一 盘	1皿	L8
yì píng 一 瓶	1本	L8
yì qǐ 一 起	一緒に	L5
yì qiān 一 千	1,000	L9
yì qiān èr bǎi kuài 一千二百块	1,200元	L15
yì qiān sān bǎi 一 千 三 百	1,300	L15
yì qiān sān bǎi ge rén 一千三百个人	1,300人	L15
yì qiān bā bǎi pǐ mǎ 一千八百匹马	1,800頭の馬	L15
yì qiān sì bǎi bā shí 一千四百八十	1,480	L15
yì qiān líng liù 一 千 零 六	1,006	L15
yì qiān líng 一 千 零 wǔ shí kuài 五 十 块	1,050元	L15
yì qiān kuài 一 千 块	1,000元	L15
yì qiān yī bǎi kuài 一千一百块	1,100元	L15
yì si 意 思	意味、考え	L3
yì tiān 一 天	1日	L14
yì tiáo 一 条	1本	L9
yì zhāng zhǐ 一 张 纸	1枚の紙	L15
yì zhī 一 只	1匹	L3
yì zhí 一 直	ずっと	L7
yì wén 译 文	訳文	L1

単語	訳	課
yīn wèi 因 为	…ので、…から	L7
yīn wèi… 因 为… suǒ yǐ… 所 以…	…であるから、…ので	L12
yīn yuè 音 乐	音楽	L6
tīng yīn yuè △听 音 乐	音楽を聞く	L6
yín háng 银 行	銀行	L2
zài yín háng △在 银 行 gōng zuò 工 作	銀行に勤める	L12
yǐn liào 饮 料	飲み物	L8
yìn dù 印 度	インド	L4
yìn dù ní xī yà 印度尼西亚	インドネシア	L8
yīng guó 英 国	イギリス	L1
yīng yǔ 英 语	英語	L1
yòng 用	使う	L7
qǐng yòng ba △请 用 吧!	どうぞ使ってください！	L7
yòng guo 用 过	使ったことがある	L14
yóu jú 邮 局	郵便局	L7
yóu piào 邮 票	切手	L7
yóu yǒng 游 泳	水泳をする	L7
yóu yǒng chí 游 泳 池	プール	L8
yǒu 有	ある、いる	L5
yǒu diǎnr 有 点 儿	少し	L2
yǒu liǎng ge hái zi 有两个孩子	子供が2人いる	L11
yǒu qíng 友 情	友情	L3

466

単語	訳	課
yǒu shí hou 有 时 候	時々	L8
yǒu xìng qu 有 兴 趣	興味がある	L14
yǒu yòng 有 用	役に立つ	L7
yòu 'ér yuán 幼 儿 园	幼稚園	L11
yòu A yòu B 又 A 又 B	A でもありまた B でもある	L9
yú 鱼	魚	L5
yú hěn dà 鱼 很 大	魚が大きい	L5
yú kuài 愉 快	楽しい、愉快である	L2
yǔ máo qiú 羽 毛 球	バドミントン	L8
yǔ yán 语 言	言語、言葉	L12
yǔ yán xué xiào 语 言 学 校	語学学校	L12
yuán liàng 原 谅	許す	L2
yuán jiǎo fēn 元 / 角 / 分	人民元の単位	L15
yuǎn 远	遠い	L11
yuàn yì 愿 意	…したい	L13
yuē le 约 了	約束した	L6
yuè nán 越 南	ベトナム	L4
yùn dòng 运 动	運動、運動する	L6
yùn dòng huì 运 动 会	運動会	L10
zuò yùn dòng △做 运 动	運動をする	L6
yùn mǔ 韻 母	韻母	L1
Z		
zá zhì 杂 志	雑誌	L10

単語	訳	課
zài 再	再び	L8
zài jiàn 再 见	さようなら	L1
zài 在	いる、ある	L2
zài nǎr 在 哪 儿	どこで	L8
zài gōng sī 在 公 司	会社にいる	L2
zǎo shang 早 上	朝	L1
zǎo 'ān 早 安	おはようございます	L2
zǎo shang hǎo △早 上 好	おはようございます	L1
zěn me 怎 么	どうやって、どのように	L5
zěn me yàng 怎 么 样	どうですか、 いかがですか	L4
zěn me yàng le 怎 么 样 了	どうなりましたか	L4
zhāi 摘	（メガネなどを）外す	L6
zhàng fu 丈 夫	夫	L6
zhāo pái cài 招 牌 菜	看板料理	L8
zhào gù 照 顾	世話をする	L15
zhào piàn 照 片	写真	L4
zhè cì 这 次	今回	L12
zhè ge 这 个	これ	L6
zhè jiàn yī fu 这 件 衣 服	この服	L6
zhè shuāng xié 这 双 鞋	この靴	L6
zhēn 真	とても、本当に	L3
zhen de 真 的	本当です	L6
zhēn bào qiàn 真 抱 歉	本当に申し訳ございません	L3

単語	訳	課	単語	訳	課
zhèng hǎo 正 好	ちょうどいい	L15	zì wǒ jiè shào 自我介绍	自己紹介	L10
zhèng shì 正 式	正式、正式に	L9	zǒng shì 总 是	いつも例外なく	L8
zhèng zhí 正 直	正直である	L7	zǒu 走	歩く	L7
zhěng liǎng nián 整 两 年	ちょうど2年	L14	zǒu lù 走 路	道を歩く	L11
zhī 织	編む	L15	zǔ fù 祖 父	祖父	L6
zhī máo yī △织毛衣	セーターを編む	L15	zǔ zhī 组 织	組織（する）	L12
zhī chí 支 持	支持する	L15	zú qiú 足 球	サッカー	L8
zhī dao 知 道	知っている	L9	tī zú qiú △踢足球	サッカーをする	L8
bù zhī dao △不 知 道	知らない	L8	zuì duō 最 多	多くても	L15
zhī piào 支 票	小切手	L13	zuì jìn 最 近	最近	L4
zhí jiē 直 接	直接、まっすぐ	L6	zuì xiā 醉 虾	酔っ払いエビ（料理名） お酒で料理したエビ	L8
zhí yuán 职 员	職員	L10	zūn jìng 尊 敬	尊敬する	L6
zhǐ 纸	紙	L10	zuò 坐	座る	L11
zhǐ 只	ただ、〜だけ	L8	zuò zhě 作 者	作者	L10
zhǐ shì 指 示	指示する	L15	zuò yè 作 业	宿題	L9
zhōng guó rén 中 国 人	中国人	L4	zuò zuò yè 做 作 业	宿題をする	L9
zhōng wén 中 文	中文、中国語	L5	zuò 做	する、やる「干」と 置き換えて使える	L6
zhǔ fù 主 妇	主婦	L6	zuò zì wǒ jiè shào 做自我介绍	自己紹介をする	L10
zhǔ shí 主 食	主食	L15	zuò gōng 做 工	働く（シンガポールで の使い方）	L6
zhù shì 注 释	注釈	L1	zuò wán 做 完	やり終える	L9
zhù zhái 住 宅	住宅	L4	zuò jiā wù 做 家 务	家事をする	L6
zhuō zi 桌 子	机	L7	zuò yùn dòng 做 运 动	スポーツをする	L10
zì 字	文字	L7			
zì jǐ 自 己	自分、自己	L8			

単語	訳	課
A		
kào jìn A 靠 近 B	A は B の近くにある	L20
zhì fēn tān AA制／分 摊	割り勘	L22
ā yí 阿 姨	おばさん	L19
āi jí 埃 及	エジプト	L23
ǎi 矮	低い	L19
ài hào 爱 好	趣味	L25
ài ´ren 爱 人	夫または妻、配偶者	L19
ān pái shí jiān 安 排 时 间	時間の段取りをする	L25
àn mó 按 摩	マッサージをする	L22
āng zāng （肮）脏	汚い、不潔である	L19
B		
bā lěi wǔ 芭 蕾（舞）	バレエ	L21
bā lí 巴 黎	パリ	L23
bā lí dǎo 峇 厘 岛	バリ島	L19
bā shì 巴 士	バス	L20
bā xī 巴 西	ブラジル	L20
bǎ 把	イスや傘を数える量詞	L24
yì bǎ yǐ zi △一 把 椅子	イス1脚	L24
liǎng bǎ yǔsǎn △两 把 雨伞	傘2本	L24
bà ba 爸 爸	お父さん	L16
bái bǎn bǐ 白 板 笔	ホワイトボード用マーカー	L25

単語	訳	課
bǎifēnzhīsānshí 百 分 之 三十	30%	L24
bǎi wàn fù wēng 百 万 富 翁	百万長者	L22
bān fā 颁 发	（政策・法令などを）発布する、公布する	L25
bān fā le xīn de guīdìng △颁 发 了 新的 规 定	新しい規定を発布した	L25
bān jiā 搬 家	引っ越す	L23
bàn gōng lóu 办 公 楼	オフィスビル、棟	L20
bàn ge xiǎo shí 半 个 小 时	30分	L24
bàn gōng shì 办 公 室	オフィス	L18
bàn hù zhào 办 护 照	パスポート取得手続きを行う	L23
bàn yè yè li 半 夜（夜 里）	真夜中、夜中	L21
bàng wǎn 傍 晚	夕方	L21
bāo kuò 包 括	…を含む	L24
bǎo ´ān rén yuán 保 安 人 员	警備員	L18
bào 报	新聞	L16
kàn bào △看 报	新聞を読む	L16
mǎi bào △买 报	新聞を買う	L16
bào fā hù 暴 发 户	成金	L22
bào míng 报 名	申し込む	L23
běi hǎi dào 北 海 道	北海道	L19
běi jīng kǎo yā 北 京 烤 鸭	北京ダック	L19
běi jīng rén 北 京 人	北京出身の人	L18

単語	訳	課	単語	訳	課
bèi 被…	…される	L25	bié shāng xīn 别 伤 心	心を痛め（悲しま）ないで	L24
běn guó 本 国	自国、本国	L24	bīng xiāng 冰 箱	冷蔵庫	L20
běn mìng nián 本 命 年	年男、年女	L21	bìng 病	病気	L23
běn qián 本 钱	資本金	L22	bó shì 博士	博士	L23
bǐ 笔	ペン	L22	bó shì xué wèi 博士 学 位	博士号	L23
yì zhī bǐ △一 枝 笔	ペン1本	L22	bó wù guǎn 博物 馆	博物館	L18
bǐ jì běn 笔记本	ノート	L17	bú cuò 不 错	悪くない、良い、すばらしい	L19
bǐ lì shí 比 利 时	ベルギー	L23	bú è 不 饿	おなかがすいていない	L17
bǐ rú shuō 比 如 说	例えば	L24	bú guì 不 贵	高くない	L19
bǐ yǐ qián 比 以 前	昔より、以前と比べて	L24	bú guò 不 过	しかし	L16
bǐ yi bǐ 比 一 比	ちょっと比べる	L24	bú jiàn bú sàn 不 见 不 散	（会えるまで）待つ	L21
bì jìng 毕 竟	結局、つまり	L23	bú kè qi 不 客 气	どういたしまして	L24
bì xū 必 须	必ず、…をしなければならない	L23	bú qù 不 去	行かない	L17
bì yè 毕 业	卒業（する）	L24	bú qù nǎr 不 去 哪儿	どこへも行かない	L17
biàn huà 变 化	変化する	L24	nǎr yěbúqù △哪儿也不去	どこへも行かない	L17
biǎo dì 表 弟	年下の男のいとこ	L18	bú ràng 不 让…	…をさせない	L24
biǎo mèi 表 妹	年下の女のいとこ	L18	bú shòu zhòng yòng 不 受 重 用	重要視されていない	L25
bié 别…	…しないで	L16	bú tài ài xué 不 太 爱 学	勉強があまり好きではない	L25
bié de shì 别 的 事	他の用事	L21	bú yào 不 要	要らない	L17
biéfàngzàixīnshàng 别放在心上	気にしないでください	L19	shén me dōu △ 什 么 都 bú yào 不 要	何も要らない	L17
bié suàn le 别 算 了	計算に入れないで	L22	bú yào jǐn 不 要 紧	大したことではない	L24
bié zài yì 别 在 意	気にしないで	L16			
bié zháo jí 别 着 急	急がないで	L23			

470

単語	訳	課		単語	訳	課
bú yòng··· 不 用···	···する必要がない	L21		bù xíng 不 行	ダメだ、いけない	L23
bù yòng··· 不 用···	···を使わない、 ···するには及ばない	L24		bù zhī dao 不 知 道	知らない	L24
bú yòng xiè 不 用 谢	どういたしまして（ありがと うと言う必要がない）	L24		**C**		
bú yòng xué 不 用 学	習う必要がない	L25		cài shū cài 菜（蔬菜）	野菜	L17
bú zài hu 不 在 乎	気にしない	L23		cān guān 参 观	参観	L19
bù chī 不 吃	食べない	L17		cān jiā 参 加	参加する	L20
shénme yě bú △ 什 么 也 不 chī 吃	何も食べない	L17		cān jiā hūn lǐ 参 加 婚 礼	結婚披露宴に列席する	L17
bù dé··· 不 得···	···できない	L25		cān jù 餐 具	食器、テーブルウェア	L22
bù gǎn shuō 不 敢 说	言う勇気がない	L25		cān tīng 餐 厅	レストラン	L20
bù hǎo yì si 不 好 意 思	恐縮である、すまない	L16		zhōng cān tīng △ 中 餐 厅	中華料理店	L20
bù jí gé 不 及 格	不合格	L25		xī cān tīng △西 餐 厅	西洋レストラン	L20
bù kě néng 不 可 能	そんなはずはない	L24		rì běn cān tīng △日 本 餐 厅	日本料理店	L20
bù néng 不 能	···できない	L25		cān zhuō 餐 桌	ダイニングテーブル、 食卓	L20
bù shǎo 不 少	少なくない	L19		cǎo méi 草 莓	イチゴ	L16
bù shōu 不 收	受け取らない	L22		céng 层	階、層	L22
bù shū fu 不 舒 服	具合が悪い	L25		dì èr céng △（第）二 层	2階	L22
bù xiǎng ná 不 想 拿	得たくない	L17		cè suǒ 厕 所	トイレ	L20
shénme yě bù 什 么 也 不 xiǎng ná 想 拿	何も得たくない	L17		cè suǒ zhǐ 厕 所 纸	トイレットペーパー	L20
bù xiǎng chī 不 想 吃	食べたくない	L17		chà fēn diǎn 差···分···点	···時···分前	L21
shénme dōu bù 什 么 都 不 xiǎng chī 想 吃	何も食べたくない	L17		chà de yuǎn 差 得 远	まだまだです	L23
				chā huār 插 花 儿	生け花	L21
				chāo jí shì chǎng 超 级 市 场	スーパーマーケット	L20
				chǎo 吵	うるさい	L20

471

単語	訳	課
bié chǎo △別 吵	うるさくするな	L20
chǎo fàn 炒 饭	チャーハン	L17
chāo jí shì chǎng 超 级 市 场	スーパーマーケット	L20
chǎo miàn 炒 面	焼きそば	L17
cháng ā yí 常 阿 姨	常おばさん	L19
cháng chéng 长 城	万里の長城	L19
chǎng 场	映画、劇、戦争などを数える量詞	L25
chàng gē 唱 歌	歌を歌う	L16
chàng kǎ lā OK 唱 卡 拉 OK	カラオケをする	L16
cháng zhù 长 住	長期滞在する	L23
cháng zhù 常 驻	海外駐在	L22
chē 车	車	L16
zū chē △租 车	車をレンタルする	L16
chèn shān 衬 衫	ワイシャツ	L22
chēng hu 称 呼	(…と) 呼ぶ	L19
chéng zhī 橙 汁	オレンジジュース	L17
chī 吃	食べる	L17
shénme dōu chī △什 么 都 吃	何でも食べる	L17
bù chī △不 吃	食べない	L17
shénme yě bù △什 么 也 不 chī 吃	何も食べない	L17
chī de dōng xi 吃 的 东 西	食べ物	L20
chí jiǔ zhàn 持 久 战	持久戦	L25

単語	訳	課
chǐ 尺	尺、物差し (3尺=1メートル)	L22
èr chǐ △二 尺	2尺 (0.67メートル)	L22
liǎng chǐ △两 尺	2尺 (0.67メートル)	L22
chōng fèn 充 分	十分である	L24
chóng xīn 重 新	もう一度、改めて	L25
chōu 抽	吸う	L16
chōu tì 抽 屉	引き出し	L20
chōu tì li 抽 屉 (里)	引き出し (の中に)	L20
chōu yān 抽 烟	タバコを吸う	L16
huì chōu yān △会 抽 烟	タバコが吸える	L23
chū bǎn 出 版	出版する	L21
chū chāi 出 差	出張	L17
chū chē huò 出 车 祸	事故を起こす	L23
chū guó 出 国	出国する	L18
chū zū chē 出 租 车	タクシー	L22
chū zū chē 出 租 车 zhàn (站)	タクシー (乗り場)	L20
chú le yǐ 除 了…以 wài 外	…以外に、…の他に	L23
chú shī 厨 师	コック、シェフ	L18
chuān de dōng xi 穿 的 东 西	着る物	L20
chuán 船	船	L19
zuò chuán △坐 船	船に乗る (乗って)	L19

単語	訳	課
chuáng 床	ベッド	L20
chuáng shang 床（上）	ベッド（に）	L20
chūn tiān 春 天	春	L21
chūn tiān nuǎn huo 春 天 暖 和	春は暖かい	L16
cù xiāo 促 销	販売促進する	L24
cù xiāo △促 销 huódòng 活 动	プロモーション	L24
cūn zi li 村 子（里）	村（に）	L20
cún qǐ lai 存 起 来	貯金しておく	L25
cùn 寸	寸（10寸＝1尺）	L22
liǎng cùn △ 两 寸	0.067メートル	L22
D		
dá dào 达 到	達成する	L23
dá dào mù biāo 达 到 目 标	目標を達成する	L23
dǎ 打	（ある種の遊戯を）する	L16
dǎ gāo 'ěr fū 打 高 尔 夫	ゴルフをする	L16
dǎ gōng de 打 工 的	従業員、スタッフ	L18
dǎ má jiàng 打 麻 将	麻雀をする	L16
dǎ kāi 打 开	開ける	L23
dǎ qī zhé 打 七 折	3割引きにする	L24
dǎ sǎo 打 扫	掃除する	L25
dǎ sǎo fáng jiān 打 扫 房 间	部屋を掃除をする	L25
dǎ suàn 打 算	…するつもりだ	L21
dǎ wǎng qiú 打 网 球	テニスをする	L16

単語	訳	課
dǎ yìn jī 打 印 机	プリンター	L18
dà 大	大きい、年上	L19
dà bǎn 大 阪	大阪	L17
dà bìng 大 病	重病	L24
dà guō 大 锅	大なべ	L22
dà hòu tiān 大 后 天	しあさって	L21
dà nián chū 'èr 大 年 初 二	正月の2日目	L22
dà tīng 大 厅	ロビー	L20
dà xiàng 大 象	象	L22
dà xué 大 学	大学	L18
dà xué shēng 大 学 生	大学生	L20
dà yī guì 大 衣 柜	タンス	L24
dà yí suì 大 一 岁	1歳年上	L21
dài 带	連れる、持つ	L17
dài fu 大 夫	先生（医者） 医者の俗な言い方	L18
dài jià 代 价	代価	L24
dài kuǎn 贷 款	ローン	L22
dàn gāo 蛋 糕	ケーキ	L22
dān jiān 单 间	個室	L23
dān xīn 担 心	心配する	L23
dāng rán 当 然	もちろん、当然だ	L23
dǎo luàn fēn zǐ 捣 乱 分 子	騒乱を起こす者	L25
dǎo yóu 导 游	ガイド	L18

473

単語	訳	課	単語	訳	課
dào chù 到 处	至る所	L24	dí sī ní lè yuán 迪斯尼乐园	ディズニーランド	L20
dào lù 道 路	道路	L24	diàn nǎo 电 脑	パソコン	L18
dé yǔ 德 语	ドイツ語	L25	diàn nǎo shì 电 脑 室	パソコンルーム	L22
děi 得	…をしなければならない	L23	diàn shì 电 视	テレビ	L16
dēng 登	登る	L19	diàn yǐng 电 影	映画	L16
děng 等	待つ	L16	kàn diàn yǐng △ 看 电 影	映画を見る	L16
děng deng 等 等	など	L20	diàn yǐng yuàn 电 影 院	映画館	L18
děng huí yīn 等 回 音	返事を待つ	L23	diàn zǐ cí diǎn 电 子 辞 典	電子辞書	L17
ràng nǐ jiǔ △ 让 你 久 děng le 等 了	お待たせいたしました	L16	liǎng dūn 两 吨	2トン	L22
shāoděng yí △ 稍 等 一 xiàr 下 儿	少々お待ちください	L23	diào chá 调 查	調査する	L23
			dìng jū 定 居	定住する	L24
dī shì zhàn 的 士（ 站 ）	タクシー（乗り場）	L20	dōng tiān 冬 天	冬	L19
dí què 的 确	確かに	L23	dōng xi 东 西	物、品物	L17
dì dào 地 道	本場の味	L25	dù jià 度 假	休暇を過ごす	L22
bú dì dao △不 地 道	本場の味ではない	L25	dù zi 肚 子	おなか	L25
dì di 弟 弟	弟	L18	duǎn qī huí 短 期 回 guó xiū jià 国 休 假	一時帰国	L17
dì èr kè 弟 二 课	第2課	L22	duì A 对 B	AはBに対して	L23
dì èr tiān 弟 二 天	2日目	L22	duì wǒ lái shuō 对 我 来 说	私にとって	L25
dì fang 地 方	所、場所	L19	duì huàn chù 兑 换 处	両替所	L22
diǎn … 点	…時	L21	duì huàn dān 兑 换 单	両替申込書	L22
diǎn bàn … 点 半	…時半	L21	dūn 吨	トン	L22
diǎn fēn … 点 …分	…時…分	L21	dùn 顿	（食事の）回数	L21
diǎn zhěng … 点 整	ちょうど…時	L21	duō … 多	…あまり	L24

単語	訳	課
duō cháng 多 长 shíjiān 时 间	どのくらい（時間）	L21
duō jiǔ 多 久	どのくらい（期間）	L21
duō shao 多 少	どれくらい（数）	L20
duō zhǒng 多 种	多くの種類の	L20
E		
è 饿	おなかがすいている	L17
bú è △不 饿	おなかがすいていない	L17
ēn shī 恩 师	恩師	L22
ér tóng 儿 童	児童	L20
ér zi 儿 子	息子	L16
èr rén shì jiè 二 人 世 界	2人だけの世界	L22
F		
fāng biàn 方 便	便利な	L20
bù fāng biàn △不 方 便 bù biàn ／不 便	不便である	L20
fā dà cái 发 大 财	ぼろ儲け（をする）	L22
fā shāo 发 烧	熱が出る、発熱する	L23
fā yīn 发 音	発音	L25
fā zhǎn 发 展	発展する	L24
fǎ guó 法 国	フランス	L16
fǎ guó tōng 法 国 通	フランス通	L23
fǎ guān 法 官	司法官、裁判官	L22
fǎ láng 法 郎	フランスフラン	L22

単語	訳	課
fǎ yǔ 法 语	フランス語	L17
fā chuán zhēn 发 传 真	ファックスを送る	L23
fǎ yuàn 法 院	裁判所	L18
fān yì 翻 译	通訳	L18
fàn diàn dà tīng 饭 店 大 厅	ホテルのロビー	L20
fáng jiān 房 间	部屋	L20
fáng zi 房 子	家、建物	L17
fàng xīn 放 心	安心する	L23
fàng xīn ba 放 心 吧!	ご安心ください	L23
fàng zài 放 在	…に置く	L19
bié fàng zài △别 放 在 xīn shàng 心 上	気にしないでください	L19
fēi 飞	飛ぶ	L20
fēi jī 飞 机	飛行機	L19
zuò fēi jī △坐 飞 机	飛行機に乗る（乗って）	L19
fēi jī shang 飞 机 上	飛行機の中に	L20
fēi cháng 非 常	非常に、とても	L18
fēi cháng liú lì 非 常 流 利	とても流暢である	L25
fēn zhōng ○分 钟	○分間	L19
fěn bǐ 粉 笔	チョーク	L25
fǒu zé 否 则	さもなければ	L23
fú 幅	量詞：布地や絵画を数える	L20
yì fú huàr △一 幅 画 儿	1枚の絵	L20

単語	訳	課
fú zhuāng shè jì shī 服装设计师	ファッションデザイナー	L18
fù bèi 父辈	父親の世代の人	L25
fù kuǎn 付款	支払う	L22
fù qīn 父亲	父親	L18
fù xí 复习	復習する	L24
fù yìn 复印	コピーする	L23
fù yìn jī 复印机	コピー機	L18
G		
gā lí fàn 咖喱饭	カレーライス	L16
gāi … le 该…了	そろそろ…する	L21
gāi zǒu le △该走了	そろそろ帰ります	L21
gǎi tiān 改天	日を改める	L23
gǎn dao 感到	感じる	L21
gān jìng 干净	きれい、清潔である	L24
gǎn kuài 赶快	早く、急いで	L24
gàn huór 干活儿	仕事をする	L24
gàn shén me 干什么	何をする	L17
gāng bǐ 钢笔	ペン	L20
gāng cái 刚才	さっき	L23
gāng kāi shǐ 刚开始	始めたばかりの頃	L24
gāng lái 刚来	来たばかり	L17
gāng qín 钢琴	ピアノ	L20

単語	訳	課
yī jià sān jiǎo gāng qín △一架三角钢琴	1台のグランドピアノ	L20
tán gāng qín 弹钢琴	ピアノを弾く	L25
gǎng bì 港币	香港ドル	L22
gāo 高	高い	L18
gāo ǎi 高↔矮	高い↔低い	L19
gāo ěr fū (qiú) 高尔夫（球）	ゴルフ	L16
dǎ gāo ěr fū △打高尔夫	ゴルフをする	L16
gāo lóu 高楼	高層ビル	L20
gāo xìng 高兴	喜ぶ、うれしい	L18
gāo zhōng 高中	高校	L18
gào su 告诉	告げる、知らせる、教える	L23
gē ge 哥哥	兄	L18
gè zi 个子	背丈	L18
gěi△jī huì 给△机会	人にチャンスを与える	L23
gēn△jiāo liú 跟△交流	人とコミュニケーションをとる	L23
A gēn B jié hūn A跟B结婚	AはBと結婚する	L23
gèng jiā 更加	さらに、もっと	L23
hai gèng jiā nǔ lì △会更加努力	さらに努力する	L23
gōng fēn 公分	センチ	L24
gōng sī 公司	会社	L17

単語	訳	課	単語	訳	課
gōng sī zhíyuán 公司职员	会社員	L18	guàng 逛	ぶらぶら歩く	L17
gōng wù yuán 公务员	公務員	L18	guàng jiē 逛街	街をぶらぶらする	L16
gōng xīn jiē céng 工薪阶层	サラリーマン	L18	nǎr dōu guàng 哪儿都逛	あちこちぶらぶらする	L17
gōng yù 公寓	マンション、アパート	L19	guì 贵	高い	L18
gōng yuán li 公园(里)	公園（の中に）	L20	guì gōng sī 贵公司	貴社	L23
gōng zuò 工作	仕事をする	L16	guì zhe 跪着	ひざまずいて	L23
gōng zuò shí jiān 工作时间	仕事の時間	L24	guó jiā 国家	国	L16
gōu tōng 沟通	意思を疎通させる	L23	guó jì jià zhào 国际驾照	国際免許	L23
gǒu 狗	犬	L22	guó lì 国立	国立	L18
gòuwùzhōngxīn 购物中心	ショッピングセンター	L18	guó wài 国外	外国	L22
gǔ diǎn yīn yuè 古典音乐	クラシック音楽	L16	guò 过	過ごす	L22
gù gōng 故宫	故宮	L19	guò xīn nián 过新年	新年を過ごす	L24
gū gu 姑姑	おばさん（父の姉妹）	L18	guò jiǎng 过奖	誉めすぎ（る）	L24
gǔ lì 鼓励	励ます	L23	H		
guān xīn 关心	関心を持つ、気にかける	L24	hā lì bō tè 哈利波特	ハリー・ポッター	L22
guǎn lǐ gōng sī 管理公司	会社を管理する	L24	hái 还	そして、また	L19
guāng dié 光碟	ディスク類、CD など	L22	hái kě yǐ 还可以	まあまあ・そこそこ	L19
guāng lín 光临	ご光臨を賜り、 ご来店いただく	L22	hái zi 孩子	子供	L17
huān yíng △欢迎 guāng lín 光临	いらっしゃいませ	L22	hǎi li 海(里)	海（の中に）	L20
			hǎi ōu 海鸥	かもめ	L20
guǎng bō 广播	（ラジオ・テレビなどの） 放送、放送する、番組	L16	hǎi shang 海(上)	海（に）	L20
tīng guǎng bō △听广播	放送を聞く	L16	hǎi xiān 海鲜	シーフード	L22
guǎng chǎng 广场	広場	L20	hán yǔ 韩语	韓国語	L24
			hàn bǎo bāo 汉堡包	ハンバーガー	L24

477

単語	訳	課	単語	訳	課
hàn jì 旱季	乾季	L21	hù xiāng bāng zhù 互相帮助	助け合う	L23
hǎo chī 好吃	おいしい	L19	hù zhào 护照	パスポート	L20
hǎo jiǔ bú jiàn le 好久不见了	お久しぶりです	L24	huā chá 花茶	ジャスミン茶	L17
hǎo wánr 好玩儿	面白い	L19	huá bīng 滑冰	スケート（をする）	L25
hǎo zhǎo 好找	見つかりやすい	L25	huá rán 哗然	大ぜいの人がびっくりしながら騒ぎたてるさま	L25
hē 喝	飲む	L16	huá rén 华人	華人	L23
hē kā fēi 喝咖啡	コーヒーを飲む	L17	huá xuě 滑雪	スキー（をする）	L21
hē jiǔ 喝酒	酒を飲む	L16	huá yǔ 华语	華語	L17
hé 和	…と	L20	huà zhuāng 化妆	化粧（をする）	L24
hé 盒	箱	L22	huài le 坏了	壊れた	L23
sì hé yān △四盒烟	タバコ4箱	L22	huān yíng 欢迎	歓迎する	L22
hé de lai 合得来	気が合う	L23	huān yíng guāng lín 欢迎光临	いらっしゃいませ	L22
hé li 河（里）	川（の中に）	L20	huán 还	返す	L22
hēi kā fēi 黑咖啡	ブラックコーヒー	L17	huàn 换	換える	L21
hěn 很	とても	L19	huàn chéng 换成	…に変える	L24
hěn bàng 很棒	すばらしい	L25	huàn gōng zuò 换工作	仕事を変える	L23
hěn duō qián 很多钱	たくさんのお金	L20	huàn qián 换钱	両替する	L22
hěn shǎo 很少	めったに、とても少ない	L20	huáng guā 黄瓜	キュウリ	L22
hòu lái 后来	その後	L23	huī fù 恢复	回復する	L24
hòumian qiánmian 后面↔前面	後ろ↔前	L18	huí yīn 回音	返事、答え	L23
hòu nián 后年	再来年	L21	děng huí yīn △等回音	返事を待つ	L23
hòu tiān 后天	あさって	L21	huì 会	…ができる、…するであろう	L23
hóng chá 红茶	紅茶	L17	huì chōu yān 会抽烟	タバコが吸える	L23
hù shi 护士	看護師	L18			

単語	訳	課
huì pǔ gōng sī 惠普公司	ヒューレット・パッカード	L18
huì shuō 会说	話せます	L22
huì xià yǔ 会下雨	雨が降るだろう	L23
huì yì shì 会议室	会議室	L18
huì lǜ 汇率	為替レート	L22
hūn lǐ 婚礼	婚礼、結婚式	L17
cān jiā hūn lǐ △参加婚礼	結婚披露宴に列席する	L17
hùn xuè 'ér 混血儿	ハーフ	L18
huǒ chē 火车	汽車	L22
huó dòng 活动	活動する	L24
J		
jī fàn 鸡饭	チキンライス	L16
jǐ diǎn 几点	何時	L21
jǐ shí 几时	いつ	L23
jǐ wèi 几位	何名様	L23
jì huà 计划	計画する、計画	L21
jì jié 季节	季節	L21
jì niàn rì 纪念日	記念日	L21
jì zhě 记者	記者	L25
jiā diàn chǎn pǐn 家电产品	家庭用電気製品	L20
jiā jǐn 加紧	強化する、 一段と力を入れる	L25
jiā jǐn fù xí 加紧复习	復習に一段と力を入れる	L25
jiā yuán 加元	カナダドル	L22

単語	訳	課
jiā jù 家具	家具	L20
jiā jù diàn △家具店	家具屋	L24
jiā rén 家人	家族	L23
jiā tíng 家庭	家庭	L22
jiā tíng △家庭 shēng huó 生活	家庭生活	L24
jiā yóu ba 加油吧	がんばってください	L23
jià 架	量詞　支えのついた物や、 機械、飛行機を数える	L20
yí jià gāng qín △一架钢琴	1台のピアノ	L21
yí jià sān jiǎo △一架三角 gāng qín 钢琴	1台のグランドピアノ	L20
liǎng jià fēi jī △两架飞机	2機の飛行機	L21
jià gěi nán xìng 嫁给……	(女性が)男性に嫁ぐ	L23
jià gěi wǒ △嫁给我	私と結婚する	L23
jià gěi rì běn rén △嫁给日本人	日本人と結婚する	L25
jiān chí 坚持	堅持する、がんばって続ける	L23
jiǎn dān 简单	簡単な	L17
jiǎn féi 减肥	ダイエット	L24
jiǎn tóu fa 剪头发	髪を切る	L21
jiàn miàn 见面	会う	L21
jiāng bǎ 将 →把	…を	L25
jiāo dìng jīn 交定金	手付けを払う	L23
jiāo tōng 交通	交通	L24

単語	訳	課	単語	訳	課
jiāo wǎng 交 往	付き合う	L24	liǎng jīn △ 两 斤	2斤（1キログラム）	L22
jiāo yǒu 郊 游	ピクニック	L21	èr jīn △二 斤	2斤（1キログラム）	L22
jiǎo zi 饺 子	ギョーザ	L16	jīn hòu 今 后	今後	L21
bāo jiǎo zi △包 饺 子	ギョーザを作る	L16	jīn tiān 今 天	今日	L17
jiào liàn 教 练	コーチ	L19	jīn tiān zuó tiān 今 天 / 昨 天	今日 / 昨日	L21
jiào shì li 教 室（里）	教室（に）	L20	jīn róng jī guān 金 融 机 关	金融機関	L18
jiào táng 教 堂	教会	L18	jīn zì tǎ 金 字 塔	ピラミッド	L23
jiē 接	迎える	L21	jìn 近	近い	L21
jiē hái zi 接 孩 子	子供を迎える	L23	jìn bù 进 步	進歩する	L23
jiē shang 街（上）	街（に）	L20	jìn lai 进 来	入る	L23
jié hūn 结 婚	結婚する	L24	jìn xíng 进 行	進める、行う	L25
jié hūn jì niàn rì 结 婚 纪 念 日	結婚記念日	L21	jìn xiū 进 修	研修する	L21
jié jiǎn 节 俭	倹約する	L22	jīng cháng 经 常	いつも	L20
jié rì 节 日	祭日	L21	jīng guò 经 过	を通して、を経て	L24
jié zuò 杰 作	傑作	L25	jǐng wèi 警 卫	警備する、警備に当たる人、ボディーガード	L25
jiě fu 姐 夫	義理のお兄さん、姉の夫	L18	jìng zi 镜 子	鏡	L22
jiě jie 姐 姐	姉	L19	jiǔ děng 久 等	長く待つ	L16
jiě jué 解 决	解決する	L23	ràng nǐ jiǔ △让 你 久 děng le 等 了	お待たせしました	L16
jiè gěi nǐ 借 给 你	あなたに貸す	L23	jiù jiu 舅 舅	おじさん（母の兄弟）	L18
jiè guāngr 借 光 儿	ちょっと失礼、通らせてください	L22	jū mín qū 居 民 区	居住区	L18
jiè shào 介 绍	紹介する	L24	jǔ xíng 举 行	行う、挙行する	L24
jiè yān 戒 烟	禁煙する	L23	jù tǐ shuōshuo 具 体 说 说	具体的に言う	L24
jīn 斤	斤（0.5キログラム）	L22			

単語	訳	課
jué dìng 决 定	決める、決定	L24
K		
kā fēi 咖 啡	コーヒー	L17
△喝咖啡 hē kā fēi	コーヒーを飲む	L17
hēi kā fēi △黑咖啡	ブラックコーヒー	L17
kǎ lā 卡 拉 OK	カラオケ	L16
chàng kǎ △ 唱 卡 lā 拉 OK	カラオケをする	L16
kāi chē 开 车	車を運転する、発車する	L21
kāi gōng sī 开 公 司	会社を作る	L25
kāi huì 开 会	会議	L17
kāi yè chē 开 夜 车	徹夜をする	L25
kàn 看	見る、読む	L16
kàn bào 看 报	新聞を読む	L16
kàn diàn shì 看 电 视	テレビを見る	L16
kàn diàn yǐng 看 电 影	映画を見る	L16
kàn kan 看 看	見てみる	L17
kàn yī shēng 看 医 生	お医者さんに診察して もらう	L25
kǎo bu shang 考 不 上	受からない	L23
kǎo dà xué 考 大 学	大学受験をする	L23
kǎo lǜ 考 虑	考える、考慮する	L23
kǎo lǜ yí △考 虑 一 xiàr 下 儿	ちょっと考える	L23

単語	訳	課
kǎo qǔ 考 取	合格する	L23
kǎo shì 考 试	試験を受ける	L20
kē 棵	量詞：木を数える	L20
yì kē shù △一 棵 树	1本の木	L20
kě kǒu kě lè 可 口 可 乐	コカ・コーラ	L17
kě lè 可 乐	コーラ	L22
kě lián 可 怜	かわいそうである	L25
kě néng 可 能	…かもしれない	L21
kě shì 可 是	しかし	L18
kě yǐ 可 以	…してもいい	L23
kè rén 客 人	お客様	L20
kè 克	グラム	L22
liǎng kè △ 两 克	2グラム	L22
kěn dìng 肯 定	きっと、間違いなく	L25
kōng qì 空 气	空気	L24
kōng shǒu dào 空 手 道	空手	L21
kōng zhōng xiǎo jie 空 中 小 姐	スチュワーデス	L18
kū xiào bù dé 哭 笑 不 得	どうしようもない（泣くに泣 けず、笑うに笑えず）	L25
kuā jiǎng 夸 奖	誉める	L23
kuài qián 块（钱）	元	L20
èr bǎi kuài qián △二 百 块 钱	200元	L20
liǎng kuài qián △两 块 钱	2元	L22
kuài 快	速度が速い	L24

単語	訳	課
kuài le 快 …了	もうすぐ…	L21
kuài chī △ 快 吃 fàn le 饭了	もうすぐご飯です	L21
kuài jì 会 计	会計・経理	L18
kuài zi 筷 子	箸	L22
kuàng quán shuǐ 矿 泉 水	ミネラルウォーター	L22

L

単語	訳	課
lā 拉	引く、引っ張る、（主に弦楽器を）弾く	L25
lā xiǎo tí qín 拉 小 提 琴	ヴァイオリンを弾く	L25
là zhú 蜡 烛	ローソク	L22
yì gēn là zhú △ 一 根 蜡 烛	ローソク1本	L22
lái dào 来 到	…に来て	L24
làng màn 浪 漫	ロマンティックである	L16
láo jià 劳 驾	ちょっと失礼、通らせてください	L22
lǎo bǎn 老 板	社長（オーナー社長）	L18
lǎo gōng 老 公	だんな	L19
lǎo hǔ 老 虎	トラ	L22
lǎo jiā 老 家	実家	L24
lǎo liú 老 刘	劉さん	L19
lǎo po 老 婆	女房	L19
lǎo shī 老 师	先生	L17
lǎo shi 老 实	真面目	L19
le 了	…をした	L17

単語	訳	課
lè qù 乐 趣	楽しみ	L22
lèi 累	疲れる	L17
tài lèi le △太 累 了	とても疲れた	L17
lěng 冷	寒い	L18
lěng ↔ rè 冷 ↔ 热	寒い・冷たい ↔ 熱い・暑い	L18
lí 离 …	…から	L19
lí kāi 离 开	離れる	L23
lǐ 里	里（0.5キロメートル）	L22
èr lǐ △二 里	2里（1キロメートル）	L22
lǐ bài yī 礼 拜 一	月曜日	L21
lǐ jiě 理 解	理解する	L25
lǐ mian 里 面 lǐ biān （里 边）	中	L20
lǐ xiǎng 理 想	理想	L22
lǐ wù 礼 物	プレゼント	L24
lì hai 厉 害	激しい、ひどい、すごい	L25
téng de lì hai △ 疼 得 厉 害	ひどく痛い	L25
lián luò diàn huà 联 络 电 话	連絡先電話番号	L23
liǎn shang 脸 （上）	顔 （に）	L20
liáng kuài 凉 快	涼しい	L19
liáng kuài ↔ 凉 快 ↔ nuǎn huo 暖 和	涼しい ↔ 暖かい	L21
liǎng 两	両（50グラム）	L22
èr liǎng △二 两	2両（100グラム）	L22

単語	訳	課	単語	訳	課
liǎng bànr 两 半儿	半分	L22	èr lóu △二 楼	2階	L22
liǎng diǎn 两 点	2時	L22	jǐ lóu △几 楼	何階	L20
liǎng guó 两 国	2つの国	L22	lù 路	道	L22
liǎng jiā 两 家	2家族	L22	lù shang 路 上	途中	L20
liǎng lǐ 两 里	2里（1キロメートル）	L22	lù yīn 录音	録音	L20
liǎng liàng chē 两 辆 车	車2台	L22	tīng lù yīn △听 录 音	録音を聞く	L20
liǎng rén 两 人	2人	L22	lú 驴	ロバ	L22
liǎng shǒu 两 手	両手	L22	lún dūn 伦 敦	ロンドン	L21
liǎng suì 两 岁	2歳	L22	luó zi 骡 子	ラバ	L22
liǎng tiān 两 天	2日間	L22	lǚ kè 旅 客	観光客	L20
liàng 辆	台	L22	lǚ xíng 旅 行	旅行する	L17
liáo tiānr 聊 天儿	世間話をする	L23	lǜ shī 律 师	弁護士	L18
líng chén 凌 晨	明け方	L21	lǜ chá 绿 茶	緑茶	L17
líng mù xiān sheng 铃 木 先 生	鈴木様・さん	L18	**M**		
lǐng dài 领 带	ネクタイ	L22	mā ma 妈 妈	お母さん	L17
lǐng dǎo 领 导	リーダーシップをとる	L23	má fan 麻 烦	迷惑・煩わしい	L19
liú lì 流 利	流暢な	L18	tiān máfan le △添 麻 烦 了	ご迷惑をかけました	L19
liú lián 榴 莲	ドリアン	L19	má jiàng 麻 将	麻雀	L16
liú xíng yīn yuè 流 行 音 乐	流行の音楽、ポピュラー音楽	L16	dǎ má jiàng △打 麻 将	麻雀をする	L16
liú xué 留 学	留学（する)	L21	má yào 麻 药	麻酔	L23
liú xué shēng 留 学 生	留学生	L16	dǎ má yào △打 麻 药	麻酔を受ける	L23
liú yán 留 言	メッセージ	L23	mǎ 马	馬	L22
lóu 楼	階	L20	mǎ ěr dài fū 马 尔 代 夫	モルジブ	L23
yī lóu △一 楼	1階	L20	mǎ kè 马 克	ドイツマルク	L22

単語	訳	課	単語	訳	課
mǎ lái xī yà 马来西亚	マレーシア	L19	méi shén me 没什么	大したことではない	L16
mǎi 买	買う	L16	méi shìr 没事儿	用事がない、大したこと ではない	L17
mài ↔ mǎi 卖 ↔ 买	売る ↔ 買う	L17	méi yì jiàn 没意见	不満がない	L25
mǎi fáng zi 买房子	家を買う	L17	měi guó rén 美国人	アメリカ人	L17
mǎi dōng xi 买东西	買い物をする	L17	wǒ shì měi △我是美 guó rén 国人	私はアメリカ人です	L17
mǎi le 买了	買った	L24	měi yuán 美元	アメリカドル	L22
mài dāng láo 麦当劳	マクドナルド	L16	huàn měi yuán △换美元	アメリカドルを両替する	L22
mán de 蛮…的	なかなか…である	L19	měi róng shī 美容师	美容師	L18
mán rè de 蛮热的	とても暑い	L19	mèi mei 妹妹	妹	L23
màn zǒu 慢走	ゆっくり歩く、どうぞお気 をつけて	L21	mèi fu 妹夫	義理の弟、妹の夫	L18
máng guǒ 芒果	マンゴー	L22	mén wèi 门卫	門番、門衛	L25
māo 猫	猫	L22	mèng xiǎng 梦想	夢	L22
máo jīn 毛巾	タオル	L22	mèngxiǎng 梦想 chéngzhēn 成真	夢が実現する	L22
mào yì gōng sī 贸易公司	貿易会社	L18			
mào zi 帽子	帽子	L22	mǐ lǎo shǔ 米老鼠	ミッキーマウス	L20
yì dǐng mào zi △一顶帽子	帽子1つ	L22	miàn 面	麺	L22
méi bàn fǎ 没办法	仕方がない	L24	miàn bāo chē 面包车	マイクロバス、ミニバン	L22
méi cuò 没错	間違いない	L22	mín dān dǎo 民丹岛	(インドネシアの) ビンタン島	L18
méi fǎ 没法	仕方がない	L24	míng pái 名牌	ブランド	L25
méi fǎ zi 没法子	仕方がない	L24	mó tèr 模特儿	モデル	L18
méi guān xi 没关系	大丈夫です	L17	mó tuō chē 摩托车	オートバイ	L22
méi guī huā 玫瑰花	バラ	L23	mǔ 亩	ムー、畝	L22
méi miàn zi 没面子	メンツを失った	L24			

単語	訳	課
èr mǔ △二 亩	2ムー（13.33 アール）	L22
liǎng mǔ △两 亩	2ムー（13.33 アール）	L22
mǔ qin 母 亲	母親	L18
mù biāo 目 标	目標	L23
dá dào mù biāo △达到目标	目標を達成する	L23
mù guā 木 瓜	パパイヤ	L19
N		
ná zhe 拿 (着)	持つ（持っている）	L20
nǎ ge 哪 个	どの	L16
nǎ guó 哪 国	どの国	L18
nǎ li 哪 里	どこ	L17
nǎ li nǎ li 哪 里 哪 里	とんでもございません	L23
nǎr 哪 儿	どこ	L17
nǎr dōu 哪 儿 都	どこへも	L17
nǎr dōu guàng 哪 儿 都 逛	あちこちぶらぶらする	L17
nǎr yě 哪 儿 也	どこへも	L17
nǎr yě bú qù 哪 儿 也 不 去	どこへも行かない	L17
bú qù nǎr 不 去 哪 儿	どこへも行かない	L17
nǎ xiē 哪 些	どれら	L18
nǎ wèi 哪 位	どなた	L18
nà 那	それでは	L16
nà bù diàn yǐng 那 部 电 影	あの映画	L19
nà ge 那 个	あの、その	L18
nà li 那 里	あそこ	L18

単語	訳	課
nàr 那 儿	あそこ	L18
nà xiē 那 些	あれら	L18
nán 男	男	L24
nán 难	難しい	L18
nán jiē shòu 难 接 受	受け入れがたい	L25
nán guài 难 怪	だから、道理で	L23
nán měi zhōu 南 美 洲	南米	L20
nán péng you 男 朋 友	彼氏、ボーイフレンド	L19
nào zhōng 闹 钟	目覚まし時計	L20
néng 能	…してもいい、…する能力がある	L23
nǐ lǎo gōng 你 老 公	ご主人	L25
nián dǐ 年 底	年末	L24
nián qīng 年 轻	若い	L23
niǎo 鸟	鳥	L20
nà zhī niǎo △那 只 鸟	あの鳥	L23
nín 您	你の尊敬語	L18
niú 牛	牛	L22
niú nǎi 牛 奶	牛乳	L17
niú ròu hàn bǎo bāo 牛 肉 汉 堡 包	ビーフハンバーガー	L24
niǔ yuē 纽 约	ニューヨーク	L20
nǔ lì 努 力	努力する	L23
gèng jiā nǔ lì △更 加 努 力	さらに努力する	L23
nǚ péng you 女 朋 友	ガールフレンド	L19
nǚ shì 女 士	女史	L18

485

単語	訳	課
nǚ zhí yuán 女职员	女性社員	L24
nuǎn huo 暖和	暖かい	L16
O		
ǒu ěr 偶尔	たまに	L20
ōu yuán 欧元	ユーロ	L22
ōu zhōu 欧洲	ヨーロッパ	L20
P		
pà 怕	心配する、恐れる	L23
pǎo 跑	走る	L25
pǎo de kuài 跑得快	速く走れる	L25
péng you 朋友	友達	L16
pí jiǔ 啤酒	ビール	L17
pián yi 便宜	安い	L19
pián yi ↔ guì 便宜 ↔ 贵	安い ↔ 高い	L18
piào liang 漂亮	きれいである、美しい	L19
pīng pāng qiú 乒乓球	卓球	L25
dǎ pīng △打乒 pāng qiú 乓球	卓球をする	L25
píng guǒ 苹果	リンゴ	L18
píng shí 平时	ふだん、平素	L16
pō wéi dé yì 颇为得意	とても得意そうである	L25
pò fèi 破费	散財する	L16
pú tao 葡萄	ぶどう	L22
pǔ ěr chá 普洱茶	プーアル茶	L18

単語	訳	課
Q		
qī zi 妻子	ワイフ、妻	L19
qí chē 骑车	自転車に乗る	L24
qǐ yè wén huà 企业文化	企業文化	L25
qì gōng 气功	気功	L25
qì hòu 气候	気候	L19
qiān wàn 千万	くれぐれも	L24
qián bāo 钱包	財布	L20
qián bāo li 钱包（里）	財布（に）	L20
qián nián 前年	おととし	L21
qián shuǐ 潜水	ダイビングをする	L23
qián tiān 前天	おととい	L21
qián tú 前途	前途	L23
qián 钱	お金	L17
yì fēn qián △一分钱	1円、1分	L17
qiáng shang 墙（上）	壁の上（表面に）	L20
qiǎo kè lì 巧克力	チョコレート	L22
qīn qi 亲戚	親戚	L17
qín láo 勤劳	勤勉である	L19
qīng chūn dòur 青春豆儿	にきび	L20
qīng shào nián 青少年	若者	L23
qīng sōng 轻松	気楽である、くつろぐ	L21
qíng rén jié 情人节	バレンタインデー	L21

単語	訳	課
qíng tóu yì hé 情 投 意 合	気が合う、（男女の）相性がいい、一目ぼれ	L24
qǐng 请	招く	L17
qǐng huí ba 请 回 吧	帰りなさい	L21
qǐng shōu xià 请 收 下	どうぞ受け取ってください	L18
qǐng wù 请 勿…	…してはいけない	L25
qǐng wù xī yān △请 勿 吸 烟	喫煙禁止	L25
qìng zhù 庆 祝	祝う	L21
qióng rén 穷 人	貧乏人	L22
qiū tiān 秋 天	秋	L19
nán qǔ nǚ (男)娶(女)	（男性）が女性をめとる、（男性）が女性と結婚する	L23
qǔ qián 取 钱	お金を下ろす	L17
qǔ xiāo 取 消	キャンセルする	L23
qù 去	行く	L16
bú qù △不 去	行かない	L17
nǎr yě bú △哪儿 也 不 qù 去	どこへも行かない	L17
quán jiā 全 家	家族全員	L17

R

単語	訳	課
rán 'ér 然 而	しかし	L25
rán hòu 然 后	その後	L23
ràng 让	…させる	L16

単語	訳	課
ràng nǐ jiǔ △让 你 久 děng le 等 了	お待たせしました	L16
rè 热	熱い、暑い	L16
xià tiān rè △夏 天 热	夏は暑い	L16
rè shuǐ 热 水	お湯	L22
rén jūn 人 均	1人当たり	L24
rén mín bì 人 民 币	人民元	L22
rén yuán 人 缘	人付き合い、他人の受け	L25
yǒu rén yuán △有 人 缘	人気がある	L25
méi yǒu rén yuán △没 有 人 缘	人気がない	L25
rì běn cài 日 本 菜	日本料理	L19
rì běn rén 日 本 人	日本人	L16
rì yuán 日 元	日本円	L22
sān wàn rì yuán △3 万 日 元	3万円	L22
rì zi 日 子	日	L21
róng yì 容 易	簡単な	L18
róu dào 柔 道	柔道	L25
rú guǒ 如 果	もしも…ならば	L24
ruì shì 瑞 士	スイス	L20

S

単語	訳	課
sān guó huà 三 国 话	3か国語	L23
sān jiǎo gāng qín 三 角 钢 琴	グランドピアノ	L20

単語	訳	課
yí jià sānjiǎo △一架三角 gāngqín 钢琴	1 台のグランドピアノ	L20
sān kè 三 刻	45 分	L21
sān líng shǎng shè 三 菱 商 社	三菱商社	L18
sān míng zhì 三 明 治	サンドイッチ	L20
sǎo miáo 扫 描	スキャンする	L23
sǎo zi 嫂 子	兄の嫁、義理のお姉さん	L18
sēn lín 森 林	森	L20
shā fā 沙 发	ソファー	L20
shàn jiě rén yì 善 解 人 意	人の気持ちをよく理解する	L25
shāng liang 商 量	相談する	L23
shāng pǐn 商 品	商品	L24
shāng rén 商 人	商人	L18
shàng bān 上 班	出勤する	L20
shàng bān zú 上 班 族	サラリーマン	L18
shàng dà xué 上 大 学	大学に通う	L23
shàng ge yuè 上 个 月	先月	L24
shàng kè 上 课	授業を受ける、授業が始まる	L21
shàng le nián jì 上 了 年 纪	年をとった	L23
shàng sī 上 司	上司	L22
shàng tái dú zòu 上 台 独 奏	舞台で演奏する	L25
shàng wǎng 上 网	インターネットにアクセスする	L21
shàng wǔ 上 午	午前	L21
shāo jiǔ 烧 酒	焼酎など	L22

単語	訳	課
shǎo shù 少 数	少数	L23
shè xiàng jī 摄 像 机	ビデオカメラ	L22
shè zhǎng 社 长	社長	L20
shēn fèn zhèng 身 份 证	身分証明書、ID カード	L20
shēn shang 身 （上）	体（に）	L20
shén fù 神 父	神父さん	L24
shén me 什 么	何	L16
shén me dì fang 什 么 地 方	どんな場所	L18
shén me dōu 什 么 都…	何でも…	L17
shén me dōu 什 么 都 bù xiǎng chī 不 想 吃	何も食べたくない	L17
shén me dōu chī 什 么 都 吃	何でも食べる	L17
shén me dōu 什 么 都 xiǎng chī 想 吃	何でも食べたい	L17
shén me dōu 什 么 都 xiǎng ná 想 拿	何でも貰いたい	L17
shén me dōu yào 什 么 都 要	何でも欲しい	L17
shén me dōu bú yào 什 么 都 不 要	何も要らない	L17
shén me shí hou 什 么 时 候	いつ	L20
shén me yě 什 么 也…	何でも…	L17
shén me yě bù chī 什 么 也 不 吃	何も食べない	L17
shén me yě bù 什 么 也 不 xiǎng ná 想 拿	何も得たくない	L17
shēng bìng 生 病	病気になる	L20

単語	訳	課
shēng hái zi 生 孩 子	子供を産む	L24
shēng jī bó bó 生 机 勃 勃	生き生きする、 生命力あふれる	L21
shēng le 生 了	産んだ	L24
shēng rì 生 日	誕生日	L21
shēng yì 生 意	商売	L22
shèng kāi 盛 开	満開	L21
shèng táo shā 圣 淘 沙	(シンガポールの観光地) セントーサ島	L18
shī fu 师 傅	師匠	L19
shí jiān 时 间	時間	L25
shí wù 食 物	食べ物	L19
shì 是	…である	L16
shì qing 事 情	事情	L24
shì wài 室 外	室外	L23
shì wù xìng de 事 务 性 的	事務的な	L18
shǒu biǎo 手 表	腕時計	L21
shǒu jī 手 机	携帯電話	L20
shǒu juànr 手 绢 儿	ハンカチ	L21
shǒu li 手 (里)	手（に）	L20
shǒu qī 首 期	頭金、第1期	L22
shǒu shù 手 术	手術	L24
shǒu xiān 首 先	まず、先に	L23
shǒu zhǐ 手 纸	トイレットペーパー	L20
shòu shāng 受 伤	負傷する	L23

単語	訳	課
shòu sī 寿 司	寿司	L16
shū 书	本	L16
wǔ běn shū △五 本 书	5冊の本	L22
shū diàn 书 店	本屋	L18
shū jià 书 架	本棚	L24
shū shì 舒 适	快適な	L20
shū fu △舒 服	気分がよい、心地よい	L20
zuò zhe △坐 着	座り心地がよい	L20
shū fu 舒 服		
shū zhuō 书 桌	机	L20
shū zi 梳 子	くし	L22
shǔ hǎo 数 好	ちゃんと数える	L22
shǔ hǔ shǔ tù 属虎 / 属兔	寅年 / 卯年	L21
shǔ shén me 属 什 么	干支は何ですか	L21
shù 树	木	L20
shù xué lǎo shī 数 学 老 师	数学の先生	L18
shuāng rén chuáng 双 人 床	ダブルベッド	L24
shéi 谁	誰	L17
shuǐ 水	水	L16
shuǐ gāng 水 缸	水がめ、水槽	L22
shuǐ guǒ 水 果	果物	L16
shuì zháo 睡 着	眠りにつく	L25
shùn lì 顺 利	順調である	L25
shuō 说	話す	L17

単語	訳	課
shuō bu shàng 说 不 上	言えない	L23
shuō de yě shì 说 得 也 是	それはそうだ	L22
shuō míng 说 明	説明する	L25
sī jī 司 机	運転手	L18
sī jiā chē 私 家 车	マイカー	L24
sī rén gōng yù 私 人 公 寓	プライベートマンション	L20
△zǔ wū △组 屋	HDB フラット (シンガポールの公団)	L20
△yáng fáng △ 洋 房	一軒家	L20
sì jì 四 季	四季	L21
sòng 送	送る	L21
sù shè 宿 舍	寮	L25
△nǚ sù shè △女 宿 舍	(社会人の) 女子寮	L25
△nǚ shēng △女 生 sù shè 宿 舍	(学生の) 女子寮	L25
sù zhì 素 质	素質	L24
suí biàn 随 便	気軽に	L17
suí shí 随 时	いつでも	L24
suì 岁	歳	L21
△èr shí suì △二 十 岁	20 歳	L22
suǒ 所	建築物(家・学校・病 院など)を数える	L25
△yì suǒ dà xué △一 所 大 学	大学 1 校	L25
△yì suǒ yī △一 所 医 yuàn 院	病院 1 軒	L25

単語	訳	課
T		
tài guó 泰 国	タイ	L17
tài guó cài 泰 国 菜	タイ料理	L25
tài guó rén 泰 国 人	タイ人	L25
tài hǎo le 太 好 了	それはよかった	L17
tài lèi le 太 累 了	とても疲れた	L17
tài nán le 太 难 了	難しすぎる	L23
tài qiǎo le 太 巧 了	ちょうどいい、 すごい偶然です	L21
tài tai 太 太	奥さん、ミセス○	L16
tài tai men 太 太 们	奥さんたち	L25
tán 弹	弾く	L25
tán gāng qín 弹 钢 琴	ピアノを弾く	L25
tāng 汤	スープ	L18
táng 糖	砂糖、キャンディー	L22
táng lǎo yā 唐 老 鸭	ドナルドダック	L20
tǎng xià 躺 下	横になる	L25
tào 套	組やセットになっている物 を数える	L24
△yí tào shā fā △一 套 沙 发	ソファー 1 セット	L24
△zhěng tào △ 整 套 jiā jù 家 具	家具フルセット	L24
tào cān 套 餐	定食、セットメニュー	L24
tè bié 特 别	特別に、特に	L19
tè bié shì 特 别 是	特に	L19

490

単語	訳	課
téng 疼	痛い	L25
téng de lì hai 疼得厉害	ひどく痛い	L25
téng tián xiǎo jie 藤田小姐	藤田さん	L18
tiān 添	増やす	L19
tiān má fan le 添麻烦了	ご迷惑をかけました	L19
tiān qì 天气	天気、気候	L19
tiān shang 天（上）	空（に）	L20
tián pǐn 甜品	デザート	L18
tián xiě 填（写）	（空欄に）記入する	L22
tiě dá ní kè hào 铁达尼克号	タイタニック号	L22
tīng guǎng bō 听广播	放送を聞く	L16
tīng shuō 听说	聞くところによると	L23
tíng zhe 停（着）	止まる（止まっている）	L20
tǐng de 挺…的	なかなか…である	L19
tóng shì 同事	同僚	L17
tóng suì 同岁	同い年	L23
tóng xué 同学	クラスメート	L19

W

単語	訳	課
wà zi 袜子	靴下	L22
wài guó 外国	外国	L22
wài guó nǚ zǐ 外国女子	外国人の女性	L25
wài guó rén 外国人	外国人	L20

単語	訳	課
wài mian 外面 wài biān （外边）	外	L20
wài yǔ 外语	外国語	L23
wán quán 完全	完全に、すっかり	L23
wǎn diǎn le 晚点了	定刻よりも遅れた、延着した	L23
wǎng bā 网吧	インターネットカフェ	L22
wǎng qiú 网球	テニス	L16
dǎ wǎng qiú △打网球	テニスをする	L16
wēi bō lú 微波炉	電子レンジ	L20
wēi ní sī 威尼斯	ベニス	L18
wēi shì jì 威士忌	ウイスキー	L22
wéi qí 围棋	囲碁	L25
xià wéi qí △下围棋	囲碁を打つ	L25
wéi xiū 维修	メンテナンス	L24
wèi hūn fū 未婚夫	婚約者（男）	L19
wèi hūn qī 未婚妻	婚約者（女）	L19
wèi kǒu 胃口	食欲	L17
wèi le 为了…	…のために	L23
wèi shēng zhǐ 卫生纸	トイレットペーパー	L20
wēn róu 温柔	優しい	L23
wèn tí 问题	問題	L22
wǒ de 我的	私の	L18
wǒ huì de 我会的	必ずそうする	L25

単語	訳	課
wǒ nǚ ér 我女儿	私の娘	L25
wū jié lù 乌节路	（シンガポールのメインストリート）オーチャードロード	L17
wū lóng chá 乌龙茶	ウーロン茶	L17
wū zi li 屋子（里）	部屋（に）	L20
wú guān rén yuán 无关人员	関係者以外	L25
△ bù dé rù nèi 不得入内	立ち入り禁止	L25
wú liáo 无聊	退屈である	L25
wǔ fàn 午饭	昼ごはん	L24
wǔ tái 舞台	舞台	L20
wǔ yīn bù quán 五音不全	音痴	L25
wù jià guì 物价贵	物価が高い	L18

X

単語	訳	課
xī bān yá yǔ 西班牙语	スペイン語	L24
xī cān 西餐	西洋料理	L20
xī ěr dùn 希尔顿	ヒルトン	L21
xī fāng rén 西方人	西洋人	L23
xī guā 西瓜	スイカ	L16
xī ní 悉尼	シドニー	L24
xī yáng rén 西洋人	西洋人	L24
xí guàn 习惯	…に慣れる、習慣	L25
xǐ fà shuǐ 洗发水	シャンプー	L22
xǐ huan 喜欢	…が好きだ	L16
xǐ shǒu jiān 洗手间	洗面所、お手洗い	L20

単語	訳	課
xǐ shǒu yè 洗手液	液体ハンドソープ	L20
xǐ wǎn 洗碗	茶碗を洗う	L24
xiā 虾	エビ	L20
xià 下	（囲碁）を打つ	L25
xià bān 下班	仕事が終わる、退勤する	L25
xià chú 下厨	台所に入って料理する	L20
xià cì 下次	次回	L24
xià dì zǒu lù 下地走路	（病気で）寝ていた者が歩けるようになる	L25
xià kè 下课	授業が終わる	L21
xià tiān 夏天	夏	L16
xià tiān rè 夏天热	夏は暑い	L16
xià wēi yí 夏威夷	ハワイ	L19
xià wéi qí 下围棋	囲碁を打つ	L25
xià wǔ 下午	午後	L17
xià wǔ chá 下午茶	アフタヌーンティー	L17
xiān huā 鲜花	生花	L21
xiān sheng 先生	ミスター○○、○○様、○○さん	L16
xiàn mù 羡慕	うらやましい	L23
xiàn dài huà 现代化	現代風、近代化	L24
xiàn jīn 现金	現金	L22
xiàn shí 现实	現実	L22
xiāng dāng mǎn yì 相当满意	相当満足している	L25

単語	訳	課
xiāng gǎng 香港	香港	L19
xiāng jiāo 香蕉	バナナ	L22
xiāng qīn xiāng'ài 相亲相爱	愛し合っている	L24
xiāng shuǐ 香水	香水	L22
xiāng wèir 香味儿	良い香り	L22
yì gǔ xiāng wèir △一股香味儿	ひとしきりの良い香り	L22
xiǎng 想…	…したい	L17
xiǎng chī 想吃	食べたい	L17
shénmedōu xiǎngchī △什么都想吃	何でも食べたい	L17
bù xiǎng chī △不想吃	食べたくない	L17
shénmedōu bùxiǎngchī △什么都不想吃	何も食べたくない	L17
xiǎng zhe 想着	心にかけている	L18
xiǎng mǎi 想买	買いたい	L17
xiǎng ná 想拿	貰いたい	L17
shénmedōu xiǎngná △什么都想拿	何でも貰いたい	L17
bù xiǎng ná △不想拿	得たくない	L17
shénme yě bù xiǎngná △什么也不想拿	何も得たくない	L17
xiǎng shòu 享受	享受、楽しむ	L22
xiàng liànr 项链儿	ネックレス	L22

単語	訳	課
xiàng qiúhūn A向B求婚	AがBにプロポーズする	L23
xiāo shòu bù 销售部	セールス部門	L24
xiāo xi 消息	情報、ニュース、便り	L22
xiāo yáo zì zài 逍遥自在	悠々自適	L22
xiǎo 小	年下、小さい	L19
xiǎo jie 小姐	ミス〇、〇さん	L16
xiǎo niǎo 小鸟	小鳥	L22
ge xiǎoshí …(个)小时	…時間	L19
xiǎo tí qín 小提琴	ヴァイオリン	L25
lā xiǎo tí qín △拉小提琴	ヴァイオリンを弾く	L25
xiǎo wáng 小王	王君、王さん	L19
xiǎo xué 小学	小学校	L18
xiǎo yí suì 小一岁	1歳年下	L21
xiào zhǎng 校长	校長	L19
xié 鞋	靴	L22
xīn bì 新币	シンガポールドル	L22
xīn fáng zi 新房子	新しい住宅	L24
xīn jiā pō 新加坡	シンガポール	L17
xīn jiā pō rén 新加坡人	シンガポール人	L17
xīn nián lián huān huì 新年联欢会	新年会	L24
xīn shàng 心上	心の中	L19
biéfàngzài xīnshàng △别放在心上	気にしないでください	L19
xīn yì 心意	気持ち	L18

単語	訳	課
xìn yòng kǎ 信 用 卡	クレジットカード	L20
xīng qī yī 星 期 一	月曜日	L21
xíng li 行 李	荷物	L17
xǐng mù 醒 目	目立つ	L25
xiū lǐ 修 理	修理する	L24
xuǎn gòu 选 购	選んで買う	L24
xué 学	勉強する、習う	L16
xué hǎo 学 好	習得する	L23
xué wèi 学 位	学位	L23
bó shì xué wèi △博 士 学 位	博士号	L23
xué xiào 学 校	学校	L18
liǎng suǒ △ 两 所 xué xiào 学 校	2つの学校	L17

Y

単語	訳	課
yān 烟	タバコ	L22
yǎn chàng huì 演 唱 会	コンサート	L16
yǎn jing 眼 睛	目	L22
liǎng zhī yǎn jing 两 只 眼 睛	1対の目	L22
yáng 羊	羊	L22
yāo qǐng 邀 请	招く、招待する	L17
yào 要	要る	L17
shén me △ 什 么 dōu yào 都 要	何でも欲しい	L17
bú yào △不 要	要らない	L17

単語	訳	課
shén me dōu △ 什 么 都 bú yào 不 要	何も要らない	L17
yào bu rán 要 不 然	さもなければ	L25
yào shi 钥 匙	カギ	L22
yě 也	も	L16
yě cān 野 餐	ピクニック	L17
yè yú 业 余	アマチュアの	L25
yè yú liù duàn 业 余 六 段	アマチュア6段	L25
yī hào 一 号	ついたち	L21
yī 一 V1目1 jiù 就 V2目2	V1目1をしたらすぐV2 目2をする	L25
yī yuè 一 月	1月	L21
yí biàn 一 遍	一度	L21
yí fèn 一 份	1つ	L21
yí gòng 一 共	合計で	L22
yí jiàn shì qing 一 件 事 情	1つの事柄	L24
yí jiàn zhōng qíng 一 见 钟 情	一目ぼれ	L23
yí kuài 一 块	1ドル	L17
yí kuài 一 块	1つ	L17
yí kè 一 刻	15分	L21
yí lǜ 一 律	同一である、一様である	L25
yí lǜ △一 律 yào piào 要 票	誰でもチケットが必要	L25

単語	訳	課
yí lǜ △一 律 miǎn fèi 免 费	全て無料	L25
yí tào yī fu 一 套 衣 服	衣服1組	L22
yí xiàr 一 下儿	ちょっと	L21
kǎo lǜ yí △考 虑 一 xiàr 下儿	ちょっと考える	L23
kàn yí △看 一 xiàr 下儿	ちょっと見る	L23
lái yí xiàr △来 一 下儿	ちょっと来る	L23
shāoděng yí △稍 等 一 xiàr 下儿	少々お待ちください	L23
yòng yí △用 一 xiàr 下儿	ちょっと使う	L23
yí yàng 一 样	同じ	L23
yì diǎnr 一 点儿	少し	L17
yì fēn wéi èr 一 分 为 二	半分に分ける	L22
yì kǒu qì 一 口 气	一気に	L23
yì kāi shǐ 一 开 始	最初から	L23
yī chú 衣 橱	洋服ダンス	L20
yī fu 衣 服	衣服	L20
yī shēng 医 生	医者	L18
yī yuàn 医 院	病院	L18
yí rén 宜 人	気候が最適、気持ちがよい	L19
yí jū guó wài 移 居 国 外	外国に移住する	L23

単語	訳	課
yǐ hòu 以 后	今後、以降	L21
yǐ jīng 已 经	すでに	L23
yǐ qián 以 前	以前、昔	L18
yǐ zi 椅 子	イス	L22
zhè bǎ yǐ zi 这 把 椅 子	このイス	L23
yì dà lì 意 大 利	イタリア	L18
yì wàn fù wēng 亿 万 富 翁	億万長者	L22
yì wài 意 外	意外に	L23
tài yì wài le 太 意 外 了	すごく驚いた、思いもよらなかった	L23
yì zhí 一 直	ずっと	L23
yīn wèi 因 为	…から、…ので	L16
yīn yuè 音 乐	音楽	L16
gǔdiǎnyīnyuè △古 典 音乐	クラシック音楽	L16
liú xíng yīn yuè △流 行 音乐	ポピュラー音楽	L16
tīng yīn yuè △听 音 乐	音楽を聞く	L16
yín háng 银 行	銀行	L17
yín háng zhí yuán 银 行 职 员	銀行員	L18
yìndù cài 印度 菜	インド料理	L25
yìndù ní xī yà 印度 尼 西 亚	インドネシア	L17
yìndù rén 印度 人	インド人	L25
yīng bàng 英 镑	ポンド	L22
yīng gāi 应 该	…すべきである	L23
bù yīng gāi △不 应 该	…すべきではない	L25
yīng hàn cí diǎn 英 汉 词 典	英漢辞典	L24

単語	訳	課
yīng wén 英 文	英語	L16
yīng yǒu jìn yǒu 应 有 尽 有	何でもある	L24
yíng yǎng pǐn 营 养 品	栄養食品	L25
yōng jǐ 拥 挤	混雑する、込み合っている	L24
yòng de shàng 用 得 上	役に立つ	L24
yòng pǐn 用 品	用品	L24
shēnghuó △ 生 活 yòngpǐn 用 品	生活用品	L24
yóu dì yuán 邮 递 员	郵便配達人	L18
yóu jú 邮 局	郵便局	L18
yóu lè chǎng 游 乐 场	プレーグラウンド	L20
yóu qí 尤 其	特に	L16
yóu piào 邮 票	切手	L22
yóu qí shì 尤 其 是	特に	L16
yóu yǒng 游 泳	泳ぐ	L23
yóu yǒng chí 游 泳 池	スイミングプール	L20
yǒu de 有 的	ある…は	L19
yǒu jī huì 有 机 会	機会（チャンス）がある	L23
yǒu qián rén 有 钱 人	金持ち	L22
yǒu rén shuō 有 人 说…	ある人は…と言う	L19
yǒu shí hou 有 时 候	時々	L20
yǒu shí jiān 有 时 间	時間がある	L16
yǒu yì si 有 意 思	面白い	L18

単語	訳	課
yòu 又	また	L21
yú 鱼	魚	L16
yú jiā 瑜 珈	ヨガ	L16
zuò yú jiā △ 做 瑜 珈	ヨガをする	L16
yú shì 于 是	そこで、それで、そして	L25
yǔ jì 雨 季	雨季	L21
yǔ sǎn 雨 伞	雨傘	L22
dǎ yǔ sǎn △ 打 雨 伞	傘をさす	L24
yǔ yán 语 言	言語	L23
yù dìng 预 定	予約する	L23
yù dìng zuò wèi 预 定 座 位	席を予約する	L23
yù láng 裕 廊	ジュロン	L20
yuǎn 远	遠い	L19
yuǎn ↔ jìn 远 ↔ 近	遠い ↔ 近い	L21
yuàn yì 愿 意	…したい、 …するのを願っている	L23
yuàn zhǎng 院 长	院長	L19
yuàn zi li 院 子 (里)	庭（の中に）	L20
yuè bǐng 月 饼	月餅	L17
yí kuài yuè △ 一 块 月 bǐng 饼	1 つの月餅	L17
yuè xué yuè 越 学 越…	勉強すればするほど…	L24
Z		
zài 再	また	L21

496

単語	訳	課
zán men 咱 们	私たち	L16
zǎn qián 攒 钱	お金を貯める	L22
zǎo shang 早 上	朝	L21
zěn me huí shì 怎 么 回 事	どういうことか	L20
zēng guǎng jiàn wén 增 广 见 闻	見聞を広める	L25
zhāng 张	量詞：テーブルやベッドを数える	L24
yì zhāng △一 张 zhuō zi 桌 子	テーブル1卓	L24
liǎng zhāng △两 张 chuáng 床	ベッド2つ	L24
zhàng fu 丈 夫	夫	L19
zhāo dài 招 待	招待する	L17
zhāo pái cài 招 牌 菜	看板料理	L20
zhǎo qián 找 钱	おつりを出す	L22
zhào gù 照 顾	世話をする	L25
zhào piàn 照 片	写真	L23
zhào xiàng jī 照 相 机	カメラ	L22
zhé dié 折 叠	折りたたむ	L23
zhè 这	これ	L18
zhè cì 这 次	今回	L24
zhè ge 这 个	この、これ	L17
zhè li 这 里	ここ	L18
zhèr 这 儿	ここ	L18

単語	訳	課
zhè me 这 么	こんなに	L20
zhè tào 这 套	このセット	L24
zhè xiē 这 些	これら	L18
zhēn 真	本当に	L19
zhēn tàn xiǎo shuō 侦 探 小 说	探偵小説	L24
zhěn suǒ 诊 所	クリニック	L20
zhěng 整	ちょうど	L24
zhěng qí 整 齐	きちんとしている、整然としている	L25
zhèng cháng de 正 常 的	正常な	L23
zhèng dà qián 挣 大 钱	大儲けをする	L22
zhèng hǎo 正 好	ちょうどいい	L22
zhī 只	(船や動物を数える)量詞	L20
yì zhī chuán △一 只 船	1艘の船	L20
liǎng zhī gǒu △两 只 狗	2匹の犬	L22
zhī shū dá lǐ 知 书 达 礼	知識と教養があって物事を分かっている	L23
zhí zi 侄 子	おい、兄弟の息子	L18
zhǐ 纸	紙	L17
yì zhāng zhǐ △一 张 纸	紙1枚	L17
zhǐ 只	だけ	L17
zhǐ shì 只 是	ただ…	L17
zhǐ yào jiù 只 要…就	…さえすれば	L23
zhǐ bù 止 步	立ち止まる、歩みを止める	L25

497

単語	訳	課	単語	訳	課
zhì ān 治安	治安	L19	yí ge zì △一个字	1つの字	L17
zhì liàng 质量	質	L24	zì diǎn 字典	字典、辞書	L20
zhōng guó chá 中国茶	中国茶	L17	yì běn zì diǎn △一本字典	辞書1冊	L22
zhōng guó rén 中国人	中国人	L16	zì jǐ 自己	自分	L20
zhōng tou …钟头	…時間	L21	zì xìn 自信	自信	L24
zhōng wén 中文	中国語	L16	zì yàng 字样	（短く書かれたりプリントされたりした）字句、文句、文字	L25
zhōng wén jiǎn dìng 中文检定	中国語検定	L23	zǒng jīng lǐ 总经理	社長	L19
zhōng wǔ 中午	昼頃	L21	zǒng shì 总是	いつも	L18
zhōng xué 中学	中学校	L18	zǒu lù　zǒu zhe 走路／走着	歩く、歩いて	L21
zhòng fēng 中风	脳卒中	L23	zū 租	（有料で）借りる、貸す	L16
zhōu 粥	お粥	L22	zū chē 租车	車をレンタルする	L16
zhōu mò 周末	週末	L21	zǔ 组	組	L22
zhū 猪	豚	L22	dì èr zǔ △(第)二组	2組	L22
zhǔ chí 主持	主催する	L24	zuì jìn 最近	最近	L17
zhù fáng miàn jī 住房面积	居住面積	L24	zuò 做	する、やる	L18
zhù nǐ shēng rì 祝你生日 kuài lè 快乐	お誕生日おめでとう	L21	zuò 座	比較的大型のもの、または固定したものを数える	L20
zhù yì shēn tǐ 注意身体	お体に気をつけて	L24	yí zuò shān △一座山	1つの山	L20
zhù zài… 住在…	…に住んでいる	L20	yí zuò △一座 dà qiáo 大桥	1つの大橋	L20
zhuān jiā 专家	専門家	L24	zuò 坐	乗る	L19
zhǔn bèi 准备	準備する	L24	zuò bā shì 坐巴士	バスに乗る	L20
zhuō zi 桌子	テーブル類の総称	L20	zuò chē 坐车	車に乗る	L24
zhuō zi shang 桌子(上)	机（の上に）	L20	zuò chuán 坐船	船に乗る	L19
zì 字	字	L17			

単語	訳	課
zuò fēi jī 坐飞机	飛行機に乗る	L19
zuò jiā 作家	作家	L21
zuò mèng 做梦	夢を見る	L22
zuò shēng yì 做生意	商売をする	L22
zuò shēng yì de rén 做生意的人	商売をする人	L18
zuò shǒu shù 做手术	手術を受ける、執刀	L25
zuò wǎn fàn 做晚饭	晩ごはんを作る	L24
zuò wèi 座位	席	L23
zuò yī fu 做衣服	服を作る	L24
zuò yú jiā 做瑜珈	ヨガをする	L16

趙 玲華（チョウ・リンカ）

文中苑（Chinalingua School）校長
中国・北京生まれ。
北京第二外国語大学日本語学科を卒業。
中国国家観光局出版社で編集と翻訳業務に従事。
日本企業で 6 年間、技術移転と貿易業務にかかわる通訳と翻訳を担当。
早稲田渋谷シンガポール校中国語講師、シンガポール日系企業の中国語講師を経て、
2003 年 6 月よりシンガポールで「文中苑」（Chinalingua School）を開校する。2009 年
よりシンガポール・アメリカンスクールで日本語と中国語の非常勤教師。
著書に『CD BOOK 本気で学ぶ中級中国語』『MP3 音声付き 本気で学ぶ上級中国語』『音声
DL 付 本気で学ぶ超上級中国語』（ベレ出版）。

◉──カバーデザイン　　竹内 雄二
◉── DTP　　　　　　清水 康広
◉──本文イラスト　　　いげた めぐみ
◉──音声　　　　　　　ナレーション／于 暁飛・陳 洲拳・李 軼倫
　　　　　　　　　　　ファイル1・2時間18分／ファイル2・2時間07分

おんせい　　つきかいていばん　　ほん　き　まな　ちゅうごく　ご
[音声 DL 付改訂版] 本気で学ぶ中国語

2024 年 4 月 25 日　　　初版発行
2024 年 11 月 8 日　　　第 2 刷発行

著者	チョウ　リン カ **趙　玲華**
発行者	内田 真介
発行・発売	ベレ出版 〒162-0832　東京都新宿区岩戸町12 レベッカビル TEL.03-5225-4790 FAX.03-5225-4795 ホームページ　https://www.beret.co.jp/
印刷	三松堂株式会社
製本	根本製本株式会社

©Zhao Rinka 2024. Printed in Japan

ISBN 978-4-86064-756-8 C2087　　　　　　　　　　　編集担当　脇山和美